高等职业教育汽车类教学改革成果教材
汽车技术服务与营销专业

汽车配件与物流管理

主　编　郑颖杰
副主编　甘　辉
参　编　沈　钡　张芳玲
　　　　沈　锦
主　审　阳小良　邹　敏

机械工业出版社

本书系统地阐述了汽车配件与汽车配件物流管理的相关知识，全书共10章，内容包括：汽车配件入门知识、常用汽车材料及常见易损件、汽车配件安全常识、汽车配件采购管理、汽车配件运输管理、汽车配件仓储管理、汽车配件销售、汽车配件质量管理、汽车配件物流管理以及汽车配件与电子商务，每章附有复习思考题。

本书可作为高职高专汽车营销、汽车运用与维修专业的教材使用，同时也可供汽车维修企业、汽车配件经营企业的营销和管理人员学习参考。

本书配有电子课件，凡使用本书作为教材的教师可登录机械工业出版社教育服务网（www.cmpedu.com）注册后免费下载。咨询电话：010-88379375。

图书在版编目（CIP）数据

汽车配件与物流管理/郑颖杰主编. —北京：机械工业出版社，2014.2（2024.8重印）
高等职业教育汽车类教学改革成果教材
ISBN 978 - 7 - 111 - 45658 - 2

Ⅰ.①汽… Ⅱ.①郑… Ⅲ.①汽车 - 配件 - 高等职业教育 - 教材②汽车工业 - 物流 - 高等职业教育 - 教材
Ⅳ.①U463②F407.471.6

中国版本图书馆 CIP 数据核字（2014）第 022877 号

机械工业出版社（北京市百万庄大街22号　邮政编码100037）
策划编辑：葛晓慧　责任编辑：葛晓慧
版式设计：霍永明　责任校对：李锦莉
封面设计：赵颖喆　责任印制：单爱军
北京虎彩文化传播有限公司印刷
2024年8月第1版·第7次印刷
184mm×260mm · 15.25 印张 · 376 千字
标准书号：ISBN 978 - 7 - 111 - 45658 - 2
定价：39.00元

电话服务	网络服务
客服电话：010-88361066	机 工 官 网：www.cmpbook.com
010-88379833	机 工 官 博：weibo.com/cmp1952
010-68326294	金 书 网：www.golden-book.com
封底无防伪标均为盗版	机工教育服务网：www.cmpedu.com

前　言

根据世界汽车制造商协会（OICA）提供的汽车产量数据统计，2013年全球汽车产量为8737.7万辆，比2012年增长3%，创历史最高水平。亚洲国家汽车产量居各大洲之首，中国则以2211.68万辆的产量成为世界最大的汽车生产国，销售2198.41万辆，比上年分别增长14.8%和13.9%，产销量连续五年稳坐全球车市的首把交椅。

随着汽车产量和保有量的不断增加，车辆维修、配件供应、配件物流管理和电子商务化等配套的经济业务，正逐步成为汽车服务行业新的利润增长点。编写本书旨在为高校和各类高职学院汽车技术服务类专业的师生和从事汽车配件营销的技术和管理人员，提供一本系统介绍汽车配件经营和配件物流过程管理的教材。本书同时也可作为汽车维修企业、汽车配件经营企业的营销和管理人员学习的参考用书。

本书力争做到理论和实践相结合，通俗易懂，深入浅出。在内容上突出了配件管理和电子商务等新兴技术在汽车配件管理中的应用，重点阐述了汽车配件营销、汽车配件仓储和汽车配件物流管理等内容。整篇在结构和内容的安排上结合了物流管理的新理念，具有创新意识，突出了高职高专融合实际生产过程的教学特色，以适应目前我国汽车配件经营管理的宏观需要。

本书由湖南交通职业技术学院郑颖杰副教授负责统稿，湖南交通职业技术学院甘辉副教授编写第1章~第4章、郑颖杰副教授编写第5章~第10章，沈钡、张芳玲、沈锦参与了编写工作，长沙理工大学汽机学院研究生张晓园参与资料查找和部分文字编写和校对工作。本书由阳小良、邹敏担任主审。

由于编者水平有限，书中疏漏之处在所难免，恳请国内配件管理方面的专家和广大读者对本书的不足之处提出宝贵的意见和建议，以便在修订时进行改进。

编　者

目　录

前言
第一章　汽车配件入门知识 …………… 1
第一节　汽车配件的基本概念 …………… 1
第二节　汽车配件的基础知识 …………… 10
第三节　汽车配件的编号规则 …………… 11
第四节　配件编号的查找 …………… 25
复习思考题 …………… 35

第二章　常用汽车材料及常见易损件 …… 36
第一节　汽车车身常用材料 …………… 36
第二节　汽车运行材料 …………… 47
第三节　汽车轮胎 …………… 76
第四节　滚动轴承与油封 …………… 88
第五节　汽车油漆 …………… 91
第六节　汽车美容养护用品 …………… 93
第七节　其他常用材料 …………… 97
第八节　汽车常见易损件 …………… 99
复习思考题 …………… 111

第三章　汽车配件安全常识 …………… 112
第一节　安全常识 …………… 112
第二节　危险商品安全经营常识 …… 115
复习思考题 …………… 116

第四章　汽车配件采购管理 …………… 117
第一节　汽车配件市场调研与决策 … 117
第二节　汽车配件采购环节的控制 … 123
第三节　汽车配件质量的鉴别 …… 134
复习思考题 …………… 141

第五章　汽车配件运输管理 …………… 142
第一节　汽车配件的运输方式与选择 … 142
第二节　汽车配件的接运与发运 …… 146
第三节　汽车配件运输合同 …………… 149
第四节　汽车配件运输招标 …………… 152
复习思考题 …………… 153

第六章　汽车配件仓储管理 …………… 154
第一节　仓储与仓储管理 …………… 154
第二节　汽车配件的入库程序 …… 158
第三节　汽车配件仓库管理 …………… 160
第四节　汽车配件的出库程序 …… 166
第五节　汽车配件库存盘点 …………… 168
复习思考题 …………… 171

第七章　汽车配件销售 …………… 172
第一节　汽车配件销售业务概述 …… 172
第二节　汽车配件的营销策略 …… 174
第三节　汽车配件的销售与服务 …… 183
复习思考题 …………… 187

第八章　汽车配件质量管理 …………… 188
第一节　汽车配件的质量管理体系 … 188
第二节　汽车配件的全面质量管理 … 192
第三节　汽车配件质量管理实务 …… 195
复习思考题 …………… 199

第九章　汽车配件物流管理 …………… 200
第一节　汽车配件物流概述 …………… 200
第二节　汽车配件物流运作前景与运作风险分析 …………… 201
第三节　汽车配件物流运作模式 …… 202
第四节　汽车配件经营模式分析 …… 205
第五节　汽车配件第三方物流 …… 207
复习思考题 …………… 212

第十章　汽车配件与电子商务 …………… 213
第一节　电子商务概述 …………… 213
第二节　汽车配件电子商务 …………… 216
第三节　汽车配件信息化管理 …… 232
第四节　电子商务下的物流配送中心 … 233
复习思考题 …………… 238

参考文献 …………… 239

第一章 汽车配件入门知识

第一节　汽车配件的基本概念
第二节　汽车配件的基础知识
第三节　汽车配件的编号规则
第四节　配件编号的查找

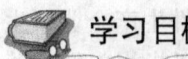 学习目标

知识目标： 掌握汽车配件的概念及分类，了解汽车配件行业的基本术语，正确理解汽车配件的编号规则和汽车配件目录的编制方法。

技能目标： 了解汽车配件的基本特征，能熟练地运用编号规则，掌握国产汽车配件和国外汽车配件编号的区别。

能力目标： 熟练掌握并运用车辆识别代码，能够运用本章所学的理论，分析不同编号的配件所代表的实际意义。

第一节　汽车配件的基本概念

一、汽车配件的概念

汽车是由汽车配件组合装配而成的，汽车的各项性能取决于汽车配件，但最终还是取决于汽车设计、制造以及装配质量。汽车投入使用后，汽车零件不可避免地存在磨损，零件的尺寸和几何形状改变，精度下降，零件间的配合关系变差，导致汽车的技术状况变坏，故障率增大，影响汽车的使用性能，需要通过维修和更换汽车零件，恢复其使用性能，保证其使用安全性，延长其使用寿命。

汽车配件是指构成汽车整体的各单元的零部件及服务于汽车的所有消耗性材料。汽车配件也称为汽车零部件、汽车零配件、汽车备件。从汽车产品的角度来讲，凡构成整车的系统组件、系统总成、部件、零件及其他相关件均称为汽车配件，包括发动机配件、传动系配件、制动系配件、转向系配件、行驶系配件、电器仪表系配件、车身及附件、汽车内外饰等。

从广义的角度来讲，汽车配件不仅包括构成整车各单元的产品，通常还把汽车消耗性材料（如发动机润滑油、冷却液、制动液、自动变速器专用油、制冷剂、轮胎和油漆等）以及随着车主个性化需求提高而产生的特殊附件（如汽车挂饰、头枕、个性地垫和太阳镜支架等）也列入广义的汽车配件。因此，汽车配件的种类非常多，根据不同的分类方法，可分为不同的品种。

在汽车维修和配件经营企业中，汽车品种繁多，汽车配件系统庞大而复杂。因此，需要一整套管理办法有效组织汽车配件的管理，即对汽车配件从进货到入库再到销售，进行科学的组织管理和经营。以市场需要为前提，结合企业或经营实体的经济效益，用有限的资源来发挥最大的作用。在组织配件货源时，要力争适销对路，减少库存量，尽可能做到零库存，防止积压和浪费。为此，除了掌握市场行情，还需掌握汽车配件的特点，以区分易损件和非易损件；掌握汽车配件的采购、更换及维修等知识。

一辆汽车由上万个零部件组成，品种多、分类繁杂，在汽车零配件销售、汽车维修及汽车保险与理赔管理过程中，都牵涉到汽车配件的问题，因此，汽车配件销售人员应掌握汽车配件的分类知识，这样才能有效地组织汽车配件的采购与供应，做好销售服务工作。

二、汽车配件的分类

（一）主要分类方式

汽车零配件有广义和狭义之分。广义的汽车零配件是指除了包含汽车配件生产企业所生产的产品（零配件）外，还包括发动机总成、变速器总成等主要总成以及某些相关件，铸造、锻压毛坯件都列为汽车零配件的研究对象。西欧一些国家甚至还将汽车薄板、油漆等直接影响汽车发展的原材料也列入汽车零配件工业。狭义的汽车零配件仅指汽车配件生产企业所生产的产品（零配件）。

各国对汽车零配件没有统一的分类方法，一般是根据企业确定的目的进行单一原则的分类，通常采用按照最终用途分类、按照市场结构分类和按照产品主要含量分类等分类方式。在汽车维修企业和汽车配件经营企业中，通常将汽车零部件、汽车标准件和汽车材料三种类型的产品统称为汽车配件。在汽车维修和汽车配件经营领域中，通常将汽车配件按以下讲述的功能、结构以及来源和质量三个标准进行分类。

1. 按照汽车配件在汽车上的功能分类

1）汽车零部件。汽车零部件主要包括汽车发动机、底盘、电气系统的配件、车身及附件、维护工具等。

2）汽车标准件。适用于汽车行业的标准件称为汽车标准件，它们具有互换性，如轴承、螺栓、垫圈、键、销等。

3）汽车运行材料。如各种燃料、润滑油料、各种溶液（如制动液、冷却液等）及汽车轮胎等，都属于汽车运行材料。

4）汽车美容材料。汽车美容材料主要是指汽车内、外装饰用品，如车身保护蜡、全车坐垫套、脚踏垫、挂件、车内香水、玻璃贴膜、底盘装甲及车身封釉用品等。

汽车运行材料和汽车美容材料大多是由非汽车行业生产而供汽车使用的产品，一般不编入各车型的《汽车配件目录》，所以也将其称为汽车的横向产品。但随着科技的发展，商家越来越注重客户的个性化追求，目前，在售后配件中又涌入了大量的选择性配置，如水杯托架、车轮装饰盖（见图1-1）、CD播放机及车载电视（见图1-2）等，这些附件均被看成是特殊的配件。

图 1-1 车轮装饰盖

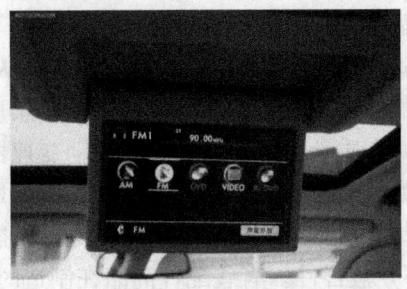

图 1-2 车载电视

2. 按照汽车配件的结构或集成度情况分类

汽车零配件工业的发展趋势是汽车零配件厂，它不仅向整车组装厂提供汽车零配件，而且还提供整件和合成系统。因此，就广义的汽车配件而言，目前一些汽车工业发达的国家都趋于按照集成度对汽车零配件进行分类。

（1）零件（detail parts） 零件是一个不可再拆卸的整体，又可分为汽车专用零件（如活塞、气门及半轴等）和汽车通用标准件（如轴承、螺栓及垫圈等）。

（2）部件（components） 部件是指将两个以上的零件装成一体，起着单一零件的作用，如带盖的连杆、具有成对轴导管的气缸盖等。合件的名称以其中的主要件而定名，如带盖的连杆定名为连杆瓦。

（3）组合件（modules） 组合件是指由几个零件或合件装成一体，但不能单独发挥某一种功能，如离合器压板及盖、变速器盖等。有时也将组合件称为半总成件，但它与能单独发挥某一机构功能的总成件是有区别的。

（4）总成件（systems or systems modules） 总成件由若干零件、合件和组合件装成一体，能单独发挥某一项功能，如发动机总成、变速器总成等。

（5）车身覆盖件（body covering parts） 由板材冲压、焊接成型，并覆盖汽车车身的零件称为车身覆盖件，如散热器罩、发动机罩和翼子板等。

3. 按照汽车配件的来源和质量情况分类

一般来说，客户购买配件时，汽车配件销售人员会询问客户是要"原厂件"还是要"副厂件"等问题，这是因为配件的来源渠道是不同的。配件来源渠道不同，其价格可能会相差较大，当然质量也会有差别。根据配件来源渠道的不同，一般可以将配件分为五类。

1）原厂汽车配件（OEM件）。原厂汽车配件也被称为纯正件，是指使用整车生产厂家原厂商标的装车件，其质量好，服务体系完善，但价格高，一般由原厂售后服务部门进行区域调配，也对外销售。

2）配套厂汽车配件。配套厂汽车配件是由整车厂认定的零部件配套厂生产的，除为整车提供配套装车件外，也可在整车厂许可的情况下对外销售配件，但不允许使用整车厂的品牌商标，均采用配套厂自己的品牌商标，其质量与（品牌件）原厂零部件区别不大，价格相对原厂件来说会低一些。

3）许可生产件（副厂件）。许可生产件是指经整车生产厂家许可生产和销售且其质量经整车厂认证的，主要在维修汽车时使用的零配件，其价格较原厂件和配套厂件低一些。

4）其他汽车配件（仿制件）。其他汽车配件是指某些厂采用原厂图样或实物自行生产的零配件，一般其价格低廉，质量参差不齐。

5）拆车件和翻新件。拆车件是指从报废车辆上拆下的零件，常用于使用时间长的进口车辆的修理。翻新件是指经过专业厂家重新修复或加工的旧件，一般能够满足汽车的使用性能，并有质量保障，如翻新的自动变速器、液力变矩器等。汽车报废后，有些配件是可以用的，如汽车前照灯、汽车座椅等，即回用件。这些配件在一些二手汽车配件市场相当活跃，但一些涉及汽车安全问题的配件绝对不能用作回用件，如汽车制动片。

6）假冒件。有些配件商品在制造时冒用或伪造他方的商标、标志；冒用他方特有的名称、包装、装潢及厂名厂址；冒用优质产品的质量认证标志，伪造产品的产地和生产许可证标识等，这些都被称为假冒配件。

在人们的心目中，原厂件的质量远远好于副厂件，国内的汽车生产厂家会强烈建议自己的特约维修站采用原厂件，以保证车辆的正常运行。其实不完全是这样的。随着技术的进步和工艺的改进，各配件企业整体质量如今已大为改观，而且很多都不再是"三无"产品。例如，上海大众的桑塔纳轿车装车用的等角速万向节是"纳铁福"的合资产品，质量较好；而"杭万"牌等速万向节是中国最大的万向节生产企业——杭州万向节厂生产的，质量也很高，价格比"纳铁福"低一些，但它并不是上海大众的配套产品。许多车主不愿意接受副厂件的主要原因在于，目前不少假冒伪劣产品充斥着配件市场，坑害客户，这类零部件在给用户带来实惠的同时，在一定程度上也侵害了整车制造厂的利益，影响了其行业信誉，其合法性至今仍受到汽车制造厂家的普遍质疑。

（二）其他分类方式

1. 按照市场结构分类

根据汽车配件市场结构的不同，按照维修市场、配套市场和出口国际市场进行划分，汽车零配件可分为四大类。

A类：为汽车维修服务的零配件，称为维修市场件，是指汽车在使用过程中因为维修而产生的配件，如火花塞、气缸套及三滤等易损件。

B类：为两种或两种以上的基本车型系列服务的零配件，面向全国市场，称为通用配套件。

C类：为单一基本车型服务的零配件，面向局部市场，称为专用配套件。

D类：外向性零件，主要指出口，销往国外，面向国际市场，包括向国外出口的OEM件和售后配件及服务的零部件。

日本将汽车零配件分为装配用零配件和维修用零配件两类。

由于大规模生产，同种形式的零配件很多，许多零配件及装置已不再进行分类修理。当零配件失效时，直接更换装置，这一点发动机、电气装置与电子元器件的零配件最为典型。这使得维修用零配件的需求向连续减少的趋势发展，而配套市场件随着汽车需求量的增加而增加。

2. 按照产品主要含量分类

按照产品主要含量（即附加值）进行分类，可把汽车配件分为高附加值类配件和低附加值类配件。

一般产品主要含量是用于经济分析中的概念，例如：高附加值类、高科技类及劳动密集型等。

高附加值类配件主要是指科技含量高的配件，这类配件一般需要高资金投入，靠增加劳动力解决不了产量和质量问题，所以也称为资金密集型配件，如发动机总成、中央接线盒、汽车仪表、空调设备等。

低附加值配件靠增加劳动力可以解决产量和质量问题，也称为劳动密集型配件。例如起动机、散热器、传动轴、钢板弹簧及后桥齿轮等配件，其原材料、劳动力等费用占总成本50%以上，故称为低附加值类配件。

在按照含量分类的原则中，一般只采用按照资源含量和科技含量两种进行分类。

所谓能源型零配件，是指产品成本中所含原材料、能源费用较高（包括外协、外购件中的材料、能源费用）的零配件；另一种含义是附加值较少的零配件。

把原材料、燃料动力费用占成本50%以上的零配件称为资源型零配件，占30%~50%的称为准资源型零配件。例如1980年美国1.6L轿车零配件生产成本分析表（见表1-1）中散热器和起动机称为资源型零配件，4缸汽油机、前悬架和车身称为准资源型零配件。

表1-1　1980年美国1.6L轿车零配件生产成本分析表　　（单位：美元）

零配件名称(1)	总成本(2)	原材料等(3)	附加价值(4)	(3)/(2)
4缸汽油机	445	219	226	49.20%
传动轴	139	20	119	14.40%
车身	349	131	212	37.50%
起动机	8.64	4.74	3.91	54.90%
散热器	11.83	9.96	1.87	84.20%
前悬架	6.36	3.09	3.27	46.60%

科技型或高科技含量零配件是指产品中所含科技内容多；另一种含义是高资金型，投资要求大，附加值高（主要是人工费、折旧费和税利三部分）。

汽车零配件的科技含量可利用中国汽车技术研究中心提出的评价体系来确定。建立该评价体系的基础条件如下：

1）从设计、试验到生产整个过程的各环节提出指标，每项指标各有评价内容，进行综合评定。

2）从现有水平出发，比较引进车型的技术水平进行评分。

3）各指标分值范围不同体现了各指标所含科技内容不同，用加权值表示，最后请专家评分。

中国汽车技术研究中心的评价体系分3类、共7个指标，全部指标满分是50分。指标如下：

(1) 产品结构

1）结构特点。

2）主要原材料的材质。

3）原材料的品种与尺寸规格。

(2) 生产技术

1）工艺技术。

2）生产组织特点。

3）工人文化程度及职业培训。

（3）艺术含量　其中艺术含量虽然不属于技术的范畴，但越来越多的消费者要求产品个性化，有些产品有造型与装潢的要求，使其增加了部分附加价值，所以艺术含量列入科技含量也理所当然。

中国汽车技术研究中心对几个主导产品（即轿车中的一汽捷达系列、二汽神龙系列、上海桑塔纳系列以及轻型车中的依维柯系列和五十铃N系列）中，任选61个零配件，请20位专家评分，采用本指标体系进行一次尝试，其结果列于表1-2中。

表1-2　各种零配件按科技含量分类状况

科技含量	零件名称
高科技类（30~50分）	发动机总成、齿形带、V形泵、消声器、风扇离合器、空调设备、后视镜、座椅、油封、中央接线盒、汽车仪表、汽车铸件、模具、软内饰、特种油品、安全玻璃
科技类（25~35分）	变速器总成、保险杠（大型塑料）、活塞、活塞环、气门、挺杆、轴承、燃油箱、空气清滤器、机油滤清器、燃油滤清器、离合器、盘式制动器、转向盘、刮水器、等速万向节、紧固件、灯具、汽车锻件、轴承、音响设备与车载电视、特种器材（轴瓦、散热器用）
一般类（≤25分）	轿车总成、高压油管、散热器、制动软管、转向器、传动轴、后桥、齿轮、减振器、钢板弹簧、钢圈、玻璃升降器、风窗洗涤器、暖风机、点火线圈、火花塞、喇叭、电线束、灯泡、随车工具、蓄电池

如果将超过30分以上的零配件称为高科技类，则表1-2会有很大变化。实际上各国专家的看法各不相同，一般现在都用"公用"的方法。尽管上述评价体系不是很完善，但请专家进行比较评分还是具有可行性和科学性的。

3. 按照最终用途分类

按照最终用途分类，即指根据零配件的安装位置和用途来进行分类。例如有传动零件、底盘零件和车身零件等，主要用在商业统计方面。例如日本汽车工业协会会统计的有7类，共130个零配件，见表1-3。

表1-3　日本汽车工业会的《产品出厂动向调查》表

零配件分类	主要零配件	零配件数量（个）
发动机	活塞、活塞环、气缸垫、垫圈、气门、燃料泵、电控式燃料喷射泵等	29
电气装置及电子装置	起动机、交流发电机、火花塞、发动机控制装置、制动系控制装置等	12
照明、仪表等电气、电子装置	前照灯、速度表、刮水器电动机及其他电动机、各种开关转向锁、线束等	15
动力传动装置及操纵装置	离合器从动盘、手动变速器、自动变速器、转向助力装置、等速万向节、传动轴、车轮（钢质、轻合金质）、变速杆	26
悬架及制动装置	钢板弹簧、减振器、制动装置（制动鼓、制动盘）制动阻力装置、制动软管等	20
车身	车架、燃油箱、窗框、车门手柄及锁、座椅及座椅弹簧、座椅安全带	19
附件	时针、收录机、冷气装置、车轮罩、修理用涂料、汽车立体声音响装置等	9

三、车辆基本情况术语与车辆识别代码

(一)车辆基本情况术语

从事汽车配件销售工作的人员,要想赢得客户的信任,必须具备较强的专业素质,其最基本的专业要求就是对汽车配件行业术语的熟练掌握和运用。例如,客户订购一个减振器,销售员必须向客户了解相关的需求信息——用在什么车型和什么年款上的,是前减振器、还是后减振器,是什么形式和什么型号的,要原厂件、还是副厂件,对品牌和产地有没有要求,支座和螺母等附件是否需要更换等。这其中包含了车辆基本情况术语、配件基本情况术语及车辆识别代码等大量的专业术语。只有准确掌握并运用这些术语和信息,才能做好汽车售后服务及配件选置。

在对一辆汽车进行售后服务和配件选置时,必须首先运用车辆的基本情况术语对其进行准确的描述。车辆基本情况术语包括对汽车品牌、制造厂家、年款、车型、车身形式、车辆配置、驱动形式、生产方式(进口或散件组装等)及车型参数等车辆相关信息的专业化描述。例如,对一辆中华轿车的各项信息准确描述为:沈阳"华晨金杯"汽车制造厂2005年生产的中华轿车,配备日本三菱2.4L排量发动机,功率为100kW,采用三菱五速自动变速器等。配件基本情况术语包括配件种类、材质、形式、各项技术参数、配件来源、生产厂家及品牌、相关产品和配套工具等方面的知识。例如,对某配件基本参数的描述见表1-4。

表1-4 对某配件基本参数的描述

品名	厂家	品牌	型别	配件编号	适用车型
转向节	广州正泰汽车配件有限公司	正泰	右转向节	42304/05—20090	丰田佳美

(二)车辆识别代码(VIN)

车辆识别代码(VIN)是一个由17位字母和数字组成的编码,又称17位识别代码。

1. 车辆识别代码的作用

车辆识别代码经过排列组合,可以使各汽车制造厂生产的车型在30年之内不会发生重号现象,这很像人们的身份证不会产生重号一样,它具有对车辆的唯一识别性,因此又有人将其称为"汽车的身份证"。

2. 车辆识别代码的基本内容及含义

车辆识别代码由世界制造厂识别代码(WMI)、车辆特征说明代码(VDS)和每辆车出厂信息指示代码(VIS)三个部分组成。

第一部分——世界制造厂识别代码(WMI),用来标识车辆制造厂的唯一性,通常占车辆识别代号(VIN)的前三位。

第二部分——车辆说明部分(VDS),说明车辆的一般特性,由车辆识别代号(VIN)的第4位到第9位共六位字符组成。如果制造厂不用其中的一位或几位字符,则应在该位置填入选定的字母或数字占位。此部分应能识别车辆的一般特征,其代号顺序由制造厂决定。

第三部分——车辆指示部分(VIS),制造厂为了区别不同车辆而指定的一组字符,车辆指示部分由车辆识别代号(VIN)的后八位字符组成,其最后四位字符应是数字。

以下将对各位字符的含义作详细的说明。

1)1~3位(WMI):制造厂、品牌和类型。

WMI是美国汽车工程师学会(SAE)根据地理区域分配给各个车辆制造厂家世界制造

厂识别代号（WMI）代码。该代码由三位字符组成，它包含了以下信息。

第一个字符是标明一个地理区域的字母数字，如非洲、亚洲、欧洲、大洋洲、北美洲和南美洲。

第二个字符是标明一个特定地区内的一个国家的字母或数字。在美国，汽车工程师协会（SAE）负责分配国家代码。

第三个字符是标明某个特定的制造厂的字母或数字，由各国的授权机构负责分配。当制造厂的年产量少于500辆的时候，世界制造厂识别代码的第三个字符就是9。

美国的WMI前两位区段为1A—10，4A—40，5A—50，中国的WMI前两位区段为LA—L0，它规定了所有在中国境内生产的汽车产品的WMI编号必须在该区段内。

以下就是国内常见汽车制造厂家的WMI编号。

LSV——上海大众。

LFV——一汽大众。

LDC——神龙富康。

LEN——北京吉普。

LHG——广州本田。

LHB——北汽福田。

LKD——哈飞汽车。

LS5——长安汽车。

LSG——上海通用。

2) 4~8位：车辆特征。

轿车：种类、系列、车身类型、发动机类型及约束系统类型。

MPV：种类、系列、车身类型、发动机类型及车辆额定总质量。

载货汽车：型号或种类、系列、底盘、驾驶室类型、发动机类型、制动系统及车辆额定总质量。

客车：型号或种类、系列、车身类型、发动机类型及制动系统。

3) 第9位：校验位，按标准通过加权计算得到。

4) 第10位：车型年份（一般标识为车辆的出厂年份，是识别车辆的重要标识）。

5) 第11位：车辆装配厂。

6) 12~17位：顺序号。

3. VIN示例

以下就以上海大众桑塔纳2000型轿车为例，了解VIN编码规则。

LSVHJ133022221761

第1~3位：世界制造厂识别代码

LSV——上海大众汽车有限公司。

第4位：车身形式代码

A——4门折背式车身；B——4门直背式车身；C——4门加长型折背式车身；E——4门加长型折背式车身；F——4门短背式车身；H——4门加长型折背式车身；K——2门短背式车身。

第5位：发动机/变速器代码

车型系列：上海桑塔纳轿车、上海桑塔纳旅行轿车、上海桑塔纳2000轿车

A——JV(026A)/AHM(014.K)。

B——JV(026A)＋LPG/AHM(014.K)。

C——JV(026A)/2P(013.9)。

D——JV(026A)＋LPG/2P(013.9)。

E——JV(026A)＋CNG/2P(013.9)。

F——AFE(026N)/2P(013.9)。

G——AYF(050B)/QJ(013.3)。

H——AJR(06BC)/2P(013.9)。

J——AYJ(06BC)/FNV(01N.A)。

K——AFE(026N)＋LPG/2P(013.9)。

L——AYF(050B)＋LPG/QJ(013.3)。

M——AYJ(06BC)＋LPG/2P(013.9)。

第6位：乘员保护系统代码

0——安全带。

1——安全气囊（驾驶人）。

2——安全气囊（驾驶人和副驾驶人、前座侧面）。

3——安全气囊（驾驶人和副驾驶人、前后座侧面）。

4——安全气囊（驾驶人和副驾驶人）。

5——安全气囊（驾驶人和副驾驶人、前后座侧面、头部）。

6——安全气囊（驾驶人和副驾驶人、前座侧面、头部）。

第7～8位：车辆等级代码

33——上海桑塔纳轿车、上海桑塔纳旅行轿车、上海桑塔纳2000轿车。

9F——上海帕萨特轿车。

9J——上海波罗轿车。

5X——上海高尔轿车。

第9位：校验位

0～9中任何一数字或字母X。

第10位：年份代码（每30年重复一次）

车型年款代码对照见表1-5。

注意：在VIN中仅能采用的阿拉伯数字和大写的罗马字母为0、1、2、3、4、5、6、7、8、9和A、B、C、D、E、F、G、H、J、K、L、M、N、P、R、S、T、U、V、W、X、Y、Z；I、O、Q这三个字母不可以使用。

第11位：装配厂代码

2——上海大众汽车有限公司。

第12～17位：车辆制造顺序号

LSVHJ133022221761的含义是：2002年，上海大众汽车有限公司生产的桑塔纳2000型轿车，该车配备AYJ发动机，FNV（01N.A）自动变速器，出厂编号为221761。

表1-5 表示年份的代码

年份	代码	年份	代码	年份	代码	年份	代码
2001	1	2011	B	2021	M	2031	1
2002	2	2012	C	2022	N	2032	2
2003	3	2013	D	2023	P	2033	3
2004	4	2014	E	2024	K	2034	4
2005	5	2015	F	2025	S	2035	5
2006	6	2016	G	2026	T	2036	6
2007	7	2017	H	2027	V	2037	7
2008	8	2018	J	2028	W	2038	8
2009	9	2019	K	2029	X	2039	9
2010	A	2020	L	2030	Y	2040	A

第二节　汽车配件的基础知识

一、汽车配件通用的互换原则

随着汽车工业的发展，车型越来越多，随着汽车保有量的不断增加，汽车配件种类也更加繁杂，汽车配件销售部门在汽车配件的采购、经营方面的难度越大。有的单位因缺少某一汽车配件而使车辆不能使用，有的修理厂在汽车修理过程中因采购不到该车的维修配件而使修理中断，造成较大的经济损失，这都是因为不了解汽车配件互换性的缘故。但尽管汽车配件种类繁多，却在一定范围内具有互换性，还有的稍加改进就可以互换或代用。因此，汽车配件销售人员有必要掌握销售配件的通用性和互换性方面的知识，负责对销售的汽车配件通用互换原则提供咨询。

1. 关于汽车配件互换、代用的概念

在汽车维护、修理的过程中，经常需要更换零配件。同一规格的零件，不需要经过任何挑选、调整或修配，就能装配到机器（或部件）上去，完全符合规定的性能要求，称为零件的互换性。

汽车配件的代用可以理解为部分互换性。装用代用配件的汽车经常出现两种情况：一是装用代用配件后，部分改变了原来汽车的某些技术性能；二是装用某些代用配件时，需要补充加工和修配后才能达到规定的使用性能要求。

2. 汽车配件通用互换时的注意事项

某一零件具有互换性的条件是：零件的材料、结构形式、尺寸及尺寸精度、表面粗糙度、形位公差、物理力学性能（热膨胀系数、强度、硬度等）及其他技术条件都应相同。

同一系列车型的主要零配件，特别是易损件，许多具有互换性。如一汽大众的捷达轿车和上海大众的桑塔纳轿车，两车型的活塞、活塞环、气缸垫、前制动盘等零部件就可以通用。因为它们引进的都是德国大众汽车公司的技术，甚至是相同的进口元件。

需要特别注意的是：有些汽车配件的外形很相近，但却没有互换性。如为同一车型上的配件，它们的配件编号一定不同。选购时一定要仔细分辨其细微差异或标记，严禁混淆。

汽车车身附件和发动机附件为典型的可通用互换配件。同一厂家生产的同一系列车型，该类配件基本可以通用。即使是不同厂家生产的同类型汽车，该类配件也具有较大的互换的可能。具体咨询时，可查阅相关的该类配件的通用互换手册。

由于汽车种类很多，汽车配件类别繁杂，要求汽车配件的销售人员除必须牢记一些汽车配件所能通用的车型之外，还必须学会查阅各种汽车配件目录和配件通用互换手册，以便更好地开展汽车配件销售工作，为顾客服务。

二、汽车配件的售后服务政策

现代汽车市场竞争越来越激烈，汽车配件市场也不例外。随着各大汽车公司技术水平的不断提高和生产设备的不断完善，汽车产品的性能几乎趋于一致，市场竞争的焦点都集中在汽车产品的售后服务方面。因此，企业的售后服务工作将直接影响到产品的市场占有率。今后，服务工作能否到位将起到至关重要的作用。

销售人员在介绍商品的同时，既要全面宣传企业的售后服务政策和措施，以吸引顾客购买，同时也应将一些注意事项交代清楚。

三、汽车配件商品交付

顾客在选购汽车配件的过程中，比较关心配件使用方面的知识。掌握汽车配件使用知识是对汽车配件销售人员的基本要求。汽车配件销售人员介绍配件使用方面的知识越全面，就越能使顾客满意。汽车配件使用知识应包括以下内容。

配件名方面：包括正式的配件名称、学名以及俗称。

用途方面：应用的车型有哪些、应用在哪个部位上、该配件有何作用以及有无其他用途。

使用方法方面：如何装拆该配件。

养护方面：储存和维护方法、特别的注意事项是什么。

材料方面：使用何种材料制造的、材料有何特点。

质量方面：零配件的质量、强度、耐久性如何，检测结果如何。

时尚方面：有无使用这种配件的名人或公司，总的市场销售情况如何。

汽车配件销售人员不仅要自己熟练掌握配件使用知识，还应针对顾客的询问，把汽车配件的功能及使用方法详细地介绍给顾客。必要时还需要作示范，或让顾客亲自试用，同时给顾客分发一些有关产品使用方面的宣传册、说明书或视频教程。如果汽车配件的使用过程比较复杂，而购买该配件的顾客又多，那么必要时还可开办专门的培训班。

顾客购买汽车配件，一般对汽车配件有一定的要求。因此，汽车配件销售人员应对汽车配件的产地、质量及特点等有较全面的了解，积极、如实地向顾客介绍，以满足顾客的要求。汽车配件销售人员应向顾客详细介绍有关质量保修的规定，如质量保修的年限、承保范围及费用分担等问题，还可向顾客发送质量保修卡。

第三节　汽车配件的编号规则

为了使汽车零部件能适应计算机管理，以便筹措汽车零部件和提高采购时的准确性，世界上不少汽车制造厂都对所发行的汽车零部件实行代码分类,即每一个零件都用一不定期数量的数码和字母表示,但不同的制造厂家表示方法都不同,不能相互通用。

一、配件编号规则

汽车配件的制造厂编号代表汽车配件的型号、品种和规格,是汽车配件销售和采购的重要依据。编号和规格一般印在汽车配件的包装物上,也有的打印或铸造在汽车配件的非工作表面。国产汽车配件的编号有统一标准;而国外汽车配件大都没有统一标准,由生产厂家自定。

1. 国产汽车配件编号规则

在我国,中国汽车工业协会于 2004 年 3 月 12 日颁布《汽车零部件编号规则》,编号方法如下:

(1) 汽车零部件编号(见图1-3)

1)完整的汽车零部件编号表达式由企业名称代号、组号、分组号、源码、零部件顺序号和变更代号构成。零部件编号表达式根据其隶属关系可按下列三种方式进行选择。

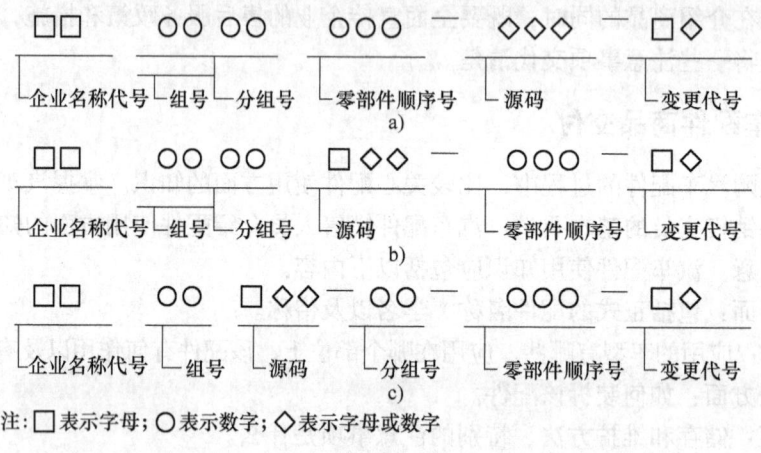

图 1-3 汽车零部件编号

2)企业名称代号。当汽车零部件图样使用涉及知识产权或产品研发过程中需要标注企业名称代号时,可在最前面标注经有关部门批准的企业名称代号。一般企业内部使用时,允许省略。企业名称代号由两位或三位汉语拼音字母表示。

3)源码。源码用三位字母、数字或字母与数字混和表示,企业自定。
①描述设计来源。描述设计来源是指设计管理部门或设计系列代码,由三位数字组成。
②描述车型中的构成。描述车型中的构造是指车型代号或车型系列代号,由三位字母与数字混合组成。
③描述产品系列。描述产品系列是指大总成系列代号,由三位字母组成。

4)组号。组号用 2 位数字表示汽车各功能系统分类代号,按顺序排列。

5)分组号。分组号用 4 位数字表示各功能系统内分系统的分类顺序代号,按顺序排列。

6)零部件顺序号。零部件顺序号用 3 位数字表示功能系统内总成、分总成、子总成、单元体、零件等顺序代号,零部件顺序号表述应符合下列规则:

①总成的第三位应为零。
②零件第三位不得为零。
③3位数字为001~009,表示功能图、供应商图、装置图、原理图、布置图、系统图等为了技术、制造和管理的需要而编制的产品号和管理号。
④对称零件其上、前、左件应先编号为奇数,下、后、右件后编号且为偶数。
⑤共用图(包括表格图)的零部件顺序号一般应连续。

7)变更代号。变更代号为2位,可由字母、数字或字母与数字混和组成,由企业自定。

8)代替图零部件编号。对零件变化差别不大,或总成通过增加或减少某些零部件构成新的零件和总成后,在不影响其分类和功能的情况下,其编号一般在原编号的基础上仅改变其源码。

(2)汽车组合模块编号表达式(见图1-4)

汽车组合模块组合功能码由组号合成,前两位组号描述模块的主要功能特征,后两位组号描述模块的辅助功能特征。例如:10×16表示发动机带离合器组合模块;10×17表示发动机带变速器组合模块;17×35表示变速器带手制动器组合模块。

图1-4 汽车零部件编号

2. 对国产汽车零部件编号规则的说明

(1)标准的主题内容及适用范围

1)适用于新设计定型的各类汽车和半挂车的零件、总成和总成装置图的编号规则。

2)适用于各类汽车和半挂车的零件、总成和总成装置图编号,但不包括专用半挂车的专用装置部分的零件、总成和总成装置图的编号。

(2)标准用术语

1)组号。组号是指用2位数字表示汽车各功能系统内分系统的分类代号。

2)分级号。分级号是指用4位数字表示总成和总成装置图的分类代号。前2位数字代表它所隶属的组号,后2位数字代表它在该组内的顺序号。

3)件号。件号是指用3位数字表示零件、总成和总成装置图的代号。

4)结构区分号。结构区分号是指用2个字母或2位数字来区别同一类零件、总成和总成装置图的不同结构、性能、尺寸参数的特征代号。

5)变更经历代号。变更经历代号是指用1个字母和1位数字表示零件、总成和总成装置图更改过程的代号。当零件或总成变化较大,但首次更改不影响互换的用A1表示,依次用A2、A3……;当零件或总成首次更改影响互换时,则用B1表示;若再次更改影响互换,则依次用C、D…表示。

6)修理件代号。在标准尺寸的基础上尺寸加大或减小的修理件,按其尺寸加大或减小顺序进行编号。其代号用2个汉语拼音字母表示,前一个字母表示修理件尺寸组别,后一个字母为修理件代号,用"X"表示。如某一修理件有3组尺寸时,其代号为"BX"、"CX"、"DX"。当该组修理件标准尺寸进行更改影响互换时,应相应更改尺寸组别代号,其字母根据更改前所用的最后字母依次向后排列。如更改影响互换时,标准尺寸的更改经历代号为

"E"，则相应修理件代号为"FX"、"GX"、"HX"。

（3）汽车零部件编号中组号和分组号的编制　国产汽车产品零部件编号共有 58 个组号、638 个分组号。其分组情况如下：（各组内均有缺号，故起止号与各分组总数不尽相符）

1）组 10，发动机，共 22 个分组：1000—1022。
2）组 11，供给系统，共 25 个分组：1100—1128。
3）组 12，排气系统，共 7 个分组：1200—1207。
4）组 13，冷却系统，共 14 个分组：1300—1313。
5）组 15，液力自动变速器，共 5 个分组：1500—1504。
6）组 16，离合器，共 6 个分组：1600—1607。
7）组 17，变速器，共 6 个分组：1700—1706。
8）组 18，分动器，共 5 个分组：1800—1804。
9）组 19，副变速器，共 3 个分组：1900—1902。
10）组 20，超速器，共 5 个分组：2000—2004。
11）组 21，汽车电驱动装置，共 6 个分组：2100—2105。
12）组 22，传动轴，共 11 个分组：2200—2241。
13）组 23，前桥，共 12 个分组：2300—2311。
14）组 24，后桥，共 11 个分组：2400—2410。
15）组 25，中桥，共 10 个分组：2500—2512。
16）组 27，支撑连接装置（牵引汽车用），共 17 个分组：2700—2731。
17）组 28，车架，共 11 个分组：2800—2810。
18）组 29，汽车悬架，共 21 个分组：2900—2960。
19）组 30，前轴，共 3 个分组：3000—3003。
20）组 31，车轮及轮毂，共 7 个分组：3100—3106。
21）组 32，承载轴，共 3 个分组：3200—3202。
22）组 33，后轴，共 3 个分组：3300—3303。
23）组 34，转向器，共 13 个分组：3400—3413。
24）组 35，制动器，共 34 个分组：3500—3550。
25）组 36，电子设备，1 个分组：3600。
26）组 37，电器设备，共 59 个分组：3700—3774。
27）组 38，仪器设备，24 个分组：3800—3871。
28）组 39，随车工具及附件，共 21 个分组：3900—3921。
29）组 42，特种设备，共 13 个分组：4200—4240。
30）组 45，绞盘，共 10 个分组：4500—4509。
31）组 50，车身（驾驶室），共 7 个分组：5000—5012。
32）组 51，车身（驾驶室）地板，共 8 个分组：5100—5112。
33）组 52，风窗，共 8 个分组：5200—5207。
34）组 53，前围，共 7 个分组：5300—5310。
35）组 54，侧围，共 9 个分组：5400—5410。
36）组 56，后围，共 11 个分组：5600—5612。

37）组57，顶盖，共7个分组：5700—5710。
38）组60，车篷及侧围，共6个分组：6000—6005。
39）组61，前侧车门，共11个分组：6100—6110。
40）组62，后侧车门，共11个分组：6200—6210。
41）组63，后车门，共12个分组：6300—6311。
42）组64，驾驶人车门，共9个分组：6400—6408。
43）组66，安全门，共7个分组：6600—6608。
44）组68，驾驶人座，共7个分组：6800—6807。
45）组69，前座，共9个分组：6900—6908。
46）组70，后座，共8个分组：7000—7007。
47）组71，乘客单人座，共8个分组：7100—7107。
48）组72，乘客双人座，共8个分组：7200—7207。
49）组73，乘客三人座，共8个分组：7300—7307。
50）组74，乘客多人座，共8个分组：7400—7407。
51）组75，折合座，共8个分组：7500—7507。
52）组78，隔板墙，共6个分组：7800—7805。
53）组79，无线电通信设备，共10个分组：7900—7910。
54）组81，空气调节设备，共13个分组：8100—8112。
55）组82，附件，共12个分组：8200—8219。
56）组84，车前钣金零件，共6个分组：8400—8405。
57）组85，货厢，共12个分组：8500—8515。
58）组86，货厢倾卸机构，共15个分组：8600—8616。

3. 国产汽车标准件的编号规则

国产汽车标准件编号按照国家机械工业局于1999年11月5日发布，2000年07月1日开始实施的QC/T 326—1999《汽车标准件产品编号规则》进行编制。

汽车用标准件产品的完整编号由九个部分按顺序组成，如图1-5所示。

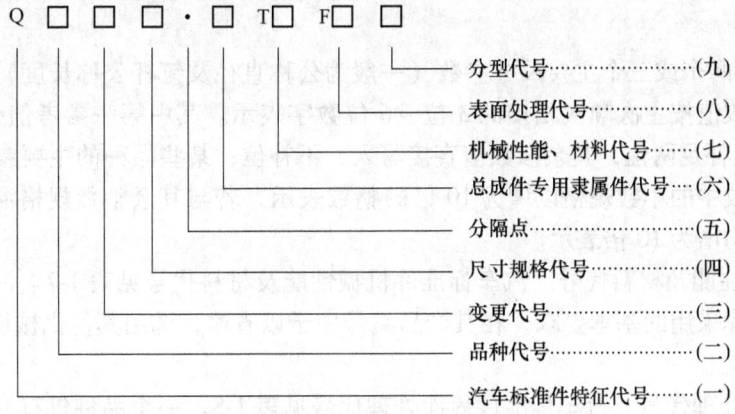

图1-5 汽车标准件编号的组成

1. 编号各部分的表示方法及含义

（1）汽车标准件特征代号　汽车标准件特征代号以"汽"字汉语拼音第一位大写字母"Q"表示。

（2）品种代号　品种代号由三位数字组成，首位表示产品大类，第二位为分组号，第三位为组内序号，结构和功能相近的品种尽可能编入同一分组。汽车标准件品种代号产品大类含义见表1-6。

表1-6　汽车标准件品种代号产品大类含义

大类代号	0	1	2	3	4	5	6	7	8	9
产品类别		螺柱、螺栓	螺钉	螺母	垫圈、挡圈、铆钉	销、键	螺塞、扩口式管接件、管箍、管夹	滑脂嘴、封堵件、操纵连接件	卡套式管接头	其他

注意：淘汰品种所占用的品种代号十年内不应分配用于新增品种。

（3）变更代号　由于产品标准修订，虽然产品结构形式基本相同，但当尺寸、精度、性能或材料等标准内容变更以致影响产品的互换性时，应给出"变更代号"。同一品种中不同的螺纹系列以及同一品种中不具有派生关系和互换性的不同形式，也采用变更代号加以区分。变更代号以一个汉语拼音大写字母表示，由字母"B"开始顺序使用（不用字母"I"、"O"、"Q"、"Z"）。

当标准内容的修订不影响产品的互换性，但涉及制造、验收的依据存在差异需加以区别时，在新、旧标准替代的过渡期内，由制造商同用户协商过渡性编号区分方式。

（4）尺寸规格代号　尺寸规格代号一般直接以产品的主要尺寸参数来表示；不便直接表示的则以主要尺寸参数折算的相应整数来表示；若折算后仍不便表示，则以该品种内规格系列的顺序号表示。

1）由一个主要尺寸参数即可表示产品规格的，直接以该参数值用2~3位数字表示。当参数仅为一位数时，于左边加"0"补足两位；当参数以英寸为单位时，以两位数字表示，其十位数以整英寸数、个位数以1/8英寸的整倍数表示，参数小于一英寸时，于左边加"0"补足两位。

2）需要由两个或三个主要尺寸参数（一般为公称直径及钉杆公称长度）表示产品规格的，直接以参数值按主次顺次相接的3位~6位数字表示。其中第一参考值仅为一位数的，于左边加"0"补足两位，其余参数值直接写入，不补位；某些品种的主要参数含有带小数规格时，该参数中的小数规格以增为10倍的整数表示，若与其余整数规格混淆时，则该参数的全部规格均增为10倍表示。

（5）机械性能及材料代号　汽车标准件机械性能及材料代号见表1-7。一个品种仅有一种要求以及推荐采用的基本要求，在其产品编号中予以省略，选用其他机械性能及材料时就加注代号。

（6）表面处理代号　汽车标准件表面处理代号见表1-8。一个品种仅有一种要求以及推荐采用的基本要求，在其产品编号中予以省略。选用其他表面处理时应加注代号。

表1-7 汽车标准件机械性能及材料代号

代号	机械性能或材料牌号及标准			适用产品
T	钢 10.9		GB/T 3098.1	螺柱、螺栓
T1	钢 8.8		GB/T 3098.1	螺柱、螺栓
T2	钢 8	粗牙	GB/T 3098.2，GB/T 3098.9	螺母
		细牙	GB/T 3098.4	
T3	钢 9		GB/T 3098.2，GB/T 3098.9	螺母
T4	黄铜 H62		GB/T 5232	铆钉、平垫圈
T5	纯铜 T3		GB/T 5231	铆钉、平垫圈
T6	2A01		GB/T 3196	铆钉
T7	1035		GB/T 3196	铆钉
T8	钢 B		GB/T 3098.7	自攻锁紧螺钉
T9	钢 22H		GB/T 3098.3	紧定螺钉
T10	钢 33H		GB/T 3098.3	紧定螺钉
T11	钢 5		GB/T 3098.2	螺母
T12	钢 6	粗牙	GB/T 3098.2	螺母
		细牙	GB/T 3098.4	
T13	钢 10	粗牙	GB/T 3098.2	螺母
		细牙	GB/T 3098.4	
T14	钢 12	粗牙	GB/T 3098.2	螺母
		细牙	GB/T 3098.4	
T15	钢 05	粗牙	GB/T 3098.2	螺母
		细牙	GB/T 3098.4	
T16	钢 200HV		GB/T 848，GB/T 97.1	平垫圈
T17	钢 10、15		GB/T 699	铆钉
	钢 ML10		GB/T 6478	
T18	11		GB/T 12619	抽芯铆钉
T19	30		GB/T 12619	抽芯铆钉
T20	钢 A		GB/T 3098.7	自攻锁紧螺钉
T21	钢 5.5		GB/T 3098.1	螺栓
T22	钢 5.8		GB/T 3098.1	螺栓
T23	钢 4.8	碳质量分数≤0.2%	GB/T 3098.1	焊接螺钉、焊接螺栓
T24	钢 5.8	碳质量分数≤0.2%	GB/T 3098.1	焊接螺钉、焊接螺栓
T25	钢 8.8	碳质量分数≤0.2%	GB/T 3098.1	焊接螺钉、焊接螺栓
T26	钢 04	粗牙	GB/T 3098.2	薄螺母
		细牙	GB/T 3098.4	
T27	钢 140HV		GB/T 848，GB/T 97.1	平垫圈
T28	钢 300HV		GB/T 848，GB/T 97.1	平垫圈

(续)

代号	机械性能或材料牌号及标准		适用产品
T29	10	GB/T 12619	抽芯铆钉
T30	不锈钢 A2-70	GB/T 3098.6	螺母、螺柱、螺栓($d\leqslant 20$)*
T31	不锈钢 A2-50	GB/T 3098.6	螺栓($d>20$)、螺钉 8
T60	软聚氯乙烯	GB/T 8815	卡扣
T61	硫化橡胶	HG/T 2196	卡扣

注：*用于自攻螺钉时，机械性能要求由供需双方协商。

表1-8 汽车标准件表面处理代号

代号	表面处理		适用产品类型
F	不处理，钢质件涂油防锈		全部
F2	防蚀磷化	QC/T 625	钢质件
F3	镀锌　彩虹色钝化	QC/T 625	1) 外螺纹件：$P<0.5$，镀层厚度为 $3\mu m$；$P=0.5\sim 0.8$，镀层厚度 $5\mu m$；$P>0.8$，镀层厚度为 $8\mu m$ 2) 内螺纹件：镀层厚度为 $5\mu m$
F30	镀锌　橄榄绿色钝化	QC/T 625	
F31	镀锌　黑色钝化	QC/T 625	
F32	镀锌　漂白钝化	QC/T 625	
F33	镀锌　高耐腐蚀性钝化	QC/T 625	
F34	镀锌　彩虹色钝化	QC/T 625	非螺纹件
F4	涂聚乙烯塑料		非螺纹件
F5	防护氧化	QC/T 625	铝质件
F6	锌铝铬涂层	QC/T 625	车轮螺母、外螺纹件及弹性垫圈组合件
F9	氧化	QC/T 625	钢质件
F10	镀锡	QC/T 625	非螺纹件
F13	镀铬	QC/T 625	车轮螺母、非螺纹件
F16	镀铅	QC/T 625	螺纹件
F19	镀铜	QC/T 625	全部

（7）总成件专用隶属件代号　仅用于某总成件的零件，以该总成件的品种代号加注专用隶属件代号作为该零件的品种代号。隶属件代号以自"1"起的顺序数字表示。书写该零件的完整编号时，隶属件代号置于尺寸规格代号之后，以"·"分隔。

（8）分型代号　以一种结构形式为基础，通过改变局部结构形式或增加新的技术内容所派生出的具有新增或不同功能的品种，其品种代号应与基本品种一致，每种分别给出分型代号。分型代号以一个汉语拼音大写字母表示，由字母"A"开始在同一基本品种范围内顺序使用（不用字母"I"、"O"、"Z"）。必要且合理时，也可采用具有指定含义的字母。

允许制成全螺纹的品种，视为一种分型，分型代号统一采用"Q"。采用预涂胶的产品，其分型号用有关标准规定的胶的分类代号表示。

分型代号在采用行业标准和国家标准时具体给定，同类产品的同类分型尽可能采用同一字母作为分型代号，不同类产品的分型在不致混淆的条件下，允许采用相同字母作为分型代号。

2. 编号示例

（1）仅有一个主要尺寸参数的产品

例1 六角法兰面螺母、主要尺寸参数（螺纹规格）为 M6、性能等级为 9 级且表面处理为镀锌彩虹钝化的产品编号为：Q32006。

9 级和镀锌彩虹钝化为推荐该品种的基本要求，已省略；Q320 为分配给该品种的品种代号。

例2 品种、性能等级、表面处理同例1 且螺纹规格为 M12 的产品编号为：Q32012。

例3 品种、螺纹规格同例1，性能等级为 10 级，表面处理为防蚀磷化的产品编号为：Q32006T13F2。

例4 品种、螺纹规格、表面处理同例1 且性能等级为 10 级的产品编号为：Q32006T13。

例5 孔用弹性挡圈、主要尺寸参数（适用孔径）为 12mm 且表面处理为氧化的产品编号为：Q43012。

Q43012 为分配给该品种的品种代号。氧化处理为推荐该品种的基本要求，已省略。材料及热处理仅一种要求，编号中不需标出。

例6 品种、工程孔径同例5，表面处理为镀锌彩虹钝化的产品编号为：Q43012F3。

例7 品种、表面处理同例5，适用孔径为 100 的产品编号为：Q430100。

例8 扩口式直角管接头体、主要尺寸参数（适用管子外径）为 6mm 的产品编号为：Q65306。

Q653 为分配给该品种的品种代号。材料及表面处理仅一种要求，编号中不需标出。

例9 扩口式直通管接头体、适用管子外径为 6mm 的产品编号为：Q655B06。

Q655 为原分配给该品种的品种代号，此后产品标准曾进行修订，新标准有影响互换性的变更，品种代号改变为：Q655B。

例10 方头锥型螺塞、主要尺寸参数（螺纹规格）为 NPT1/4 的产品编号为：Q614B02。尺寸规格代号按 1/4in 时折合 1/8in 的 2 倍。

例11 方头锥型螺塞、螺纹规格为 $NPT1\frac{1}{2}$ 的产品编号为：Q614B14。

十位为螺纹规格中的整英寸数，个位为螺纹规格中不足 1in 部分，折合为 1/8in 的 4 倍。

例12 开口挡圈、直径规格为 1.2mm 的产品编号为：Q43612。

例13 品种同上例、直径规格为 6mm 和 12mm 的产品编号分别为：Q43660 和 Q436120。

（2）有两个主要尺寸参数的产品

例1 六角头螺栓、螺纹规格为 M6、杆长为 50mm、性能等级为 8.8 级、表面处理为镀锌彩虹钝化的产品编号为：Q150B0650。

Q150B 为分配给该品种并有过一次影响互换性的标准变更的品种代号。8.8 级和彩虹钝化为该品种的基本要求，已省略。

例2 品种、性能等级、表面处理同例1，螺纹规格为 M4，杆长为 8mm 的产品编号为：Q150B048。

例3 品种、规格、性能等级、表面处理同例1，指定制成全螺纹的产品编号为：Q150B065Q。

例4　品种、规格、性能等级、表面处理同例1，在螺纹部预涂"S"级锁固胶的产品编号为：Q150B0650S。

"S"为对该品种派生的"S"级锁固胶产品给定的"分型号"。

例5　十字槽盘头自攻螺钉、螺纹规格为ST3.5、杆长为9.5mm、C型末端的产品编号为：Q2713595。

例6　品种、螺纹规格、末端形式同上例，杆长为25mm的产品编号为：Q2713525。

(3) 有三个主要尺寸参数和不宜以主要尺寸参数直接表示产品规格的产品

例　簧片螺母、适用自攻螺钉螺纹规格ST4.8、螺母卡入宽度规格为20mm、适用板厚为0.8~1.5mm的产品编号为：Q39748201。

其中48、20分别表示螺纹规格及其卡入宽度，适用板厚不便直接表示，给定序号为"1"。

(4) 多个主要尺寸参数在规格代号中的排序　有两个及以上主要尺寸参数的产品，各参数在尺寸规格代号中按主、次及习惯排序。

(5) 含专用隶属件的产品

例1　C型蜗杆传动式软管环箍、最大夹紧直径为50mm的总成产品编号为：Q67550。

例2　上例产品中齿带的品种代号为：Q675.1。最大夹紧直径50mm的齿带零件编号为：Q67550.1。

例3　上例产品中蜗杆仅一种规格，其品种代号、零件编号均为：Q675.2。齿带、蜗杆均为该总成的专用隶属件。

二、国外汽车配件编号及识别注意事项

国外汽车配件编号没有统一的标准，各厂自行规定，各不相同、比较繁杂。识别国外汽车编号时需要查对原厂的零件目录和手册。需要提醒注意的是，国外汽车车型的更新和改进较快，有些同一车型的同一配件，只因生产年份不同就不能通用互换。所以，国外车型的配件必须注意其生产年份和生产日期。例如日本丰田汽车，要查对零件编号必须先查出车辆型号和车架号码，由车架号码再查出车辆生产日期，查出发动机型号，再从有关目录上查出零件编号。下面重点介绍进口汽车配件的编号规则。

我国进口（或引进车型）汽车品牌繁多，在工业发达国家，各汽车制造厂的零件编号并无统一规定，由各厂自行编制，其配件编号规则各不相同。现以日本丰田-大发系列（包括铃木、夏利）汽车配件编号规则作简要介绍。

丰田-大发汽车配件的编号由13位数字或字母构成。这13位数字或字母，分为如下三组：

第一组为基础号码。该组号码表示配件名称。

第二组为设计号码。该组号码表示每个配件的车型、规格尺寸及设计改进顺序。

第三组为颜色号码。当某一配件需作颜色区别时，在此用数字表示其颜色。

说明：图1-6内，"〇"代表数字编码，"□"代表字母或数字编码。

第一章 汽车配件入门知识

图1-6 丰田-大发汽车配件编号

丰田-大发汽车配件的编号规则有5类、8种，下面对5类配件编号规则分别予以介绍。

1. 一般配件号的编号规则

一般配件是指除2~5类（标准配件、组合配件、修理备用配件、工具）以外，组成汽车的各项配件。它的13位数字或字母按两种规则赋予不同代码，但基础号码编码的规则基本是一样的，区别仅在于设计号码组。现分组说明它的编号规则。

1）基础号码。配件名称代码（见图1-7），编码的规则如下：

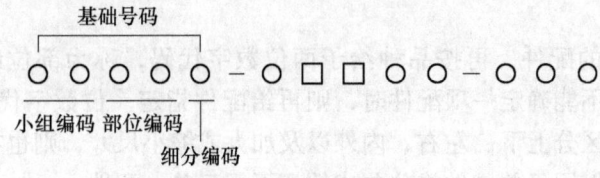

图1-7 配件名称代码

把全车的一般配件，按功能划分为若干个组，并给每组指定两位数字的代码，称为小组编码。编码的具体分配情况详见表1-9。

表1-9 丰田-大发汽车一般汽车配件的小组编码

第一位数	第二位数									
	0	1	2	3	4	5	6	7	8	9
0					修理包			专用配件	附件	工具
1		气缸体、气缸盖	发动机、安装件、油底壳	曲轴连杆、活塞组、配气机构		机油泵、机油滤清器	散热器水泵	进、排气系统,消声器,空滤器		点火系统
2		化油器	喷油泵	燃油泵及滤清器	增压器	废气再循环系统	发动机附件	发电机及调节器	起动机、蓄电池、继电器	真空泵
3		离合器	液力变矩器	变速器		自动变速器	分动器、取力器	传动轴	绞盘自卸	
4		减速器、差速器	后桥壳、半轴、车轮、制动鼓	前桥	动力转向制动装置	转向器	真空助力器、手制动	前、后制动器总泵、分泵制动管路	前、后悬架	液压助力器制动器
5		车架	车身保险杠	发动机罩、挡泥板		仪表板	风窗玻璃	地板	地毯	
6		侧围1/4内饰板	车顶		后围		车门	门窗玻璃		车门锁

（续）

第一位数	第二位数									
	0	1	2	3	4	5	6	7	8	9
7		座椅	可调式座椅		内饰件、蓄电池箱	外饰件		油箱	节气门、风门拉索、制动踏板	
8		灯具闪光器	线束	仪表、钟表	开关	刮水器、洗涤器、点烟器	收放机及天线	暖气	空调	
9	标准件	六角头螺栓	螺栓	螺钉	螺母、垫圈		铆钉、销、键	紧固件、密封件	轴承	轮胎内胎功能

对小组编码相同的配件，再按品种给予两位数字代码，称为部位编码（第3、4位）。当用前两项编码仍然不能确定一项配件时，则再给配件指定一位数字代码，称为细分编码。如果有些配件还需要区分上下、左右、内外以及加大或缩小尺寸，则也在此位给予代码。但第5位的细分编码，仅用于总成件或分总成件，不用于单一配件。

2）设计号码。由于大发工业公司与丰田汽车公司有紧密的合作关系，故有些配件是通用的。为此，设计号码组的编码规则分为"大发专用配件"和"丰田通用配件"两种。

①大发专用配件设计号码的构成，是将设计号码组前两位数字定为87（见图1-8），这是大发专用代码；第三位按车牌名代码给以数字或字母，车牌名的代码，见表1-10。其后两位是设计代码，按设计顺序编号。

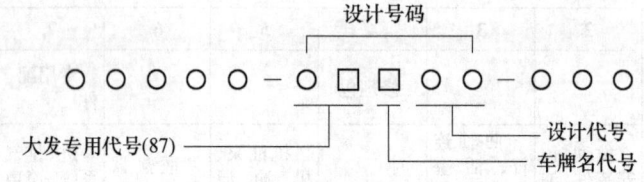

图1-8 大发专用配件设计号码

表1-10 大发车牌名专用代码表

数字或拉丁字母代码	车 牌 名
1或A	CHARMANT 查门特
2或B	CUORE 库雷
3或C	DELTA 得尔塔
5或D	HUET 海捷特
6或E	ROCKY 柔克
7或F	CHARADE 夏利
8	三轮摩托 Motor Tri-cycle, Electric Tri-cycle

②丰田通用配件设计号码的构成，是在设计号码组中，除前两位代码为87（大发专用配件）的以外，其他代码都是通用配件。它的编号规则，按照丰田汽车公司的规定，当基础号码组前两位代码在11~29之间时，设计号码组中前两位数字或字母就是发动机型号代

码;随后两位数字是设计代码;最后一位数字为主要件的设计更改代码(见图1-9)。

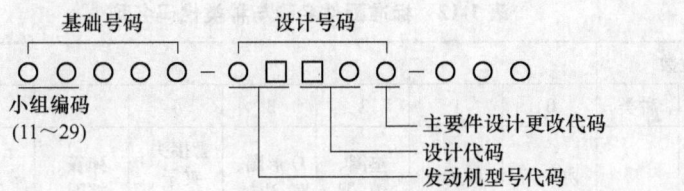

图1-9 丰田通用配件设计号码

3)颜色号码。颜色号码(见图1-10)组由三位数字组成,其中第二位数字为颜色的代号。颜色代号表见表1-11。

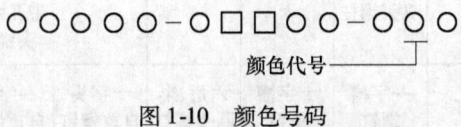

图1-10 颜色号码

表1-11 颜色代号表

颜色代号	颜　　色	颜色代号	颜　　色
1	黑	6	棕
2	红	7	绿
3	灰	8	乳白
4	蓝	9	黄
5	米黄色		

2. 标准配件号的编号规则

标准配件是指丰田、大发工业公司按国际标准化组织(ISO)确定规格的配件,品种包括螺栓、螺钉、螺母、垫圈、铆钉、销、V带、油封、滚动轴承、衬套等。其编号规则是:

在基础号码组中,第一位定为9,这是标准件的专用代码;第二、三位是名称和种类的数字代码;第四、五位是再细分名称的数字代码。

在设计号码组中,第一位是材料或表面处理的数字代码;其后四位是尺寸的数字代码。各种标准件的尺寸编号方式不完全一样,如螺栓、螺钉、铆钉类,第二、三两位数字,是实物的直径尺寸(mm);第四、五两位数字,是实物的长度尺寸(mm);V带,第二至五位数字,是实物圆周长度尺寸(mm)。标准配件号如图1-11所示。

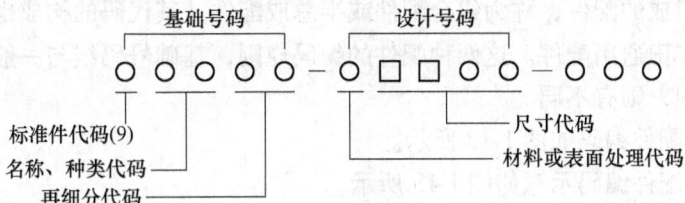

图1-11 标准配件号

标准配件名称与种类代码见表1-12。

表1-12 标准配件名称与种类代码名称

第一位数	第二位数 标准	代码	种类	0	1	2	3	4	5	6	7	8	9
9	汽车用	0	协作厂标准件		螺栓、螺钉	垫圈、销、铆钉、键	O形圈、塞、油封、轴衬套	管接头、夹子、夹板金属油封	弹簧、挡圈、软垫片				
	一般通用	1	六角头螺栓		六角头螺栓(1)	六角头螺栓(2)	六角头螺栓(3)	六角头螺栓(4)	六角头螺栓(5)	六角头螺栓(6)			
		2	螺栓		双头螺柱				方、沉头、带孔六角头螺栓	半圆头、半沉头螺栓			
		3	螺钉	螺钉	一字槽螺钉	十字槽螺钉	六角、半圆头螺钉	十字头自攻螺钉	一字头自攻螺钉	十字头螺钉	一字槽头螺钉		
		4	螺母、垫圈		六角螺母	螺母	带铆接突缘螺母	螺母附件	弹簧垫圈	平垫圈	密封圈		
		5	铆钉、销、键、钉等		铆钉、钉	销		键					
		6	其他件		挡块		管接头	油嘴		防尘油封	O形圈	缓冲胶垫	
		7	滚动轴承	深沟球轴承	磁电机用球轴承	推力角接触球轴承	调心球轴承	滚珠轴承	锥轴承(JLS型)	锥轴承(带母销)	球面滚面滚柱轴承		
		8	轮胎	内外胎组件	轮胎	内胎	垫带	无内胎轮胎					
		9	功能零件		开关、报警器、照明器具、电线、蓄电池等								

3. 组合件（半总成配件）号的编号规则

由几个配件组成的配件，称为组合配件或半总成配件，其代码的构成也分两种，分别为大发专用配件和丰田通用配件。这两种配件的编码规则，基础号码组与一般配件编号规则相同；设计号码组中，则有不同。

1) 大发专用配件编码如图1-12所示。
2) 丰田通用配件编码示意如图1-13所示。

4. 修理备用配件（修理包件）号的编号规则

由两个以上维修用主要配件，综合在一个包装内，称为修理备用配件（修理包件），其编号规则除在基础号码组的前两位冠以"04"数字外，其余的编码，均与一般配件类同，如图1-14所示。

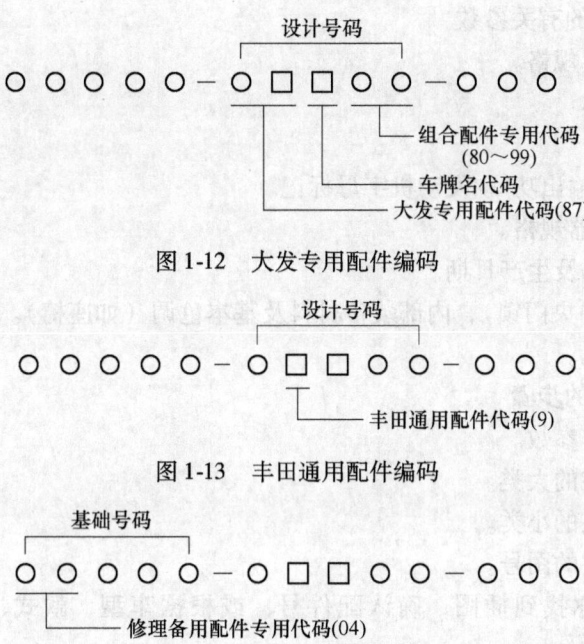

图1-12　大发专用配件编码

图1-13　丰田通用配件编码

图1-14　修理备用配件编号

5. 工具类的编号规则

工具又分为随车工具、专用工具两种。客户购买新车时，随车配备的各种工具，称为随车工具；修理中使用的各种特制工具，称为专用工具。它们的编号仅在基础号码组有区别。

1）随车工具编号（见图1-15），是在基础号码组的前三位数字代码，定为091，它包括千斤顶、扳手、螺钉旋具等。

2）专用工具编号（见图1-16），是在基础号码组的前三位，按不同品种，分别冠以092～099的数字代码。

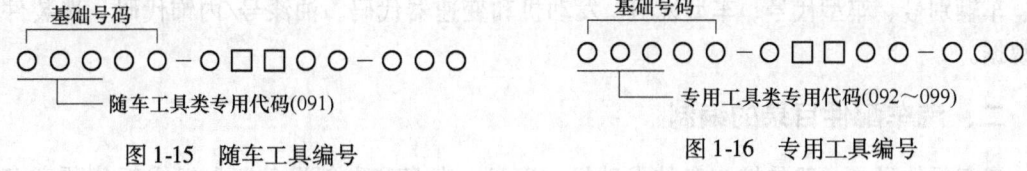

图1-15　随车工具编号　　　　　　　图1-16　专用工具编号

第四节　配件编号的查找

一、汽车配件目录的查阅方法

汽车配件编码（配件号）的查询必须有原厂授权的配件查询资料（书册或胶片）才可进行查询。配件的查找不能只通过几次培训、几道练习就能掌握，需要今后不断地努力和追求，在工作中学习，在工作中探索，在工作中熟练掌握。以下提供的是一种步骤，实际操作中会有不同的变通。

(1) 确认配件号的有关参数

1) 车型，款式，规格。
2) 明确配件名称。
3) 底盘号。
4) 发动机型号/输出功率/发动机字母标记。
5) 发动机/变速器规格。
6) 制造厂家代码及生产日期。
7) 选装件（如中央门锁），内部装备材料及基本色调（如座椅）。
8) 车身外部颜色。

(2) 查找配件号的步骤

1) 须知的最基本参数。
2) 确定零件所在的大类。
3) 确定零件所在的小类。
4) 确定显示配件的图号。
5) 根据配件名称找到插图，确认配件号，或根据车型、款式、备注说明，确认配件号。
6) 根据车辆参数确定配件号并记录下来。
7) 关闭阅读器，胶片送回原处。

(3) 车辆标牌、发动机、底盘号的位置（以一汽大众生产的捷达车为例）

1) 车辆标牌——位于发动机舱右围板处或储气室右侧。
2) 发动机号——位于气缸体和气缸盖接合处的气缸体前端。此外，齿型带罩上有一条形码不干胶标签，其上标出了发动机号码。
3) 车辆识别号（底盘号）——车辆识别号标在发动机机舱前端围板处，通过排水槽盖上的小窗口即可看到底盘号。
4) 整车数据不干胶标签——贴在行李箱后围板左侧，其上有：生产管理号、车辆管理号、车辆别号、车型代号、车型说明、发动机和变速器代码、油漆号/内饰代码、选装件号等数据。

二、汽车配件目录的编制

汽车配件目录一般是按汽车的发动机、底盘、车身和电气设备四大组成部分顺序编排的。发动机按机体组、曲柄连杆机构、配气机构、供给系统、冷却系统、润滑系统、点火系统和起动系统排列；底盘按传动系统（离合器、变速器、万向传动装置、驱动桥）、行驶系统（车架、车桥、悬架、车轮）、转向系统、制动系统排列，接着是车身附件和电气系统。

在汽车配件目录中，一般每一总成都有拆解示图，并标明该总成各组成零件的序号（标号），对应表格中给出各标号配件的名称、编号、每车用量、通用车型等。

首先要确定所查阅的配件为车辆的原有目录，否则将无法保证所购配件是否适用。查阅前，必须确知汽车型号、发动机型号、发动机编号、底盘编号、出厂日期等参数。

例：捷达（JETTACL）ABX（4速和5速）及ACR型和捷达王（JETTAGT）轿车的配

件目录。

本目录分为五个部分：第一部分是零件主组索引，按照一汽大众公司的零件主组编号，介绍各编号内的子组零部件及其名称。第二部分为零件目录正文，其中包括全部零部件的子组图解和每种零部件的编号、名称、说明、件数，以及适用车型等内容。第三部分为配件号码索引，它把书中全部零件的零件号码按顺序编辑，以便使用者能在知道零件号码后查阅零件所在部位、形状、名称等有关情况。第四部分为新增配件索引。第五部分为车型和零件目录内容以及符号说明附表。

使用说明：

1）本目录中所列出的零件按汽车的构造分成9个主总成，每一个主总成又分成若干个子总成。在主总成和子总成中大部分的零件均按它们设计结构上的相互从属关系进行列序和编号，结构图也是从这个意图出发安排的。

2）一般零件号码由9个数字组成，分成4组。第一组3位数表示汽车的车型或发动机或变速器的型号（对于油漆、辅料及一部分通用件则用1位或3位字母表示）；第二组3位数字表示该零件所属的主组（主总成）及子组（子总成）；第三组3位数则组成零件号。当零件改进后，则在第10、11位用字母或数字表示。有颜色的零件由3个数字或数字与字母组合在第12~14位来表示。

例一：1H3867043BJ（具体含义见表1-13）

表1-13 示例具体含义

车型、型号、规格	主组	子组	零件号	更改字
1H3	8	67	43	BJ

1）为了使本目录与一汽大众公司的配件技术文件通用，本目录对零件编号、图号及零件主组页码等内容未作改动，以利于用户到有关部门订购配件。每页零件目录列表下端都有两组数，如：200-10和9-003，200-10表示图号，9-003表示表示零件第9主组和第3页。

2）为了让使用者能够直观、快速地查阅已知零部件的号码、部位，本目录全书编排了页码，可先查阅第一部分零件主组索引及目录，然后再按目录所示页码查阅子组列表目录，即可查阅到已知零件子组图页号码，再由图页号码查阅零部件列表目录，即可查阅到已知件号码、部位。

3）在只知零件号码的情况下，应使用本目录第三部分。首先根据所查零件号码第二组3位数字的顺序查到该零件号码所在的零件主组页码（对于第一组是字母的零件将其安排在前部，请查阅时注意），据此即可找到被查零件所在的图解及附表。

例1：欲查找311133343零件，可在第三部分零件号码索引中表1-14根据零件号码第二组3位数字133的顺序及第三组3位数字查到该零件所在零件1主组页码为1-022，再从1-022页查阅列表1-15、图1-17即可从列表中找到该零件为卡箍。

4）方便用户使用，在目录中增加了新增配件索引，如有需要可根据所查零件号码的第二组3个数字的顺序在新增配件索引中即可查到。

5）车型、零件目录内容和符号说明等，可按此第五部分中的附表中查出。

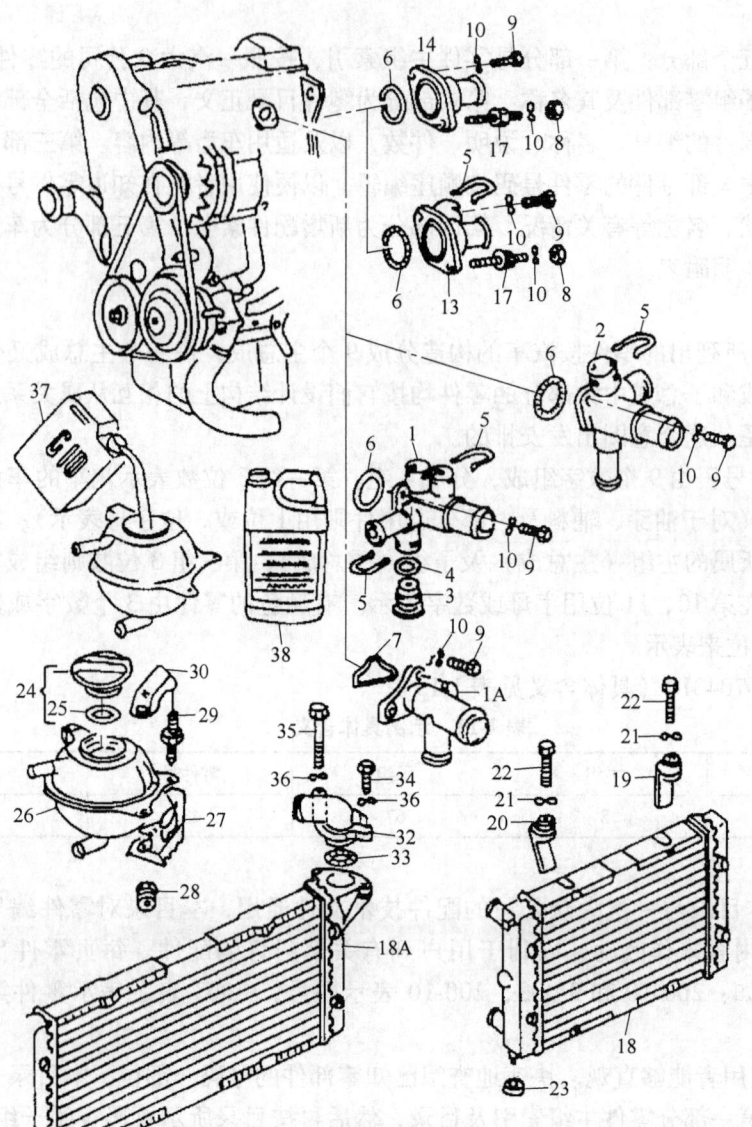

图 1-17 捷达轿车水软管及硬管

表 1-14 零件号码索引表

备件号	页码	备件号	页码
……	6-021	027121142A	1-008
B000100	6-609	035121171C	1-032
D176001A3	8-015		1-035
G000650	6-009	431121273B	1-038
N90205601	9-032	443121273E	1-031
101 000001AD	9-006	171121276D	1-032
101 000005AD	9-006		2-012

备件号	页码	备件号	页码
101 000007AC	9-006	171121276D	2-014
101 000044AB	9-007	LOC	1-032
330 000283	0-001		2-014
357 010049E	0-001		1-005
1GD011031	0-001	027121631A	1-035
1GD011221	0-001	026127585	1-012
191 011247A	0-001	056129477	1-007
810 019829	8-049	046129559	7-007
LOC	8-049	028129589B	2-007
036035255E	9-006	059129001	1-031
036035281A	9-006		2-007
052035281	9-006	056129669B	1-012
357 035447	9-048		2-012
357 035447A	9-054	058129717B	1-038
	9-058	111129720	2-003
357 035447B	9-054		4-009
1D0098010D	1-006	06A129723B	1-038
	1-038	028129748	1-038
4D0098050C	1-006	056129777	6-007
			1-031
	9-007	058131193A	
068103085A	1-018	034131851B	1-027
077103175B	1-019	06A133225	2-007
06A103193B	1-019	034133335	1-028
056103493	1-031	311133343	1-022
056103541	1-018	051133457	2-006
051103623	1-018	051133517	2-006
06A103634	1-017	1GD133518	2-006
026103637A	1-018	1GD133519	2-006
06A103663A	1-017	049133687H	1-037
06A103925H	1-038	022133687	9-006
058103931	9-007	1GD133687	1-034
06A103940C	1-038	026133784E	6-007
049109111C	1-018		8-019
LOC	1-018	044133990C	2-005
056109143	1-018	1GD133990	2-005
049109166	9-004	020141073A	3-003
058109217D	1-006	085141711	3-002
054115147	1-004	112142261A	9-044
025121142	9-019	027198012L	1-005

表 1-15　主组 1 发动机插图零件号名称与备注件数代码表

					AHP
		水软管及硬管			
1	1GD121051A	水软管 （散热器＞水泵）		1	
2	N0164101 01/97-LOC	弹性带夹箍 当地置办	40	4	
3	1GD121056	水软管	正程	1	
4	N10098701	弹性带夹箍		3	
5	311133343	卡箍		1	
6	1GD121101A	水软管 （法兰＞水冷器）		1	
7	1GD121120	软管支架		1	
8	N90316802	O 形圈	19.6×3.65	1	
9	1GD121053	水软管 （法兰＞水管）		1	
10	1GD121065	水管		1	
11	N0164021 01/97-LOC	弹性带夹箍 当地置办	23	3	
12	1GD121073	水软管 （热交换器＞水管）		1	
13	N0164031 01/97-LOC	弹性带夹箍 当地置办	27	3	
14	1GD121109A	水软管 （补偿罐＞水管）		1	
15	1GD121257	水软管 （管接头＞热交换器）		1	
16	1GD121120A	软管支架		1	
17		见图 1	22		
18	1GD121447	水软管 （涨溢罐＞节流阀接管）		1	

例 2：欲查找桑塔纳轿车 056103651 号零件，可在桑塔纳轿车配件目录第三部分零件号码索引表 1-16 中根据零件号码第二组 3 位数字 103 的顺序及第三组 3 位数字查到该零件所在零件大组页码（页次）为 1~109，再从 1~109 页查阅列表即可从列表 1-17、图 1-18 中找到该零件为凸轮轴轴瓦。

五十铃 NKR 系列汽车发动机曲轴、活塞图解及配件目录见图 1-19 和表 1-18。由表中可以看出，标号 4 的配件为活塞环组，编号为 8-94247-867-1，每车用量为 4 组，可与 NHR4JA1 车通用。

表1-16 零件目录索引表

零件号码页次	零件号码页次	零件号码页次
ZBC8579818~057	056103489A1~032	0561055971~033
ZBC9555319~020	1~031	0561056031~033
ZBC9597539~020	0491034911~032	0561056091~034
ZBC95973A9~020	1~032	026107301A1~032
100000018AA9~003	1~031	0271073011~032
3300110310~001	048103609B1~031	0271073051~032
3300162010~002	0531036234~013	026107311A1~032
3300162150~002	026103637A1~013	026107313A1~032
3300164008~013	0371036491~031	026107315A1~032
3300169950~002	055103650A1~031	026107321B1~032
330016995B0~002	0561036511~009	026107323C1~032
3300169970~002	0561036521~009	026107325C1~032
330016997B0~002	3301052532~013	1001090011~032
8100198298~063	2~011	049109111C1~013
8030198378~063	053105401F1~032	0561091431~013
036035255E9~003	056105501B1~033	0261096751~032
036035281A9~003	056105507B1~033	026115441A1~031
0520352819~003	056105513B1~033	026119111A1~015
171035447B9~041	056105519B1~034	8111191131~019
049103043A1~031	056105531A1~033	9~036
068103085A1~032	0561055371~033	8111191371~019
1~013	056105543B1~033	052121091A1~031
1~013	0561055491~034	0591211191~031
026103161A1~031	026105561B1~033	0251211421~022
077103175B1~014	1~033	035121171C1~023
0301031811~031	056105561B1~033	1~032
3301033831~032	056105567B1~033	171121276D2~008
026103483B1~031	056105573B1~033	321121409C8~011
1~032	056105579B1~034	0371216871~032
1~032	026105591B1~033	1~031
056103489A1~032	056105591B1~033	3301271772~004

表1-17 零件大组1 发动机零件目录索引表

指引号	零件号码	零件名称	备注	数量	型号
1	026109101L 050109101	凸轮轴、进排气门 凸轮轴S 凸轮轴		1 1	化油器式 喷射式
2	N0127082	半圆键	4×5	1	
3	049109111C	同步带轮L		1	
4	056109143	垫圈	12.5×28	1	

(续)

指引号	零件号码	零件名称	备注	数量	型号
5	N0101371	六角头螺栓	M12×1.5	1	
(6)	034109309AD	液压挺杆		8	
(8)	03510960H	进气门 L		4	化油器式
	048109601A	进气门		4	喷射式
9	026109611	进气门 L		4	
10	078109623	气门外弹簧		8	
11	056109626A	气门弹簧座(下)		8	
12	078109633A	气门内弹簧		8	
13	049109641A	气门弹簧座(上)		8	
14	113109651A	气门锁片		16	
15	026109675	气门密封		8	
16	056103651	凸轮轴轴瓦	25.75	*	
(16)	056103652	(欠尺寸)仅用于修复气缸盖 凸轮轴轴瓦 仅用于修复气缸盖	26.00	*	

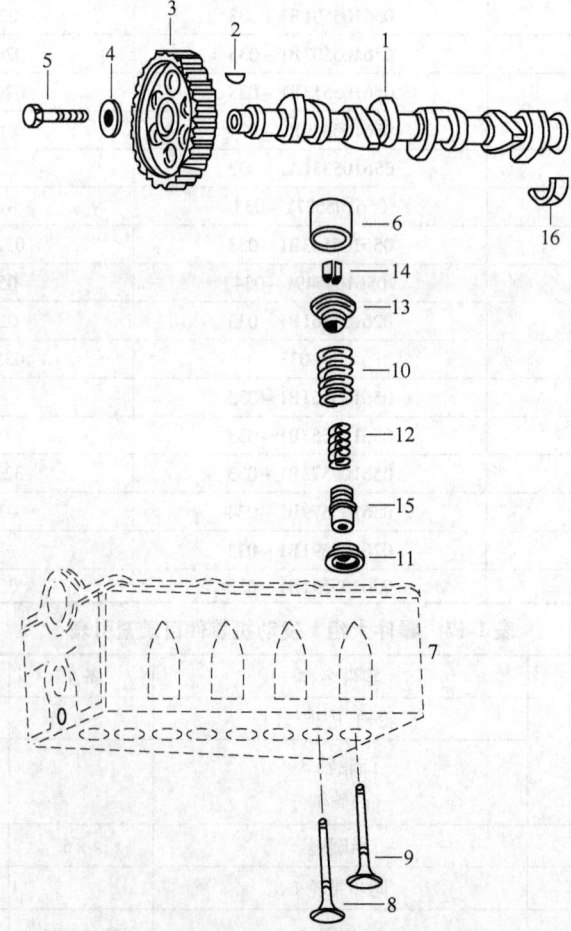

图 1-18 桑塔纳轿车凸轮轴及进、排气门

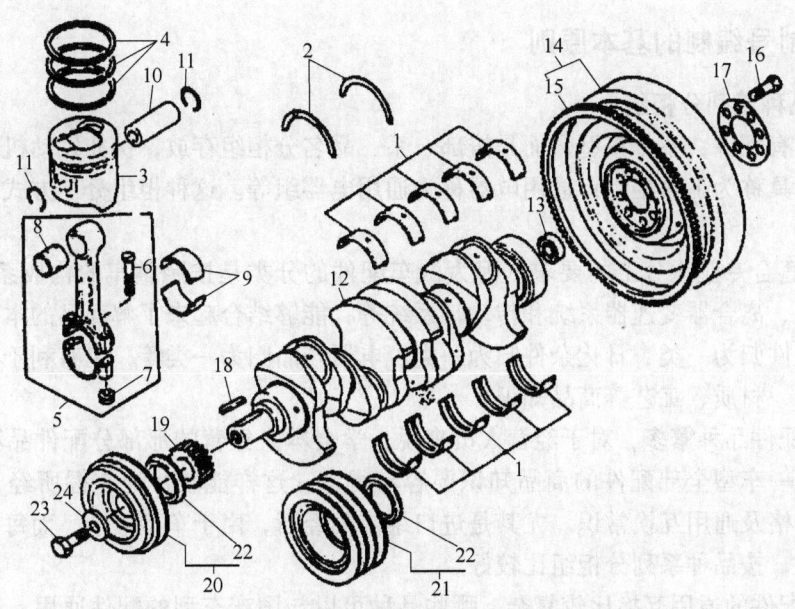

图 1-19 五十铃 NKR 系列汽车发动机曲轴及活塞（4JB1）

表 1-18 曲轴及活塞（4JB1）配件目录

标号	配件名称	配件编号	每车用量	备注
1	曲轴主轴承组标准(包括 N02)	8-94168-552-0	1	
2	推力活塞	8-94130-923-0	2	
3	活塞组	8-94152-711-0	4	
4	活塞环组	8-94247-867-1	4	与 NHR4JA1 通用
5	连杆总成(NO.6~8)	8-94247-965-2	4	
6	连杆螺栓	5-12235-009-0	8	与 NHR4JA1 通用
7	连杆螺母	5-09409-016-0	8	↑
8	连杆衬套	8-94247-968-0	4	↑
9	连杆轴承组	8-94125-747-0	4	↑
10	活塞销	8-94247-970-4	↑	
11	弹性垫圈	8-94133-969-0	8	
12	曲轴	8-94123-349-2	1	
13	球轴承	9-00090-679-0	1	与 NHR4JA1 通用
14	飞轮总成(NO.15)	8-94125-761-1	↑	
15	飞轮齿圈	8-94253-737-0	1	↑
16	飞轮螺栓	5-09000-146-8	↑	
17	垫圈	8-94133-970-1		
18	平键	9-0803-0743-0	1	↑
19	曲轴正时齿轮	8-94139-754-1	↑	
20	曲轴带轮总成(两条槽)	8-94139-340-1	1	↑(无动力转向)
21	曲轴带总成(三条槽)	8-94139-765-0	1	↑(带动力转向)
22	防尘圈	9-12373-606-0	1	↑
23	螺栓	9-09802-606-0	1	↑
24	垫圈	1-09503-003-0	1	↑

三、自制号编制的基本原则

1. 按照品种系列分柜组

经营的所有配件，不分车型，而是按部、系、品名分柜组存放，例如发动机配件称为发动机柜组；工具称为工具柜组；通用电器称为通用电器组等。这种柜组分工方式的优点有如下几条：

1）比较适合专业化分工的要求。因为汽车配件的分类是按照整车的构成系统划分的，如发动机系统、离合器变速器系统和传动轴系统等，能够结合起来了解商品的本质特点。再如金属机械配件归为一类、日化杂件归为一类、电器产品归为一类等，也有利于深入了解商品的性能特点、材质、工艺等商品知识。

2）汽车配件品种繁多，对于经营人员来说，学会本人经营的那部分配件品种的商品知识，比学会某一车型全部配件的商品知识要容易得多，这样能较快地掌握所经营品种的品名、质量、价格及通用互换常识。尤其是进口维修的经营，由于车型繁杂，而每种车型的保有量又不太多，按品种系列分柜组比较好。

3）某些配件的通用互换比较复杂，哪些品种可以与国产车型的配件通用，往往需要用户提供，有的则需要从实物的对比中得出结论。如果不按品种系列，而按车型经营，遇到上述情况，就有许多不便。

2. 按车型分柜组

按不同车型分柜组，如分成桑塔纳、富康、捷达、奥迪、东风、解放柜组等。每个柜组经营一个或两个车型的全部品种。这种柜组分工方式的优点有如下几条：

1）一些专业运输单位及厂矿企业拥有的车型种类不多，中小型企业及个体用户大多只拥有一种或几种车型。目前的汽车配件用户，又以中小型用户为主。这些中小型用户的配件采购计划，往往是按车型划分的。一份采购单只要在一个柜组便可全部备齐，甚至只集中到一个柜组的1~2个柜台，便可解决全部需要。

2）按车型分工还可与整车厂编印的配件目录相一致，当向整车厂提出要货时，经营企业可以很便利地编制以车型划分的进货计划。

3）按车型分柜组，有利于进行经济核算和管理，而孤立地经营不同车型的，难以考核经济效益。按车型分工经营，根据社会车型保有量统计数据，把进货销量、库存、资金占用、费用、资金周转几项经济指标落实到柜组，有利于企业管理的规范化。

但这种方法也有缺点，那就是每个柜组经营品种繁多，对经营人员的要求高，他们需要熟悉所经营车型的每种商品的性能、特点、材质、价格及产地，这不是一件很容易的事，而且当一种配件可以通用几个车型时，往往容易造成重复进货和重复经营。

柜组分工方式可根据企业的具体条件确定。一个较大的汽车经营企业，往往在一个地区设立几个门市部，或跨地区、跨市设立门市部。在门市内部，相互间的分工到位很重要，有的按车型分工，如经营解放、东风或桑塔纳、捷达、奥迪配件等；有的不分车型，按品种系列综合经营；也有的二者兼有，既以综合经营为基础，又各自有几个特色车型。

复习思考题

1. 名词解释：合件、总成件、纯正部件、配件。
2. 试述 VIN 的内容。
3. 试述查找配件号的步骤。
4. 试述车辆上车辆标牌、发动机、底盘号及整车数据的显示位置。
5. 试自制配件编号。

第二章 常用汽车材料及常见易损件

第一节　汽车车身常用材料
第二节　汽车运行材料
第三节　汽车轮胎
第四节　滚动轴承与油封
第五节　汽车油漆
第六节　汽车美容养护用品
第七节　其他常用材料
第八节　汽车常见易损件

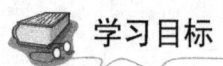

知识目标：了解汽车常用材料的总体分类及基本性能，掌握汽车常用金属和非金属材料的不同特征。

技能目标：理解汽车轮胎的种类，了解汽车油漆用品在汽车材料中的地位，识别滚动轴承的结构和代号，掌握油封的作用和相关技术参数的要求。

能力目标：熟练掌握汽车运行材料的性能、分类、使用注意事项，领会汽车美容业巨大的利润空间和市场潜力，对常见的汽车易损件有正确的了解和认识。

第一节　汽车车身常用材料

一、汽车常用金属材料

（一）金属材料性能

金属材料的性能，一般为分两类：一类是使用性能，它反映金属材料在使用过程中所表现出来的特性，包括机械性能、物理性能和化学性能，它决定了金属材料的应用范围、安全可靠性和使用寿命；另一类是工艺性能，它反映金属材料在加工制造过程中的各种特性，包括铸造性能、锻压性能、焊接性能和切削加工性能等，它决定了金属材料制造零件时的难易程度。

1. 金属材料机械性能

（1）强度　强度是金属材料在外力作用下抵抗变形和破坏的一种能力，金属材料的强度越高，表示所能承受的外力越大。

（2）塑性　塑性是指金属在外力作用下产生永久变形而不破坏的能力。汽车许多零件在加工过程中要求材料有较好的塑性。衡量材料塑性好坏的指标是延伸率（δ）和断面收缩率（ψ）。塑性可以通过拉伸试验的方法测得。

(3) 冲击韧度　金属材料抵抗冲击载荷的能力，叫做冲击韧度。所谓冲击载荷，就是以很大的速度作用在零件上的载荷，冲击载荷作用的速度快，应力及变形分布不均匀，因而其对材料的破坏作用远大于静载荷。如汽车的悬架机构，在汽车起步、制动或改变速度时，钢板弹簧和钢板吊耳均要受到冲击。

(4) 硬度　硬度是指金属材料抵抗比其更硬物体压入其表面的能力，也可以说是材料抵抗局部的变形能力。硬度值是通过硬度试验机测定的。根据测定方法的不同，硬度可分为布氏硬度（HBW）、洛氏硬度（HR）、维氏硬度（HV）和显微硬度（HL）四种。汽车板料的硬度多用布氏硬度和洛氏硬度两种方法表示。

(5) 疲劳强度　许多汽车零件是在重复或交变应力作用下工作的，如传动轴、连杆、弹簧等。所谓重复或交变应力，是指应力的大小和方向随时间呈周期性的变化。在多次重复或交变应力作用下，使金属材料在远较金属的屈服强度为低时即发生断裂的现象，称为"疲劳"。

2. 金属材料工艺性能

(1) 金属材料的冲压性能　金属在冷或热的状态时，在压力作用下进行塑性变形的能力，叫做冲压性能，即金属可进行热锻、冷冲压、冷镦、冷挤压等的能力。例如汽车车身、搪瓷制品的胎料及许多日用品，都是用冲压方法制成的。

(2) 金属板材的焊接性能　焊接性能是指金属材料对焊接加工的适应性。金属材料的焊接性能好，则说明该金属材料易于用一般焊接方法与工艺施焊，而且焊接时不易形成裂纹、气孔、夹渣等缺陷，其接头强度可与母材相近。焊接性能差的材料必须用特定的方法与工艺进行焊接。

(3) 切削加工性能　切削加工性能是指金属材料被切削加工的难易程度。金属材料的切削加工性，不仅与材料本身的化学成分、内部组织有关，还与刀具的几何参数等因素有关。工件硬度过高，则刀具易磨损，切削加工困难；硬度过低，则容易粘刀且不易断屑，加工后表面粗糙。所以，硬度过高或过低、韧性过大的材料，其切削性能较差。

(二) 金属材料种类

1. 钢铁材料

(1) 钢　碳是决定钢性能最主要的元素，钢中的杂质对钢性能也有一定的影响。在碳质量分数小于0.8%的碳素钢中，随着碳质量分数的增加，钢的强度、硬度不断提高，塑性、韧性不断降低。在碳质量分数大于0.8%的碳素钢中，随着碳质量分数的增加，钢的强度不再增加，但硬度还有提高，塑性、韧性继续降低。

1) 钢的分类。钢可按化学成分、质量、用途等来分类。钢是碳质量分数在0.04%~2.3%之间的铁碳合金。为了保证其韧性和塑性，碳质量分数一般不超过1.7%。钢的主要元素除铁、碳外，还有硅、锰、硫、磷等。钢的分类方法多种多样，其主要方法有如下七种：

①按品质分类。普通钢（磷质量分数不大于0.045%，硫质量分数不大于0.050%）、优质钢（磷、硫质量分数均不大于0.035%）、高级优质钢（磷质量分数不大于0.035%，硫质量分数不大于0.030%）。

②按化学成分分类。

a. 碳素钢：低碳钢（碳质量分数不大于0.25%）；中碳钢（碳质量分数为0.25%~0.60%）；高碳钢（碳质量分数大于0.60%）。

b. 合金钢：低合金钢（合金元素总质量分数不大于5%）、中合金钢（合金元素总质量分数为5%~10%)、高合金钢（合金元素总质量分数大于10%）。

③按成形方法分类。有锻钢、铸钢、热轧钢、冷拉钢。

④按金相组织分类。

a. 退火状态的：亚共析钢（铁素体+珠光体）、共析钢（珠光体）、过共析钢（珠光体+渗碳体）、莱氏体钢（珠光体+渗体）。

b. 正火状态的：珠光体钢、贝氏体钢、马氏体钢、奥氏体钢。

c. 无相变或部分发生相变的。

⑤按用途分类。

a. 建筑及工程用钢：普通碳素结构钢、低合金结构钢、钢筋钢。

b. 结构钢：机械制造用钢（调质结构钢；表面硬化结构钢，包括渗碳钢、渗氮钢、表面淬火用钢；易切结构钢；冷塑性成形用钢，包括冷冲压用钢、冷镦用钢）、弹簧钢、轴承钢。

c. 工具钢：碳素工具钢；合金工具钢；高速工具钢。

d. 特殊性能钢：不锈耐酸钢、耐热钢（包括抗氧化钢、热强钢、气阀钢）、电热合金钢、耐磨钢、低温用钢、电工用钢。

e. 专业用钢：桥梁用钢、船舶用钢、锅炉用钢、压力容器用钢、农机用钢等。

⑥综合分类。

a. 普通钢：碳素结构钢[Q195、Q215（A、B）、Q235（A、B、C）、Q255（A、B）、Q275]、低合金结构钢、特定用途的普通结构钢。

b. 优质钢（包括高级优质钢）：结构钢：（优质碳素结构钢、合金结构钢、弹簧钢、易切钢、轴承钢、特定用途优质结构钢）、工具钢（碳素工具钢、合金工具钢、高速工具钢）、特殊性能钢（不锈耐酸钢、耐热钢、电热合金钢、电工用钢、高锰耐磨钢）。

⑦按冶炼方法分类。

a. 按炉种分：平炉钢（酸性平炉钢、碱性平炉钢）、转炉钢（酸性转炉钢、碱性转炉钢或底吹转炉钢、侧吹转炉钢、顶吹转炉钢）、电炉钢（电弧炉钢、电渣炉钢、感应炉钢、真空自耗炉钢、电子束炉钢）。

b. 按脱氧程度和浇注制度分：沸腾钢、半镇静钢、镇静钢、特殊镇静钢。

2) 钢的用途

①碳素结构钢。碳素结构钢的碳质量分数一般小于0.7%，可分为普通碳素结构钢和优质碳素结构钢，它要求具有较高的强度、塑性和韧性。常用于制造工程结构件（如建筑的屋架、桥梁、车辆等）以及机械零件（如螺钉、螺母、冲压零件、齿轮、轴、连杆等）。

②碳素工具钢。碳素工具钢的碳质量分数在0.7%~1.4%，由于其碳质量分数高，故硬度偏高，但热硬性差。主要用于制造各种手工具，一般都需经热处理后才可使用。

③合金结构钢与合金工具钢。合金结构钢和合金工具钢的用途与碳素结构钢和碳素工具钢相仿，但其性能优于碳素钢。如40钢经调质，其抗拉强度小于750MPa；而40Cr钢经调质后其强度大于1000MPa。调质后，在硬度相同的情况下，40Cr钢的塑性和韧性均优于40钢。

2. 铸铁

铸铁是汽车制造及其他工业制造中广泛应用的一种材料。铸铁可以制造许多类型的汽车零件，如汽车上的气缸体、气缸套、活塞环、飞轮、带轮、后桥壳等。根据含碳形式及石墨形状不同，铸铁及其分类见表2-1。

（三）汽车常用金属材料

1. 薄钢板

薄钢板通常是指用冷轧或热轧方法生产的厚度在 4mm 以下的钢板。按国家标准规定供应的薄钢板，其厚度为 0.2～4mm，宽度为 600～2000mm，长度为 1200～6000mm。薄钢板是汽车钣金构件的主要材料。

（1）普通钢和优质钢薄钢板

表 2-1 铸铁及其分类

分类方法	分类名称	说　明
按断口颜色	灰铸铁	这种铸铁中的碳大部分或全部以自由状态的片状石墨形式存在，其断口呈暗灰色，有一定的力学性能和良好的切削性能，普遍应用在工业中
	白口铸铁	白口铸铁是组织中完全没有或几乎完全没有石墨的一种铁碳合金，其断口呈白亮色，硬而脆，不能进行切削加工，很少在工业上直接用来制作机械零件。由于其具有很高的表面硬度和耐磨性，又称激冷铸铁或冷硬铸铁
	麻口铸铁	麻口铸铁是介于白口铸铁和灰铸铁之间的一种铸铁，其断口呈灰白相间的麻点状，性能不好，极少应用
按化学成分	普通铸铁	普通铸铁是指不含任何合金元素的铸铁，如灰铸铁、可锻铸铁、球墨铸铁等
	合金铸铁	合金铸铁是在普通铸铁内加入一些合金元素，用以提高某些特殊性能而配制的一种高级铸铁。如各种耐蚀、耐热、耐磨的特殊性能铸铁
按生产方法和组织性能	普通灰铸铁	参见"灰铸铁"
	孕育铸铁	孕育铸铁是在灰铸铁基础上，采用"变质处理"而成的一种铸铁，又称变质铸铁。其强度、塑性和韧性均比一般灰铸铁好得多，组织也较均匀。主要用于制造力学性能要求较高，而截面尺寸变化较大的大型铸件
	可锻铸铁	可锻铸铁是由一定成分的白口铸铁经石墨化退火而成的，比灰铸铁具有较高的韧性，又称韧性铸铁。它并不可以锻造，常用来制造承受冲击载荷的铸件
	球墨铸铁	简称球铁。它是通过在浇铸前往铁液中加入一定量的球化剂和墨化剂，以促进呈球状石墨结晶而获得的。它和钢相比，除塑性、韧性稍低外，其他性能均接近，是兼有钢和铸铁优点的优良材料，在机械工程上应用广泛
	特殊性能铸铁	这是一种有某些特性的铸铁，根据用途的不同，可分为耐磨铸铁、耐热铸铁、耐蚀铸铁等。大都属于合金铸铁，在机械制造上应用较广泛

1）**冷轧薄钢板**（GB 708—2006）。冷轧薄钢板是普通碳素结构钢冷轧板的简称，俗称冷板，它是由普通碳素结构钢热轧钢带经过进一步冷轧制成厚度小于 4mm 的钢板。由于在常温下轧制，不产生氧化铁皮，因此，冷板表面质量好，尺寸精度高，再加之退火处理，其机械性能和工艺性能都优于热轧薄钢板，在许多领域里，特别是家电制造领域，已逐渐用它取代热轧薄钢板。适用牌号：Q195、Q215、Q235、Q275。冷轧薄钢板品种见表 2-2。

2）**热轧优质薄钢板**（GB 709—2006）。同冷轧普通薄钢板一样，冷轧优质碳素结构钢薄钢板也是冷板中使用最广泛的薄钢板。冷轧优质碳素薄钢板是以优质碳素结构钢为材质，经冷轧制成厚度小于 4mm 的薄板。适用牌号：08、08F、10、10F。热轧薄钢板品种见表 2-3。

表 2-2 冷轧薄钢板品种 （GB 708—2006）

钢板厚度/mm	钢板宽度/mm									
	600,650,700,710,750,800,850	900 950	1000 1100	1250	1400 1420	1500	1600	1700	1800	1900 2000
	钢板最大长度/m									
0.20~0.45	2.5	3	3	—	—	—	—	—	—	—
0.55~0.65	2.5	3	3	3.5	—	—	—	—	—	—
0.70~0.75	2.5	3	3	3.5	4	—	—	—	—	—
0.80~1.0	3	3.5	3.5	4	4	4	—	—	—	—
1.0~1.3	3	3.5	3.5	4	4	4	4	4.2	4.2	—
1.4~2.0	3	3	4	6	6	6	6	6	6	—
2.2~2.5	3	3	4	6	6	6	6	6	6	6
2.8~3.2	3	3	4	6	6	6	2.7	2.7	2.7	2.7
3.5~3.9	—	—	4.5	4.5	4.75	2.7	2.7	2.7	2.7	2.7
4.0	—	—	4.5	4.5	4.5	2.5	2.5	2.5	2.5	2.5

表 2-3 热轧薄钢板品种 （GB 709—2006）

钢板厚度/mm	钢板宽度/mm													
	600	650	700 710	750	800	850	900	950	1000	1100	1250	1400	1420	1500	1600 1700	1800
	钢板最大长度/m													
0.35~0.60	1.2	1.4	1.42	1.5	1.5	1.7	1.8	1.9	2	—	—	—	—	—	—
0.65~0.90	2	2	1.42	1.5	1.5	1.7	1.8	1.9	2	—	—	—	—	—	—
1.0	2	2	1.42	1.5	1.6	1.7	1.8	1.9	2	—	—	—	—	—	—
1.2~1.4	2	2	2	2	2	2	2	2	2	2	3	—	—	—	—
1.5~1.8	2	2	2	6	6	6	6	6	6	6	6	6	6	6	—
2.0~3.9	2	2	6	6	6	6	6	6	6	6	6	6	6	6	6
4.0	—	—	6	6	6	6	6	6	6	6	6	6	6	6	6

（2）镀层薄钢板　镀层（镀膜）薄钢板俗称白铁皮，是在冷轧或热轧薄钢板上镀一层有色金属（锌、锡、铅）膜而成。按镀层的不同，镀层薄钢板分为镀锌、镀锡和镀铅薄钢板三种。镀锌薄钢板也称白锌板，它具有抗腐蚀性好及表面美观的特征，表面发白，分平光和花纹两种。镀锌薄钢板分为冷轧连续热镀锌薄钢板和单张热镀锌薄钢板两种，其规格见表2-4。

（3）镀铅薄钢板　镀铅薄钢板也叫白铅板，它具有抗腐蚀性能强的特点，最适合做耐酸容器。因铅有毒，所以镀铅薄钢板不能做食品容器和罐头盒，通常用它做燃油箱、储油容器及其他防腐蚀性零件，镀铅薄钢板又称热镀铅合金冷轧碳素薄钢板，其规格见表2-5。

表2-4 镀锌薄钢板规格

名称 \ 品种		冷轧连续热镀锌薄钢板（GB 2518—2008）	单张热镀锌薄钢板（GB 5066—1985）
公称尺寸	厚度/mm	0.25~2.50	0.35~1.50
	宽度/mm	700~1500	710~1000
	长度/mm	1000~6000	750~2000
表面质量		Ⅰ、Ⅱ	Ⅰ、Ⅱ
尺寸精度		A、B	A、B

表2-5 镀铅薄钢板的规格

厚度/mm	0.5	0.9	0.9	1.0	1.0	1.2	1.2	1.2	1.2	1.2	1.5	2.0
宽度/mm	900	800	1000	1000	1000	850	880	950	1000	1010	1000	1000
长度/m	1.8	1.55	2.0	1.64	2.0	1.7	1.635	1.84	2.0	1.6	2.0	2.0
表面质量						Ⅰ、Ⅱ、Ⅲ						

2. 特殊钢板

常用的特殊钢板有特殊复合钢板和花纹钢板等。特殊金属复合钢板又称双金属板，它是以一种金属材料为基体，再复合上另一种金属材料，以达到降低成本或用作特殊需要的目的。花纹钢板表面有高低不平的菱形或扁豆形花纹，如图2-1所示。花纹钢板具有防滑作用，用于制造扶梯、汽车踏板等。

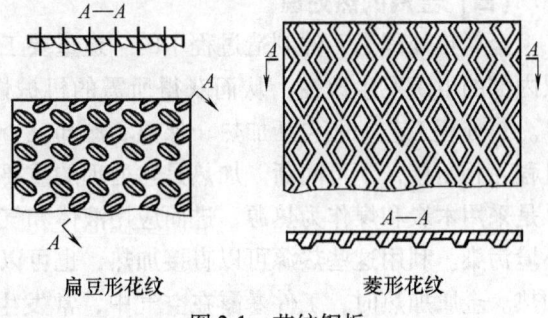

扁豆形花纹　　　菱形花纹

图2-1 花纹钢板

3. 厚钢板

厚钢板是指厚度在4mm以上的钢板。通常把4.5~25mm厚的钢板称为中板，25~60mm厚的钢板称为厚板，超过60mm的钢板称为特厚板。

4. 钢管

钢管分无缝钢管和有缝钢管两大类。

（1）无缝钢管　无缝钢管由整块金属轧制而成，断面上无接缝。根据生产方法，无缝钢管又分为热轧管、冷轧管、挤压管；按断面形状分圆形和异形两种。异形钢管有方形、椭圆形、三角形、星形和带翅管等各种复杂形状；根据壁厚的不同，分厚壁管和薄壁管等。

（2）有缝钢管　有缝钢管又称焊接钢管，用钢带成形后焊接而成，有镀锌和不镀锌两种。镀锌管又称白铁管，不镀锌管称为黑铁管。镀锌的有缝钢管因其外表镀有锌，可以防止生锈，常用作水管。不镀锌的有缝钢管用于普通低压或无压力的管道系统。

5. 钢板类

常用钣金薄铜板分冷轧纯铜板和冷轧铜合金板两种。

(1) 纯铜薄板　纯铜薄板呈紫红色，故又称紫铜板，熔点为1083℃，密度为8.9g/cm³，具有良好的导电性、导热性和耐腐蚀性，还有良好的塑性和延展性，但抗拉强度较低，适于压力加工。纯铜价格较贵，在汽车上主要用于气缸垫、进（排）气管垫片、轴承垫片和散热器管、制动管等。

(2) 铜合金薄板　铜合金薄板主要指黄铜薄板。黄铜塑性好，比纯铜强度高，价格便宜。这种薄板材适合各种成形加工和手工制作各种钣金零件，如汽车散热器、暖风散热管等。纯铜和黄铜都可以进行焊接，常用气焊和钎焊。

6. 铝板类

常用钣金铝材有纯铝板和铝合金板两种。

(1) 纯铝薄板　纯铝薄板是银白色的轻金属，熔点为660℃，密度为2.7g/cm³，并具有良好的塑性、延展性、导电性、导热性和耐腐蚀性。一般用于制作耐腐蚀容器、油桶和各种形状的拉伸件和压弯件。由于铝板的抗拉强度较低，所以不宜制作承受大载荷的构件。

(2) 铝合金薄板　铝合金薄板是在纯铝中加入镁、锰、硅、铜等合金元素轧制而成的。其强度和耐腐蚀性能比纯铝显著提高，并保持了高塑性等一系列原有的良好性能。适合制作较重要的拉伸件和各种钣金件，如客车外表覆盖件、装饰件、铆钉及其他零件。铝合金板有防锈铝合金板、硬铝合金板和一般铝合金板等几种。

（四）金属的热处理

金属热处理是工件制造过程中的一道重要工序，其目的就是利用加热再冷却的方法使金属内部的组织发生改变，从而获得所需的机械性能，如提高材料强度、硬度、塑性和韧性等。热处理工艺一般包括加热、保温和冷却三个过程，有时只有加热和冷却两个过程。这些过程互相衔接，不可间断。加热是热处理的重要工序之一。金属热处理的加热方法很多，最早是采用木炭和煤作为热源，进而应用液体和气体燃料。电的应用使加热易于控制，而且无环境污染。利用这些热源可以直接加热，也可以通过熔融的盐或金属，对浮动粒子进行间接加热。金属加热时，工件暴露在空气中，常发生氧化、脱碳（即钢铁零件表面碳质量分数降低），这对于热处理后零件的表面性能有很不利的影响。因而金属通常应在可控气氛或保护气氛中、熔融盐或真空中加热，也可用涂料或包装方法进行保护加热。冷却也是热处理工艺过程中不可缺少的步骤，冷却方法因工艺不同而不同，其中最主要的是冷却速度的控制。一般退火的冷却速度最慢，正火的冷却速度较快，淬火的冷却速度更快。

1. 整体热处理

<u>整体热处理</u>是对<u>工件整体进行加热，然后以适当的速度冷却，以改变其整体力学性能的金属热处理工艺</u>。钢铁整体热处理大致有退火、正火、淬火和回火四种基本工艺。退火和正火的操作方法是将材料加热到某一温度范围，保温一定时间，然后冷却至室温。不同点是正火冷却速度稍快，正火后的组织比退火细，硬度和强度稍有提高。将金属加热到一定温度，保温一段时间，然后在水或油中急速冷却的过程叫做淬火。其目的是提高工件的硬度和耐磨性。将淬火后的零件加热到一定温度后保温，然后在空气中或油中冷却，这种热处理方法叫做回火。其目的是消除零件因淬火而产生的内应力和脆性，改善零件的机械性能。淬火以后进行高温回火称为调质。其目的是为获得较高的强度、硬度，特别是较好的冲击韧度。

2. 表面热处理

表面热处理是只加热工件表层，以改变其表层力学性能的金属热处理工艺。为了只加热工件表层而不使过多的热量传入工件内部，使用的热源必须具有高的能量密度，即在单位面积的工件上给予较大的热能，使工件表层或局部能短时或瞬时达到高温。表面热处理的主要方法有火焰淬火和感应加热热处理，常用的热源有氧乙炔或氧丙烷等火焰、感应电流、激光和电子束等。

3. 化学热处理

化学热处理是通过改变工件表层化学成分、组织和性能的金属热处理工艺。化学热处理是将工件放在含碳、氮或其他合金元素的介质（气体、液体、固体）中加热，保温较长时间，从而使工件表层渗入碳、氮、硼和铬等元素。渗入元素后，有时还要进行其他热处理工艺，如淬火及回火。化学热处理的主要方法有渗碳、渗氮、渗金属。热处理是机械零件和模具制造过程中的重要工序之一。大体来说，它可以保证和提高工件的各种性能，如耐磨性、耐腐蚀性等。还可以改善毛坯的组织和应力状态，以利于进行各种冷、热加工。

二、常用非金属材料种类

汽车常用的非金属材料主要有塑料、橡胶、粘合剂、纸板制品、石棉制品、汽车玻璃等。

（一）塑料

塑料是一种具有可塑性的材料，它是以高分子化合物（也称为合成树脂）为基础制成的。这种材料通常在加热、加压的条件下，可以塑制成一定形状的制品。塑料制品在汽车上的应用发展很快，用塑料取代金属配件，不但可以直接减轻车重，还可以改善汽车的某些功能，如防腐、防锈蚀、避振、抑制噪声及耐磨等。因此，汽车用塑料的发展前途十分广阔。

1. 塑料分类和特性

（1）塑料的分类　塑料的种类很多，按其热性能不同，可分为热固性塑料和热塑性塑料两大类。热固性塑料是指经一次固化后，不再受热软化，只能塑制一次的塑料。这类塑料耐热性能好，受压不易变形，但力学性能较差。常用的有环氧塑料、酚醛塑料、氨基塑料、有机硅塑料等。热塑性塑料是指受热时软化，冷却后变硬，再加热又软化，冷却又变硬，可反复多次加热塑制的塑料。这类塑料加工成形方便、力学性能较好，但耐热性相对较差、容易变形。热塑性塑料数量很大，约占全部塑料的80%，常用的有聚乙烯、聚氯乙烯、聚四氟乙烯、聚苯乙烯、聚丙烯、聚甲醛、聚苯醚、聚酰胺等。

（2）塑料的主要特性　塑料具有许多优良的物理、化学性能和力学性能，主要有：质量轻，化学稳定性好，比强度高，良好的电绝缘性能，优良的耐磨、减摩性，良好的吸振性和消声性。其缺点是：与钢相比，其力学性能较低；耐热性较差，一般只能在100℃以下长期工作；导热性差，其导热系数只有钢的1/200～1/600；容易吸水，塑料吸水后，会引起其使用性能恶化。此外，塑料还有易老化、易燃烧、温度变化时尺寸稳定性差等缺点。

2. 塑料在汽车上的应用

由于塑料具有诸多金属和其他材料所不具备的优良性能，因此在汽车上的应用很广。常用于制作各种结构零件、耐磨减摩零件、隔热防振零件等。

(1) 汽车内饰用塑料

1) 聚氨酯泡沫塑料。用软质聚氨酯泡沫塑料制造汽车坐垫，用半硬质聚氨酯泡沫塑料制造汽车仪表板、扶手和头枕等。

2) 聚氨酯塑料。采用不同配方制成热塑性聚氨酯塑料，主要用于制造汽车保险杠、挡泥板、前端部、发动机罩等。

3) 聚氯乙烯。聚氯乙烯人造革，主要用于汽车坐垫、车门内饰板及其他装饰覆盖件等。聚氯乙烯地毯，主要用在货车驾驶室内。

(2) 汽车工程塑料

1) 聚丙烯塑料。主要用于制造汽车转向盘、仪表板、前/后保险杠、加速踏板、蓄电池壳、空气滤清器、冷却风扇、风扇护罩、灯壳、电线护皮等。

2) 聚乙烯。在汽车上最重要的用途是制造燃油箱。

3) 聚苯乙烯。主要用于制造汽车各种仪表外壳、灯罩及电器零件。

4) 聚酰胺（一般称为尼龙）。可用于制造燃油滤清器、空气滤清器、机油滤清器、正时齿轮、水泵壳、水泵叶轮、风扇、制动液罐、动力转向液罐、刮水器齿轮、前照灯壳、百叶窗、轴承保护架、熔断器、速度表齿轮等。

还有玻璃纤维增强尼龙制造的发动机摇臂、发动机油底壳、散热器水槽、蓄电池托架和各种软管等。

5) 聚甲醛。主要用于制造汽车上的各种阀门、各种叶轮、轴套、衬套、垫片、轴承保护架、各种电器开关及电器仪表上的齿轮、各种手柄及门销等。

6) 饱和聚酯。主要用于制造汽车上的车尾板通风格栅、前挡泥板延伸部分、车牌支架、灯座、分电器盖、点火线圈架、开关、插座等电器零件。还可以制成冷却风扇、刮水器杆、油泵叶轮和壳体、镜架、各种手柄结构件等。

7) 其他工程塑料。

聚碳酸酯：主要用于制造汽车灯玻璃罩和保险杠等。

聚苯硫醚：制造耐高温粘接剂和耐热玻璃的良好树脂材料。

聚砜：耐热材料，常用来制造汽车上分电器盖、分火头、仪表板、风扇罩等。

聚酰亚氨：在汽车上可用于制造活塞裙部、正时齿轮、水泵、变速器拨叉等。

聚四氟乙烯（俗称塑料王）：聚四氟乙烯钢复合材料是一种极好的无润滑轴承材料。

(3) 汽车外饰及结构件用纤维和塑料复合而成的材料　纤维增强塑料复合材料是一种纤维和塑料复合而成的材料。汽车上常用的是玻璃纤维和热固性树脂的复合材料，用来制造汽车顶棚、空气导流板、前端部、前灯壳、发动机罩、挡泥板、后端板、尾板以及带有肋、凸起、凹陷、不等厚形状的汽车覆盖件等。

(二) 橡胶

1. 橡胶的基本性能

(1) 极高的弹性　这是橡胶独特的性能，橡胶的伸长率可达100%～1000%。橡胶在起初受负荷时变形量很大，但随着外力的增加，橡胶又具有很强的抵抗变形的能力。因此，橡胶可作为减振材料，用于制造各种减轻冲击和吸收振动的零件。

(2) 良好的热可塑性　橡胶在一定温度下失去弹性而具有可塑性，称为热可塑性。橡胶处于热可塑性状态时，容易加工成各种形状和尺寸的制品，而且当加工外力去除后，仍能保持该变形下的形状和尺寸。根据这一特性，可把橡胶加工成不同形状的制品。

（3）具有良好的粘着性　粘着性是指橡胶与其他材料粘结成整体而不分离的能力。橡胶有很强的吸附能力，能与其他材料粘结成整体，如汽车轮胎就是利用橡胶与棉、毛、尼龙等，牢固地粘结在一起而制成的。

（4）良好的绝缘性　橡胶大多数是绝缘体，是制造电线、电缆等导体的绝缘材料。此外，橡胶还具有良好的耐寒、耐蚀和不渗漏水、气等性能。

（5）橡胶的缺点　导热性差，硬度和抗拉强度不高，尤其是容易老化等。

2. 橡胶在汽车中的应用

橡胶在汽车上用量最大的制品是轮胎，目前全世界生产的橡胶约有80%为制造轮胎所用。此外，橡胶还广泛用于各种胶带、胶管、减振配件以及耐油配件等。

（三）粘结剂

粘结剂一般又称粘结密封剂，粘结密封是车身修理中一种不可缺少的工艺，用来组装连接、填隙密封，还可以代替铆焊以减轻汽车的质量、降低消耗，提高汽车和车身的耐用性和可靠性。用于车身的粘结密封剂有合成橡胶型、合成树脂型和混合型等，现已有定型的汽车用粘结密封剂产品。用于车身的粘结密封剂如下：

1. 点焊密封胶

冲压钣金件点焊前涂敷在接缝处的一种密封剂。点焊后和油漆一起烘干，形成密封层，防止水分和灰尘的侵入。它多为聚氯乙烯合成橡胶（如丁苯橡胶）类。

2. 焊缝胶

焊缝胶是点焊后对焊缝进行密封时用的。它主要有聚氯乙烯型塑料溶胶，还有双组分聚硫橡胶型（如JLC-6密封胶）、沥青型、改性环氧型和聚氨酯型胶等。

3. 折边粘结剂

折边粘结剂用于轿车车门、发动机罩和行李箱盖折边的粘结密封，能起防水、防锈的作用。这种粘结剂可分为单组分环氧型和聚氯乙烯塑料溶胶型，它们均随油漆烘干而固化。

4. 风窗玻璃粘结剂

风窗玻璃粘结剂可将风窗玻璃直接粘结在窗框上。常用的有聚硫橡胶型粘结剂、丁基胶带、聚氨酯密封胶三类。

5. 密封条粘结剂

密封条粘结剂用于汽车车门、发动机盖和行李箱盖的涂漆钢板上粘结各种橡胶密封条，以防止雨水、尘土的侵入。

6. 内饰件粘结剂

内饰件粘结剂用于汽车内饰件（如顶棚衬里、仪表板、车门护板、侧护板、遮阳板、坐垫、靠背和地毯等）的粘结，以达到安全、舒适的目的。常用的有氯丁-酚醛胶和丁腈橡胶、聚异丁烯橡胶为主体材料的各种胶型以及水基型顶棚粘结剂等。

（四）纸板制品

纸板制品在汽车上主要用于制作各种衬垫，常用的有以下几种：

1. 钢纸板

钢纸板分软钢纸板和硬钢纸板两类。软钢纸板是由纸类经甘油、蓖麻油及氧化锌处理而成的软性纤维纸板。它强度高、韧性好，而且具有耐油、耐水和耐热及对金属无腐蚀作用等特点，主要用于制作汽车发动机和总成密封连接处的垫片，如机油泵盖衬垫等。硬钢纸板是由纸类经氧化锌处理而成的硬性纤维纸板。它具有抗张力强、绝缘性好等特点。可制作发电机、调节器等部件上的绝缘衬垫。

2. 滤芯纸板

滤芯纸板是具有过滤性能的纸板，它有较强的抗张力能力。滤芯纸板分薄滤芯纸板和厚滤芯纸板两种。薄滤芯纸板适用于制作滤清器的内滤片，厚滤芯纸板则常用作内滤片的垫架。

3. 防水纸板

防水纸板分为沥青防水纸板和普通防水纸板两类。防水纸板具有伸缩率小、吸水率低和韧性较好等特点。常用于制作车身包皮或与水接触部件的衬垫。

4. 浸渍衬垫纸板

浸渍衬垫纸板是指在纸浆中加入胶料，制成成品后再经甘油水溶液浸渍而成的纸板。浸渍衬垫纸板具有弹性好、吸水和吸油性小等特点。一般用于制作汽车发动机、变速器与汽油、润滑油或水接触的衬垫。

5. 软木纸

软木纸是由颗粒状软木和骨胶、干酪素等物质粘合后压制而成的。软木纸质轻、柔软，有弹性和一定的韧性，主要用于制作各种密封衬垫，如气阀室盖衬垫、水套孔盖板衬垫、水泵衬垫、油底壳衬垫等。

（五）石棉制品

石棉具有良好的柔软性，本身不会燃烧，而且有较好的防腐性和吸附能力，但导热、导电性差。石棉在汽车上主要用于密封、隔热、保温、绝缘和制动等。

1. 石棉板

石棉板是用石棉、填料和粘结材料制成的。它分耐油橡胶石棉板、衬垫石棉板和高压橡胶石棉板三种。石棉板通常用于制作有高温要求的密封衬垫及垫片内衬物，如气缸床、排气管接口垫圈内衬等。

2. 石棉摩擦片

石棉摩擦片是由石棉、辅助材料和粘合剂经混合加热后压制而成的。它具有硬度高、摩擦系数大、耐高温、耐冲压和耐磨耗等特点，主要用于汽车的动力传递和制动，如制作离合器和制动器的摩擦片等。

（六）汽车玻璃

汽车玻璃是构成汽车外形的重要材料之一，它具有透明、隔音和保温的特点。根据用途和加工工艺的不同，汽车专用玻璃主要分为以下几种类型：

1. 钢化玻璃

通过淬火（钢化处理）可以使普通硅酸盐玻璃的质地变得非常坚固。这种钢化玻璃是通过加热使之达到软化程度时（一般为600℃左右），然后向玻璃两面急速吹送冷风，通过急冷进行所谓的"风淬"处理而得到的。玻璃表面冷硬后形成的压应力，是使强度得到提高的机理。钢化玻璃的强度和耐冲击能力要比普通玻璃高3～5倍。一旦受到碰撞损伤，就会瞬时变成带钝边的小碎块，不会给人员造成更大的伤害。

2. 夹层玻璃

夹层玻璃是针对淬火玻璃存在的不完善之处而产生的，它是迄今为止最适合于用作前风窗的安全玻璃。用两块或三块薄玻璃板，中间夹入聚丙烯酸甲酯或聚乙酸酯透明薄膜，使两层或三层玻璃粘接成为一体，形成夹层式安全玻璃。由于夹层玻璃中间的透明胶层能与玻璃取得一样的曲率，故透明度并不受夹胶层的影响。许多试验和实践都证明，夹层玻璃可以有效减轻碰撞事故发生时玻璃碎片对人员造成的伤害。

3. 特种用途玻璃

特种用途玻璃一般是在钢化玻璃基础上，通过专门的工艺加工出来的具有特殊功能的汽车玻璃。为了使车窗玻璃具有遮挡阳光照射的功能，在硅酸盐玻璃中加入微量的钴（Go，蓝色）、铁（Fe，红褐色）或其他金属元素，便成了能够抵抗紫外线照射的着色玻璃。有些着色玻璃还能随阳光的强弱自动变化色度，以减轻乘客眼睛的疲劳程度，增加乘坐的舒适性。

第二节 汽车运行材料

汽车运行材料通常是指汽车赖以运行并且在运行过程中因消耗而需要不断补充、更新的消耗性材料，主要包括燃料、润滑油、工作液及轮胎等。这些材料大多是石油产品。

据统计，我国汽车消耗的汽油量占总产量的80%左右，柴油占10%左右。同时，随着汽车结构、性能和运行条件的变化，以及引进国外新型汽车和先进汽车技术等，对汽车运行材料也提出了更高的要求，使燃料、润滑剂和轮胎等的新品种、新规格也不断增多。因此，了解汽车运行材料的性能和规格，掌握使用技术和管理知识，对充分发挥汽车使用性能、保证安全运行、节约能源、减少环境污染、降低运输成本都有着重要的意义。

一、汽油

根据石油的炼制方法，将馏程在35~200℃范围内，含有适当添加剂的精制石油馏分称为**汽油**。根据作用、品质的不同，汽油可分为汽车用汽油、航空汽油、工业汽油、溶剂汽油等。航空汽油用于飞机发动机，工业汽油用于工业加工，溶剂汽油供洗涤机件及污物用。以上三类汽油的性能与汽车用汽油不同，不能作为汽车发动机燃油使用，通常将汽车所用汽油简称为汽油。

（一）汽车用汽油的使用性能及评定指标

汽车用汽油是汽油发动机的主要燃料，是从石油提炼而得到的密度小、易挥发、自燃点为450~530℃的液体燃料。汽油性能对于汽油发动机的动力性、经济性、可靠性及排气污染等均有很大的影响。

1. 汽油的蒸发性

汽油由液体状态转变为气体状态的性质称为汽油的蒸发性。汽油能否在发动机进气系统中形成良好的可燃混合气，汽油的蒸发性是主要因素，可以通过蒸馏实验来确定。评定汽油蒸发性的指标是馏程和饱和蒸气压。

馏程是指在石油产品馏程测定仪上对100mL油品蒸馏时，从初馏点到终馏点的温度范围。汽油的馏程用初馏点、10%馏出温度、50%馏出温度、90%馏出温度、终馏点和残留量来表示。初馏点指对 100mL 汽油在规定条件下蒸馏时,当得到第一滴汽油时的温度;10% 馏出温度表示汽油中所含轻质馏分的多少,对汽油机低温起动的难易程度及高温发生"气阻"有很大的影响。该温度低,发动机易起动,起动时间短,耗油少;该温度过低时,在夏季易产生"气阻"。50% 馏出温度表示汽油的平均蒸发性。此温度低,对汽油发动机的加速性能、工作稳定性及起动后迅速升温(暖车)有利。国家标准中规定各牌号汽油 50% 馏出温度不高于 120℃。90% 馏出温度表示汽油中含重质成分的多少。90% 馏出温度高,则表明汽油中重馏分含量多。重馏分汽油不易挥发,特别在冬季时,来不及蒸发燃烧的重馏分汽油沿气缸壁流到下曲轴箱,冲掉气缸壁上的润滑油膜,稀释润滑油,加剧气缸、活塞环等零件及其他配合副机械的磨损。同时也造成混合气燃烧不完全,增加尾气排放污染,增加耗油量,使电喷汽油发动机喷嘴易结胶造成阻塞。国家标准中规定各牌号汽油 90% 馏出温度不高于 190℃,终馏点不高于 205℃。

汽油的饱和蒸气压是指在一定的温度下,汽油的液气两相达到平衡状态时汽油蒸气所产生的压强。汽油饱和蒸气压越高,汽油含轻质馏分越多,蒸发性越好,低温下汽油发动机越容易起动。大气压强越低或环境温度越高,汽油饱和蒸气压也随之提高,但饱和蒸气压不能过高,过高易产生"气阻",甚至中断供油,影响汽油发动机正常工作。

2. 汽油的抗爆性

汽油的抗爆性是指汽油发动机燃烧室中燃烧时防止爆燃的能力。

汽油发动机的正常燃烧过程是火花塞产生高能量的电火花,使两电极间的可燃混合气温度急剧升高并被点燃,形成火焰中心。火焰前锋约以 20~30m/s 的速度迅速向燃烧室远离火花塞的各点传播,使气缸内混合气绝大部分燃烧完毕并释放出热能,称为正常燃烧过程。此时气缸内的压力升高率每度曲轴转角不大于 200kPa,温度上升也很均匀,汽油发动机工作柔和平稳,动力性能得到充分发挥。爆燃则是在正常火焰前锋到达之前,由于火焰前锋的压缩和热辐射作用,温度急剧升高而使混合气自燃着火,形成多个火焰中心,使火焰传播速度高达 1000~2000m/s,燃气压力突然升高使燃烧室壁、活塞顶和气缸壁产生金属敲击声,并引起发动机振动。这种现象称为"爆燃",爆燃对发动机工作会产生极其不利的影响。

评定汽油抗爆性的指标是辛烷值和抗爆指数。辛烷值(或抗爆指数)越高,表示汽油的抗爆性越好;反之,汽油抗爆性差。辛烷值测定方法有研究法(RON)和马达法(MON)两种。

由于研究法辛烷值和马达法辛烷值都不能全面反映车辆运行中燃烧的抗爆性能,某些国家引用抗爆指数作为汽油抗爆性的指标,它是指在同一种汽油研究法下辛烷值和马达法辛烷值的平均数。即

抗爆指数(AKI) = $ROM + MON/2$。

抗爆指数也叫平均辛烷值,可反映在一般条件下汽油的平均抗爆性。

我国用研究法辛烷值作为汽油抗爆性评定指标,并以此划分汽油牌号。美国从 1970 年开始用抗爆指数代替研究法辛烷值作为抗爆性的评定指标。日本、欧盟等国家都采用研究法辛烷值作为汽油抗爆性的评定指标。

车用无铅汽油按研究法辛烷值分为 90 号、93 号和 97 号三个牌号。

3. 汽油的安定性

汽油的化学安定性是指汽油在储存、运输、加注和其他作业时,抵抗氧化生胶的能力。

安定性不好的汽油，在使用过程中受到空气中的氧、环境温度和光等的作用会发生氧化缩合而生成胶质，使汽油颜色变黄并产生粘稠沉淀。因此，为了保证汽油机可靠地工作，要求车用汽油具有良好的化学安定性。

汽油的物理安定性是指汽油在加注、运输、储存等使用过程中，保持不被蒸发损失的性能。汽油的物理安定性主要取决于汽油中所含低沸点烃类的多少，为了改善汽油机的起动性，希望汽油中含低沸点烃类多些，但这些烃类容易蒸发逸散，导致蒸发损耗增加，使汽油的物理安定性变差。

4. 腐蚀性

汽油在运输、储存、加注等使用过程中，要与各种金属接触，如果汽油具有一定的腐蚀作用，则运输设备、储存容器和发动机的零部件就会受到腐蚀。

汽油成分中的各种烃类都是没有腐蚀性的，引起腐蚀的物质主要是硫、硫化物、有机酸、水溶液酸、碱等，因此，减少引起腐蚀的物质能降低汽油腐蚀性。

5. 清洁性

清洁性是指汽油中是否含有机械杂质和水分的性质。机械杂质对发动机零部件的磨损以及正常工作都有严重的影响，它可引起发动机油路和喷嘴堵塞。机械杂质进入燃烧室会使燃烧室沉积物增多，加速气缸、活塞环的磨损。汽油中水分会加速汽油的氧化，并与汽油中的低分子有机酸生成酸性水溶液而腐蚀金属件，低温时易结冰成为冰粒而堵塞油路，影响发动机正常工作。所以，车用汽油中应严格控制机械杂质和水分的含量。

（二）汽车用汽油的选择与使用

1. 汽油的选择

选择汽油主要根据汽车使用说明书的要求，以正常运行条件下发动机不发生爆燃为前提，选择车用汽油的牌号。

按压缩比的高低选择汽油的方法及理念已越来越模糊，因为影响发动机爆燃的因素除压缩比外，还有其他因素。如在电控燃油喷射发动机上，微型计算机控制的电子点火系统可根据燃油的品质及发动机运行工况自动调节点火提前角，使点火提前角调整为最佳值，从而消除了爆燃，使发动机的功率得以充分发挥。

2. 汽油使用的注意事项

1）燃油的品质直接影响整车的动力性、燃油经济性、排放性及机件的使用寿命。因此，必须按汽车使用说明书规定的牌号选用汽油牌号。如奥迪发动机不允许加注低于93号的汽油，否则有可能损坏燃油的供给系统。

2）燃油箱要经常装满汽油，尽量减少燃油箱中的空气含量，以减少胶质生成的。同时应保持燃油箱盖的通气阀作用良好，按要求定期清洁燃油箱与汽油滤清器。

3）不能使用长期存放后已变质的汽油，否则将导致电喷发动机的喷嘴结胶堵塞。

4）加强消防防火安全工作。

二、柴油

我国生产的柴油分为轻柴油、重柴油和农用柴油。中、高速柴油发动机使用的轻柴油，简称为柴油。我国目前没有专门的车用柴油，汽车用柴油主要是轻柴油（故简称轻柴油）。与汽油相比，轻柴油的粘度大，自燃点低（为240~400℃），蒸发性比汽油差。

为保证柴油机的正常工作，车用轻柴油应具备良好的燃烧性、良好的低温流动性、适宜粘度和蒸发性、无腐蚀性、不含机械杂质和水分等。

（一）车用柴油的使用性能及评定指标

1. 燃烧性

所谓柴油的燃烧性，是指柴油的自燃能力。

从柴油喷入燃烧室到燃烧明显开始的时间间隔叫着火延迟期，也称为备燃期。如果柴油的着火延迟期长，其燃烧性能就差，喷入燃烧室的柴油积聚量多，一旦着火，就有过量的柴油着火燃烧，使气缸内压力急剧上升，发动机产生强烈的振击现象，把这种现象称为柴油发动机工作粗暴。燃烧性能良好的柴油，其自燃点低，在着火延迟期，燃烧室的局部易于形成高密度的过氧化物，成为着火中心。整个燃烧过程，着火延迟期短，发热均匀，气缸压力升高平缓，柴油机工作柔和平稳。

柴油燃烧性的评定指标是十六烷值。十六烷值高的柴油，其燃烧性能好，着火延期短，速燃期内压力升高率不过大，柴油机不易产生工作粗暴。十六烷值低的柴油，其燃烧性能差，着火延期长，易产生工作粗暴。

2. 雾化和蒸发性

为了保证柴油机的动力性和燃油经济性，可燃混合气燃烧过程必须在活塞处于压缩行程上止点附近迅速完成。要求喷油持续时间极为短促，在已定的喷油设备条件下，柴油的雾化和蒸发性将决定柴油在燃烧室内形成混合气的质量和速度。因此，要求柴油有良好的雾化和蒸发性能。蒸发性能可以通过蒸馏试验来确定，需测量出50%、90%和95%的馏出温度。馏出温度越低，则表明柴油中的轻质馏分含量越多，蒸发速度越快，柴油机越易起动。馏出温度太低，柴油中轻质馏分含量过多，喷入气缸的柴油蒸发太快，易引起全部柴油迅速燃烧，造成压力剧增，使柴油机产生工作粗暴。

柴油的闪点既是表征柴油蒸发性的指标，也是保证柴油安全性的指标。在规定条件下，加热油品所逸出的蒸气和空气所组成的混合物与火焰接触发生瞬间闪火的最低温度叫做闪点，其单位为℃。

闪点低的柴油中轻质馏分多，蒸发性能好。但闪点过低的柴油中轻质馏分过多，蒸发过快，造成气缸内压力突然上升，引起柴油机工作粗暴，而且在使用中不安全。

柴油的密度增大，其粘度也增大，使雾化效果变差，不能形成良好的混合气，使燃烧条件变差，柴油内存在着芳香烃造成排气冒黑烟是柴油的密度高的原因，芳香烃使柴油机产生工作粗暴现象。

3. 低温流动性及评定指标

柴油的低温流动性是柴油在低温条件下具有一定的流动状态的性能。低温流动性直接影响柴油在低温条件下能否可靠地供给气缸，能否保证发动机正常工作。评定柴油低温流动性能的指标有凝点、浊点和冷滤点。

（1）凝点 将柴油装在规定的试管内，冷却到预期的温度，将试管倾斜45°，经过1min液面不移动，此时的温度便是柴油的凝点。我国的轻柴油按凝点编制牌号。

（2）浊点 浊点是指柴油中开始析出石蜡晶体和失去透明时的最高温度。柴油达到浊点后虽然未失去流动性，但易造成燃料供给系统中油路堵塞，使供油量减少或中断供油。

(3) 冷滤点 冷滤点是指在规定的冷却条件下，柴油在 1.96kPa 压力下进行抽吸试油，1min 通过缝隙宽度为 45μm 金属滤网的柴油体积少于 20mL 的最高温度。

由于冷滤点测定的条件近似于使用条件，冷滤点也近似于柴油的实际使用最低温度，因此可作为根据气温选择柴油牌号的依据。

4. 安定性及评定指标

柴油的安定性是指柴油在运输、储存和使用过程中保持其外观颜色、组成和使用性能不变的能力。安定性差的柴油容易生成胶状物质，使发动机供油系统堵塞。安定性的评定指标有实际胶质、10% 蒸余物残炭、颜色等。

5. 腐蚀性及评定标准

柴油中含有硫、硫化物、水分及酸性物质，对发动机零部件产生腐蚀作用，燃烧后的排放污染严重，而且生成柴油机沉积物。腐蚀性可用硫含量、硫醇硫含量、酸度、铜片腐蚀试验、水溶性酸或碱等评定指标。测定标准与汽油相同，其中主要测定硫和硫醇硫含量。

(二) 汽车用柴油的牌号和规格

1. GB 252—2011《普通柴油》

GB 252—2011《普通柴油》是目前执行的最新国家标准，于 2011 年 7 月 1 日开始实施，自实施之日起，代替 GB 252—2000《轻柴油》。该标准规定了普通柴油的术语和定义、产品分类、技术要求和试验方法、检验规则及标志、包装、运输和贮存、安全。标准适用于拖拉机、内燃机车、工程机械、船舶和发电机组等压燃式发动机和 GB 19756 中规定的三轮汽车和低速货车所使用的由石油制取的或加有添加剂的普通柴油。该标准于 1964 年首次发布，分别于 1977 年、1981 年、1987 年、1994 年和 2000 年进行 5 次修订，本次为第 6 次修订。

GB 252—2011 按照凝点的不同将轻柴油分为 10 号、5 号、0 号、-10 号、-20 号、-35 号、-50 号共七个牌号，牌号的含义为凝点，例如：10 号表示该种柴油的凝点不低于 10℃。各牌号分别适用于风险率为 10% 的最低气温 12℃、8℃、4℃、-5℃、-14℃、-29℃ 及 -44℃ 以下的地区使用。风险率是由我国气象台根据气温记录分析得出的，风险率 10% 的最低气温值表示该月中最低气温低于该值的概率为 0.1，或者说该月中最低气温高于该值的概率为 0.9。向用户销售的符合标准表要求的普通柴油所使用的加油机和容器都应标明下列标志：10 号普通柴油、5 号普通柴油、0 号普通柴油、-10 号普通柴油、-20 号普通柴油、-35 号普通柴油、-50 号普通柴油。

2. GB 19147—2013《车用柴油（Ⅳ）》

GB 19147—2013《车用柴油（Ⅳ）》是目前执行的最新国家标准，于 2013 年 2 月 7 日开始实施，自实施之日起，代替 GB 19147—2009《车用柴油》。该标准适用于压燃式发动机汽车使用的、由石油制取或加有改善使用性能添加剂的车用柴油。不适用于以生物柴油为调合组分的车用柴油。该标准于 2003 年首次发布，于 2009 年进行 1 次修订，本次为第 2 次修订。

(三) 使用注意事项

1) 不同牌号的柴油可掺兑使用，以调节高凝点柴油的凝点。

2) 柴油中不能掺入汽油，因为汽油的发火性能差，掺入汽油会导致发动机起动困难，甚至不能起动。

3）低温起动可以采取预热措施，也可使用低温起动液。

4）柴油加入燃油箱前，要经过沉淀和过滤，沉淀时间不少于48h，以去除杂质，确保柴油的清洁。

5）柴油在运输、保管、使用中，应注意消防安全。

三、汽车新能源

目前，汽车能源（燃料）主要是石油产品。但石油资源有限，石油日益开采将面临枯竭，同时汽车尾气排放对环境的污染已成为世界公害。因此，汽车使用能源必须更新换代，找出新能源，才能解决汽车能源危机，汽车才能有新的发展。

2001年4月15日起，我国开始实施国家强制性标准GB 18350—2001《变性燃料乙醇》，2011年7月1日起开始实施国家强制性标准GB 18351—2010《车用乙醇汽油（E10）》。其中GB 18351—2010《车用乙醇汽油（E10）》国家强制性标准代替了GB 18351—2004《车用乙醇汽油》及随后3个修改单，与旧标准的差别主要体现在：新标准增加了警告和安全部分，仅把"技术要求"列为强制性条款。更改了蒸气压的部分指标限值，修改了硫含量、苯含量、烯烃含量和锰含量的指标限值及其试验方法，删除了资料性附录A"车用乙醇汽油中变性燃料乙醇含量测定方法（现场快速法）"。

实施国家强制性标准，为我国使用车用新能源起了积极的推进作用，不仅可以缓解石油供求矛盾，还有效降低了汽车尾气中有害气体的排放对大气的污染。

目前，用于汽车上的新能源有天然气、液化石油气、甲醇燃料、乙醇燃料、电能、氢能等。

（一）天然气

天然气（NG）主要成分是甲烷（CH_4），约占85%~95%，其余为乙烷、丙烷、丁烷及少量其他物质。按存在形式的不同，天然气分为压缩天然气（CNC）和液化天然气（LNG）两种，目前广泛用在汽车上的是压缩天然气。

天然气作为汽车新型代用燃料，具有辛烷值高，抗爆性好；与空气混合均匀，燃烧完全，气缸积炭少；排放尾气污染小，不稀释润滑油，是世界各国公认的"清洁燃料"；而且供气简单、资源丰富、价格低，所以，应用前途十分广阔。但天然气储运不方便，建立供气网站投资大，密度小，影响发动机动力性。

天然气汽车在缓解能源危机和保护环境方面有着独特的天然优势，因而具有良好的发展前景。我国汽车用压缩天然气执行的最新国家标准为GB 18047—2000《车用压缩天然气》。

（二）液化石油气

液化石油气是从石油的开采和加工中得到的可燃气体。液化石油气（LPG）是由以三个或四个碳原子的烃类如丙烷（C_3H_8）、丙烯（C_3H_6）、丁烷（C_4H_{10}）、丁烯（C_4H_8）为主的一种混合物。

液化石油气的热值以重量计算高于汽油。液化石油气研究法辛烷值在100~110范围内，抗爆性能好、燃烧完全、积炭少、排放污染物低；液化石油气与空气混合均匀，有利燃烧；着火温度高，火焰传播的速度慢，需要较高的点火能量。

我国液化石油气汽车（LPGV）在替代能源汽车中发展很快，在"全国天然气协调领导小组"的领导下,各大城市纷纷成立了"推广双燃汽车领导小组",给液化石油气汽车的发展创造了良好的条件。2004年年底,我国正式确定的清洁汽车重点推广应用城市(地区)有19个;2005年,LPGV技术向中小型城市发展,液化石油气汽车保有量为25万辆左右。世界LPGV历经半个世纪的开发、应用和改进,在技术上已经成熟,特别是在20世纪80年代之后产生了根本性的技术突破和飞跃。到2005年为止,世界LPGV技术已发展了7代典型的产品,并实现了商品化。我国汽车用石油气目前执行的最新标准为GB 19159—2003《车用液化石油气》。

(三) 醇类燃料

醇类燃料汽车是指以甲醇或乙醇作为燃料的汽车。

甲醇(CH_2OH)可从天然气、煤、重质燃料、木材和垃圾等物质中提炼。乙醇(C_2H_5OH)的原料主要是含糖、淀粉作物,如甘蔗、甜菜、土豆、玉米、草秆等。

醇类燃料的辛烷值比汽油高,可采用高压缩比提高热效率,蒸发潜热大。醇类燃料汽车低温起动和低温运行性能差,常温下为液体,操作容易,储运方便;可燃界限宽,燃烧速度快;有利于实现汽车稀燃技术;热值低,甲醇的热值只有汽油的48%,乙醇的热值只有汽油的64%,沸点低,蒸气压高,容易产生气阻,甲醇有毒。醇具有较强的腐蚀性。

醇类燃料汽车发展得较早,全世界已有40多个国家和地区利用甲醇或乙醇作为汽车燃料,尤其在盛产甘蔗的巴西,有30%以上的汽车是乙醇汽车。

我国醇类燃料有着广泛的发展前景。2001年4月15日开始实施的GB 18350—2001《变性燃料乙醇》、2011年7月1日起开始实施的GB 18351—2010《车用乙醇汽油(E10)》两项国家标准,为我国推广使用醇类燃料起到良好的推进作用。

(四) 电能

以电能作为动力的汽车称为电动汽车。电动汽车上常用的蓄电池主要有铅酸蓄电池、镉镍蓄电池、氢镍蓄电池、锂电池及燃料电池等。

电是清洁能源,直接污染及噪声小;电是二次能源,来源方式多;电动汽车结构简单,比能低,汽车持续行驶里程短;蓄电池充电时间长,成本高;蓄电池使用后会对环境产生污染。

电动汽车在限定范围内应用的技术已经成熟,电动汽车广泛应用还存在许多问题,还需要一定的时间进行研究和解决,但有希望成为未来汽车的主体。

(五) 氢气

用氢气作为燃料的汽车称为氢气汽车。氢气的来源主要是从水中通过裂解制取,或者来源于各种工业副产品。

氢气热值高,热效率高;辛烷值高,抗爆性好;燃烧后不产生有害气体,有利于环保;气态氢能量密度小,储运不方便,液态氢技术难度大,而且生产成本高。

氢气汽车最大的困难是氢气的制取与携带。氢气制取的方式虽然很多,但生产成本都非常高。目前氢气汽车还处在研究探索阶段,真正应用的很少。

四、汽车用润滑剂

在汽车正常运行过程中,许多零件间会产生相对运动,加之载荷和温度的作用,引起零部件摩擦和磨损。磨损是汽车零部件耗损的主要形式之一，是汽车发生故障和降低使用寿命的主要原因之一。为了减缓磨损，减少故障，延长汽车使用寿命，必须正确使用润滑材料。

在使用中，根据用油（脂）部位的工作条件，正确、合理地选用润滑剂，不仅能减少机件的磨损，延长汽车的使用寿命，而且能节约燃料。

汽车用润滑剂主要包括发动机润滑油、汽车齿轮油和汽车润滑脂等。

（一）发动机润滑油

发动机润滑油的主要作用有润滑、冷却、清洁、密封防锈和缓冲等。

1. 发动机润滑油的使用性能

（1）润滑性　发动机润滑油具有降低摩擦、减缓磨损和防止金属烧结的能力，叫做发动机润滑油的润滑性。润滑油的粘度和化学性质对发动机零件在不同润滑状态下的润滑性有重要的影响。

（2）清净分散性　发动机润滑油能抑制积炭、漆膜和油泥形成或将这些沉积物清除的性能，称为发动机油的清净性。润滑油的基础油本身不具备清净分散性，而是通过添加清净剂和分散剂而获得的。清净添加剂是一种具有表面活性的物质，它能吸附油中固体污染颗粒，并把它悬浮在油的表面，以保证参加循环的是清净的润滑油，减小高温沉积物和漆膜的形成。分散剂则能将低温油泥分散于油中，以便在润滑油循环过程中将其过滤掉。清净分散添加剂是清净剂和分散剂的总称，它还兼有洗涤、抗氧化及抗腐蚀等作用，因此被称为多效添加剂。

（3）粘度及粘温性　当其一部分液体相对另一部分液体发生相对运动时都会遇到一定的阻力，这种阻力是由液体内部分子或微粒的内摩擦产生的。所谓粘度，就是液体流动时内摩擦力的量度。粘度不仅是润滑油分类的依据，而且对发动机工作有很大的影响。粘度过小，则在高温高压条件下容易从摩擦面流失，不能形成足够厚度的油膜，使摩擦和磨损加剧，密封作用不良，引起气缸漏气，润滑油受到燃油稀释和污染，发动机功率下降。粘度小的润滑油蒸发性大，润滑油容易窜入燃烧室，不仅增大了润滑油消耗量，而且造成了发动机工作不良。但是粘度过大时，发动机低温起动困难，机油泵送油性能差，此时摩擦副容易出现干摩擦或半液体摩擦，据试验证明：气缸、活塞环和轴承等零件的磨损量有 2/3 是起动时造成的，这是发动机零部件磨损的主要原因。因此，使用中要求润滑油有适当的粘度。

发动机润滑油的粘度是随温度变化而变化的。温度升高，粘度变小；温度降低，粘度增大。油品粘度随温度变化的特性称为粘温性。

由于发动机工作温度范围很大，从汽车起动温度较低到摩擦面工作温度可达 200～300℃，若发动机润滑油粘温性不良，就会出现低温时粘度过大，发动机起动困难，高温时粘度过小的不良状况，造成机件磨损和损坏，因此要求发动机油具有良好的粘温性。既能在高温时保持足够的粘度，以便形成有效的油膜；又能在低温时粘度不过大，以保证发动机有良好的冷起动性能。这种能适应很宽温度范围使用要求的润滑油被称为多级油。

（4）低温流动性　保证发动机在低温条件下容易起动和供油可靠的性能，称为发动机润滑油的低温流动性。

（5）抗氧化性　在一定条件下，发动机润滑油抵抗氧化变质的能力，称为发动机润滑油的抗氧化性。

（6）抗腐蚀性　发动机润滑油抵抗腐蚀性物质对金属腐蚀的能力，称为发动机润滑油的抗腐蚀性。

（7）抗泡沫性　发动机润滑油消除泡沫的性质，叫做发动机润滑油的抗泡沫性。

发动机润滑油由于快速、流动、循环和飞溅运动，将空气混入油中就会产生泡沫。如果泡沫太多或泡沫不能及时消除，将会产生气阻，导致摩擦副间供油不足和磨损加剧等故障。

2. 发动机润滑油的分类

（1）国外发动机润滑油的分类　国际化标准组织（ISO）还没有确定发动机润滑油的分类方法，国际上广泛采用美国汽车工程师协会（SAE）的粘度分类和美国石油协会（API）的使用性能分类法。

1）SAE 粘度分类。美国汽车工程师协会（SAE）于1911年制定了发动机润滑油粘度分类法，该标准采用字母 W（冬用）和不含字母 W（春秋和夏用）两组系列粘度等级的划分，冬用发动机润滑油分为 0W、5W、10W、15W、20W 和 25W 六个等级，春秋和夏用发动机润滑油分为 20、30、40、50、60 五个等级。

发动机润滑油按 SAE 粘度分还有单级油和多级油之分。仅有一个粘度级号（如5W、30等）的发动机润滑油为单级油，它只能满足低温或高温一种粘度级号的要求，在温差较大的地方不能冬夏通用。在发动机润滑油中加入了粘度指数改进剂，既能满足低温时粘度级号的要求，又能满足高温时粘度级号要求的发动润滑油，称为多级发动机油。它由低温粘度级号与高温粘度级号组合来表示，例如5W/30，其含义是：这是一种多级发动机油，这种油在低温使用时符合 SAE 5W 粘度级性能要求，而在100℃时还符合 SAE 30 粘度级性能要求，故冬、夏季通用。

2）API 使用性能分类。发动机润滑油的使用性能分类，就是根据在发动机试验评定中所表现的抗磨性、清净分散性、抗氧化性、抗腐蚀性等确定其等级。目前使用的 API 使用性能分类法是1971年美国石油协会（API）、美国工程师协会（SAE）和美国材料试验协会（ASTE）共同提出了 SAE J183 发动机润滑油性能和分类，将发动机润滑油分为汽油机润滑油和柴油机润滑油，使用性能分类将汽油机润滑油定为 S 系列，柴油机润滑油定为 C 系列。在 S 系列中有 SA、SB、SC、SD、SE、SF、SG、SH、SI、SJ 等；在 C 系列中有 CA、CB、CC、CD、CD-Ⅱ、CE、CF、CF-2、CF-4、CG-2 和 CG-4 等。它是按发动机强化程度和工作条件的苛刻程度来划分的，为了保证油品的使用性能，以上两个系列的各级油品，质量除应符合各自规定的理化性能要求外，还必须通过规定的发动机试验。

（2）我国发动机润滑油的分类

1）粘度分类。我国新的国家标准 GB/T 14906—1994《内燃机油粘度分类》采用国际通用的 SAE（美国汽车工程师协会）粘度分类法，将润滑油分为冬季用油（W 级）和非冬季用油。冬季用油按低温粘度、低温泵送性划分，共有 0W、5 W、10W、15W、20W 和 25W 等6个等级，其级号越小，适应的温度越低；非冬季用油按100℃时的运动粘度分级，共有 20、30、40、50 和 60 等5个等级，其级号越大，适应的温度越高。

另外，为增大润滑油对季节和气温的适应范围，国家标准还规定了多级油的粘度级号，如 5W/30、5W/40、10W/30、20W/40 等多级油，其分子表示低温粘度等级，分母表示

100℃时的运动粘度等级。多级油在油中添加了粘度指数改进剂，能同时满足某W级油和非W级油的粘度要求，有较宽的温度使用范围。例如，5W/40既符合5W级油粘度要求，又符合40级油粘度要求，在全国冬夏季均可通用。

我国发动机润滑油的粘度分类见表2-6。

表2-6 我国发动机润滑油的粘度分类（GB/T 14906—1994）

粘度分级	最大低温粘度		最高边界泵送温度/℃	100℃运动粘度/(mm²/s)	
	/MPa·s	/℃		最小	最大
0W	3250	-30	-35	3.8	
5W	3250	-25	-30	3.8	
10W	3250	-20	-25	4.1	
15W	4500	-15	-20	5.6	
20W	6000	-10	-15	5.6	
25W		-5	-10	9.3	
20				5.6	<9.3
30				9.3	<12.5
40				12.5	<16.3
50				16.3	<21.9
60				21.8	<26.1

2) **使用性能分类。** 我国新的国家标准GB/T 28772—2012《内燃机油分类》，参照国际通用的API（美国石油学会）使用分类法，将发动机润滑油分为汽油机油系列（S系列）和柴油机油系列（C系列）两大类。每一系列又按油品特性和使用场合不同，分为若干等级。汽油机油系列共有SE、SF、SG、SH、GF-1、SJ、GF-2、SL、GF-3、SM、GF-4、SN、GF-5八个等级；柴油机油系列共有CC、CD、CF、CF-2、CF-4、CG-4、CH-4、CI-4、CJ-4九个等级。各类油品的级号越靠后，其使用性能越好。

除上述汽油机油和柴油机油系列分类外，国家标准GB 11121—2006和GB 11122—2006还分别规定了SE、SF、SG、SH、GF-1、SJ、GF-2、SL、GF-3九个汽油机油品种和CC、CD、CF、CF-4、CH-4、CI-4六个柴油机油品种。

发动机润滑油的详细分类是根据产品特性、使用场合和使用对象确定的。汽油机润滑油用第一个字母S表示，汽油机润滑油详细分类见表2-7。柴油机油用第一个字母C表示，柴油机润滑油详细分类见表2-8。

发动机润滑油的命名和标记，应包括使用性能级别代号和粘度级别代号两部分。

例如：一个特定的汽油机润滑油产品可命名为SE30；一个特定的柴油机润滑油产品可命名为CC10W/30；一个特定的汽油机润滑油/柴油机润滑油通用产品，则可命名为SE/CC15W/40。

表 2-7 汽油机润滑油详细分类

应用范围	品种代号	特性和使用场合
汽油机油	SE	用于轿车和某些货车的汽油机以及要求使用 API SE、SC 级油的汽油机。此种油品的抗氧化性能及控制汽油机高温沉积物、锈蚀和腐蚀的性能优于 SD 或 SC
	SF	用于轿车和某些货车的汽油机以及要求使用 API SF、SE 级油的汽油机。此种油品的抗氧化性能和抗磨损性能优于 SE,同时还具有汽油机沉积物、锈蚀和腐蚀的性能,并可代替 SE
	SG	用于轿车、货车和轻型卡车的汽油机以及要求使用 API SG 级油的汽油机。SG 质量还包括 CC 或 CD 的使用性能,此种油品改进了 SF 级油控制发动机沉积物、磨损和油品的氧化性能,同时还具有抗锈蚀和腐蚀的性能,并可代替 SF、SF/CD、SE 或 SE/CC
	SH、GF-1	用于轿车、货车和轻型卡车的汽油机以及要求使用 API SH 级油的汽油机。此种油品在控制发动机沉积物、油的氧化、磨损和锈蚀和腐蚀等方面的性能优于 SG,并可代替 SG,GF-1 与 SH 相比,增加了对燃料经济性的要求
	SJ、GF-2	用于轿车、运动型多用途汽车、货车和轻型卡车的汽油机以及要求使用 API SJ 级油的汽油机。此种油品在挥发性、过滤性、高温泡沫性和高温沉积物控制等方面的性能优于 SH。可代替 SH,并可在 SH 以前的"S"系列等级中使用 GF-2 与 SJ 相比,增加了对燃料经济性的要求,GF-2 可代替 GF1
	SL、GF-3	用于轿车、运动型多用途汽车、货车和轻型卡车的汽油机以及要求使用 API SL 级油的汽油机。此种油品在挥发性、过滤性、高温泡沫性和高温沉积物控制等方面的性能优于 SJ。可代替 SJ,并可在 SJ 以前的"S"系列等级中使用 GF-3 与 SL 相比,增加了对燃料经济性的要求,GF-3 可代替 GF-2
	SM、GF-4	用于轿车、运动型多用途汽车、货车和轻型卡车的汽油机以及要求使用 API SM 级油的汽油机。此种油品在高温氧化和清净性能、高温磨损性能以及高温沉积物控制等方面的性能优于 SL。可代替 SL,并可在 SL 以前的"S"系列等级中使用 GF-4 与 SM 相比,增加了对燃料经济性的要求,GF-4 可代替 GF-3
	SN、GF-5	用于轿车、运动型多用途汽车、货车和轻型卡车的汽油机以及要求使用 API SN 级油的汽油机。此种油品在高温氧化和清净性能、低温油泥以及高温沉积物控制等方面的性能优于 SM。可代替 SM,并可在 SM 以前"S"系列等级中使用 对于资源节约型 SN 油品,除具有上述性能外,强调燃料经济性、对排放系统和涡轮增压器的保护以及与含乙醇最高达 85% 的燃料的兼容性能 GF-5 与资源节约型 SN 相比,性能基本一致,GF-5 可代替 GF-4

表 2-8　柴油机润滑油详细分类

柴油机油	CC	用于中负荷及重负荷下运行的自然吸气、涡轮增压和机械增压式柴油机以及一些重负荷汽油机，对于柴油机具有控制高温沉积物和轴瓦腐蚀的性能，对于汽油机具有控制锈蚀、腐蚀和高温沉积物的性能
	CD	用于需要高效控制磨损和沉积物或使用包括高硫燃料自然吸气、涡轮增压和机械增压式柴油机以及要求使用 API CD 级油的柴油机。具有控制轴瓦腐蚀和高温沉积物的性能，并可代替 CC
	CF	用于非道路间接喷射式柴油发动机和其他柴油发动机，也可用于需有效控制活塞沉积物、磨损和含铜轴瓦腐蚀的自然吸气、涡轮增压和机械增压式柴油机。能够使用硫的质量分数大于 0.5% 的高硫柴油燃料，并可代替 CD
	CF-2	用于需高效控制气缸、环表面胶合和沉积物的二冲程柴油发动机，并可代替 CD-Ⅱ
	CF-4	用于高速、四冲程柴油发动机以及要求使用 API CF-4 级油的柴油机，特别适用于高速公路行驶的重负荷货车。此种油品在机油消耗和活塞沉积物控制等方面的性能优于 CE，并可代替 CE、CD 和 CC
	CG-4	用于可在高速公路和非道路使用的高速、四冲程柴油发动机。能够使用硫的质量分数小于 0.05% ~ 0.5% 的柴油燃料。此种油品可有效控制高温活塞沉积物、磨损、腐蚀、泡沫、氧化和烟尘的累积，并可代替 CF-4、CE、CD 和 CC
	CH-4	用于高速、四冲程柴油发动机。能够使用硫的质量分数不大于 0.5% 的柴油燃料。即使在不利的应用场合，此种油品可凭借其在磨损控制、高温稳定性和烟尘控制方面的特性有效地保持发动机的耐久性；对于非铁金属的腐蚀、氧化和不溶物的增稠、泡沫性以及由于剪切所造成的粘度损失可提供最佳的保护。其性能优于 CG-4，并可代替 CG-4、CF-4、CE、CD 和 CC
	CI-4	用于高速、四冲程柴油发动机。能够使用硫的质量分数不大于 0.5% 的柴油燃料。此种油品在装有废气再循环装置的系统里使用可保持发动机的耐久性。对于腐蚀性和与烟尘有关的磨损倾向、活塞沉积物、以及由于烟尘累积所引起的粘度性变差、氧化增稠、机油消耗、泡沫性、密封材料的适应性降低和由于剪切所造成的粘度损失可提供最佳的保护。其性能优于 CH-4，并可代替 CH-4、CG-4、CF-4、CE、CD 和 CC
	CJ-4	用于高速、四冲程柴油发动机。能够使用硫的质量分数不大于 0.05% 的柴油燃料。对于使用废气后处理系统的发动机，如使用硫的质量分数大于 0.0015% 的燃料，可能会影响废气后处理系统的耐久性和/或机油的换油期。此种油品在装有微粒过滤器和其他后处理系统里使用可特别有效地保持排放控制系统的耐久性。对于催化剂中毒的控制、微粒过滤器的堵塞、发动机磨损、活塞沉积物、高低温稳定性、烟尘处理特性、氧化增稠、泡沫性和由于剪切所造成的粘度损失可提供最佳的保护。其性能优于 CI-4，并可代替 CI-4、CH-4、CG-4、CF-4、CE、CD 和 CC
农用柴油机油	—	用于以单缸柴油机为动力的三轮汽车（原三轮农用运输车）、手扶变型运输机、小型拖拉机，还可用于其他以单缸柴油机为动力的小型农机具，如抽水机、发电机等。具有一定的抗氧、抗磨性能和清净分散性能

3. 发动机润滑油的选择

发动机润滑油主要根据发动机的类型、结构特点、使用条件、气候条件等选择润滑油的使用性能级别和粘度级别。

（1）合理选择使用性能级别　根据发动机润滑油工作条件的苛刻程度选择发动机润滑油的使用性能级别。

发动机润滑油工作条件的苛刻程度与发动机的结构及运行使用条件有关，发动机单位排量、功率和活塞平均运动速度等指标可以表征发动机的结构紧凑性与强化程度。因此，各型发动机对发动机润滑油品种的要求差别很大，应严格按照汽车使用说明书的规定及发动机工作条件选用合适的发动机润滑油品种。

首先，汽油机工作的苛刻程度与汽车生产的年份有关，早年生产的汽车工作条件较温和，可使用较低级别的发动机润滑油，新生产的汽车一般要求使用级别较高的发动机润滑油。如早年生产的东风 EQ1090 要求使用 SC 级油，后生产的解放 CA1091 则要求使用 SD 级油。其次，按不同车型汽油机工作的苛刻程度如夏利、大发、昌河等要求使用 SE 级油；奥迪 100、捷达、红旗、上海桑塔纳、神龙富康、上海帕萨特 B5、北京切诺基、广州标致、日产阳光、日产风度（A33）等要求使用 SF 级油；奔驰 S320、奔驰 S600、宝马、三菱、桑塔纳 2000（电喷）、红旗 7220AE、捷达（电喷）、本田雅阁等电喷车要求使用 SG 或 SH 级油；上海别克要求使用 SJ 级油。再次，汽车发动机加装排气净化装置也会使发动机润滑油的工作条件恶化，因此可按净化装置的类型选择适当级别的发动机润滑油。如有废气催化转化器的汽油机必须选用 SF 级油无铅汽油；有废气再循环装置（EGR 系统）的汽油机要选用 SE 级油；有曲轴箱正压通风装置（PCV 阀）的汽油机要选用 SD 级油；不设尾气净化装置的则可选用 SC 级油。

柴油机可按其强化程度来选用柴油机润滑油。柴油机的强化程度，可用柴油机的强化系数 K 来表示，强化系数越大，其热负荷和机械负荷就越大，发动机润滑油的工作条件也就越苛刻，因此要求使用的柴油机润滑油的级别也越高。当 $K \leqslant 50$ 时，应选用 CC 级柴油机润滑油；$K \geqslant 50$ 时，应选用 CD 级柴油机润滑油。

国产柴油车黄河 JN171、跃进 NJ1061 等，可选用 CC 级柴油机润滑油；康斯明、斯太尔重型汽车、日野 ZM400、五十铃 4BD1、4BG2 等可选用 CD 级油；南京依维柯可选用 CF-4 级油。

除上述的选择外，也可选用汽油机和柴油机通用的润滑油。如 SF/CC、SG/CE 等汽油机、柴油机通用润滑油。SF/CC 表示既适用于要求使用 APISF 级油（包括 SE、SD 及 SC 级）的汽油机也适用于 APICC 级的柴油机；SG/CE 表示既适用于要求使用 APISG 级油的汽油机也适用于要求使用 APICE 级油（包括 CD、CC 级油）的柴油机。

（2）合理选择粘度级别　发动机油的粘度级别根据气温、工况和发动机的技术状况来选择。

1）发动机的粘度要保证发动机低温易于起动，而热车后又能维持足够粘度以保证正常润滑。

2）重载、低速和高温等工况应选粘度较大的发动机润滑油；轻载、高速、常温等工况应选用粘度较小的发动机润滑油；磨损严重的发动机应选用粘度较大的发动机润滑油。发动机润滑油粘度级别选择可参考表 2-9。

表 2-9 SAE 粘度级号适用的气温

粘度等级	使用温度/℃	粘度等级	使用温度/℃
5W	-30 ~ -10	5W/30	-30 ~ 30
10W	-25 ~ -5	10W/30	-25 ~ 30
20	-10 ~ 30	10W/40	-25 ~ 40
30	0 ~ 30	15W/40	-20 ~ 40
40	10 ~ 50	20W/40	-15 ~ 40

4. 发动机润滑油的使用

1) 按使用性能级别和粘度级别正确选用发动机润滑油。

2) 注意经常检查和保持正常油位。正常油位应位于润滑油尺的满刻度标志线和 1/2 刻度标志线之间，不可过多或过少。

3) 不同牌号的发动机润滑油不可混合使用，同一牌号但不同生产厂家的润滑油也尽量不要混合使用。

4) 做好空气滤清器和机油滤清器的日常维护，并及时更换滤芯，以保持发动机润滑油的清洁。

5) 应进行在用油的质量监测，尽可能实行按质换油。换油时一定要在热车时进行，油温高，旧油不仅容易从放油孔流出，并且油中的劣化物被悬浮、分散，易和旧发动机润滑油一起排出发动机。加入新油后发动机应起动数分钟，停机 3min 后，再检查油面高度。在无油品质量分析手段，不能实行按质换油时，可实行定期换油。

（二）汽车齿轮油

汽车齿轮油，是指用于汽车手动变速器和驱动桥齿轮传动机构的润滑油。它和其他润滑油一样，具有润滑、冷却、清洗、密封、防锈、缓冲和降噪等作用。由于其工作条件与发动机润滑油不同，齿轮传动效率高，轮齿接触面积小，单位接触压力大，齿轮传动不仅是线接触，还有滑动接触，在高速、大负荷条件下，会使油膜变薄甚至局部破裂，加剧摩擦与磨损，甚至引起擦伤和咬合等耗损。所以，汽车齿轮油的性能还要求降低齿面冲击等作用。

1. 汽车齿轮油的使用性能

（1）润滑性和低温流动性　为了使汽车齿轮油具有良好的润滑性和低温流动性能，要求齿轮油应具有适当的粘度、良好的低温流动性和粘温性。齿轮油的粘度不能过低，以保证形成油膜，实现液体摩擦状态。为带走摩擦产生的热量和低温时迅速供油，齿轮油的粘度又不能过大。和发动机润滑油一样通常采用加入粘度指数改进剂的多级油，以提高齿轮油的粘温性。

（2）油性及极压性、抗磨性　齿轮油油性是指能有效地使润滑油膜吸附于运动着的零件摩擦面之间，具有降低摩擦作用的性质。极压性、抗磨性是指油品保持在运动部件之间的油膜，能有效地防止金属间直接接触的能力。

在齿轮油中加入油性添加剂，能增加吸附油膜的强度，减小摩擦系数，提高抗磨性能。汽车驱动桥中的双曲线齿轮等高负荷齿轮，经常在苛刻的极压润滑条件下工作，其承受的高压力、高滑动速度和局部高温度。因此，必须在齿轮油中加入极压添加剂，它和接触的金属表面起化学反应,形成一种高熔点的无机薄膜,以防止高负荷下发生齿面擦伤、咬合现象。

(3) 热氧化安定性　汽车齿轮油抵抗高温条件下氧化作用的能力,称为热氧化安定性。汽车主减速器使用的齿轮油工作温度较高,使油的氧化增大,齿轮箱中金属的催化作用,容易使油的使用性能变差。因此,要求汽车齿轮油在较高的温度下不易氧化变质,即具有良好的热氧化安定性。

(4) 抗腐蚀性和缓蚀性　齿轮油防止齿轮、轴承腐蚀和生锈的能力,称为抗腐蚀性和缓蚀性。

2. 车辆齿轮油的分类

ISO 尚未发布车辆齿轮油的分类标准,目前多数国家仍按美国 SAE 的车辆齿轮油粘度分类标准和 API 的车辆齿轮油使用性能分类标准。

(1) SAE 车辆齿轮油粘度分类　SAE 车辆齿轮油的粘度分类见表 2-10。SAE 分类的粘度等级有 70W、75W、80W、85W、90、110、140、190、250 十一种和冬、夏季两组。

表 2-10　SAE 车辆齿轮油的粘度分类

SAE粘度级号	达到150Pa·s的最高温度/°C	100°C 运动粘度/(mm²/s)		SAE粘度级号	达到150Pa·s的最高温度/°C	100°C 运动粘度/(mm²/s)	
		最低	最高			最低	最高
70W	-55	4.1	—	90		13.5	<18.5
75W	-40	4.1	—	110		18.5	<24.0
80W	-26	7.0	—	140		24.0	<32.5
85W	-12	11.0	—	190		32.5	<41.0
80	—	7.0	<11.0	250		41.0	—
85	—	11.0	<13.5				

带有 W 是冬用齿轮油,不带 W 是夏用齿轮油,车辆齿轮油也有多级油和冬夏通用油,例如 80W/90、85W/90 等。

(2) API 车辆齿轮油使用性能分类　API 车辆齿轮油使用性能分类,是根据工作条件苛刻程度划分为 GL-1、GL-2、GL-3、GL-4、GL-5 和 GL-6 等六级,其使用性能及用途分类见表 2-11。

表 2-11　车辆齿轮油 API 使用性能分类

分类	使用说明	用途
GL-1	在低齿面压力、低滑动速度的汽车弧齿锥齿轮、涡轮式驱动桥以及各种手动变速器规定用 GL-1 级齿轮油。直馏矿油要满足这类情况的要求,可以加入抗氧剂、防锈剂和消泡剂改善其性能,但不加摩擦改进剂和极压剂	汽车手动变速器,包括拖拉机和货车手动变速器
GL-2	汽车涡轮式驱动桥,由于负荷、温度和滑动速度的状况,用 GL-1 齿轮油不能满足要求,规定用 GL-2 齿轮油,通常都加有脂类物质	蜗杆传动装置
GL-3	滑动速度和负荷要求比较苛刻的汽车手动变速器和弧齿锥齿轮的驱动桥规定用 GL-3 级油。这种使用条件要求润滑油的负荷能力比 GL-1 和 GL-2 级油高,但比 GL-4 级油要低	苛刻条件的手动变速器和弧齿锥齿轮的驱动桥

(续)

分类	使用说明	用途
GL-4	在低速高转矩、高速低转矩下操作的各种齿轮，特别是客车和其他各种车用的准双曲面齿轮，规定用 GL-4 级齿轮油，适用于其抗摩擦性能等于或优于 CRCRGO-105 参考油。该级油已做过各种试验，证明具有 1972 年 4 月 ASIM STP 说明的性能水平	手动变速器、弧齿锥齿轮和使用条件不太苛刻的准双曲面齿轮
GL-5	在高速冲击负荷、高速低转矩、低速条件下操作的各种齿轮，特别是客车和其他车用的准双曲面齿轮，规定用 GL-5 齿轮油。适用于其抗摩擦性能等于或优于 CRCRGO-110 参考油。该级油已做过各种试验，证明具有 1972 年 4 月 ASIM STP 说明的性能水平	适用操作条件缓和或苛刻的准双曲面齿轮及其他各种齿轮，也可用于手动变速器
GL-6	在高速冲击条件下运转的轿车和其他车辆的各种齿轮，特别在大偏移距的准双曲面齿轮，偏移距大于 50mm 或接近齿轮直径的规定用 GL-6 级齿轮油，其抗摩擦性能应等于或优于参考油 L-1000，该级油漆做过各种试验，证明具有 1972 年 4 月 ASIM STP 说明的性能水平	

（3）我国车辆齿轮油的分类　我国 GB/T 17477—2012《汽车齿轮润滑剂粘度分类》等效采用 SAE 车辆齿轮油粘度分类，而车辆齿轮油使用性能则参照 API 使用性能分类法分为三类：即普通车辆齿轮油、中负荷齿轮油和重负荷齿轮油三个品种，它们与 API 使用分类的对应关系见表 2-12。

表 2-12　我国车辆齿轮油分类与 API 对应关系

我国油名	API 品种	特性和作用说明	使用部位
普通车辆齿轮油	GL-3	适用于中等速度和负荷比较苛刻的手动变速器和弧齿锥齿轮的驱动器	手动变速器，弧齿锥齿轮的驱动桥
中负荷车辆齿轮油	GL-4	适用于在低速高转矩、高速低转矩下操作的各种齿轮，特别是客车和其他各种车辆的准双面齿轮	手动变速器，弧齿锥齿轮和使用条件不太苛刻的准双面齿轮的驱动桥
重负荷车辆齿轮油	GL-5	适用于在高速冲击负荷、高速低转矩和低速高转矩操作下的各种齿轮，特别是客车和其他各种车辆的准双面齿轮	操作条件缓和或苛刻的准双面齿轮的其他各种车辆的驱动桥，也可用于手动变速器

3. 车辆齿轮油牌号及规格

（1）普通车辆齿轮油　普通车辆齿轮油分为 80W/90、85W/90 和 90 号三个粘度牌号。

（2）中负荷车辆齿轮油　中负荷车辆齿轮油分为 80W/90、85W/90 和 90 号三个粘度牌号。

（3）重负荷车辆齿轮油　重负荷车辆齿轮油分为 73W、80W/90、85W/90、85W/140、90 和 140 号六个粘度牌号。

4. 汽车齿轮油的选择与使用

（1）合理选择使用性能级别　车辆齿轮油使用性能级别的选择，主要根据齿面的压力、滑动速度和油温等工作条件的苛刻程度来选择车辆齿轮油的使用性能级别。

工作条件苛刻驱动桥采用单级准双曲面齿轮，但其齿面接触压力在 3000MPa 以下，滑动速度在 1.5~8 m/s 之间；使用条件不太苛刻，采用中负荷车辆齿轮可满足其使用要求；采用普通弧齿锥齿轮驱动桥，可采用普通齿轮油。

（2）合理选择粘度级别　车辆齿轮油粘度级别的选择，主要根据最低气温和最高油温等环境条件，并考虑车辆齿轮油换油周期较长等因素。

汽车齿轮油的粘度应保证在低温条件下汽车起步容易，又能满足油温升高后的润滑性要求。汽车齿轮油的低温表观粘度达 150Pa·s 时的最高温度决定其适用的最低温度。75W、80W 和 85W 号油的最低使用温度分别为 -40℃、-26℃ 和 12℃，应对照当地冬季最低气温来选用。齿轮油在最高工作温度下的粘度要求不低于 10~15mm^2/s。一般地区，如长江流域及其他冬季气温不低于 -10℃ 的温区，全年可使用 90 号齿轮油；只有在天气特别热或负荷特别大的车辆上，如夏季气温达 40℃ 的南方炎热地区，宜选用 140 号或全年使用 85W/140 号齿轮油；长城以北及冬季气温不低于 -26℃ 以下的严寒地区，冬季应使用 75 号齿轮油，夏季则换用 90 号单级油。

（3）使用汽车齿轮油的注意事项

1）不同使用级别的车辆齿轮油不能混用。

2）不能将使用级别较低的车辆齿轮油用在使用级别要求较高的汽车上，但使用级别较高的车辆齿轮油可以用在使用级别要求较低的汽车上，但是过多降级使用经济上不合算，是一种浪费。

3）不要以为高粘度的车辆齿轮油润滑性能好。使用粘度级别过高的齿轮油，将使燃料消耗及磨损显著增加，特别是高速轿车影响较大，应尽可能合理使用多级齿轮油。

4）加油量要适当。加油量过多会增加齿轮运转时的搅拌阻力，造成能量损失；加油量过少，会造成润滑不良，加速齿轮磨损。应经常检查齿轮箱油量和渗漏情况，保证各油封、衬垫完好，保持一定油量。

5）汽车齿轮油工作温度正常，使用寿命较长，齿轮油消耗量较少，一般行驶 2 万~3 万 km 时才换油。如使用单级油，在换季维护换油时，放出的旧油尚未达到换油指标，可在再次换油时仍可使用。但旧油应妥善保存，严防污染。

6）齿轮油应按规定的换油指标换油。无油质分析手段时，可按定期换油。

（三）汽车用润滑脂

汽车用润滑脂是将稠化剂分散于液体润滑剂中所得到的一种稳定的固体或半固体状态的产品，其中还要加入改善基本特性的添加剂和填料。润滑脂在常温下可附着于垂直表面不流失，并能附在敞开或密封不良的零件摩擦部位工作，具有其他润滑剂所不可替代的特性。因此，汽车和工程机械上广泛采用润滑脂作为润滑材料。

汽车用润滑脂主要由基础油、稠化剂和添加剂及填料三部分组成。汽车用润滑脂基础油约占 75%~90%，稠化剂约占 10%~20%，添加剂及填料占 5% 以下。

1. 汽车用润滑脂的使用性能指标

（1）稠度　稠度是指润滑脂在受力作用时抵抗变形的程度。

稠度是润滑脂塑性的一个特征，它仅仅是反映润滑脂对变形和流动阻力的一个综合性的概念。适当的稠度可以使润滑脂容易加注并能附着在摩擦面上，以保持持久的润滑作用。稠度不同的润滑脂，适用于不同转速、不同负荷和不同环境温度等工作条件，所以稠度是润滑脂的一个很重要的指标。

评定润滑脂的稠度指标是锥入度，润滑脂的锥入度是指在规定时间、温度条件下，用规定质量的标准锥体刺入润滑脂试样深度的 1/10mm 表示。锥入度反映润滑脂在低剪切速率下变形和流动阻力的性能。锥入度越大，润滑脂越软，即稠度越小，越易变形和流动；锥入度小，则润滑脂越硬，即稠度越大，越不易变形流动；我国用锥入度划分润滑脂的稠度和牌号，是选用润滑脂的重要依据。

(2) 高温性能 温度对于润滑脂的流动性具有很大的影响，温度升高，润滑脂变软，使润滑脂附着性能降低而易于流失。在较高的温度条件下会增大润滑脂基础油的蒸发损失，使氧化变质与凝缩分油现象严重。由于凝胶的萎缩和基础油的蒸发损失是润滑脂失效的主要原因，所以润滑脂失效过程的快慢与其使用温度密切相关。高温性能好的润滑脂可以在较高的使用温度下保持其附着性能，其变质失效过程也比较缓慢。评定润滑脂高温性能的指标有滴点、蒸发度和轴承漏失量等。

(3) 低温性能 在低温条件下，润滑脂仍能保持良好的润滑性称为润滑脂的低温性能。汽车起步时润滑脂的温度几乎和环境温度一样，汽车在寒冷地区使用时，要求润滑脂具有良好的低温性能。评定低温性能的指标有润滑脂低温条件下的相似粘度及低温转矩。

(4) 极压性与抗磨性 极压性是指润滑脂（膜）具有的承受负荷的特性。在基础油中添加了皂基稠化剂后，能增强润滑脂的极压性。在苛刻条件下使用的润滑脂，还添加了极压添加剂，以增强其极压性。

抗磨性是指润滑脂通过保持在相互接触零件金属表面间的脂膜，以防止金属相互接触磨损的能力。润滑脂中的基础油和稠化剂就是油性剂，具有良好的抗磨性。在苛刻条件下使用润滑脂，添加有二硫化钼、石墨等减磨剂和极压剂，被称为极压型润滑脂，它具有比普通润滑脂更好的抗磨性。

(5) 抗水性 抗水性是指润滑脂遇水后抵抗改变结构和稠度等的性能。抗水性差的润滑脂，遇水后稠度下降，甚至因乳化而流失。汽车在雨天和涉水行驶时，底盘各摩擦点可能与水接触，因此要求使用抗水性能良好的润滑脂。润滑脂的抗水性能主要取决于稠化剂的抗水性。

钠基润滑脂抗水性最差，钙钠基润滑脂次之，钙基、锂基润滑脂抗水性都较好。

(6) 防蚀性 防蚀性是指润滑脂防止与其相接触金属被锈蚀、腐蚀的能力。

(7) 胶体安定性 胶体安定性是指润滑脂在储存和使用中避免胶体分解，防止液体析出的能力。润滑脂发生油皂分离的倾向表明其胶体安定性差，将直接导致润滑脂的稠度改变和流失。

(8) 氧化安定性 氧化安定性是指润滑脂在储存和使用中抵抗氧化的能力。

(9) 机械安定性 机械安定性是指润滑脂在机械工作条件下抵抗稠度变化的能力。

2. 汽车润滑脂的分类、品种、牌号和规格

(1) 汽车润滑脂的分类 我国是根据润滑脂在应用中的操作条件（温度、水污染及负荷等）对润滑脂进行分类的（见表 2-13）。

例如：L-XCCHA2。其中，L—类别（润滑剂）；X—组别（润滑脂剂）；C—最低温度（-30℃）；C—最高温度（120℃）；H—水污染（经受水洗，淡水能防锈）；A—极压性（非极压型脂）；2—数字（稠度等级，2号）；本润滑脂相当于汽车通用锂基润滑脂。

表 2-13 润滑脂分类

L	字母1	字母2	字母3	字母4	字母5	稠度等级	标记	备注
润滑脂类	润滑脂组别	最低操作温度	最高操作温度	水污染（抗水性、缓蚀性）	极压性	稠度号		
X		0 -20 -30 -40 <-40	A:60 B:90 C:120 D:140 E:160 F:180 G:>180	在水污染的条件下润滑脂的润滑性、抗水性和缓蚀性分：A、B、C、D、E、F、G、H、I	在高负荷或低负荷，表示润滑脂的润滑性和极压性，用 A 表示非极压型脂，用 B 表示极压型脂	000 00 0 1 2 3 4 5 6	一种润滑脂的标记，是由代号字母 X 与其他 4 个字母及稠度等级号联系在一起来标记的	包含在分类体系范围里的所有润滑脂彼此相容是不可能的，而由于缺乏相容性，可能导致润滑脂性能水平的剧烈降低，因此，在允许相接触之前，应和产销部门协商

（2）常见润滑脂品种如下

1）钙基润滑脂。抗水性好，但耐热性差，最高使用温度为60℃。

2）钠基润滑脂。抗水性极差，耐热性和缓蚀性一般，一般使用在80℃左右。

3）铝基润滑脂。缓蚀性好，耐热性和抗水性差，最高使用温度为50℃。

4）通用锂基润滑脂。耐热性好、抗水性、缓蚀性好，最高使用温度为120℃。

5）极压锂基润滑脂。耐热性好、抗水性、缓蚀性好，极压性能好，最高使用温度为120℃，适用于负荷较高的机械设备和轴承及齿轮的润滑。

6）二硫化钼极压锂基脂。耐热性好、抗水性、缓蚀性好，极压性能好，最高使用温度为120℃，适用于负荷较高或有冲击负荷的部件。

7）膨润土润滑脂。耐热性好、抗水性较好，缓蚀性差，最高使用温度在130℃左右，价格较高。

8）复合钙基润滑脂。耐热性、抗水性、缓蚀性好，机械安定性（抗剪切性）较好，最高使用温度在130℃左右。

9）极压复合锂基润滑脂。耐热性、抗水性、缓蚀性、机械安定性、极压性好，最高使用在160℃，抗氧化性好、有较长的轴承寿命，还具有一定的抗辐射性，是一种新型润滑脂产品，目前国内还没有国标和行业标准。

3. 汽车用润滑脂的选择与使用

（1）合理选择润滑脂 汽车用润滑脂规格的选择包括润滑脂品种（使用性能）和稠度级号的选择。选择时应按照汽车和机械设备生产厂家提供的使用说明书的要求，选用与用脂部位工作条件相适应的润滑脂的品种和稠度级号。工作条件包括运转速度、负荷、工作温度、工作环境等几个方面。

润滑脂牌号的选择与润滑油一样，应以适当为好。一般按汽车使用说明书推荐使用1号或2号润滑脂,实际中多选用2号。锂基润滑脂是目前较常用的一种多效能润滑脂。

(2) 润滑脂使用注意事项

1) 轮毂轴承是主要用润滑脂部位,南方地区全年使用2号润滑脂,北方地区冬天用1号脂、夏季用2号润滑脂。不少用户习惯上常年使用3号润滑脂,该润滑脂稠度太大,会增加轮毂轴承转动阻力。试验表明,用2号润滑脂比用3号润滑脂节能,3号润滑脂只宜在热带地区重负荷车辆上使用。

2) 轴承的填充量与节能关系较大,油脂填充量大,工作时滚动阻力大,动力消耗大,轴承温升高,燃料消耗量增加。轴承有两种润滑方法:一种是满毂润滑,除轴承装满润滑脂外,轮毂内腔也装满润滑脂;第二种方法是空毂润滑,在轴承内装满润滑脂,轮毂内腔仅薄薄地、均匀地涂抹一层润滑脂防锈。实践经验表明:真正起到润滑作用的仅仅是留在轴承滚动面上的薄层润滑脂。轮毂内腔中装满油脂只能使轴承散热困难,温度升高,甚至可能因脂流到制动蹄片上,造成制动失灵。

3) 按使用说明书规定及时向汽车润滑点注润滑脂。

4) 不同牌号的润滑脂不能混用。因为不同化学成分和性质的油脂混合后会降低润滑脂的使用性能和寿命,所以润滑脂不能混用。

5) 润滑脂一旦混入杂质便难以除去,在保存、分装和使用过程中,严格防止灰尘、砂粒和水分等杂质混入,容器和注脂工具必须干燥清洁,作业场所要清洁无风沙。轴承注脂口在加润滑脂前必须擦洗干净。尽可能减少润滑脂与空气的接触。作业完毕盛脂容器和加注器管口应立即加盖或封帽。

五、汽车工作液

根据使用工作液的汽车结构系统的不同,汽车工作液可分为液力传动油、制动液、减振液、制冷剂、冷却液等。正确、合理地选用工作液,不仅能减少机件的磨损,延长汽车的使用寿命,保证汽车安全行驶而且能节约能源。

(一) 液力传动油

自动液力变速器,其工作介质就是液力传动油,又称汽车自动变速器油(Automatic Transmission Fluid,ATF)。

1. 液力传动油的使用性能

液力传动油是一种多功能液体,应具备传动、控制、润滑、冷却和清洁等多种功能。

(1) 粘度和粘温性 液力传动油粘度低有利于提高液力变矩器的传动效率、控制系统动作的灵敏性,粘度高能满足齿轮和轴承的润滑要求,减少液压控制系统和油泵泄漏,确保换档正常。但液力传动油的粘度不能过高,因为过高不仅会使变矩器的传动效率下降,而且会造成低温起动困难。若综合考虑传动效率、低温起动性能和润滑要求等因素,液力传动油100℃时的运动粘度一般在 $7mm^2/s$ 左右。液力传动油的使用温度范围要求很宽,一般在 $-40\sim170℃$,因此要有很高的粘温性,粘度指数达170左右,这就要求液力传动油具有适当的粘度和良好的粘温性。

对液力传动油要求100℃、-23℃和-40℃时的粘度,并要求进行稳定性试验,即测定耐久性试验后的99℃时的粘度。

(2) 热氧化安定性 由于液力传动油的工作温度很高,所以,液力传动油的热氧化安定性在使用中极为重要，如热氧化安定性不好，则会生成油泥、漆膜和沉淀物，少量沉淀物便会使自动变速器液压控制系统的管路和阀门堵塞，油内氧化生成的酸或氧化物对轴承、橡胶密封材料也有腐蚀作用。因此，对液力传动油热氧化安定性要求严格。液力传动油的热氧化安定性采用"氧化试验"来评定。

（3）抗磨性或极压抗磨性　为确保自动变速器的行星齿轮机构、轴承、垫圈和油泵等长期正常工作，要求液力传动油必须具有良好的润滑性、抗磨性和极压抗磨性。

液力传动油的抗磨性是通过四球机磨损试验、梯姆肯磨损试验和叶片泵试验来评定的。

（4）与橡胶材料的适应性　液力传动油不应使自动变速机构中使用的丁腈橡胶、丙烯橡胶和硅橡胶等密封材料过分膨胀、收缩和硬化，否则将会产生密封不良、漏油和其他故障。

液力传动油与橡胶密封材料的适应性通过橡胶浸泡试验来评定。

（5）抗泡沫性　液力传动油在高速流动中产生气泡，由于泡沫的可压缩性导致系统压力波动或下降，甚至供油中断，将影响自动控制系统的准确性，使液力变矩器传动效率下降，破坏正常的润滑条件，造成离合器打滑、烧坏等故障。因此，要求液力传动有良好的抗泡沫性。

液力传动油的抗泡沫性能通过 GMDTD 泡沫试验器、ASTMD892 程序试验进行评定。

2. 液力传动油的分类、牌号和规格

（1）国外液力传动油的分类、牌号和规格　国外液力传动油的分类多采用美国 ASTM 和 API 共同提出的 PTF（Power Transmission Fluid）使用分类，将 PTF 分为 PTF-1、PRTF-2 和 PTF-3 三类，见表 2-14。

表 2-14　液力传动油使用分类

分　类	符合的规格	适用范围
PTF-1	通用汽车公司 GM Dexron Ⅱ 福特汽车公司 FORD M2C33-F/或 C M2L138-CJ M2C166-H 克莱斯勒 CHRYSLER MS-3256 或 4228 SAE J1285-80	轿车、轻型货车的自动变速装置
PRF-2	通用汽车公司 GM Track 和 Coach 阿里森 Allison C-2、C-3	重型货车、履带车和越野汽车的功率转换器和液力耦合器
PTF-3	约翰·狄尔 John Deere JDT303 或 J-20A 福特 FORD M2C41A 玛赛·费格森 Mqssey-Ferguson M-1135	农业和建筑机械的液压、液力和制动等装置

PTF-1 类油主要用于轿车、轻型货车作液力传动油。其特点是低温起动性好，对油的低温粘度及粘温性有很高的要求。常见的品种是美国通用汽车公司 GM Dexron 或 GM Dexron Ⅱ（其前身叫 A 型油），后者低温粘度、氧化安定性及耐久试验条件也比前者要求更严。福特公司的 F 型油的产品编号是 FordM2C33E/F，F 型油静摩擦系数较大，不加油性剂。进口轿

车推荐用 A 型油或 F 型油的，但要区别选用。轿车、轻型货车用液力传动油的常用规格是美国通用汽车公司 GM Dexron Ⅱ。

PRF-2 类油主要用于重负荷的液力传动系统，如大型客车、重型货车、越野汽车和工程机械的自动变速器。其特点是适于有重负荷工作，极压抗磨性要求很高。常见的品种是美国通用公司的阿里森 C-3（GM Allison C-3）。

PTF-3 类油是随着全液压拖拉机的发展而生产的，主要用作传动、差速器和最终驱动齿轮的润滑，以及液压转向、制动、分动器和悬架装置的工作介质。常见的品种有约翰·狄尔（John Deere）J-20A、福特 M2C41A、玛赛·费格森（Mqssey-Ferguson）M-1135。适于在中低速运转的拖拉机及农业、建筑和工程机械液力传动系统的齿轮箱中使用。其极压抗磨性和负荷承载能力比 PTF-2 类油的要求更高。

（2）国产液力传动油的品种、牌号和规格 国产液力传动油目前仅有两种企业规格液力传动油，按 100℃ 运动粘度分为 8 号和 6 号两种，都是采用精制的基础油加入油性剂、抗磨剂、抗氧化剂、粘度指数改进剂和抗泡沫剂等。8 号液力传动油规格相当于国外 PRF-1 类油中的 GM Dexron Ⅱ，主要用于轿车。6 号液力传动油规格相当于国外 PRF-2 类油，主要用于内燃机车、货车以及工程机械的液力传动系统。

3. 液力传动油的选择与使用

选择液力传动油时，应按车辆使用说明书的规定选用适当品种和牌号的液力传动油。轿车和轻型货车应选用国产 8 号油，进口轿车要求用 GM-A 型、A-A 型或 Dexrom 型，自动变速器油的也可用 8 号油代替。重型货车、工程机械的液力传动系统则应选用国产 6 号油。

根据使用工作液的汽车结构系统不同，汽车工作液可分为制动液、减振液、制冷剂等。正确、合理地选用工作液，不仅能减少机件的磨损，延长汽车的使用寿命，保证汽车安全行驶，而且能节约能源。

（二）汽车制动液

GB 12981—2012《机动车辆制动液》明确规定：**汽车制动液**是汽车液压制动系所采用的传递压力的工作介质。

1. 汽车制动液的使用性能

为了适应现代汽车运行各种工况的要求，汽车制动液必须具备的使用性能有高温抗气阻性、与橡胶的配伍性、抗腐蚀性和缓蚀性、低温流动性、溶水性、稳定性、抗氧化性。

（1）高温抗气阻性 现代汽车的车速越来越高，汽车制动液的温度一般为 100～130℃，最高可达 150℃。行驶于多坡道山间公路的汽车和城市公交车，由于制动频繁，制动液温度更高。因此，防止因高温气阻造成制动失灵是对汽车制动液使用性能的主要要求之一。

评定汽车制动液高温抗气阻性的指标是平衡回流沸点和湿平衡回流沸点。

平衡回流沸点（ERBP）与馏分沸点不同，是表示在冷凝回流系统内气压与大气平衡条件下，试样沸腾的温度。湿平衡回流沸点（WERBP）是对一定容积的制动液，按一定方法增湿后所测得的平衡回流沸点，以评定制动液吸水后平衡回流沸点的下降趋势。具体测定方法见 GB 12981—2012《附录 C 制动液湿平衡回流沸点测定法》。

（2）与橡胶的配伍性 汽车液压制动系统有皮碗、软管等橡胶件，因此要求制动液在工作时对橡胶零件不会造成显著的溶胀、软化或硬化等不良影响。

制动液与橡胶的配伍性通过橡胶皮碗试验评定，即在规定的条件下（皮碗规格、材料、试验温度和时间），将皮碗浸入制动液中，然后观察外观，测定根径增值和硬度下降值。皮碗材料为丁苯胶（SBR）直径为 28.25mm 的皮碗，试验条件有两种：试验温度 120℃、试验时间 70h 和试验温度 70℃、试验时间 70h 分别进行。

(3) 抗腐蚀性和缓蚀性　汽车液压制动系统的气缸体、活塞、弹簧、导管和阀等部件主要使用铸铁、铝、铜和钢等金属材料制成，制动液会引起金属腐蚀。当制动液渗进橡胶分子的间隙中，会使橡胶中析出一部分组分，析出物对金属也有腐蚀作用。

汽车制动液的抗腐蚀性和缓蚀性用金属腐蚀性试验评定。具体方法是：将6种金属片与皮碗一起浸入被试制动液中，在规定的温度和时间内（100℃，120h），检测金属试片的质量变化（mg/mm^2）、金属片外观、皮碗外观、皮碗根径增值（%）、制动液的 pH 值和沉淀物的体积百分含量。6种金属片的材料分别为镀锡铁皮、钢、铝、铸铁、黄铜和纯铜。

(4) 低温流动性　当气温低时，汽车液压制动液粘度会增大，使其流动性变差，影响制动液准确地传递压力。为了保证制动可靠性，要求汽车制动液在低温时粘度变化较小，具有较好的低温流动性。

评定汽车制动液低温流动性和高温粘度的指标有：-40℃、100℃ 的运动粘度；-40℃、-50℃ 时流动性（倒置试管测量气泡上升到液面的时间）；-40℃、-50℃ 试样外观（放置规定时间后，取出观察其外观变化，如透明度、沉淀、分层等现象）。

(5) 溶水性　所谓溶水性，是指制动液吸水后能与水互溶，不产生分离和沉淀的性能。制动液的溶水性通过溶水性试验来评定。具体方法是：将浸湿后的制动液加入到一定容量的离心管中，在规定的温度和保持时间后，观察试样的外观和观测离心管倒置时气泡上升到液面的时间。

(6) 稳定性　所谓稳定性，是指制动液的物理化学稳定性。制动液稳定性的测定方法是在规定的试验条件下，将制动液加热后并与溶液混合，测定的平衡回流沸点变化。若变化小，即高温稳定性和化学稳定性好。

(7) 抗氧化性　所谓抗氧化性，是指制动液与氧化物接触抵抗氧化的性能。汽车制动液抗氧化性通过抗氧化性试验来评定。具体方法是：用过氧化苯甲酰、蒸馏水和制动液配成试验用混合液，并放入 1/8 个橡胶皮碗和铝、铸铁试片组。在 70℃ 烘箱内保持 168h 后，取出试片检查有无坑蚀、粗糙不平等腐蚀现象，并检查试片的质量变化。

2. 汽车制动液的分类、品种

(1) 国外汽车制动液　国外汽车制动液常用规格有3个系列标准：

1) 美国联邦机动车辆安全标准（FMVSS）是 FMVSS No.116 DOT-3、DOT-4、DOT-5，这是世界公认的通用标准。

2) 美国汽车工程师协会标准（SAE）是 SAE J1703e 和 SAE J1703f 等。

3) 国际标准组织标准（ISO）是《道路车辆—非石油基制动液》ISO 1925—1978，它是参照 FMVSS No.116 DOT-3 制定的，具体规格是 100℃ 的运动粘度不小于 $1.5mm^2/s$，平衡回流沸点不低于 205℃；湿平衡回流沸点不低于 140℃。

(2) 国产汽车制动液

1) 国家标准。我国汽车用制动液按照国家标准 GB 12981—2012《机动车辆制动液》进行分类。产品系列名为 HZY，其中，H、Z、Y 三个大写字母分别为"合成"、"制动"、"液体"三个汉语词组第一个汉字的汉语拼音首字母。按照产品使用工况温度和粘度要求的不同,制动液分为HZY3、HZY4、HZY5、HZY6四种级别,其中HZY3、HZY4、HZY5对应于美国交通运输部制动液类型的DOT3、DOT4、DOT5.1。

2)分类及组成。过去我国根据制动液的组成和特性,将制动液大致分为矿油型、醇型和合成型三种。由于醇型制动液因沸点低、吸湿性大易产生气阻而被国家技术监督局宣布停止使用。所以,现代汽车使用的制动液主要是合成型制动液。合成制动液是以有机溶剂中的醇、醚和酯为基础,再加入添加剂调制而成的,是世界上各国目前广泛使用的汽车制动液。

3. 合理选择制动液

汽车制动液的选择原则:首先选用合成制动液;其次质量等级以FMVSS No.116DOT标准为准,然后按照汽车生产厂家汽车使用说明书规定选择。国产汽车制动液的主要使用特性和推荐使用范围见表2-15。

表2-15 国产汽车制动液的主要使用特性和推荐使用范围

级别	制动液的主要特性	推荐使用范围
JG3	具有良好的高温抗气阻性能和优良的低温性能	相当于ISO 4296—78和DOT[①]-3,我国广大地区使用
JG4	具有良好的高温抗气阻性能和良好的低温性能	相当于DOT-4,我国广大地区均可使用
JG5	具有良好的高温抗气阻性能和低温性能	相当于DOT-5,供特殊要求车辆使用

注:① DOT是美国运输安全部的缩写,3、4、5是该部门的机动车制动液标准中所使用的制动液牌号。

(三)汽车发动机冷却液

汽车水冷式发动机可以用清洁的水作为冷却液,但水的冰点较高,在0℃下就要结冰,若冬季冷却水结冰,体积膨胀9%,就可以使气缸体、气缸盖、散热器等破损。冷却水在工作中还易生成水垢,水在100℃时便沸腾,影响散热效果。为防止在冬季室外停车时冷却水结冰,在最低气温下保持其流动性,发动机冷却液必须加注防冻剂,因此发动机冷却液还要具有多种性能要求。

1. 对冷却液的性能要求

1)比热大,传热性好,以保证良好的冷却和散热性能。
2)冰点低,以保证冬季低温条件下不结冰。
3)粘度小,流动性好,以保证冷却液循环系统的正常工作。
4)沸点高,减少冷却液的蒸发损失。
5)不腐蚀冷却系统的金属及橡胶件。
6)不易产生泡沫,不影响传热效率。
7)不易着火燃烧。
8)无毒,无公害,无固态杂质。

2. 汽车冷却液的规格

由于用纯水作为冷却液已不适应现代汽车发动机工作的要求,而广泛采用乙二醇水基型发动机冷却液。为了便于运输和储存,乙二醇型发动机冷却液制成浓缩液,乙二醇含量高达95%以上,水的含量在5%以下。

乙二醇冷却液具有许多优点:

① 沸点（197.4℃）高，蒸发损失少。
② 冰点低而且可用不同比例的乙二醇和水配制成不同冰点的冷却液。
③ 热容量大，冷却效率高。
④ 粘度小，流动性好。主要缺点是有毒性，对金属零件有腐蚀作用。

我国实行的 NB/SH/T 0521—2010《乙二醇型和丙二醇型发动机冷却液》规定了乙二醇型和丙二醇型发动机冷却液及其浓缩液由防冻剂二元醇、水、适合的防腐蚀添加剂、消泡剂及染料组成，二者的技术条件分别见表 2-16 和表 2-17。该标准所属产品包括乙二醇型轻负荷和重负荷、丙二醇型轻负荷和重负荷发动机冷却液四种类型，每种类型又分为浓缩液和 −25 号、−30 号、−35 号、−40 号、−45 号、−50 号六个不同牌号的冷却液。

表 2-16 乙二醇型冷却液技术要求

项 目	质量指标							试验方法
	浓缩液	冷 却 液						
		−25 号	−30 号	−35 号	−40 号	−45 号	−50 号	
颜色	有醒目颜色							目测
气味	无异味							嗅觉
密度(20℃)/(kg/m³)　浓缩液	1107~1142	—	—	—	—	—	—	SH/T 0068
冷却液	—	≥1053	≥1059	≥1064	≥1068	≥1073	≥1075	
冰点/℃	—	≤−25.0	≤−30.0	≤−35.0	≤−40.0	≤−45.0	≤−50.0	SH/T 0090
含 50%(体积分数)蒸馏水	≤−36.4	—						
沸点/℃	≥163.0	≥106.0	≥106.5	≥107.0	≥107.5	≥108.0	≥108.5	SH/T 0089
含 50%(体积分数)蒸馏水	≥107.8	—						
对汽车有机涂料的影响	无影响							SH/T 0084[a]
灰分(质量分数)/%	≤5.0	≤2.0	≤2.3	≤2.5	≤2.8	≤3.0	≤3.3	SH/T 0067
pH 值		7.5~11.0						SH/T 0069
含 50%(体积分数)蒸馏水	7.5~11.0							
水分(质量分数)/%	≤5.0							SH/T 0086
储备碱度/mL	报告[b]							SH/T 0091
氯含量/(mg/kg)	≤25							SH/T 0621
玻璃器皿腐蚀　试片变化值/(mg/片)　　紫铜　　黄铜　　钢　　铸铁　　焊锡　　铸铝	−5~+5 −5~+5 −10~+10 −10~+10 −30~+30 −30~+30							SH/T 0085[c]

（续）

项　目	质量指标							试验方法
	浓缩液	冷却液						
		-25号	-30号	-35号	-40号	-45号	-50号	
模拟使用腐蚀 　试片变化值/(mg/片) 　　紫铜 　　黄铜 　　钢 　　铸铁 　　焊锡 　　铸铝		-10 ~ +10 -10 ~ +10 -20 ~ +20 -20 ~ +20 -60 ~ +60 -60 ~ +60						SH/T 0088[c]
铝泵气穴腐蚀/级	≥8							SH/T 0087[c]
铸铝合金传热腐蚀率(mg/cm^2)	≤1.0							SH/T 0620[c]
泡沫倾向 　泡沫体积/mL 　泡沫消失时间/s	≤150 ≤5.0							SH/T 0066[c]

a 供需双方对所用试验涂料、试验程序和接受原则可协商确定。
b 供需双方协商确定。
c 对发动机冷却液浓缩液，可根据各试验方法的说明配制试验溶液，对稀释后的各牌号冷却液，可根据附录B进行配制。

表2-17　丙二醇型冷却液技术要求

项　目	质量指标							试验方法
	浓缩液	冷却液						
		-25号	-30号	-35号	-40号	-45号	-50号	
颜色	有醒目颜色							目测
气味	无异味							嗅觉
密度(20℃)/(kg/m^3) 　浓缩液 　冷却液	1027 ~ 1062 —	— ≥1018	— ≥1020	— ≥1022	— ≥1024	— ≥1026	— ≥1027	SH/T 0068
冰点/℃ 　含50%(体积分数)　蒸馏水	— ≤-31.0	≤-25.0	≤-30.0	≤-35.0	≤-40.0	≤-45.0	≤-50.0	SH/T 0090
沸点/℃ 　含50%(体积分数)　蒸馏水	≥152.0 ≥104.0	≥103.5	≥104.0	≥104.5	≥105.5	≥106.0	≥106.5	SH/T 0089
对汽车有机涂料的影响	无影响							SH/T 0084[a]
灰分(质量分数)/%	≤5.0	≤2.2	≤2.4	≤2.6	≤2.8	≤3.0	≤3.3	SH/T 0067
pH值 　含50%(体积分数)　蒸馏水	— 7.5 ~ 11.0	7.5 ~ 11.0						SH/T 0069
水分(质量分数)/%	≤5.0	—						SH/T 0086

(续)

项 目	质量指标							试验方法
	浓缩液	冷却液						
		-25号	-30号	-35号	-40号	-45号	-50号	
储备碱度/mL		报告b						SH/T 0091
氯含量/(mg/kg)		≤25						SH/T 0621
玻璃器皿腐蚀 　试片变化值/(mg/片) 　　紫铜 　　黄铜 　　钢 　　铸铁 　　焊锡 　　铸铝		-5～+5 -5～+5 -10～+10 -10～+10 -30～+30 -30～+30						SH/T 0085c
模拟使用腐蚀 　试片变化值/(mg/片) 　　紫铜 　　黄铜 　　钢 　　铸铁 　　焊锡 　　铸铝		-10～+10 -10～+10 -20～+20 -20～+20 -60～+60 -60～+60						SH/T 0088c
铝泵气穴腐蚀/级		≥8						SH/T 0087c
铸铝合金传热腐蚀率(mg/cm²)		≤1.0						SH/T 0620c
泡沫倾向 　泡沫体积/mL 　泡沫消失时间/s		≤150 ≤5.0						SH/T 0066c

a 供需双方对所用试验涂料、试验程序和接受原则可协商确定。
b 供需双方协商确定。
c 对发动机冷却液浓缩液,可根据各试验方法的说明配制试验溶液,对稀释后的各牌号冷却液,可根据附录B进行配制。

3. 合理选择汽车发动机冷却液

(1) 选用原则　汽车发动机冷却液的选择原则是:汽车发动机冷却液的冰点至少要低于当地环境最低气温5℃,以确保在特殊情况下冷却液不结冰。浓缩液应按产品说明书规定的比例加入蒸馏水或去离子水。一般按 JT 225—1996《汽车发动机冷却液安全使用技术条件》推荐的使用范围选用,见表2-18。

表2-18　汽车发动机冷却液推荐使用范围（JT 225—1996 的一部分内容）

牌　号	推荐使用范围
-25	在我国一般地区如长江以北、华北等环境最低气温在-15℃以上地区均使用
-35	在东北、西北大部分地区和华北等环境最低气温在-25℃以上的寒冷地区使用
-45	在东北、西北和华北等环境最低气温在-35℃以上的寒冷地区使用

(2) 注意事项 发动机冷却液的冰点除极易受外界温度影响外,在一定的乙二醇浓度条件下,与冷却液中所加添加剂的类型和用量有很大的关系。所以,不同厂家生产的发动机冷却液,虽然乙二醇浓度一样,但冰点可能有所不同。上海桑塔纳、奥迪、红旗、捷达、皇冠3.0、雷克萨斯 LS400、奔驰 560 和凯迪拉克等轿车的发动机冷却液均推荐选用 G11 防冻剂与水的混合液,G11 防冻剂调制浓度与发动机冷却液冰点之间的关系见表2-19。

表2-19 G11 防冰剂调配浓度与发动机冷却液冰点之间的关系

冰点/℃	调配浓度(V/V)	
	G11	蒸馏水
-25	40%	60%
-30	50%	50%

汽车发动机冷却液应选择以汽车制造厂家使用说明书推荐品种。汽车发动机冷却液的选择要根据发动机的类型、性能强化程度和冷却系统材料及种类等条件,除了保证发动机冷却液能降温、防冻外,还要考虑防沸、防腐蚀和防水垢等要求。要注意区别是浓缩液还是已调好的发动机冷却液,是一级品还是合格品。

(四) 汽车用减振器油

汽车行驶中常受到冲击力使车架和车身产生振动,而且这种振动会持续一段时间,直到冲击能量完全耗尽为止。为了加速振动的减退,汽车悬架系统采用减振器,所谓**减振器**就是利用油液的阻尼作用来减缓汽车振动的装置。减振器所用油称减振器油。

减振器油就是汽车减振器的工作介质,主要用于各种载货汽车前轮及轿车前、后轮的减振器内。

1. 减振器油的性能要求

1) 具有优良的粘温性,保证在工作温度发生变化时,能维持适当的粘度和良好的吸振作用。

2) 良好的低温流动性,凝点低,以适应寒冷地区低温环境下的使用。

3) 较好的抗氧、抗泡和缓蚀性能。

4) 一定的抗磨性能。

2. 减振器油的选用

随着现代汽车的发展,对减振器油的性能要求越来越高,利用变压器油、汽轮机油、柴油等代用品已不能满足现代汽车的性能要求,因此必须合理选用减振器油。表2-20 是新疆克拉玛依炼油厂的减振器油规格,其特点是凝点很低,有良好的粘温性,适合在寒区使用。

表2-20 减振器油规格

项 目		质量指标	试验方法
运动粘度(50℃)/(mm^2/s)	不小于	8	GB/T 265
运动粘度比($V30℃/V50℃$)	不大于	200	GB/T 265
闪点(开口)/℃		150	GB/T 276
凝点/℃	不高于	-55	GB/T 516
水分		无	GB/T 260
机械杂质		无	GB/T 511
酸值(未加剂)/(mg·KOH/g)	不大于	0.1	GB/T 264
水溶性酸或碱(未加剂)		无	GB/T 259
腐蚀试验(T2铜片,100℃,3h)		合格	ZBE 24013

另有一种按上海石油公司企业标准生产的减振器油，其凝点不高于 -8℃，适合在温区使用。

缺乏减振器油时，还可用 50% 汽轮机油 HU-22 和 50% 变压器油 25 号（按重量计）的混合油，也可用 10 号机械油代替。

减振器油在使用中应注意减振器密封良好，无渗漏现象，在 40000~50000km 定期维护时要拆检减振器，同时更换减振器油液，油量不能过多或过少，如东风 EQ1090E 型汽车为 0.44L，解放 CA1091 型汽车为 0.32L。

（五）汽车空调制冷剂

汽车空调包括冷气、暖气、去湿、通风等装置。其作用是使汽车内气温宜人，空气清新，提高驾驶人的注意力和安全性，使乘员乘坐舒适。因此，汽车空调已成为汽车的重要组成部分。

制冷剂是汽车空调系统中完成制冷循环的工作介质。目前汽车空调制冷系统使用的制冷剂主要有 R12 和 R134a 两种。代号 R 是英文 Refrigerant（制冷剂）的第一个字母。

1. 汽车空调制冷剂的性能要求

1）无毒，无异味。
2）不易燃，不爆炸。
3）易改变吸热和散热的状态，有很强的重复改变状态的能力。
4）化学性能稳定，无腐蚀性。
5）与润滑油无亲和作用。
6）有利于环境保护。

2. 制冷剂的品种、性能及应用

用于汽车空调制冷系统的制冷介质是 R12，R12 属于氟利昂系的制冷剂，具有制冷能力强、化学性质稳定、与润滑油相溶和安全等优点。但是，由于 R12 分子中含有氯原子，当其排放到大气中并升入大气同温层后，在太阳光的强烈照射下会分离出氯离子，氯离子与臭氧层（O_3）发生化学反应形成 ClO 和 O_2，从而导致大气臭氧层的破坏。大气臭氧层可以吸收太阳紫外线，若大量的紫外线直接照射到地球表面，有使全球变暖的温室效应，将会使人类和地球上其他生物造成严重的危害。因此它在 1987 年臭氧蒙特利尔议定书中第一批被禁用，发达国家已从 1996 年 1 月 1 日起停止使用，发展中国家将到 2006 年完全禁止使用。蒙特利尔议定书自签订以来，经过科研人员的不断探索和实验，一致公认制冷剂 R134a 是汽车空调的首选替代工作介质。这主要是由于 R134a 不含氯离子，对臭氧层无破坏作用，所谓温室效应影响小，其热力性质稳定并与 R12 相近。

3. R134a 制冷剂的使用注意事项

1）R134a 使用中存在的问题。由于 R134a 与 R12 性质的差异，若将 R134a 替代 R12 直接用于原来的汽车空调系统中会出现以下问题：

①原用制冷压缩机润滑油与 R134a 几乎不相溶，因此在制冷循环过程中，从压缩机中流出的润滑油无法随制冷剂流回压缩机，将使压缩机润滑条件恶化而导致其使用寿命大大缩短。

②R134a 对原设备所用的橡胶管与密封材料有极强的溶解与分离作用，必将导致制冷剂大量泄漏，使系统无法正常运转。

③原用干燥罐内的硅胶干燥剂易被 R134a 吸附，破坏其吸湿能力。

④当温度低于 17℃时，R134a 的饱和压力要比 R12 的饱和压力略低。

2) 使用 R134a 的具体措施。针对上述问题，只有改进和更新原有设备和材料，方能正常有效地使用 R134a。具体措施如下：

①压缩机的润滑油由原来的矿物油改用合成油，即聚乙二醇（PAG）。

②原连接系统各处的软管和用于密封作用的橡胶件材料，由聚腈橡胶（HNBR）取代原用的丁腈橡胶。新型系统管件改用特殊复合材料制成，管件上设有 R134a 专用标记。

③更换原用干燥剂，改用细小孔径且不吸附 R134a 的合成泡沫沸石。

④调整膨胀阀的流量特性及制冷剂的工作压力。

⑤适当增高压缩机排气压力。

⑥采用平流式冷凝器和层流式蒸发器，以增大换热面积，提高换热器的效能。

注意使用标记，严禁 R12 和 R134a 混合使用。

第三节 汽车轮胎

车轮是汽车行驶系统的重要组成部件，轮胎安装在车轮的轮辋上，直接与地面接触。轮胎的作用是支撑汽车总质量，吸收和缓和汽车行驶中受到的冲击、振动，以保证汽车良好的平顺性和舒适性；通过与地面接触的摩擦力，保证与路面的良好附着，以提高汽车的动力性、制动性和通过性。

在汽车运输中，轮胎的耗费约占整个汽车运输成本的 10%~25%。因此，掌握轮胎的特性，正确地使用和维护轮胎，可以延长轮胎的使用寿命，节约能源和降低汽车运输成本，确保汽车行驶安全。

一、轮胎的分类

汽车轮胎按照胎体结构的不同，可以分为充气轮胎和实心轮胎。现代汽车普遍采用充气轮胎，其分类方法有：

1) 按照轮胎组成结构的不同，可分为有内胎轮胎和无内胎轮胎两种。

2) 按照用途的不同，可分为轿车轮胎、货车轮胎、摩托车轮胎和特种车辆及工程机械用轮胎等。

3) 按照胎体中帘线排列方向的不同，可分为普通斜交轮胎、带束斜交轮胎和子午线轮胎。

4) 按照胎面花纹的不同，可分为普通花纹轮胎（纵向花纹和横向花纹）、混合花纹轮胎和越野花纹轮胎（马牙形花纹和人字形花纹）。轮胎外胎结构及花纹如图 2-2 所示。

5) 按照胎内气压大小的不同，可分为高压轮胎（气压 490~686kPa），低压轮胎（气压为 196~490kPa）和超低压轮胎（气压为 196kPa 以下）。目前轿车、货车几乎全部采用低压胎，因为低压胎弹性好，断面宽，与道路接触面大，壁薄而散热性能好。由于这些特点提高了汽车行驶的平顺性和转向操纵性，所以应用广泛。

6) 按照轮胎帘线类型的不同，分为钢丝轮胎、尼龙轮胎、人造丝轮胎和聚酯轮胎等。

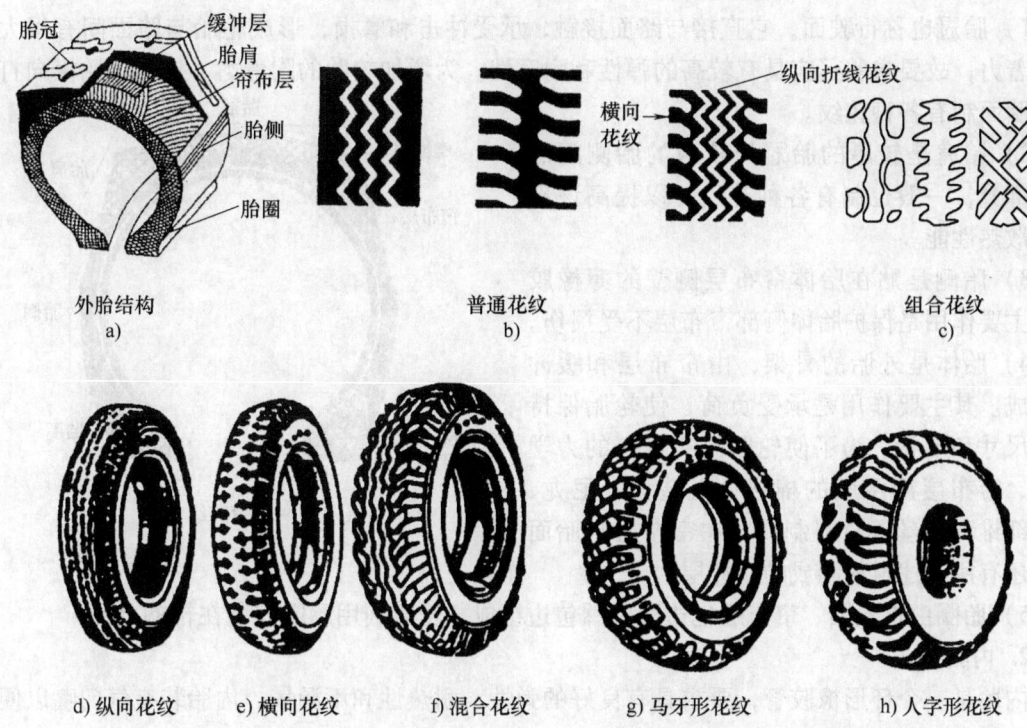

图 2-2 轮胎外胎结构及花纹
a) 外胎结构 b) 普通花纹 c) 组合花纹 d) 纵向花纹 e) 横向花纹 f) 混合花纹
g) 马牙形花纹 h) 人字形花纹

二、典型轮胎

(一) 有内胎的充气轮胎

有内胎的充气轮胎主要由外胎、内胎和垫带组成，如图 2-3 所示。

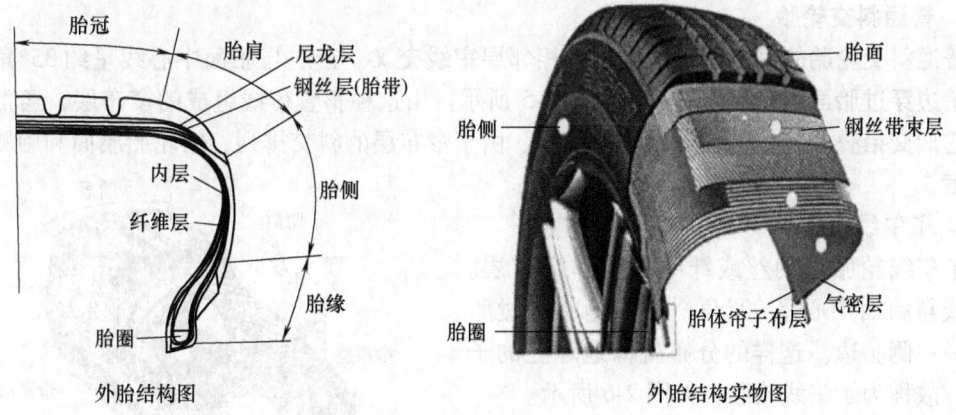

图 2-3 充气胎的组成

1. 外胎

外胎是用耐磨橡胶制成的强度高而富有弹性的外壳，直接与地面接触用以保护内胎。外胎由胎面（包括胎冠和胎肩）、胎侧、胎体（包括缓冲层和帘布层）和胎圈组成，如图 2-4 所示。

1) 胎冠也称行驶面，它直接与路面接触，承受冲击和磨损，形成轮胎与路面间有很大的附着力，故要求胎冠应具有较高的弹性和耐磨性。为增加轮胎的附着力，避免轮胎横向打滑，胎面制有各种花纹。

2) 胎肩是较厚的胎冠与较薄的胎侧间的过渡部分，一般也制有各种花纹，以提高该部位的散热性能。

3) 胎侧是贴在胎体帘布层侧壁的薄橡胶层。主要作用是保护胎体侧部帘布层不受损伤。

4) 胎体是外胎的骨架，由帘布层和缓冲层组成。其主要作用是承受负荷，使轮胎保持外缘尺寸和形状。为了使轮胎具有良好的力学性能，帘布层用浸胶的棉线、人造丝、尼龙、聚酯纤维和钢丝等材料制成，在帘布层与胎面之间还有用上述材料制成的缓冲层。

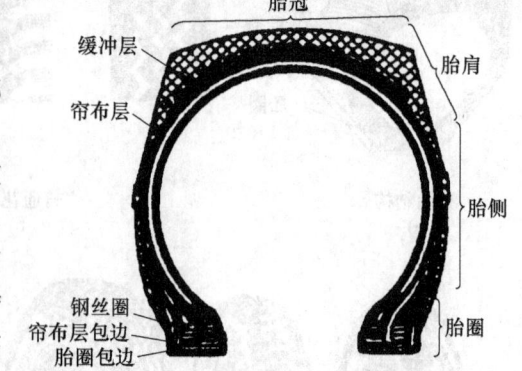

图 2-4　外胎的组成

5) 胎圈由钢丝圈、帘布层包边和胎圈包边组成。轮胎利用胎圈安装在轮辋上。

2. 内胎

内胎是一个环形橡胶管，要求具有良好的弹性、耐热性和不漏气，内胎装有气门嘴以便充入或排出空气。

3. 垫带

垫带是一个环形橡胶带，它安装在内胎与轮辋之间，用以保护内胎，防止内胎被轮辋及外胎的胎圈擦伤和磨损。

（二）普通斜交轮胎和子午线轮胎的结构特点

普通斜交轮胎和子午线轮胎在汽车上得到了广泛的应用，是因为它们具有以下结构特点：

1. 普通斜交轮胎

普通斜交轮胎的帘布层和缓冲层各相邻层帘线交叉。帘线与胎面中心线呈约35°角，由一侧胎边穿过胎面到另一侧胎边，如图2-5所示。由这种斜置帘线组成的帘布层，通常有多层，它们交错叠合起来，成为胎体的基础。由于帘布层的斜交排列，给轮胎胎面和胎侧增加了强度。

2. 子午线轮胎

子午线轮胎用钢丝或纤维织物作帘布层。其帘线与胎面中心呈90°角，从一侧胎穿过胎面到另一侧胎边。这样的分布就像地球上的子午线，故称为子午线轮胎，如图2-6所示。

由于子午线轮胎的帘线呈环形排列，帘线的强度得到增强，虽然子午线轮胎帘布层数比斜交轮胎可减少40%~50%，但胎体较柔软，力学性能好。由于帘线在圆周方向上只用橡胶联系，难以承担行驶时产生的圆周切向力，所

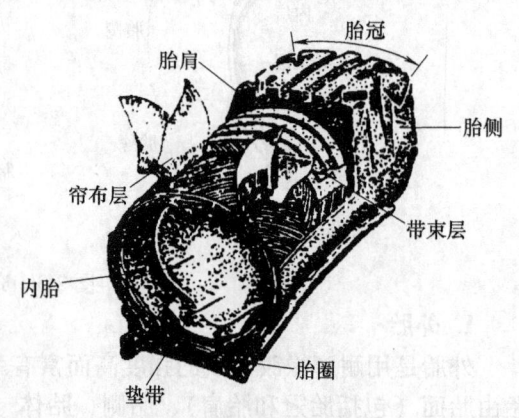

图 2-5　普通斜交轮胎

以子午线轮胎还必须用若干层帘线与胎面中心线呈（10°~20°）的高强度、不易拉伸的周向环形的类似缓冲层的带束层，又称硬缓冲层或固紧层。

3. 子午线轮胎的优点

1）弹性好，附着性能好。由于胎体弹性好，接地面积大，胎面滑移少，即附着性能好，提高了汽车的牵引力（又称驱动力）。

2）滚动阻力小，节省燃料。由于子午线轮胎帘布层数减少，层间摩擦力小，其滚动阻力较斜交轮胎小，为25%~30%，不但可以提高汽车的动力性，还可以节省燃料，提高燃料经济性。节油率可达6%~8%，并且随着车速的提高，节油效果更加显著。

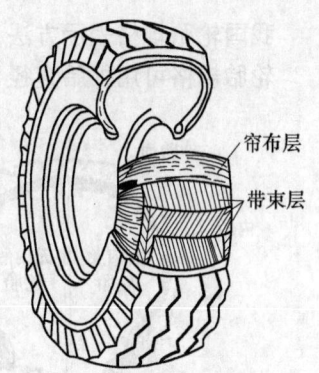

图2-6 子午线轮胎

3）胎面耐磨性好，使用寿命长。由于子午线轮胎胎面刚性大，周向变形小，在路面上的滑移小。轮胎接地面积大，单位压力小，而且分布均匀，胎面耐磨性比斜交轮胎可增加到50%以上。

4）帘线强度高，承载能力大。子午线轮胎帘线与轮胎变形方向一致，帘线强度高，承载能力比斜交轮胎承载能力约能提高14%。

5）柔软性好，减振性能好。子午线轮胎体积大、柔软，具有良好的缓冲性能，可使汽车具有良好的行驶平顺性，乘坐舒适，货物不易损坏，可减少汽车机件耗损。

6）胎面耐穿刺，不易爆破。子午线轮胎由于具有多层环形束带，胎面刚性大，减少了胎面的伸张变形，接地面积又大，单位压力小，因而提高了胎面抗穿刺性能。帘线强度高，在恶劣的使用条件下，子午线轮胎也不易发生爆破。

7）胎温低，散热快。由于子午线轮胎帘布层少，而且帘布层之间不产生剪切作用，产生的摩擦热少，因此比斜交轮胎温度低，散热快，有利于提高车速。

（三）无内胎充气轮胎

无内胎充气轮胎的结构如图2-7所示。由于没有内胎的轮胎，空气直接压入外胎中，因此要求外胎和轮辋之间具有很好的密封性。

无内胎充气轮胎在外观上与有内胎轮胎近似，不同的是无内胎充气轮胎的外胎内壁上附加一层厚约2~3mm的橡胶气密层，当轮胎被刺穿后，气密层的橡胶处于压缩状态而紧箍刺物，使得轮胎不漏气或漏气很慢。因此，这种轮胎突出的特点是使用安全，爆胎后维修方便。有内胎轮胎与无内胎充气轮胎的结构比较如图2-7和图2-8所示。

由于没有内胎以及衬带，消除了内、外胎之间的摩擦，并使热量容易从轮辋直接散出，因此无内轮胎行驶时的温度较普通轮胎行驶时的温度低20%~30%，结构简单、质量小，有利于提高车速，而且使用寿命比普通轮胎约长20%。

无内胎充气轮胎在轿车上应用较多。上海桑塔纳轿车采用子午线无内胎轮胎。

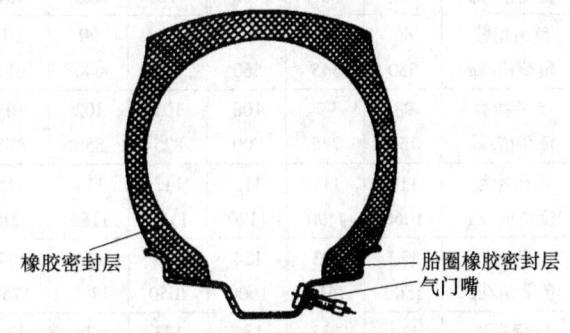

图2-7 无内胎充气轮胎的结构

三、轮胎规格表示方法

我国轮胎规格表示方法,采用英制表示法。轮胎的尺寸标注如图 2-9 所示。轮胎规格可用外胎直径 D、轮辋名义直径 d、断面宽 B 和断面高 H 的尺寸代号表示。

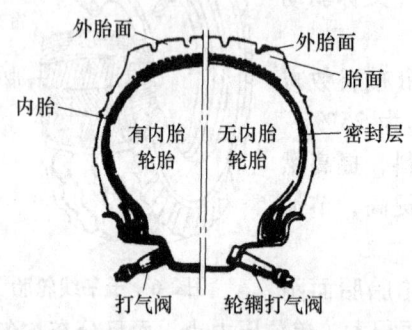

图 2-8 有内胎轮与无内胎充气轮胎的结构比较

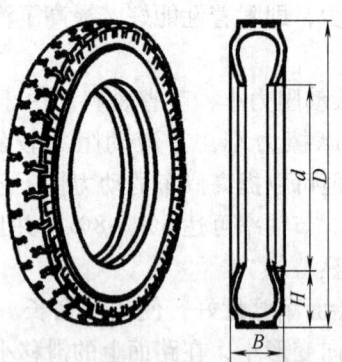

图 2-9 轮胎的尺寸代号
D—轮胎外径 d—胎圈内径图或轮辋直径
B—轮胎断面宽 H—轮胎断面高

(一) 轿车轮胎规格

GB/T 2978—1997《轿车轮胎系列》标准以名义断面宽度(mm)、轮胎扁平率(%)、轮胎结构代号(如 R 代表子午线轮胎结构)、轮辋名义直径(in)、负荷能力和速度标志表示。

1. 轮胎的扁平率

轮胎的扁平率是指轮胎断面高度除以断面宽度得到的百分数。国产子午线轮胎有 80、75、70、65、60、55、50 和 45 等八个系列。数字分别表示轮胎断面高(H)是断面宽(B)的 80%、75%、70%、65%、60%、55%、50% 和 45%。

2. 轮胎的负荷能力

轮胎的负荷能力是指在一定行驶速度和相应充气压力时的最大承载质量。国际标准将轮胎全部预计到的负荷量从小到大依次划分为 280 个等级负荷指数,每一个指数代表一级"轮胎负荷能力",见表 2-21。

表 2-21 负荷指数与负荷值对应表(摘录)

负荷指数	……	75	76	77	78	79	80	81	82	83	84	85
负荷值/kg	……	387	400	12	425	437	450	462	475	487	500	515
负荷指数	86	87	88	89	90	91	92	93	94	95	96	97
负荷值/kg	530	545	560	580	600	615	630	650	670	690	710	730
负荷指数	98	99	100	101	102	103	104	105	106	107	108	109
负荷值/kg	750	775	800	825	850	875	900	925	950	975	1000	1030
负荷指数	110	111	112	113	114	115	116	117	118	119	120	121
负荷值/kg	1060	1190	1120	1150	1180	1215	1250	1285	1320	1360	1400	1450
负荷指数	122	123	124	125	126	127	128	129	130	131	132	133
负荷值/kg	1500	1559	1600	1650	1700	1750	1800	1850	1900	1950	2000	2060
负荷指数	134	135	136	137	138	139	140	141	142	143	144	
负荷值/kg	120	180	2240	2300	2360	2430	2500	575	2650	2724	2900	

3. 轮胎的速度等级符号

随着汽车车速的提高，要求轮胎的速度性能和汽车的最高行驶速度相匹配，因此，轮胎需标明其速度等级。国际化标准组织（ISO）制定了轮胎速度等级速度符号，每一个速度等级符号均有一个对应的最高行驶速度，见表2-22。

表2-22 轮胎速度等级与最高行驶速度（摘录）

轮胎速度级别符号	轮胎最高行驶速度/(km/h)	轮胎速度级别符号	轮胎最高行驶速度/(km/h)
L	120	R	170
M	130	S	180
N	140	T	190
P	150	U	200
Q	160	V	210

不同轮辋名义直径的轿车轮胎最高速度见表2-23。

表2-23 不同轮辋名义直径的轿车轮胎最高速度

轮胎速度级别符号	轮胎最高行驶速度/(km/h)		
	轮辋名义直径10in	轮辋名义直径10in	轮辋名义直径10in
Q	135	145	160
S	150	165	180
T	165	175	190
H		195	210

轿车轮胎规格代号举例说明：

例：

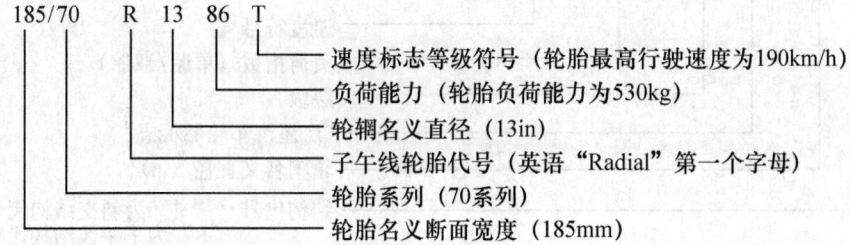

185/70 R 13 86 T
- 速度标志等级符号（轮胎最高行驶速度为190km/h）
- 负荷能力（轮胎负荷能力为530kg）
- 轮辋名义直径（13in）
- 子午线轮胎代号（英语"Radial"第一个字母）
- 轮胎系列（70系列）
- 轮胎名义断面宽度（185mm）

（二）载货汽车轮胎规格

GB/T 2977—2008《载重汽车轮胎规格、尺寸、气压与负荷》标准规定如下。

1. 微型、轻型载货汽车轮胎

示例1：

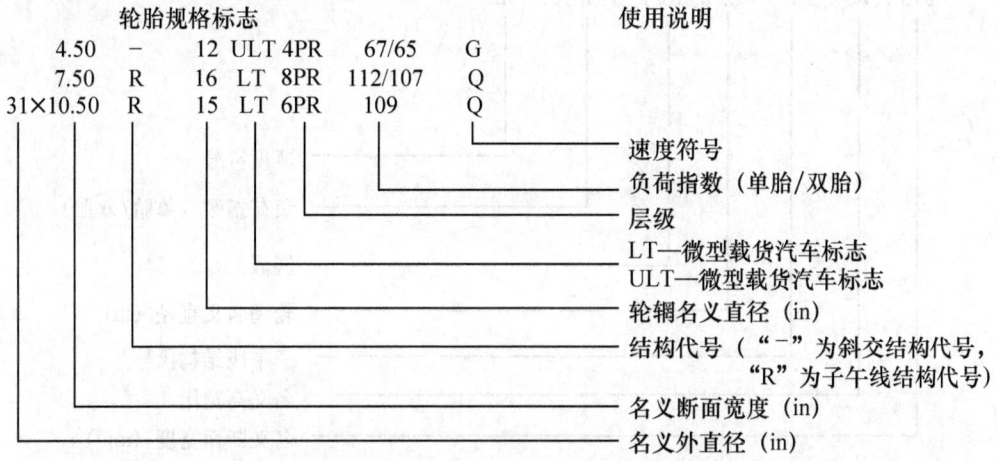

轮胎规格标志					使用说明
4.50	-	12 ULT 4PR	67/65	G	
7.50	R	16 LT 8PR	112/107	Q	
31×10.50	R	15 LT 6PR	109	Q	

- 速度符号
- 负荷指数（单胎/双胎）
- 层级
- LT—微型载货汽车标志
- ULT—微型载货汽车标志
- 轮辋名义直径（in）
- 结构代号（"-"为斜交结构代号，"R"为子午线结构代号）
- 名义断面宽度（in）
- 名义外直径（in）

示例2：

轮胎规格标志　　　　　　　　使用说明

215/75 D 14 ST 95 Q
217/75 R 14 LT 104/101 Q

- 速度符号
- 负荷指数（单胎/双胎）
- LT—微型载货汽车轮胎标志
- ST—特种专用挂车轮胎标志
- 轮辋名义直径（in）
- 结构代号（"D"为斜交结构代号，"R"为子午线结构代号）
- 名义高宽比
- 名义断面宽度（mm）

2. 载货汽车轮胎

示例1：

轮胎规格标志　　　　　　　　使用说明

9.00 - 20 14PR 141/139 G
9.00 R 20 14PR 141/139 J
11 - 22.5 14PR 144/139 G
8 R 22.5 10PR 124/122 G
8 - 14.5 MH 10PR 114 F

- 速度符号
- 负荷指数（单胎/双胎）
- 层级
- "房屋汽车轮胎标志"
- 轮辋名义直径（in）
- 结构代号（"-"为斜交结构代号，"R"为子午线结构代号）
- 名义断面宽度（in）

示例2：

轮胎规格标志　　　　　　　　使用说明

315 / 80 R 22.5 18PR 154/151 L

- 速度符号
- 负荷指数（单胎/双胎）
- 层级
- 轮辋名义直径（in）
- 子午线结构代号
- 名义高宽比
- 名义断面宽度（mm）

（三）轮胎上的标记

轮胎的标记直接镌刻在轮胎的侧壁上，用字母、数字或英文来表示。它将轮胎的有关资料集合起来，标志在轮胎上，无异于一份轮胎的使用说明书。

下面以日本东洋轮胎为例，介绍轮胎上的标记。

图 2-10 所示日本东洋轮胎 31×10.50R15 上的标记，现从规格标记开始，按顺时针方向并由内圈向外圈介绍。

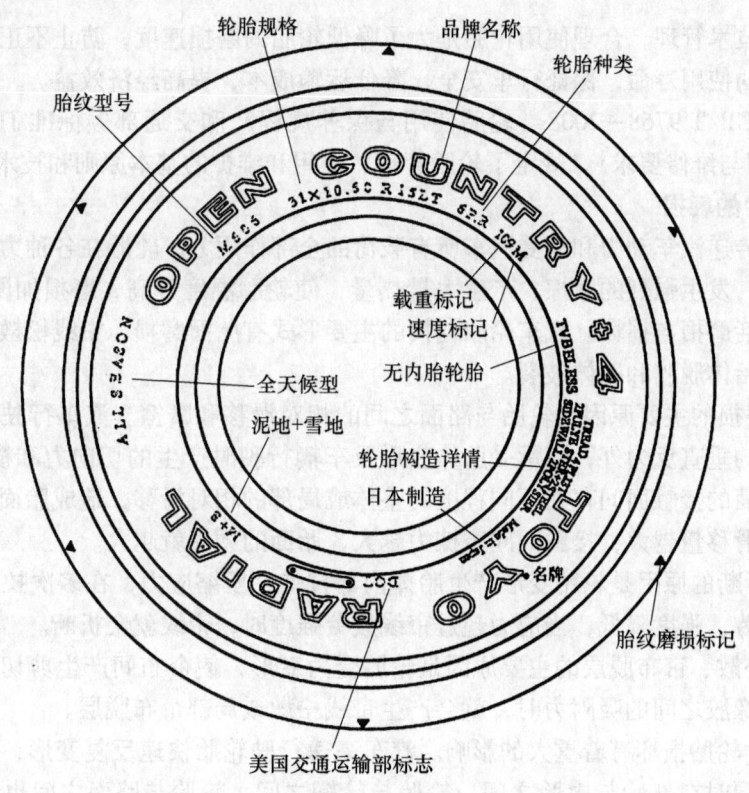

图 2-10　日本东洋轮胎 31×10.50R15 上的标记

31×10.50R15LT——轮胎的规格，"31"是轮胎的直径（in）；"10.50"是轮胎的宽度（in）；"R"代表子午线轮胎；"15"是轮胎的内径（in）；"LT"是轻型载重。

6P·R——该轮胎为 6 层级。

109M——"109"是载重代号，表示该轮胎可承受 1030kg；"M"是速度代号，表示该轮胎的最高时速不能超过 130km/h。

TVBELESS——无内胎轮胎。

TREAD 4PLIESL 2POLYE STER+2STEEL——由两层帘布和两层钢丝层构成。

SIDEWALL 2POLYESTER——胎侧由两层帘布层构成。

MADE IN JAPAN——日本制造。

DOT——美国交通运输部标志。

M+S——轮胎的胎纹适用于泥地和雪地。

M606——胎纹型号。

规格标记外圈上的"OPEN COVNTRY"是品牌名称。

"TOYO"是轮胎的名牌,也就是东洋轮胎。"ALL SEASON"指属于全天候型。最外圈有6个小"△"则是胎纹磨损标记。

每个轮胎生产厂家的轮胎标记略有不同,但基本内容是一样的。

四、合理使用轮胎

加强轮胎技术管理,合理使用轮胎是为了降低轮胎的磨损速度,防止不正常的磨损和损坏,延长轮胎的使用寿命,保证行车安全,降低运输成本,提高经济效益。

国家标准 GB/T 9768—2008《轮胎使用与保养规程》和交通部颁标准 JT/T 303—1996《汽车轮胎使用与维修要求》,规定了轮胎管理、使用和维护的基本原则和技术要求。

(一) 轮胎的耗损

汽车轮胎传递汽车动力和承受汽车所有载荷的全部作用力,轮胎在各种力的作用下,产生复杂的变形,发生强烈的摩擦,产生大量热量,使轮胎温度升高,磨损加剧,强度降低。轮胎的耗损包括磨损与损坏。汽车轮胎耗损的主要形式有胎面磨损、帘线松散、折断、帘布脱层、胎面与胎体脱胶和胎体破裂。

1)胎面磨损的主要原因是轮胎与路面之间的相对滑移和摩擦。汽车行驶时,胎面除了承受来自地面的垂直反力外,还承受胎体变形及车辆行驶时产生的切向力和横向反作用力,使得轮胎与路面的接触面间存在不同程度的整体或局部的相对滑移,造成胎面的磨损。胎面相对于路面的滑移量越大,接触面间摩擦力越大,胎面的磨损就越大。

2)帘线折断的原因是轮胎变形产生胎体内部拉伸、压缩应力,在多次拉压应力的作用下引起材料疲劳,强度降低,当应力超过帘线疲劳强度时,帘线就会折断。

3)帘线松散、帘布脱层的主要原因是轮胎受力变形,使帘布间产生剪切应力。当剪应力超过帘布与橡胶之间的吸附力时,就会产生帘线松散或局部帘布脱层。

4)胎温对轮胎损坏有着重大的影响。汽车高速行驶轮胎快速反复变形,材料内部因摩擦产生热量,同时在外胎与内胎之间、轮胎与轮辋之间、轮胎与路面之间也因摩擦产生热量,使轮胎聚热升温,高温将使轮胎材料的力学性能下降,加速胎面磨损,并容易造成帘线松散、折断和帘布脱层,甚至引起胎体爆破等。

(二) 合理使用轮胎

1. 正确选购轮胎

选购轮胎的条件是:车辆的使用条件、车型、路线(长途、短途、市内)、装载(重物、特殊货物、一般货物)、车速(高速、中速、低速)、气象条件(雨季、冬季、夏季)以及道路状况。选购的轮胎应与汽车生产厂家规定的规格型号相一致,并且装配在规定的车型和轮辋上。选购轮胎时应了解该轮胎所执行的标准。

2. 合理使用轮胎

(1)保持轮胎标准气压 轮胎气压是影响轮胎使用寿命和工作效果的主要因素,具体见表 2-24 和表 2-25。

气压过低时,胎体变形增大,内应力和内摩擦增大,轮胎发热升温;胎面接触面积增大,磨损加剧,特别是胎肩的磨损加剧;滚动阻力大,燃料消耗增加。据统计,轮胎气压如果比标准气压低30%，轮胎使用寿命则缩短33%，燃油消耗增加6%；双胎中一胎气压过低，则还会使另一胎超载损坏。但当气压过高时，也会使胎冠部分磨损加剧，动载荷增大，易产生胎冠爆破。

表2-24　使用气压的公差范围表

轮胎类型	公差/kPa	轮胎类型	公差/kPa
轿车轮胎、摩托车轮胎	±10	工程机械轮胎、农业轮胎、工业车辆充气轮胎	±30
载重汽车轮胎	±20		

表2-25　工程机械子午线轮胎使用气压校正表

环境温度/℃	内压增加/%	环境温度/℃	内压增加/%
25以下	0	35~39	8
25~29	4	40~45	10
30~34	6		

汽车轮胎生产厂家对轮胎都有规定标准气压，在使用中应严格按照汽车使用说明书规定的轮胎气压充气（见表2-26）。在炎热夏季和行车途中，因轮胎发热会引起气压增高，应将汽车暂停于阴凉地点，待胎温下降、胎压正常后再继续行驶。禁用泼冷水降温和放气降压等错误方法，否则会使轮胎变形，造成帘布线脱层，加速轮胎的损坏。

表2-26　部分汽车使用的轮胎规格和轮胎气压

汽车型号	轮胎规格	轮胎气压/kPa	
解放CA1092	9.00-20·12层级	前轮	392
		后轮和备胎	480
东风EQ1092	9.00-10.12层级	普通轮胎	
		前轮	390
		后轮和备胎	490
	9.00R10.12层级	子午线轮胎	
		前轮子	490
		后轮和备胎	620
切诺基BJ213	P205/75R15	冷态满载时	207
上海桑塔纳	185/270R13 86	满载	
		前轮	190
		后轮	230
		备胎	250
夏利TJ7100	165/70SR13		186
富康	165/70R14 81T	前后轮	220
		备胎	240
奥迪00	185/70SR14	满载	
		前、后轮	200
		备胎	260
捷达CL	175/70R13T	满载	
		前轮	200
		后轮	260
		备胎	240

(续)

汽车型号	轮胎规格	轮胎气压/kPa	
红旗 CA7180、7200、7200、7200K	185SR14	满载	
		前轮	220
		后轮	200
		备胎	260

(2) 防止轮胎超载　轮胎使用中负荷大小对轮胎的使用寿命有重大影响。汽车超载行驶时，轮胎变形增大，帘布和帘线应力增大，容易造成帘线折断、松散和帘布脱层。同时，由于超载轮胎变形，与地面接触面积增大，增加了胎肩的磨损，在受到障碍物冲击时会引起爆破。因此，必须按车辆标定的容载量装货载客，严禁超载运行。同时注意货物装载平衡稳固，防止车辆行驶时发生货物移动及倾斜，以免各胎受载不均。

(3) 合理装配轮胎　轮胎必须装在规定规格的轮辋上；同一车轴应装配相同规格、花纹和负荷的轮胎；普通斜交轮胎与子午线轮胎在同一辆车上不能混用；轮胎花纹应根据道路条件选择，有方向性花纹的轮胎装配时，驱动轮胎面花纹"人"字尖端的指向要与汽车前进时轮胎旋转方向相同；换轮胎时，应尽量做到整车同轴同换；为确保行车安全，按有关规定，翻新轮胎不能装在转向轮上。应根据最大设计车速选用相应的汽车所有轮胎。

(4) 规范驾驶技术　汽车驾驶技术对轮胎的耗损和使用寿命有重大影响。节胎的汽车驾驶操作要领是：起步平稳，加速均匀，中速行驶，选择路面，减速转向，少用制动。此外，夏季行车应增加停歇次数，以防轮胎过热和气压过高。严禁放气降压和泼冷水降温。

3. 做好汽车维修

(1) 轮胎的日常维护　日常维护作业包括出车前、行车中和收车后的检视和维护。主要检视轮胎气压是否符合规定要求，检查轮胎螺母有无松动；清除轮胎夹石杂物和检查胎面有无不正常的磨损和损伤，消除不正常磨损和损伤隐患。

(2) 保持汽车技术状况良好　根据 GB 7258—2012《机动车运行安全技术条件》，为了延长轮胎的使用寿命，在汽车维护中要加强下列作业：

①调整前轮前束和外倾角应符合标准的要求。
②行车制动器调整良好，不拖滞。
③轮毂轴承的间隙调整要符合规定要求。
④轮胎螺母紧固，车轮应平衡。
⑤钢板弹簧的挠度应尽量一致，前、后轴平行。
⑥轮毂油封和液压制动轮缸无漏油现象。
⑦车轮总成的横向摆动量和径向跳动量应符合标准的要求。

总质量不大于 3 500kg 的汽车不应大于 5mm，摩托车及轻便摩托车不应大于 3mm，其他机动车不应大于 8mm。

(3) 强制维护，及时翻修　轮胎的维护应与整车维护一样，应贯彻预防为主，强制维护的原则。轮胎的维护分日常维护、一级维护和二级维护。轮胎维护的分级和周期应与汽车维护同步。由于负荷大小、驱动形式、轮胎定位和道路条件的影响，汽车各轮胎的磨损部位和磨损程度不尽相同，为使全车轮胎磨损均匀，应按照二级维护作业周期进行轮胎换位。轮胎换位的基本方法有循环换位法、交叉换位法和混合换位法，如图2-11、图2-12及图2-13所示。

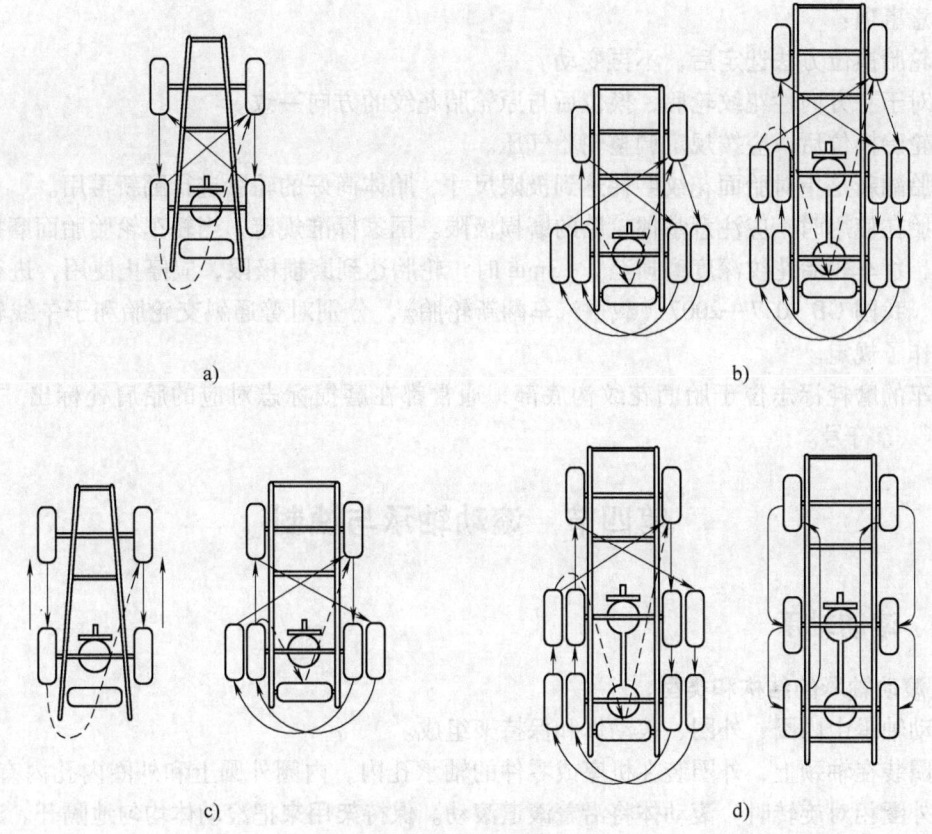

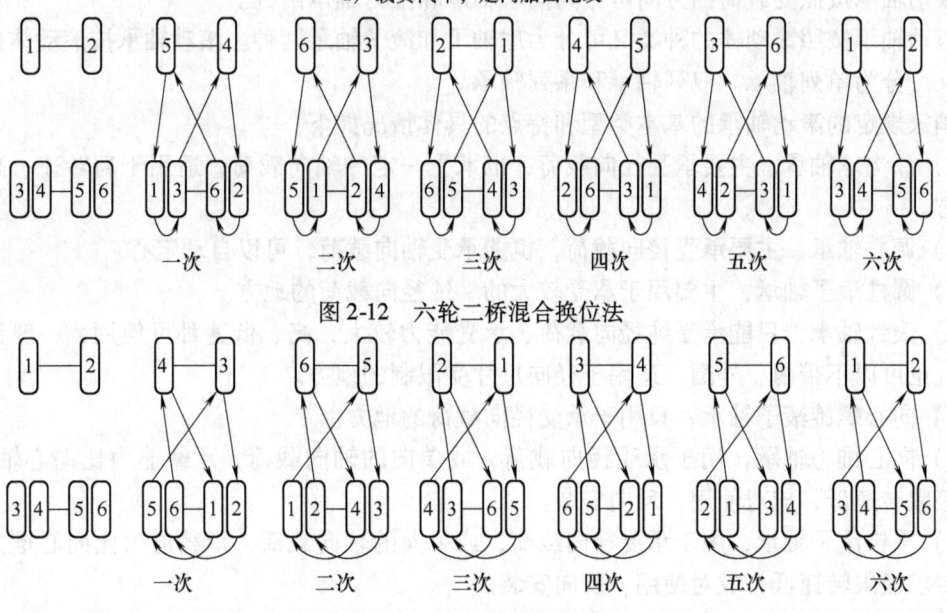

图 2-11 交叉换位图
a) 轿车，无向胎面花纹 b) 载货汽车，无向胎面花纹 c) 轿车，定向胎面花纹
d) 载货汽车，定向胎面花纹

图 2-12 六轮二桥混合换位法

图 2-13 六轮二桥循环换位法

注意事项：
①轮胎换位方法选定后，不再变动。
②对于有方向性花纹轮胎，换位后与原轮胎花纹的方向一致。
③轮胎换位后，应按规定调整轮胎气压。

轮胎翻新是指对胎面花纹磨耗达到极限尺寸、胎体尚好的轮胎进行翻新再用。

轮胎在使用时，应注意掌握轮胎的磨损极限。国家标准规定，当轿车轮胎胎面磨损至磨耗标志，货车轮胎花纹深度磨损至 2～3mm 时，轮胎达到磨损极限，应停止使用，进行翻新或报废。我国 GB 7037—2007《载重汽车翻新轮胎》，分别对普通斜交轮胎和子午线轮胎翻新质量作了规定。

轿车的磨耗标志位于胎面花纹沟底部，通常都在磨损标志对应的胎肩处标出"TWT"或"△"等符号。

第四节　滚动轴承与油封

一、滚动轴承

1. 滚动轴承的结构和类型

滚动轴承由内圈、外圈、滚动体和保持架组成。

内圈装在轴颈上，外圈装在机座或零件的轴承孔内。内圈外圆上和外圈内孔内有滚道，当内、外圈相对旋转时，滚动体将沿着滚道滚动。保持架用来把滚动体均匀地隔开。滚动轴承的内、外圈和滚动体一般用含铬的合金制造，并经过热处理。保持架用低碳钢、有色金属或塑料制造。

滚动轴承按照受载荷的方向可分为向心轴承和推力轴承两种。

滚动轴承按照滚动体的种类又可分为球轴承和滚子轴承两种。滚动轴承按滚动体列数的不同又可分为单列轴承、双列轴承和系列轴承。

国家规定的滚动轴承的基本类型和特点的具体情况如下：

1）深沟球轴承，主要承受径向载荷，也承受一定的轴向载荷，适用于高转速、高精度的地方。

2）调心轴承，主要承受径向载荷，也能承受轴向载荷，可以自动定心。

3）圆柱滚子轴承，主要用于承受较大的、纯径向载荷的地方。

4）滚针轴承，只能承受纯径向载荷、承受能力较大，高、低速都可使用，一般没有保持架，也可以不带内、外圈，适用于径向尺寸受限制的地方。

5）向心螺旋滚子轴承，只用于承受径向载荷的地方。

6）向心推力轴承，用于承受径向载荷，或单向的轴向载荷，承载能力比向心轴承大，要求极限转速低，成对使用，反向安装。

7）圆锥滚子轴承，用于承受径向载荷，或单向的轴向载荷，承载能力比向心推力轴承大，要求极限转速低，成对使用，反向安装。

8）推力球轴承，用于承受单向轴向载荷，极限转速低。

9）推力调心滚子轴承，用于承受大轴向载荷，并能承受一定径向载荷，能自动定心，允许转速较高。

2. 滚动轴承代号

滚动轴承有各种类型,每种类型又有不同的结构、尺寸、精度和技术要求,为了便于组织生产和选用,国家标准 GB/T 272—1993《滚动轴承 代号方法》中规定了滚动轴承的代号,详细见图 2-14、表 2-27~表 2-30。

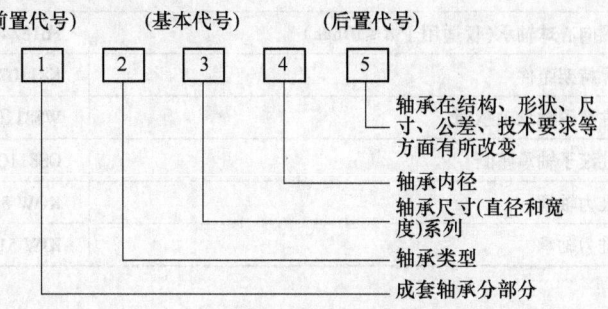

图 2-14 滚动轴承代号

表 2-27 轴承类型代号表示方法

轴承类型	代号	轴承类型	代号
双列角接触球轴承	0	深沟球轴承	6
调心球轴承	1	角接触球轴承	7
调心滚子、推力调心滚子轴承	2	推力圆柱滚子轴承	8
圆锥滚子轴承	3	圆柱滚子轴承	N
双列深沟球轴承	4	外球面球轴承	U
推力球轴承	5	四点接触球轴承	QJ

表 2-28 轴承内径代号表示方法

公称内径 d/mm	表示方法	示例
0.6-10（非整数）	用内径 mm 数值直接表示,尺寸系列代号与内径代号用"/"间隔开	深沟球轴承 618/1.5（d=1.5mm）
1-9（整数）	用内径 mm 数值直接表示,深沟球及角接触球轴承 7、8、9 直径系列,尺寸系列代号与内径代号用"/"间隔开	深沟球轴承 618/8（d=8mm）
10、12、15、17	分别用 00、01、02、03 表示	深沟球轴承 6202（d=15mm）
20-480（22、28、32 非标除外）	公称内径除以 5 的商（商仅有个位数时,在其左边加"0"）	圆锥滚子轴承 32204（d=20mm）
≥500（及非标）	用内径 mm 数值直接表示。尺寸系列代号与内径代号用"/"间隔开	调心滚子轴承 240/500（d=500mm）

表 2-29 轴承前置代号表示方法

代号	表示意义	代号示例
L	可分离轴承的可分离内圈或外圈	LUN207、LN207
R	不带可分离内圈或外圈的轴承,(滚针轴承仅适用 NA 型)	RUN207 RNA6904
F	凸缘外圈向心球轴承(仅适用于 $d \leq 10mm$)	F618/4
K	滚子和保持架组件	K81107
WS	推力圆柱滚子轴承轴承圈	WS81107
GS	推力圆柱滚子轴承座圈	GS81107
KOW	无轴圈推力轴承	KOW-51108
KIW	无座圈推力轴承	KIW-51108

表 2-30 轴承后置代号之内部结构组

代号	表示意义及示例	代号	表示意义及示例
A	无装球缺口的双列角接触球轴承 3205A	B	公称接触角 $\alpha = 40°$ 的角接触球轴承 7210B
A	外圈带双锁圈有保持架的滚针轴承 NA4822A	B	接触角加大的圆锥滚子轴承 32310B
A	外圈带双锁圈的无内圈滚针轴承 RNA4822A	C	公称接触角 $\alpha = 15°$ 的角接触球轴承 7210C
A	外圈带双锁圈有保持架的双列滚针轴承 NA6920A	C	调心滚子轴承,内圈无挡边,活动中挡圈冲压保持架,对称型滚子,加强型 23122C
A	外圈无挡边的深沟球轴承 626A	E	加强型内圈无挡边圆柱滚子轴承 NU207E
AC	公称接触角 $\alpha = 25°$ 的角接触球轴承 7210AC	ZW	双列滚针保持架组件 K20X25X40ZW

二、油封

油封俗称护油圈,是汽车中保持转动部件不可少的非金属配件。常用的骨架式油封一般由金属骨架环、钢丝弹簧圈及橡胶密封层部分组成。其作用是:一方面防止泥沙、灰尘、水汽等侵入轴承中;另一方面限制轴承中的润滑油漏出。

对油封的要求是尺寸(内径、外径和厚度)应符合规定;要求有适当的弹性,能将轴适当地卡住,起到密封作用;要耐热、耐磨、强度好、耐介质(油或水等),使用寿命长。

合理使用油封,应注意以下几点:

1)轴的转速。由于设计和结构上的原因,高转速的轴应使用硅、氟、硅氟橡胶,并应设法降低燃油箱中的油温。在使用温度过低的情况下,应选用耐寒橡胶。

2)压力。一般的油封承受压力的能力差,压力过大时油封会变形。在压力过大的使用条件下应采用耐压支承圈或加强的耐压油封。

3)安装上的偏心程度。油封和轴配合时偏心过大,则其密封性会变差,特别是在轴转速高时尤为严重。如果偏心过大时,可采用"W"形断面的油封。

4)轴的表面粗糙度直接影响油封的使用寿命,即轴的表面粗糙度低,油封使用寿命就会长。

5)油封的唇口应有一定量的润滑油。

第五节 汽车油漆

汽车油漆是指涂装和修补轿车、载货汽车、客车等汽车的车身或零件所用的涂料。汽车涂漆的目的是保护汽车零件免受腐蚀，此外还可以改善汽车外观，提高装饰效果。

汽车对油漆涂层质量的要求很高，如对车身等薄板的耐锈蚀期，一般都在6年以上，有的可达10年。汽车油漆分类如下：

（一）根据《汽车 油漆涂层》QC/T 484—1999 标准，汽车涂装用材料的分类

1. 汽车车身用漆（即TQ1、TQ2组）

汽车车身用漆是汽车主要用漆。所谓汽车用漆主要指车身用涂料。车身涂层一般是由底涂层、中间涂层和面漆涂层等三层组成，也可由底涂层和面漆涂层两层构成。

2. 车厢用漆（即TQ3组）

其质量要求较前者低，一般为底、面两层涂层。

3. 车轮、车架等部件用的耐腐蚀涂料（TQ4组）

主要技术指标是耐腐蚀性能（如耐盐雾、耐水性等），漆膜要求坚韧耐磨和耐润滑油性。

4. 发动机部件用漆（TQ6组）

因发动机不能高温烘烤，涂料要求具备低温快干性能，涂膜要求耐汽油、耐润滑油和耐热性较好。

5. 底盘用漆（TQ6组）

因车桥、传动轴等底盘件不能在高温下烘烤，也要求底盘用漆具备低温快干性能、耐腐蚀性和耐油性优良。

6. 汽车零件制造中铸锻件、毛坯和冲压等半成品用漆（TQ7组）

半成品涂漆的目的是防锈和打底。所用涂料防锈底漆和防腐蚀涂料，要求具备较好的缓蚀性能、力学强度和附着性。

7. 特种用漆（TQ8组）

特种用漆包括蓄电池固定架用耐酸涂料、汽油箱内表面用耐汽油涂料、汽车消声器、排气管和气缸垫片用的耐热涂料，车身底板下表面用的耐磨防声涂料、车身焊缝用的密封涂料等。

8. 散热器用漆（TQ9组）

散热器用漆是指散热器、钢板弹簧等用漆。涂料要求耐水性要好。

9. 车内装饰件用漆（TQ10组）

车内装饰件用漆是系指轿车和大客车车内装饰件用涂料。涂料要求极高的装饰性。

（二）汽车涂装用材料按照在涂装工艺及涂层中所起的作用分类

1）漆前表面处理材料，主要包括脱脂、磷化及钝化材料。

2）汽车用底漆。

3）汽车用中间涂料。

4）汽车用面漆。

5）汽车用特种涂料（包括PVS密封，车底涂料、粉末粉笔料及塑料件用涂料等）。

6）汽车涂装用辅助材料（包括打磨、擦净材料、抛光材料及隔声、绝热材料等）。

汽车用油漆主要有两类：一类是直接涂在金属表面的底漆，由油基漆逐步发展到电泳漆；一类是最后涂在油漆层表面的油漆，一般由油基漆发展到合成树脂漆。

1. 汽车用底漆

底漆是指直接涂覆在金属表面或金属转化层（如磷化层、纯化层）上的涂料，是全部漆膜的基础。汽车用底漆必须具有良好的防腐性，以抑制金属腐蚀。因此，漆膜必须致密，水汽不易透过，并且含有防锈颜料；必须与金属或金属转化层有良好的附着力；同时，还要求具有良好的机械强度、耐冲击性、柔韧性等特点。

底漆品种很多，常用的底漆有以下几种：

1）醇酸底漆。醇酸底漆是使用最广泛的一种底漆。它与金属附着力强，机械强度好，施工适应性好，与其他漆配套使用性良好，货源广，价格便宜。

2）酚醛底漆。比醇酸底漆具有更好的耐水性，其缺点是机械强度低，附着力不如醇酸底漆。

3）环氧底漆。环氧底漆是由环氧树脂制成的，它与金属附着力强，具有良好的机械强度、耐水性、耐化学药品等优点，是底漆的理想材料，已广泛地应用在汽车上。

4）电泳底漆。电泳底漆的优点是安全性好，由于用水代替溶剂，无毒，不污染环境，不易引起火灾，漆膜平整性和均匀性好，漆膜厚度容易控制，油漆利用率高。其缺点是只适用于大量生产，设备及工艺控制比较复杂，烘干温度高，能源消耗大。

其他底漆有沥青底漆、快干底漆、磷化底漆、防石击涂料和带锈底漆，各有其特点。

2. 汽车中间涂料

中间涂料是指介于底漆和面漆之间的涂料，包括二道底漆和腻子。中间涂料的涂布次数取决于对汽车外观的装饰要求和被涂工作表面的平整程度。轿车、客车装饰要求高，中间涂布次数就要多。

1）二道底漆。二道底漆是一种介于底漆和面漆间的涂料，其作用是填补工件。

2）腻子。腻子是一种专供填平工件表面缺陷用的涂料。

3. 汽车面漆

面漆是全部油漆涂层的最后一层，应具有以下特点：色彩艳丽，光泽好，有较好的装饰性；硬度高、耐磨性好、耐晒性好；使用时不易失光、变色、粉化、开裂。

汽车常用的面漆有以下几种：

（1）硝基磁漆 硝基磁漆的优点是成膜快、施工周期短，可省去烘干设备及节约能源消耗。漆膜硬度高，可抛光打蜡，使表面平整光洁，具有较好的装饰性，易修补维护。其缺点是，为达到一定厚度，需要喷涂次数多；热稳定性差、常温下易使漆膜出现失光、粉化、开裂等现象；同时这种漆及其溶剂易燃、易爆。

（2）醇酸磁漆 醇酸磁漆的优点是成本低，机械强度好，与底层有良好的附着力，并有较好的耐冲击性和弹性，漆膜不用抛光就有较好的光泽。使用性好，可喷可刷，可自然干燥，也可高温烘干，喷涂一次成膜厚度较硝基漆厚。醇酸磁漆的缺点是漆膜硬度较低，耐磨性较差；保光性、保色性、耐水性、耐碱性、漆膜丰满度都不是很理想；一次喷涂太厚时漆膜易起皱，不能在未干的涂层上喷涂。

（3）氨基烘漆 氨基烘漆的优点是漆膜耐晒性好，不易失光、粉化和龟裂；漆膜硬度高，光泽好、丰满度好，装饰性强；漆膜耐水、耐汽油、耐化学药品性强；色浅，有利于制成色彩艳丽的浅色漆；漆膜烘干时不起皱，可以采用二次层面漆一次烘干工艺。氨基烘漆的缺点是必须要高温烘干，烘干温度和时间达不到要求时，漆膜性能显著下降，修补性也差。

（4）丙烯酸磁漆　丙烯酸磁漆的优点是色浅，有较好的透明度，耐晒性好，漆膜光泽好、硬度高，耐磨、耐酸、耐碱、耐盐、耐各种洗涤剂性能好，耐热性好，漆膜烘干不起皮、附着力好等。由于其性能优越，已普遍用于各类轿车上。

（5）汽车用其他面漆

1）半光和平光漆。这种漆中的漆甚少，颜料多，其漆膜的综合性能要比同类有光漆差些，可满足军用汽车的伪装需要。

2）金属闪光漆。金属闪光漆基本上分两类：一类是以各种颜料调配的传统本色漆；另一类是由闪光铝粉和透明、半透明颜料配制而成的金属闪光漆。金属闪光漆采用了特制的非浮型闪光铝粉，具有光泽好、金属感性强的特点。在日光和灯光照射下会出现不同层次、闪闪发光的金属闪烁色感，增强了漆膜的装饰性。漆膜耐日光曝晒，其保光性、保色性佳。金属闪光漆的高装饰性和优良的耐晒性受到了汽车工业的重视，发展非常迅速。

第六节　汽车美容养护用品

随着我国汽车工业的迅速发展和人类文明的不断进步，我国私家车保有量在逐年增加，汽车美容装饰观念日益普及，汽车美容业也日益显露出其巨大的利润空间和市场潜力，成为21世纪最有潜力的黄金行业之一，被称为汽车工业的"第二桶金"。

现代**汽车美容**，是指利用专业美容系列产品和高科技技术设备，采用特殊的工艺和方法，对车内、外进行清洗，漆面增光、打蜡、抛光、镀膜及深浅划痕，全车漆面美容，发动机表面翻新等一系列养车护理技术，以达到"旧车变新、新车保值、延寿增益"的功效。

在国外，汽车整车市场与汽车服务市场价值比为3:7，汽车相关服务与汽车美容市场价值比为3:7，充分显示了汽车美容的广阔空间。现今国内汽车美容市场发展虽不及国外发达国家，但汽车消费的总体趋势及快速衍生性表明，新的汽车美容消费潮流的传播速度远远高于其他的消费形式。中国汽车美容装饰品空间的广阔性，需求之旺不言而喻。

一、常用汽车美容材料的品种与分类

汽车美容是一项庞大的系统工程。在汽车美容数十年的完善过程中，其作业设备和美容用品已逐渐成熟，呈现出多样性、系列化，而且不断有新产品问世。汽车美容材料常称为汽车美容用品，根据所适用部位的不同，一般分为四大类，即车身美容护理用品、车身漆面处理材料、汽车内饰清洁护理用品和汽车发动机清洁护理用品。现代汽车美容常用设备及用品，见表2-31。

下面介绍常见的汽车美容护理用品。

（一）车身美容护理用品

1. 车用清洗剂

这里所介绍的车用清洗剂有别于"传统洗车"的清洗原料，如洗衣粉和洗洁精等。虽然这些清洗剂能达到清洁车身表面的目的，但同时也会把车表的蜡层清洗掉，这是事与愿违

的。更可怕的是这些清洁剂一般呈碱性,对车身漆面及金属具有强烈的腐蚀性,导致漆面失光、生锈等现象发生。为此,特推荐选用以下几种专用清洗剂。

表2-31 现代汽车美容常用设备及用品

序号	美容项目	具体作业项目	设备及用品	选用要点
1	车身美容	汽车清洗	龙门滚刷清洗机、小型高压清洗机、鹿皮、毛巾、板刷、清洗护理二合一清洗剂、水系清洗剂、玻璃清洗剂、柏油沥青清洁剂、轮胎清洗保护剂、黑镀清洗保护剂、银镀清洁保护剂、清洁上光剂等	①小型美容企业宜选用高压清洗机 ②北方冬季宜选用调湿式清洗机 ③不宜选用碱性清洗剂
		汽车打蜡	打蜡机、打蜡海绵、无纺布毛巾及各种保护蜡、上光蜡、防静电蜡、镜面釉等	①根据汽车漆面性质、特点及汽车运行环境选用车蜡 ②镜面釉是非蜡质保护剂
2	漆面处理	深划痕及漆面失光处理	抛光机、不同粒度的抛光剂、还原剂、漆面增艳剂、漆面保护剂	抛光的必须进行还原处理
		深划痕处理	设备、用品与喷漆施工工艺相同	
		喷漆	喷漆间、烤漆房、空压机、喷枪、砂纸刮板、底漆、腻子、中涂漆、面漆	①宜选用喷漆烤漆两用房 ②修补施工宜选用快干型涂料
3	内饰美容	车饰美容	吸尘器、高温蒸气杀菌器、喷壶、毛巾、真皮、塑料、纤维织物清洁保护剂、真皮上光保护剂、真皮与塑料上光翻新保护剂、毛毯清洁剂	①不宜用碱性清洁剂进行车室清洁 ②纤维织物清洗剂一般用于地毯清洁
4	发动机美容	发动机清洁翻新	喷壶、毛巾、发动机表面活性清洗剂、机头光亮保护剂、清洁油等	不宜用酸、碱类清洁剂

(1) 水系清洗剂 目前,在国内外汽车专业美容行业中广泛采用水系清洗剂。这种专用清洗剂不同于除油脱脂剂,其配方中基本不含碱性盐类。水系清洗剂一般由多种表面活性剂配制而成,具有很多强的浸润和分散能力,能够有效地去除车身表面的尘埃、油污,防止交通膜的形成,保护车身不受各类有害物质的侵蚀,保持漆面原有光泽。常用的水性清洗剂有英特使M-2000洗车液、龟博士P-612不脱蜡洗车液等。

(2) 有机清洗溶剂 有机清洗溶剂主要用来去除车身表面的油脂、润滑油、污垢、石蜡、硅酮抛光剂、橡胶加工助剂以及手印等。目前,国内经常使用的有机溶剂有煤油、汽油、甲苯、二甲苯、三氯乙烯、四氯化碳及200号溶剂汽油。进口有机溶剂有Prep-sol,Pre-Kleano等。

在使用有机溶剂时,尽量避免接触塑料、橡胶部件,以免造成老化。另外,用进口清洗溶剂在热塑性丙烯酸面漆上擦拭前,要认真阅读产品说明书。由于有机溶剂具有上述特点,因此在汽车美容中要根据实际需要合理选用。

(3) 二合一清洗剂 二合一清洗剂也称为二合一香波,是一种高级表面漆清洁剂,所谓二合一，即清洁、护理二合一，既有清洗功能，又有上蜡功能，可以满足快速清洗兼打蜡的需求。二合一清洗剂主要由多种表面活性剂配制而成，上蜡成分是一种具有独特配方的水蜡，它可以在清洗作业中，在漆面上形成一层蜡膜，增加车身的鲜艳程度，有效地保护车漆。常用二合一清洗剂有英特使 M-2001 香波。

2. 车蜡

（1）车蜡的主要功用　车蜡能防水、抗高温、防止产生静电、防紫外线作用、上光、研磨抛光、防划伤、防氧化，此外，还具有防酸雨、防雾等功能。

（2）车蜡的主要品种

1）新车保护蜡。新车漆面十分娇嫩，易产生轻微划痕，故新车保护蜡不含任何的研磨剂等，以确保车漆表面的光滑。新车保护蜡的特有功能是：含有大量高分子聚合物，如魔兽新车蜡采用纳米分子技术，超硬蜡壳，自始至终的保护；超强泄尘、泄水能力；防止氧化、风沙划痕；含抗 UV 成分，超长持久保持。配合新车无化痕特点采用纳米高分子技术在漆面形成坚硬的保护层，特有的化学分子结构不含任何抛光材料，独特的泄尘、泄水性能，氟素合成技术，更强的持久保护能力，独特的抗擦洗配方。

2）钻石蜡。该产品是一种高级美容蜡，它具有钻石般的高贵品质，含巴西棕榈蜡中最高级的一号蜡提取的精华卡娜巴成分，使用后能形成棕榈蜡特有的坚硬、光滑及雅致的保护膜，具有巴西热带植物特有的香味。使用漆面后产生水晶效果，超高亮度，丝般手感，特殊的驱水泄尘能力，含抗 UV 成分，不怕阳光暴晒、抗洗涤，且能长时间保留。为蜡中极品，适用于各种颜色的高级轿车。

3）至尊硬蜡。至尊硬蜡不怕洗练，超硬保护，坚固耐用，真正抗划痕，超强防水，能完全截断雨水及酸雨的渗透，能保护持久，光泽耀眼夺目，可持续数月之久。不怕高温，耐酸碱侵蚀，独特的氟素纳米技术，顶级虫白蜡与超硬树脂为基础，不怕风沙划痕、擦洗划痕，真正是车漆钢甲保护层。

4）水晶蜡。水晶蜡为多种聚合物合成，不含石蜡成分，配以持久树脂精的独特配方，能使漆面形成长久性保护膜。增强漆面透彻感，去污、防水、耐酸雨腐蚀、抗静电。能清除车体表面的细孔、焦油、树汁、氧化物、尘垢等，延长抛光寿命，避免车漆产生皱纹、划痕、氧化、脱落及发黄。

5）彩色蜡。彩色蜡有白、红、黄、绿、蓝、黑、灰多种颜色选择，针对不同颜色的车漆增艳效果研制，具有培养颜色的能效，并能修饰局部补漆产生的色差或褪色。它具有清洁、上光和保护功能，可使划痕减轻或消失。与原漆本色浑然一体，使旧漆焕然一新。

6）手喷蜡。手喷蜡有柔和的清洁功能，可以在不影响"整体效果"的前提下为车辆除污，同时又含树脂型增光剂，使清洗处即时"补色"，与全车的光泽协调一致。手喷蜡不含石油提炼物，不属于油脂，因此不会造成"油迹"。

7）抗 UV 蜡。高分子聚合脂配方，具有抗 UV 成分，防酸雨，抗氧化，耐腐蚀，是恶劣环境下车漆的"保护神"；超抗洗涤，独特高分子聚全脂配方，使车漆更亮，更长久；含有抗 UV 吸收剂、折射剂和稳定剂，特有合成工艺。长期使用抗 UV 蜡，可防止车漆氧化、褪色发乌、龟裂、发白的症状，抗 UV 蜡含清洁、保护、上光三种功效为一体。

8）防水蜡。超强防水能力，完全迅速、极度泼水效果，超长时间保护车漆；顶级防水树脂，空气反应型配方，可以完全阻断酸雨的侵蚀，并产生无与伦比的光泽效果；超抗洗绦，效力持久，是普通防水蜡的三倍。

9）光洁蜡。光洁蜡由多种高分子聚合物组成，天然植物配方，强力去污，轻松去除发丝划痕，防止漆面发白、发污变色。独特还原成分，对漆面无伤害，可有效修复因长年使用造成的车漆氧化、老化、褪色及漆面发丝划痕，氧化膜。含抗UV成分，防止紫外线造成的氧化腐蚀，天然香料，芬芳异常。

10）复彩护漆上光蜡。该产品集去除微划痕和上光为一体，能快速清除车身表面的轻微划痕、擦纹和花斑，去除旧漆膜的氧化层和哑光色，使老化、褪色、失光的漆面恢复原有的色泽和光洁度，用打蜡的时间得到研磨与上光双重效果。

11）清洁砂蜡。本产品为快干型，光洁度高，用于清洁汽车表面，能防止汽车漆面褪色、沾染污垢。可有效清除轻微划痕、擦纹和花斑，去除旧漆膜的氧化层和哑光色，使老化、褪色的旧漆面恢复原有的色泽和光洁度，还原如新。

(3) 车蜡的选择　正确地选择车蜡，是打蜡作业成败的关键。由于各种车蜡的性质不同，其作用效果也不一样，因此在选用时必须保持谨慎。选择不当，不但达不到保护车漆的目的，反而会导致车身漆面变色。因此，提出以下车蜡选择的原则。

1）根据车蜡的作用来选择。由于不同车辆经常所处的运行环境千差万别，有的在城市，有的在乡村，有的在山区，有的在干旱地区，而有的在多雨的地区等。在不同的环境及气候条件下，汽车漆面所要承受的外界刺激就不相同，所以应该有针对性地为车辆选择最佳保护效果的车蜡。

2）根据漆面的质量来选择。对于中、高档轿车，其面漆的质量较高，宜选择高档进口车蜡；对于普通轿车或其他车辆，则可选用珍珠色或金属漆系列漆车蜡。

3）根据漆面的新旧来选择。新车或新喷漆车辆，应选用上光蜡，以保持车身的光泽和颜色；对于旧车或漆面有漫射光痕的车辆，可选用研磨蜡对其进行抛光处理。

4）根据季节不同来选择。夏季一般光照较强，宜选用防高温、防紫外光能力强的车蜡。

5）根据车辆行驶环境选择。如果汽车行驶环境较差，应选用保护作用较强的硅酮树脂蜡。

(二) 车身漆面处理材料

现代意义的汽车，其车身的保养重要性超过了任何系统。若钣金及面漆不良，汽车的使用价值将大打折扣。生产实际中的漆面处理一般包括漆面失光处理、漆面浅划痕处理、漆面深划痕处理、喷涂等内容。汽车车身漆面护理材料分为车身漆面护理材料和车身漆面修补材料两大类。

1. 车身漆面护理材料

车身漆面护理包括开蜡、研磨和抛光、打蜡、车身封釉、车漆镀膜等工序。其相应的材料与上面讲到的车身美容护理用品基本相同。

2. 车身漆面修补材料（修补漆）

车身漆面修补材料首先是修补漆，而其主要原材料环节是漆的配色。其实无论是进口车还是国产车，出厂时都会有一张标号卡，一般会贴在前机器盖底下。该卡上面会标明出厂日期、汽车自重、最大功率和载重量等，还有一行驾驶人一般不大注意的数字，它标明的就是车身颜色所属的"漆号"。漆号是国际统一标准，世界通用。只要根据漆号就一定能配出完全一致的颜色，当然，这项工作凭肉眼是无法完成的，必须由电脑调漆设备来完成，而且必须备有上百种不同型号的车漆备用，因为即使是常见的白色也是由三四种车漆才能调和出来的，如果漆号不全，那么配出来的颜色就会有误差。将原来的漆号输入电脑，只需几分钟，它的配色比例成分就会显示出来，再用专用电子秤精确称量，调出来的漆就能和原车丝毫不差了。专业划痕快修店之所以能保证几十分钟快修划痕的速度，就是因为他们设备先进，杜绝了失误和返工。

快速的划痕修补工艺是靠优质的进口修补专用漆、先进的设备和技术来做保障的，决不能偷减工艺来求快速度。也许有过这样的经验：车身上的划痕刚修好时效果挺好，但一段时间以后，修补过的漆面就会发生断裂、脱落现象，而这种现象又多发生在保险杠、裙边等塑胶部位。这就是由于一些修理厂喷涂工艺不过关，甚至偷减修补工序造成的。由于汽车修补漆的弹性与塑胶部位的弹性、硬度不一样，如果把普通车漆喷到塑胶部位，当时效果会不错，但当塑胶部位因外界环境影响而自然伸展或弯曲时，漆面就会出现裂痕并脱落。

真正合格的塑胶件的喷涂工艺是：受伤部位打磨好后，先喷涂一层塑料底漆，然后在修补漆中加入专用的塑料柔软剂，再喷涂在塑胶部位上，经过正规工艺修复的塑胶件使用多久都能保持原有的效果。

（三）汽车内饰清洁护理用品

保护剂是指对汽车的内外装饰具有清洗、上光、保护功能的产品。保护剂系列品类较多，一般为皮革、化纤、丝绒、地毯、塑料件、橡胶车裙、保险杠、门窗、车毂、排气管等。保护剂的使用对汽车保养起重要作用，经常性地使用保护剂对各类饰件、机件进行去污、清洗、上光，能使车内、外各饰件清洁、美观、亮丽，并能达到防老化、防腐蚀、延长使用寿命的功效。

目前市场上保护剂品类较多，如皮革上光保护剂、透明保护剂、真皮上光保护剂、皮革化纤清洁保护剂、丝绒清洁保护剂、地毯洗涤保护剂、污渍清洗剂、轮胎泡沫清洗上光剂、发动机清洗剂、上光剂、车裙装璜、泡沫清洗保护剂、车毂清洗剂、发动机清洗剂等，这些产品都具有较强的洗涤去污、上光功能，且使用时多采用喷剂式，操作十分简便。

第七节　其他常用材料

一、常用的石棉制品

石棉具有良好的柔软性，它本身不燃烧、导热性差、有较好的防腐性能和吸附能力，常用于需要密封、隔热、保温、绝缘和制动等部位。汽车上采用石棉制品的有以下一些。

1. 用于密封的石棉盘根

根据用途的不同，石棉盘根又可分为浸油石棉盘根和橡胶石棉盘根。

1）浸油石棉盘根是用润滑油和石墨浸渍过的石棉线或铜丝石棉编织或扭制而成，可作为转轴、往复活塞或阀门杆的密封材料。

2）橡胶石棉盘根是由石棉布或石棉线以橡胶为结合剂卷制或编结后压成方形，外涂高碳石墨密封材料，用于制作密封圈。

2. 石棉板

用石棉板可制作连接面处密封气体和液体的衬垫，它可以分为耐油橡胶石棉板和高压橡胶石棉板。

3. 石棉摩擦片

石棉摩擦片是由石棉、粘结剂和其他辅助材料经混合加热制成的。其特点是硬度高、摩擦因数大、耐高温、耐冲击和耐磨耗等。广泛地用来制作离合器摩擦片、制动蹄摩擦片和驻车制动器摩擦片等。

二、常用的软木制品

软木制品是由颗粒状软木和牛骨胶、干酪素等物质粘合后压制而成，其特点是质轻、柔软，具有弹性和一定的韧性。

汽车维修作业中常用软木纸制成各种衬垫，用于密封，如气门室盖衬垫、水套孔盖板衬垫、水泵衬垫、油底壳衬垫、变速器盖衬垫及万向节滚针轴承油封等；也可用于垫置灯具玻璃罩壳部分，以减轻振动、保护灯具玻璃。

三、常用的纸制品

常用的纸制品有以下几种：

1. 滤芯纸板

厚度为 2.8~3.4mm 的厚纸板用作滤清器内滤片的垫架；厚度为 0.5~0.7mm 的薄纸板用作滤清器的内滤片。

2. 软钢纸板

软钢纸板可分为厚度为 0.5~0.8mm，0.9~1.0mm，1.1~2.0mm，2.1~3.0mm 四种，用于制作汽车发动机的密封垫片。

3. 硬钢纸板

硬钢纸板分为 1 号和 2 号两种，可供机械、电机、电器、仪器等设备制作零件或用作绝缘材料。

4. 防水纸板

防水纸板分为沥青防水纸板和普通防水纸板两种，可供汽车或其他设备用作防水材料。

5. 衬垫纸板

经浸渍后的衬垫纸板可制作各种密封垫片。

6. 十层瓦楞纸板

十层瓦楞纸板由两张五层瓦楞纸板用水玻璃粘合而成，可用作各种隔热衬垫。该纸板具有好的耐寒性，较高的膨胀率，耐磨性和密封性能均佳。

四、橡胶产品

1. 气缸套密封水圈

气缸套密封水圈多采用氟橡胶制作，具有良好的耐热性和耐油性。

2. 橡胶软管

橡胶软管包括输气软管、输油软管、气压制动胶管、液压制动胶管、散热器连接胶管和高压钢丝缠线胶管等。

3. 传动带

汽车上使用的传动带是橡胶纤维绳、无接头、断面呈三角形的环形带，由帆布浸胶的包布层、天然橡胶的伸展层、软橡胶的缓冲层和橡胶的压缩层等组成。主要用于传递曲轴带轮同水泵、发电机、空气压缩机等带轮之间的动力。近代汽车偏心轴、柴油泵的传动带大多采用齿形V带，它与齿轮相啮合。传动带具有传动速度准确、耐高速、噪声低及使用寿命长的特点。

4. 减振橡胶件

汽车要求乘坐舒适、噪声小、操纵稳定，这些都需要减振橡胶件来实现，特别是轿车。减振橡胶件主要包括发动机、悬架、车身、驱动等各种减振垫、减振块、缓冲器件、弹性节和弹性传动件等。

5. 耐热密封衬垫

耐热密封衬垫多用硅橡胶制作，它具有良好的耐热性、使用弹性和耐天气老化的性能。

6. 油封和O形圈

油封和O形圈多采用聚氨基甲酸酯橡胶制作，它们具有良好的不透气性和耐磨性。

7. 密封胶条和防尘罩（或套）等

密封胶条和防尘罩等多采用天然橡胶和氯丁橡胶混合制成，它们具有耐油、耐寒、耐屈挠性和良好的回弹性、耐老化性能。

第八节 汽车常见易损件

汽车经长期运行，由于零件间的相互作用、汽车使用和保管所处的环境条件等必然因素以及零件的隐伤和过载等偶然因素的影响，使零件产生磨损、塑性变形、疲劳损坏和老化变质等损耗，造成零件失去设计制造时规定的性能，汽车技术状况变差，直至不能履行规定的功能。为了恢复汽车技术状况，汽车必须进行维修。在汽车修理工艺中，有换件修理作业，需要用配件更换耗损件。用来更换易耗损件的配件称为常见易损件。

在汽车生产、制造、维修和保险与公估等实际工作中，经常会遇到汽车配件与常见易损件的问题。汽车配件与常见易损件可分为发动机配件与易损件、底盘配件与易损件以及车身配件与易损件。

一、发动机配件与易损件

（一）发动机配件

发动机是汽车的动力源，它是把某一种形式的能量转化为机械能的机器。一般来说，汽车发动机广泛采用内燃机，近年来也有采用燃料电池作为汽车动力的。随着科技的发展，汽车代用新能源在不断发展，汽车发动机也在不断更新。目前，仍以活塞式内燃机发动机为主导机型，因此，本书主要介绍活塞式内燃机发动机配件与易损件。

以捷达车为例，发动机配件有：气缸体、油底壳、气缸盖罩、排风装置、通风管；曲轴、连杆、轴承、活塞、活塞环；同步带、同步带护罩、凸轮轴、阀门；机油泵、机油尺、机油滤清器；水泵、水管、水软管及硬管、散热器、法兰盘、补偿罐、导风装置、导流纸板；燃油泵、燃油储备容器；化油器（2F2）、凯虹（KEIHIN）化油器、空气滤清器、空气预热板、进气歧管、真空设备；节气门部件、进气系统、燃油分配器；离合器、分离轴承、分离轴；叶轮泵（用于动力转向系统）；发动机紧固件和发动机总成。

（二）发动机易损件

1. 气缸体

发动机的气缸体和上曲轴箱通常铸成一体，称为气缸体。气缸是燃料燃烧与气体膨胀的地方，工作时气缸内表面直接与高温高压燃气接触，并且引导活塞在其内作高速往复直线运动，因此要求气缸不但要有足够的强度和刚度，还必须耐高温、耐磨损、耐腐蚀，同时还要求有较高的加工精度和表面质量，并与活塞良好配合，保证密封性能。

气缸体在使用中的耗损有：气缸正常磨损可进行镗磨加大尺寸予以修理和缸孔孔径数次镗削扩大至极限尺寸时，在冬季气缸体因未放尽积水而被冻裂，运行中气缸因缺少冷却液而过热膨胀裂缝漏水，以及在行车事故中被碰撞损坏，已无修理价值，必须更换气缸体。气缸体是汽车维修配件。

2. 气缸套

一般发动机总成在出厂时，并无镶入式单个气缸套，气缸体的生产是整体铸造。在发动机经数次大修后，缸孔已镗大至极限尺寸，不能再用镗缸的方法来修复。此时，则采取镶装气缸套的方法来延长气缸体的使用寿命。

气缸套的常见耗损：有气缸套孔磨损，经数次镗磨孔径扩大至极限尺寸时，外径压配不当漏水（指湿式缸套），气缸壁拉伤损伤，或在气缸突发工况下如连杆螺栓松脱被连杆击穿等。气缸套是汽车维修中的必备品，耗量较大，应有一定的储存量。

3. 气缸盖

气缸盖安装在气缸体的上面，从上部密封气缸并构成燃烧室。

气缸盖的常见耗损有：由未发现的制造缺陷引起的裂纹，排气门座压配松弛等引起的漏水现象，使用不当和疲劳损坏；因气缸盖坚固螺栓或螺栓拧紧力矩及拧紧顺序未按规范操作，造成气缸盖平整度被破坏而产生翘曲变形。由于气缸盖衬垫密封性不良使气缸盖平面受到废气的热化学腐蚀，导致泄漏；冬季停车后未放尽积水将导致被冻裂。所以，气缸盖在配件中也属于常备配件，应有一定的储存量。

4. 气缸盖罩盖

气缸盖罩盖的耗损主要是翘曲变形值超过极限尺寸，故有一定的消耗量，也应有一定的储存量。

5. 气缸盖衬垫

气缸盖衬垫安装在气缸盖与气缸体的接合面之间，其作用是保证气缸盖与气缸体接触面的密封，防止漏水与漏油。

气缸盖衬垫是易耗件，消耗量较大。其耗损有：封闭气缸孔边缘部位烧蚀泄漏，水孔边缘热腐蚀缺损。其产生的原因为：

①气缸盖紧固螺栓拧紧力矩失准、不均或未按规定顺序拧紧。

②制造过程中产生的缺陷，如厚薄度超差大、卷边工艺性不好、平整度被破坏。

③漏水造成热化学腐蚀等，使密封失效。气缸垫为一次性使用配件，消耗量很大，通常也作为随车主要维修备用易损件，库房应有较大的储存量。

6. 活塞

活塞连杆组由活塞、活塞环、活塞销、连杆和连杆轴瓦组成。在发动机运转过程中，活塞直接与高温气体接触，受热严重，而散热条件又很差。活塞在高温、高压和高速的苛刻条件下工作，会产生变形并加速磨损。

活塞的常见耗损有：活塞环槽、活塞裙部和活塞销座孔的正常磨损超过大修标准，在发动机过热破坏正常配缸间隙或断油时，会造成活塞顶部或摩擦面的部分铝合金熔蚀发生拉缸和咬死。在点火提前角太大、磨损后配合间隙过大或发生严重积炭早燃或爆燃等情况下，活塞会被击伤或产生裂纹、脱顶等现象。

7. 活塞环

活塞环是具有弹性的开口环，有气环和油环之分。气环的作用是保证气缸与活塞之间的密封性，防止漏气，并且把活塞顶部吸收的大量的发热传给气缸壁，由冷却液带走。油环起到布油和刮油的作用。活塞环在高温、高压、高速和润滑极其困难的条件下工作，尤其是第一道环的工作条件最为恶劣。因此，活塞环一直是发动机上使用寿命最短的零件。

活塞环的常见耗损有：因活塞拉缸被折断，正常磨损达到大修标准、弹性衰减等造成的气密性破坏漏气、漏油等。在发动机的日常维护过程中，要注意防止在活塞环磨合良好的情况下，盲目换用新环。因换用新环需重新与气缸磨合，工况反而不如原来的好，并且会形成不必要的浪费。

8. 活塞销

活塞销的作用是连接活塞和连杆小头，并把活塞承受的气体压力传递给连杆。活塞销在高温下周期性地承受很大的冲击载荷，其本身又作摆动运动，而且在润滑条件很差的情况下工作。

活塞销的常见耗损有：为外径磨损达到大修标准、在较突出的特殊工况条件下，以及制造过程中未检验出来的隐藏裂纹都有可能造成活塞销的折断，将导致气缸、活塞、连杆等零件同时被破坏。

9. 活塞销衬套

活塞销衬套的常见耗损有：衬套内孔磨损超过或达到大修标准，因缺油高热烧损及压配间隙过大引至衬套走外圆。活塞、活塞环、活塞销是发动机的中主要易耗件，消耗量大，规格多，是必需的易损配件。

10. 连杆

连杆的作用是连接活塞与曲轴，并把活塞承受的气体压力传给曲轴，使活塞的往复运动变成曲轴的旋转运动。

连杆的常见耗损有：为受力杆件弯曲和扭曲，大、小头孔座因轴承孔磨损或断油造成的过度磨损而引起的松旷、螺栓孔螺纹损坏等。连杆耗损较少，虽不属易耗件，数量需求会少，但作为汽车维修配件也必须有一定的备件。

11. 曲轴

曲轴飞轮组主要由曲轴、飞轮和一些附件组成，是发动机的最重要的零件之一。它与连杆配合将作用在活塞上的气体压力变为旋转的动力，传给底盘的传动机构，同时驱动配气机构和其他辅助装置。

曲轴的常见耗损有：主轴颈和连杆轴颈磨损达到大修标准。曲轴因受力扭曲变形导致同轴度失准，以及在突发工况下或零件本身存在材质缺陷、隐藏裂纹等有可能导致折断故障的发生。曲轴的正常使用寿命在 30 万 km 以上，为维修主要配件，不属于易损件，但仍然有需求。所以曲轴为汽车维修厂的常备配件之一。

12. 连杆轴瓦与曲轴轴承

连杆轴瓦与曲轴轴瓦常见故障：为自然磨损。产生的原因有：因断油产生的合金层合金烧熔咬轴，因冲击负荷所致合金层部分合金疲劳剥落，因配合间隙过大造成轴承钢衬走外圆及定位唇口变形移位等。连杆轴瓦和曲轴轴承为易耗件，在发动机大修或中修时，必须成组更换新的轴承，应有足够数量的备品。

13. 飞轮

飞轮的主要作用是储存做功行程的能量，用于克服进气、压缩和排气行程的阻力和其他阻力，使曲轴能均匀地旋转。

飞轮总成的耗损有：大端工作平面因离合器钢片损坏或磨损后被铆钉凸出的磨损而形成的沟槽，减少了有效摩擦面积，造成离合器工作失效。飞轮齿圈的齿因起动机驱动齿轮的撞击而崩溃或齿面磨损过大；齿圈与飞轮外圈配合松弛等。飞轮是汽车维修配件，也要有一定的备品。

14. 气门

气门组包括气门座、气门导管、气门弹簧座及锁片等，其主要作用是维持气门的关闭。

气门的工作条件非常恶劣。气门在维修中的常见故障有：自然磨损和胶粘咬死、断裂、腐蚀等。其原因常为：气缸窜油积炭渗入气门杆与导管的间隙中或润滑油积垢后变质所造成。也有因零件本身的材质缺陷使气门盘锥面早期烧蚀而漏气的。气门是易耗件，应有较多数量的备品。

15. 气门导管

气门导管的作用是给气门以运动导向，保证气门直线运动，使气门与气门座贴合良好。此外气门导管还有导热作用。

气门导管在使用中的耗损有：导管内孔磨损致使配合间隙过大，燃烧废气或润滑油杂质等侵入，形成磨料，使气门杆咬死或内孔拉伤。孔径扩大后，废气或未燃燃料会渗入油底壳使润滑油变质恶化。气门导管也属易耗件，在发动机大修中，是常需换用的配件，所以要有一定的备品。

16. 气门弹簧

气门弹簧的作用在于保证气门回位。气门弹簧多为圆柱形螺旋弹簧。

气门弹簧在使用中的常见耗损有：变形、折断、弹性衰减等。其产生原因有：工作疲劳或零件在生产过程中的热处理工艺不当等造成，故气门弹簧的质量要求很高。如果一个气门弹簧的工作失效，则会使整个发动机的工况变坏，输出功率急剧下降，故在维修中，必须仔细加以检查。气门弹簧是维修易耗品，应有一定数量的备品，属于常供品种之一。

17. 气门座圈

气门座圈密封带锥面磨损和热腐蚀。它经常处于气门启闭的冲击负荷及高温废气的腐蚀之中，特别是当气门或座圈封面稍呈隙漏时，更易产生灼热点，并且迅速恶化，以致造成气门或座圈的密封面破坏，轻微的可以修磨恢复，严重的则需换用新品，应有一定的备品。

18. 凸轮轴

凸轮轴是气门驱动组中最主要的零件。其作用是驱动和控制各缸气门的开启关闭，使其符合发动机的工作顺序、配气相位及气门开度的变化规律等要求。

凸轮轴在使用中的常见耗损有：主轴颈磨损和凸轮磨损达到大修标准。特别是桃形摩擦面在高速启闭气门并承受传动机构的压力负荷及惯性力作用下容易磨损。当磨损量超过轮廓曲线偏差值时，将严重影响发动机的配气相位，使发动机工况变坏和动力下降。凸轮轴的正常使用寿命在 30 万 km 以上，是消耗量较少的汽车配件，不属于易损件。根据地区供需情况，可有一定的备品。

19. 气门挺杆

气门挺杆是凸轮的从动件，它的作用是将凸轮的推力传给推杆或气门。

气门挺杆在使用中的常见耗损有：杆部正常磨损，调节气门间隙螺钉螺纹损伤，与凸轮轴凸轮接触的球形工作面磨损等。气门挺杆是易耗件，但与其他品种相比消耗量较少，故应有少量的备品。

20. 气门推杆

气门推杆在使用中的常见损耗有：两端头接触工作面磨损超过大修标准以及由于气门间隙调整不当（过小）而产生弯曲变形。这时，发动机气门机构将发生明显的敲击噪声，严重时会使发动机工况急剧变坏。

21. 气门摇臂

气门摇臂在使用中的常见耗损有：轴承孔磨损和圆弧工作面磨损超过大修标准，气门间隙调节螺栓与螺母或螺钉与螺母、螺孔螺纹的松旷和损坏。其维修配件的耗量较大，故备品数量则应相应地多一些。

22. 凸轮轴正时齿轮

凸轮轴正时齿轮在使用中的常见耗损有：齿部因受冲击力矩被崩裂、断齿、铁心与胶木或尼龙的压配松动及齿面磨损超过允许值等。正时齿轮是易耗件，在发动机的维修作业中常被更换，故应有较多数量的备品。

23. 正时链条（齿形带）

正时链条（同步带）在使用中的常见耗损有：链板疲劳、轴销、滚子磨损后伸长，使气门启闭和点火正时失准，发动机有异常响声。在十分松旷的情况下，甚至跳齿传动，迫使发动机工况恶化或熄火。工程塑料制同步带的损坏现象为出现疲劳伸长、齿面磨损等，这时则需予以更换。

24. 同步带护罩

同步带护罩也是易损件，应有一定的备品。

25. 进、排气歧管总成

进、排气歧管总成的常见耗损有：热疲劳裂纹，安装凸轮边缘因螺栓拧紧顺序用力矩不当造成的断裂，或受热疲劳引起的安装平面翘曲变形而破坏的漏气管。进、排气歧管和排气管、消声器、衬垫都是易耗件。排气管和消声器在高温废气的腐蚀下易破损，接口垫因烧蚀泄漏。进、排气管总成是汽车配件，故消耗量较大，会有较多备品。而歧管总成的需求相对较少，但也应有一定数量的备品。

26. 机油泵

机油泵的常见耗损有：在使用中因运动件的自然磨损而引起的供油压力不足。造成的原因是运动副磨损使配合间隙增大造成机油的泄漏量加大，或限压阀弹簧弹力疲劳衰减，或调整失准，或因配合间隙增大使油压脉动等影响润滑系的工作质量，有时也因密封衬垫损坏，使空气侵入，负压降低，造成油压下降，甚至失效。机油泵总成属于汽车配件。

27. 机油集滤器

机油集滤器的常见耗损通常为滤网经多次阻塞清洁后变形或破损、浮子泄漏及油管油垢阻塞、清除中变形等。机油集滤器是维修易损件，属于常供备品。

28. 机油滤清器

机油滤清器的常见耗损通常为滤芯被机油杂质污染阻塞，滤清效率下降，阻力增大，造成摩擦零件的急剧磨损和断油磨损，这时必须更换滤芯或进行清洗。此外，滤清器密封衬垫等变形损坏、限压阀因弹簧压力衰减、开启压力失准也能导致润滑效果下降，使发动机的功率变坏等。机油滤清器是易损件，在维修作业中即需更换，故需要量较多，应有较多的备品。

29. 油底壳

油底壳也是汽车维修配件，应有一定的备品。

30. 汽油泵

汽油泵的常见损耗有：泵油失效、渗漏、输油压力下降和供油量不足等。其原因常为膜片疲劳损伤裂缝，进、出油单向阀工作面磨损导致密封性破坏，摇臂工作面磨损量过大，膜片行程减小等。汽油泵总成是汽车维修配件，应有较多的备品。

31. 化油器

化油器的常见损耗有：除壳体裂纹、密封衬垫缺损漏气漏油、操纵联动机构卡滞、紧固螺纹机械损伤，因量孔喷管磨损、浮子损坏漏气、油平面调节失准以及杂质将油道阻塞等引起的混合比性能变坏；阻风门转轴与孔座之间的间隙因磨损增大而导致漏气较大时，也会导致急速的不稳。在使用中化油器因在多次调整和清洗中往往调节失准和造成零件的损伤，使化油器总成性能变坏而致报废，故化油器总成的消耗量较多。化油器为易损件，应有一定的备品。但目前化油器已基本淘汰。

32. 汽油滤清器

在多数情况下，汽油滤清器在使用中的耗损有漏气（不密封）、滤芯未及时维护而形成阻塞，漏气使汽油泵工作失效，阻塞则导致汽油供给量不足，滤芯破损则滤清效果不佳，以致造成供油系统中的主要零件（如汽油泵）频繁发生故障。汽油滤清器是易损件，应常有备品。

33. 空气滤清器

由于滤芯被尘土阻塞，滤清效率的降低，发动机将因空气的充气量不足而出现汽油泵回火、功率下降等现象。因此，空气滤清器必须按规定进行定期维护，清洁滤芯（油浴式）、更换机油或纸质滤芯。空气滤清器属于消耗件，应多备。

34. 散热器

散热器在使用中的常见耗损有：磕碰划伤、因行车路面的振动导致安装螺钉松动，引起机械损伤而致漏水；水垢阻塞，散热效率剧降；温度过高、水气膨胀、压力增大导致水管裂纹漏水；冬季气温过低未注意放尽冷却液而被冻裂等。散热器属于汽车维修配件，消耗量较小，应有一定的备品。

35. 节温器

节温器的常见耗损有：皱纹筒热劳变形和失去弹性。蜡式感温体由于热疲劳感温性能变坏以及机械损伤等原因常需更换，故为常备易耗件，应有足够的备品。

36. 水泵

水泵的常见耗损有：冷却液泄漏。其原因有壳体裂纹、轴承损坏、水封及胶木垫片失效、壳体安装螺栓孔损裂等。用户大多为更换总成，水泵总成是易损件，故水泵总成应较多的备品。

37. 风扇传动带

风扇传动带在使用中的常见耗损有：疲劳伸长后传动失效，或因包布脱层而导致的破损和断裂，它是一种多耗的易损件，需求量较大，并为行车中必要备件之一。

38. 离合器

离合器位于发动机与变速器之间，是汽车传动系统中直接与发动机相联总成，用来切断和实现发动机对传动系统的动力传递。

离合器总成的常见耗损有：工作性能变坏，离合器抖动，发出异响，摩擦片打滑等。主要原因有从动盘摩擦片磨损、钢片裂纹、面片铆钉突出，或面片被油脂污染等。铆钉头凸出更能使压盘接合平面磨成沟槽，使摩擦有效面积减少，摩擦处减薄或损坏，导致自由行程缩小分离不彻底，换档困难，接合工作粗暴。此外，如分离轴承套筒、分离叉分离杠杆等零件工作面的磨损，故离合器总成在使用中必须定期进行维护，才能保证其经常处于良好的工作状态。

离合器从动盘总成是离合器总成中的一个主要易损零件。离合器从动盘在使用中的常见故障有：波形弹簧钢片损裂，减振弹簧折断或弹性衰减，从动盘毂裂纹，而摩擦片磨损减薄、破裂和烧损更为多见。造成这些故障的重要原因是驾驶人操作不当和维护不及时，特别是汽车过载和操作粗暴，常造成从动盘冲击损伤，给发动机也带来很大的阻抗力矩，致使熄火停车，离合器应有较多的备品。

离合器传动操纵机构是易耗零件，有分离叉、踏板拉杆、分离轴承及轴承座、回位弹簧等。其中分离轴承耗量较大，应增大备品的比重。

离合器离合功能按传动方式分为机械传动和液压传动两种。如上述由离合器踏板拉杆及分离叉等直接传动的方式称为机械式。液压传动式由离合器液压主缸、离合器轮缸、离合器软管和推杆等组成，其他传动连接零件如分离叉、分离轴承座及分离轴承、踏板等与机械式的相同。离合器主缸和轮缸的常见损坏现象为活塞、活塞皮碗和皮圈磨损以及橡胶老化、双向阀损坏、缸筒磨损等，因此主缸和轮缸总成需要有较多的备品。

二、底盘配件与易损件

（一）底盘配件

变速器配件有变速器总成；变速齿轮与轴、换档叉轴；换档拉杆，换档拨叉，变速器紧固件。

前轴、差动变速器，转向操纵装置的配件有弹簧装置；转向机构，转向横拉杆；转向盘，转向柱管，壳体；液压油罐及连接件，软管。

后轴的配件有带安装件的后桥体；弹簧装置。

车轮、制动器的配件有钢质辐板式车轮；鼓式制动器、制动托盘、制动轮缸、带制动片的制动蹄、制动拉索；制动主缸、补偿罐、制动液、制动硬管、制动软管、制动助力器用真空软管组；制动助力器；盘式制动器制动钳；制动盘；修理组件。

手操纵和脚踏杠杆装置的配件有换档操纵装置；阻风门拉索、制动器、离合器踏板、离合器拉索、加速踏板、加速踏板拉索。

（二）底盘易损件

1. 变速器在使用中的易损件

变速器在使用中的常见耗损有齿顶撞击打毛、齿部崩裂、疲劳点蚀、齿厚磨损减薄、齿轮内花键磨损、间隙增大等。这些都能导致换档时的啮合粗暴或困难，运行晃动而发出异响。其原因除制造上材料质量和加工以及热处理不符合要求标准外，驾驶人操作上的处置不当或不熟练也是引起故障的主要原因之一。变速器的易损零件为各档变速齿轮及操纵机构中的变速叉、变速叉轴等为多，应有一定的备品。

2. 传动轴易损件

传动轴的常见耗损多见于万向节叉十字轴座孔磨损扩大及配合松动、滑动叉及花键轴的键槽或键齿磨损松动、轴管变形弯曲、凸缘轴裂缝等。其原因有材料疲劳损伤、驾驶人的操作不当、齿轮轮齿冲击损伤。也有因维护不善，如万向节滑动叉应加注润滑脂部分，未按规定进行清洗和加油维护，形成早期磨损，甚至折断造成行车事故。

万向节在使用中的耗损一般表现为十字轴轴颈磨损形成滚针沟槽，轴承钢碗磨损内径扩大，配合间隙超过规定值，发出异响。因未及时加注润滑脂而导致轴颈和轴承碗早期磨损、松旷，甚至造成十字轴滑出，传动轴脱离发生重大行车事故等。

万向节及中间支架中的滚动轴承、橡胶垫环等耗量较多，属于易损件，传动轴总成属于配件也应有一定备量。

3. 后轴主、从动锥齿轮在使用中的易损件

与变速齿轮有相似之处，在维修更换装配中的调整工作极为重要。即要求差速器壳的加工精度有保证，而且调整（应用垫片）工艺要适当。要保证两者垂直啮合位置正确并有适宜的啮合间隙，同时不允许在缺油或已污染变质的旧油中继续工作。尤其是双曲线齿形的主、从动锥齿轮，更应使用专门配制的准双曲面齿轮油来润滑，否则极易磨损。主、从动锥齿轮属于汽车维修配件。

4. 半轴在使用中的易损件

半轴常见损耗有因过载或冲击导致杆部断裂、扭曲，花键磨损后与半轴花键槽配合间隙过大，受冲击载荷导致扭曲或断裂，安装螺栓孔因螺栓松旷造成的磨损扩大或裂纹等。因而半轴也为常备件。

5. 前轴易损件

前轴常见耗损有受冲击载荷发生弯曲变形，主销承孔因主销配合间隙过大，而磨损扩大又难以修复时，则必须换用新品。前轴总成属于配件，而主销及销套是易损件。

6. 转向节易损件

转向节常见耗损有主销孔、指轴及轴颈磨损，紧固螺纹损坏，指轴受冲击载荷弯曲变

形，产生疲劳裂纹等。如发现有裂纹，必须立即更换，以保证行车安全。指轴变形则影响车轮定位，加速轮胎磨损而且使行车晃动发出胎面噪声，影响行车安全。

转向节主销和衬套易于磨损，损耗量较多，应有较多的备品。转向节主销是配件，衬套是易损件。

7. 轮毂易损件

轮毂常见耗损有内、外轴承安装孔为主要磨损部位。常因未及时维护或锁紧螺母松动或缺少润滑脂而使轴承早期损坏，车轮晃动导致轴承孔座损伤松旷，影响汽车正常运行，严重时将造成行车事故，故轮毂轴承是一种多耗易损件，应多备。轮毂是配件，轮毂螺栓及螺母是耗用较多的易损件，在使用中的常见故障多为螺纹破坏缺损，甚至受冲击负载而折断。

8. 钢板弹簧常见耗损

因材质或热处理质量不好而造成弹性衰减或折断（硬度过高或隐藏裂缝），由于超载和道路条件不好引起的剧烈冲击负荷而造成损伤，以致折断。对钢板弹簧总成的使用维护，如夹紧螺栓应保持扭紧，各片间应涂石墨润滑脂，使总成各叶片既紧密贴合以增加刚度，能在弹性变形时具有滑移伸长的裕度，应有一定的备品。

螺旋弹簧常见耗损有断裂、弹性衰减和变形，其原因是过载、冲击应力及疲劳损伤，故也是一种耗量较多的易损配件之一。

钢板弹簧衬套是一种多耗易损配件之一，其常见故障为磨损超值、破裂、压溃。当严重损坏时，行车中会发生金属撞击响声，并加速钢板销的磨损，削弱其抗剪切强度甚至会发生行车事故，应有较多的备品。

9. 减振器和减振器胶套

常见耗损有缓冲胶的损坏造成阻尼减振性能衰减，甚至变坏或失效，减振器和减振器胶套属多耗零件，应有较多的备品。

10. 转向盘

转向盘常见耗损有转向盘外包塑料老化产生裂缝、变形，中央轮毂内孔键槽或花键因工作疲劳或维修拆装损伤，喇叭安装结构的损伤等。出现以上情况时必须更换新品，以保证使用安全。转向盘属于配件。

11. 转向器

转向器常见耗损转向管柱变形偏离中心，齿轮调整失准或磨损，支承轴承损坏，齿轮磨损、间隙增大致转向传动机构中连接零件的损坏变形。转向器总成属于汽车维修配件，要作少量储备。

动力转向装置常见耗损有：转向沉重、自由行程过大、转向盘回复性差以及系统有噪声等。其故障原因有动力泵油压不够、转向轴弯曲变形、转向器调整失准、控制阀卡住或失灵，液压系统泄漏或进入空气、动力泵零件磨损，有时控制阀粘结也会使系统出现噪声。

纵拉杆和横拉杆总成的易损件有球销、球销碗、弹簧座、弹簧、防尘罩等。但当纵拉杆、横拉杆接头端部安装球销的空腔孔磨损过大时，则必须更换纵拉杆总成和横拉杆接头。因球销安装孔口磨损过大时，球销易于脱出，将造成严重行车事故。纵拉杆和横拉杆因安装位置低，常与地面、泥水沙石接触，球销等零件易于磨损，应有较多的零件和总成（纵拉杆和横拉杆接头）备量。

12. 空压机（货车）

活塞组零件磨损，间隙增大，密封质量变坏和气缸窜油率增大，或因排气阀阀片磨损形成泄漏等，如果连杆轴瓦磨损配合间隙过大，也会发生影响，空压机总成属于配件，应有一定的备品。

13. 液压制动主缸和轮缸易损件

正常磨损超标、渗漏油液外，往往因皮碗质量不好或配合尺寸选用不当，以及活塞与缸孔磨损后间隙过大，以到皮碗刃口反向，造成制动失效。故应按规定行驶里程进行维护，清洗和更换磨损零件并补充或更换新鲜制动液，发现皮碗、皮圈橡胶老化膨胀应及时更换。制动主缸和制动泵各自有一个修理包，应有一定的备品。

14. 液压制动软管

前轮软管常因选用长度不当，过短时造成转向拉应力，使接头疲劳脱落，过长则易与轮胎胎侧摩擦，造成损伤；橡胶已经老化，内孔孔径膨胀缩小或阻塞，致使制动效率减弱，反应迟钝，甚至失效。液压制动软管是易耗品，应有较多的备品。

15. 气压制动软管

与液压制动软管相似，因其工作压力较低，只有在制造质量很差时，才偶然发生脱头及起鼓分层等现象。常见的则多属于与轮胎胎面摩擦而磨损（前轮）及橡胶老化膨胀，内径阻塞和油污阻塞等，致使制动失效，故应作定期的维护和检查，方能保证行车的安全。

16. 前、后制动片

属使用频繁、工作条件恶劣的易损件。在汽车维护作业及中、大修作业中，均需修磨或更新，故消耗量较高，应多备。

17. 盘式制动器

轿车前轮多采用的盘式制动器，由于摩擦副敞开于空气中，易受粉尘侵袭，磨损较大，故规定车辆在每行驶 10000～15000km 后应进行检查，在行驶 25000km 后应更换摩擦片。摩擦片是易损件。

18. 离合器拉索、节气门拉索

离合器拉索、节气门拉索均属易耗件，故应有一定备品。

19. 汽车发动机及底盘部分

凡是装置滚动轴承和滑动轴承的旋转零件可能产生润滑油或润滑脂外泄的部位，都必须安装油封，防止润滑油、脂的外泄。油封还可以防止尘垢、泥水等的侵入。油封是易损件，而且消耗量很大，故应有较多数量的备品。

20. 滚动轴承

滚动轴承安装于汽车旋转零件与摩擦零件之间。如水泵轴与支承壳座；变速器第一、二和中间轴与支承壳座；发电机电枢轴与盖座，转向节指轴与轮毂轴承座之间等。其目的是使滑动摩擦改成点（球）线（滚子）的滚动摩擦，减少摩擦阻力，提高机械传动效率，并起到零件的支承作用。汽车滚动轴承是受力很大的滚动摩擦零件，汽车滚动轴均是易损件，且通用性也很广。一般在汽车进行二级维护作业时检查或更换，故应有较多的备品。

汽车轮胎因在车辆载荷下与地面滚动摩擦产生高热，夏季更为严重，其胎面磨耗快，也易受外物割伤或轧伤。如果因轮胎气压过高或夏天行驶冷却维护失当，则产生爆破，故是消耗量很大的易损件，应多备。内胎的损耗量也较多，应有足够的备量，衬带的消耗量较少，可存少量备品。

三、车身配件与易损件

（一）车身配件

车身配件有：车身总成；地板组，底板绝热；车身前部；保险杠；车轮罩，纵梁，侧围件，加油口，活盖；车顶；空气软管，出风口，通风设备饰板；空气分流装置壳体，蒸发器壳体，蒸发器，鼓风机，脚坑出风口，真空罐，真空罐管组，翼子板，轮罩衬壳；发动机盖；三角皮带盖板；行李箱盖；车门，车门铰链，车门密封件，车门限位器，车门锁，车内操作机构，外车门拉手，车门玻璃升降器，玻璃升降导轨及车门玻璃密封；车窗玻璃及密封件；装饰条，护板条组，车门槛嵌条，散热器格栅，标记字样，车轮罩侧面遮护，下梁扩展件，牌照板；仪表板，仪表板内杂物箱，仪表板箱活盖，收音喇叭饰框，杂物箱，烟灰缸，车外后视镜，车内后视镜，遮阳板，拉手，三点式安全带；地毯，后杂物架，盖板，车轮罩内护板，消声器，中间托架，换档操纵机构，盖护；车门内衬护，成型顶棚，车顶隔热毡；座椅，靠背。

（二）车身易损件

1. 纵梁

纵梁常见损坏耗损有纵梁弯曲变形和裂缝，主要原因是汽车过载或受到强大的冲击载荷而损坏，以及在行车事故中发生碰撞变形、损坏等。可视情况存少量备品。

2. 蒸发器、蒸发器壳体

常在行车事故中发生碰撞而导致严重弯曲或破裂，此时只能更换，应有少量备品或视需要临时补充进货。鼓风机也属易损件，应有一定的备品。

3. 驾驶室中易损件

驾驶室常见耗损有钣金皮锈蚀；碰撞变形；车门碰撞变形；玻璃破碎；玻璃升降器损坏；门锁损坏等，易损零件（如玻璃、升降器、门锁、外车门拉手、车门铰链等）应有较多的备品。

4. 翼子板及托架、前、后挡泥板

碰撞损坏，振动裂纹，泥水锈蚀，应有较多的备品。

5. 保险杠、牌照板、车外后视镜

常因碰撞而损坏，应有较多的备品。

6. 装饰条、车门槛嵌条、杂物盒、烟灰缸、杂物箱、立柱饰护板

均属易损件，应有较多的备品。

（三）汽车电气仪表及相关配件与易损件

1. 汽车电气仪表及相关配件

电器装备配件有：交流发电机及零件，交流发电机的连接和紧固件；点火线圈，点火电缆，晶体管点火控制器，火花塞，分电器，转向锁，点火开关；带控制器的LAMBDA—探测器，爆燃传感器，脉冲传感器；起动机；蓄电池；组合仪表壳体和安装件，数字式钟表，油压开关，温度传感器，温度探测器，温度开关，倒车灯开关，燃油储备显示器，传感器，燃油输送单元，监控灯，冷暖器调节装置。装饰面板，点烟器；前照灯，仪表板上的开关，中央电器设备，继电器，电风扇，卤素雾灯；牌照灯，制动灯，转向灯和尾灯，尾雾灯，插座（用于配有拖车装置的车型）；车内照明灯，行李箱照明，开关（用于手制动监控灯）；喇叭，双音喇叭；转向灯，远光灯，近光灯，远光信号灯，刮水器及雨刮—洗涤操作系统用开关；玻璃洗涤装置；速度表，驱动轴；电风扇，风扇叶片；蓄电池及发电机电线束，搭铁线；晶体管点火装置用电线束，后电线束，停车，行车灯光开关，后风窗玻璃（用于有雾灯及尾雾灯的车型）转向组合开关，组合壳体用电线束，仪表板线束，连接件，汽车收音机，左前电线束，右前电线束，鼓风机用电线束，电风扇用电线束，自己安装用线束。

2. 汽车电器仪表易损件

1）发电机的损坏现象多为：供电不足或失效。其原因来自绕组断路、短路、电枢轴承磨损、机壳及盖损伤等。硅整流发电机的硅管受高峰电压的冲击而击穿损坏也属多见。一般故障可配换损伤零件而修复，但近年来更换总成的情况居多，总成应多备。易损件有轴承和电刷，应有一定的备品。

2）起动机的常见损坏现象，多因起动开关触点烧蚀，电磁开关绕组及电枢励磁绕组的断路、短路、整流子磨损、轴承损坏，移动叉行程调整距离失准，驱动齿轮损伤等使起动失效。通常可置换有关零件修复，但用户往往以总成置换，减短维修时间，故总成应多备。易损件有轴承、电刷、电磁开关，也应有一定的备品。

3）蓄电池为易损件，耗量较多，其损坏耗损有：壳体碰击裂纹、漏液，极板活性物质脱落沉淀于壳底；隔板微孔为活性物质阻塞，使内阻增加；单电池联接铅条脱焊松动，电池室因电液不足致使极板硫酸铅化成为死片等所引起的功能失效或变坏。特别在冬季，发动机冷起动需较大起动功率，如蓄电池输出电流不足，常使发动机起动困难。故蓄电池的消耗往往进入冬季旺销，故应有较多的备品。蓄电池壳、盖也有一定需求，也应有一定的备品。

4）点火线圈的损坏耗损有：绝缘胶木上盖磕碰破损，高压电流击穿，绝缘破坏，绕组断路或过热烧坏，接线柱接线脱焊，潮气侵入罐内等所致的变压功能失效，故是一种消耗较多的易损件，应有较多备量。

5）有触点分电器是一个易损件，其损坏耗损有：点火分配功能变坏。点火时间失准或失效，其原因多因传动轴磨损，配合间隙增大，传动轴旋转晃动，分电胶木盖或分电器绝缘破坏击穿，高压电窜电，断电器（白金副）触点烧蚀，电阻增大，凸轮角磨损，离心块弹簧失效，电容器击穿漏电等。

6）无触点分电器常见耗损。磁感应式点火信号发生器常见耗损有：信号感应线圈短路，断路等；导磁转子轴磨损偏摆或定子（感应线圈与导磁铁心组件）移动而使转子与铁心之间的气隙不当。上述故障会使点火信号发生器输出的信号过弱或无信号，进而不能触发电子点火器工作，导致点火系统不点火。霍尔式点火信号发生器的常见故障有内部集成块烧坏、线路断脱或接触不良等，而使点火信号发生器信号过弱或无信号输出。光电式点火信号发生器常见耗损有：发光元件、光敏元件弄脏或损坏，内部电路断路或接触不良使点火信号发生器信号过弱或无信号产生，造成发动机不能工作。分电器更换总成较多，所以分电器总成要有较大备量。

7）火花塞为消耗量很大的易损零件，因其电极副在燃烧的混合气中长期工作，易受高温及化学腐蚀，容易被燃烧废气污染，使点火间隙增大或绝缘体裙部损伤、造成短路等而失效，故应有足够的备品。

8）电热塞如同火花塞一样，被安装在气缸盖上，专用于柴油发动机。电热塞为柴油发动机易损件，在柴油汽车较多的地区应多置备品。

9）低、高压线均为易损件，其损坏耗损有绝缘层老化破裂或受硬物划伤漏电或短路。应有较多备品。

10）汽车灯具（前照灯、制动灯、转向灯、尾灯等）和灯泡都是易损件，有一定的燃点小时使用寿命，而且受行车振动或因发电机电压调节器失控的超电压冲击产生灯丝断路、烧毁等的照明失效。而灯具则因外露受到泥水浸渍、锈蚀，使外观和照度变坏，必须更换，故均有较大的损耗比率，其中尤以灯泡的损坏为多，所以灯泡比灯具的备量更多。

11）灯光继电器、喇叭继电器、电动机继电器、空调继电器、组合继电器等，都是易损件，而且耗量很大，故应予多置备品。

12）温度开关、倒车灯开关、后风窗玻璃转向组合开关等，因使用频繁，是易耗配件，应有多量备品。

13）刮水器是易耗件，应有一定备品，特别是刮水臂及刮片的消耗量更多，应有更多的备量。

14）风扇传动带在高速运转下受到极大的拉伸力、扭曲力、摩擦力，因而损耗较大，为耗量较大的易损件和行车必备配件之一，故应有足够的备品。

15）喇叭常见耗损有：触点烧结，触点烧蚀，按钮卡死，继电器触点烧结，喇叭至继电器按钮之间导线绝缘层破损和碰铁引起，膜片破裂。上述元件修复不了的更换，故为易损件，因此要有一定的备品。

16）电流表、温度表、机油压力表、燃油表及其传感器耗量为多，故备品的比率也应较大。

复习思考题

1. 名词解释

   汽车运行材料　金属材料的性能　配件
2. 试述常用汽车轮胎和种类。
3. 试述汽车美容养护用品有哪些。
4. 试述车辆上常见的发动机配件与易损件、底盘配件与易损件、车身配件与易损件、电气仪表及相关配件与易损件各有哪些。

第三章 汽车配件安全常识

第一节 安全常识
第二节 危险商品安全经营常识

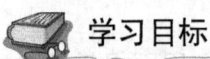 学习目标

知识目标：了解汽车配件安全常识，始终牢记"安全经营、预防为主"的经营方针。
技能目标：熟知汽车配件的防火及消防安全措施，有效防止易燃易爆等事故的发生。
能力目标：掌握危险商品安全经营常识，能根据危险品的不同性质，熟练地运用合适的方法进行储存和配送。

第一节 安 全 常 识

汽车配件中有大量易燃易爆等危险物品的存在，如发动机润滑油等，在经营和存放的过程中稍有不慎则极其容易引起燃烧、爆炸等火灾事故发生；而且在搬运大型汽车配件（如发动机总成）时还需要动用各种搬运机械，如果操作稍有不慎，则很有可能造成工伤事故。因此，汽车配件经营企业必须牢固树立"安全经营、预防为主"的经营理念。下面就针对汽车配件经营过程涉及的安全知识进行简单的介绍。

一、燃烧应具备的条件

1. 燃烧的三要素

燃烧必须同时具备三个条件，即可燃物、助燃物和燃点；缺少形成燃烧的三个条件的任何一个，都不会发生燃烧。

可燃物是指能够与空气中的氧或其他氧化剂起剧烈化学反应的物质。它有三种存在形式：气体，如氢气、煤气、液化天然气和乙炔等；液体，如汽油、柴油和酒精等；固体，如汽车内饰件、塑料件、木材、纸张和沥青等。

助燃物是指所有能帮助和支持燃烧的物质，如空气、氧或氧化剂等。

燃点是指所有能引起可燃物燃烧的热能源，如明火、照明灯、电火花、取暖设备和烘烤设备等。

2. 引起火灾的火源

火源是具有一定温度的热能源，在一定的温度条件下，可以引起可燃物质的燃烧，是火灾的发源地，也是引起燃烧和爆炸的直接原因。严格控制好火源就可以有效防止火灾。常见的火源如下所述。

(1) 直接火源

1) 明火。日常生活、生产使用的各种明火，如炉火、灯火和焊接火等都可引起可燃物燃火。

2) 电火花。电气设备、电路由于超负荷运行、短路、接触不良、电线老化等以及静电火花，均可引起可燃物质起火。

3) 雷电。自然界的高压放电，也可引起可燃物质燃烧。

(2) 间接火源

1) 加热引燃起火。靠近火炉或烟道的干柴、木材及木器，集聚在高温蒸气管道上的可燃粉尘、纤维，灯泡旁的纸张、衣物等烘烤时间过长，以及热处理工件堆放在可燃物附近都会引起燃烧。

2) 压缩、化学作用起火。绝缘压缩、化学热反应可引起升温，使可燃物质被加热至燃点。

3) 自燃起火。在既无明火又无热源的条件下，如褐煤、湿稻草、麦草、棉花、油菜子、豆饼和沾有动、植物油的棉纱、手套、衣服、木屑、金属屑以及擦拭过设备的油布等，堆积在一起时间过长，本身也会发热，在条件具备时，就可能引起自燃；不同属性的物质相遇，有时也会引起自燃，如有的油类物与氧气接触就会发生强烈的氧化作用，引起燃烧。

4) 摩擦与撞击。例如铁器与水泥地撞击，会引起火花，遇易燃物即可引起火灾。

二、防火的基本措施与灭火的基本方法

1. 防火的基本措施

防火的基本措施在企业设计、生产过程和装置检修等各个环节都应充分考虑，严格执行消防法规。基本措施有以下四点。

1) 控制可燃物。采取非燃或者不燃的材料代替易燃或可燃的材料；采取通风的方法，降低可燃气体、蒸气和粉尘的浓度；对能相互作用发生化学反应的物品分开存放。

2) 隔绝助燃物。使可燃性气体、液体和固体不与空气、氧气或其他氧化剂等助燃物接触，即使有火源作用，也会因没有助燃物参与而不致发生燃烧。

3) 消除着火源。严格控制明火、电火花，防止静电、雷击引起火灾。

4) 阻止火势蔓延。防止火焰或火星等火源窜入有燃烧和爆炸危险的设备、管道及空间，或阻止火焰在设备和管道中扩展，或者把燃烧限制在一定范围内而不致向外蔓延。

2. 基本的灭火方法

(1) 冷却灭火法　冷却灭火法是指根据可燃物质发生燃烧时必须达到一定温度的原理，使燃烧物的温度低于这个温度，使之不能燃烧。用水进行冷却灭火，是扑救火灾的最常用方法。使用酸碱灭火器和二氧化碳灭火器等也能起到冷却作用。

(2) 隔离灭火法　隔离灭火法是指根据发生燃烧必须具备可燃物这个条件，采取适当的措施立即减少燃烧物周围的氧气含量，防止空气流入燃烧区，使燃烧物质因缺乏或隔绝氧气而熄灭。这种方法主要适用于扑救封闭的房间、地下室以及船舱内的火灾，在实际灭火的过程中，可以使用水、黄沙、湿棉被以及四氯化碳灭火器、泡沫灭火器等。

(3) 抑制灭火法 抑制灭火法是指灭火剂参与燃烧的连锁反应，使燃烧过程中产生的游离基消失，形成稳定分子，从而使燃烧反应终止。目前被认为效果较好、使用较广的抑制灭火剂是卤代烷灭火剂（如1211、1301），但卤代烷灭火剂对环境有一定的污染，世界环境卫生组织已限制使用该灭火剂；干粉灭火剂，也被认为是属抑制法灭火剂之一。

(4) 遮断灭火法 遮断灭火法是指将浸湿的麻袋、旧棉被等物遮盖在火场附近的其他易燃物和未燃物上，防止火势蔓延。

(5) 分散灭火法 分散灭火法是指将集中的货物迅速分散，孤立火源。

在火场上，往往同时采用几种灭火法，充分发挥各种灭火方法的效能，以便迅速、有效地扑灭火灾。

3. 常见消防器材及使用

常见的消防器材主要有：灭火器、消防水泵、消防栓、水带和水枪等。

1）水是使用最多的灭火剂，这是由于水在灭火时有显著的冷却和窒息作用。但是，由于水具有导电性，因此对于由电气装备引发的火灾不能使用水进行灭火；水能和一些化学危险品产生剧烈的化学反应，对于这类物品的灭火也不能使用水进行灭火；水也不能用于比水轻、不溶于水的易燃液体（如汽油、苯类物品）的灭火。

2）沙土是一种廉价的灭火物质，它能起到窒息作用，可以隔绝空气，从而使火焰熄灭。要注意的是，爆炸性物品（如硫酸氨等）不可用沙土扑救。

3）消防水泵和消防供水设备。水泵在灭火作战中用来吸取并输送消防用水。消防供水设备是消防水泵的配套设备，包括水枪、水带和室内消火栓。比较常见的是室内消火栓系统。

4）灭火器是一种可由人力移动的轻便灭火器具，它能在其内部压力作用下，将所充装的灭火药剂喷出，用来扑灭火灾。

①灭火器的类型

a. 水灭火器，充入的灭火剂主要是清水。

b. 酸碱灭火器，充入的灭火剂是工业硫酸和碳酸氢钠水溶液。

c. 化学泡沫灭火器，充装有酸性（硫酸铝）和碱性（碳酸氢钠）两种的水溶液，再加入适量的蛋白泡沫液。

d. 空气泡沫灭火器，充装的灭火剂是空气泡沫液与水混合物。

e. 二氧化碳火火器，充入的灭火剂是液化的二氧化碳气体。

f. 干粉灭火器，充入的灭火剂是干粉。

g. 卤代烷灭火器，充装的灭火剂是卤代烷。目前我国生产和使用最广的是1211灭火器，它利用装在筒内的氮气压力将1211灭火剂喷出灭火，1211是二氟一氯一溴甲烷的代号。

②常用灭火器的使用范围

a. 化学泡沫灭火器适用于扑救液体及可熔融固体燃烧的火灾，如石油制品、油脂等引发的火灾，也适用于固体有机物质燃烧的火灾，如木材、棉织品等物质引发的火灾；但不能扑救带电设备、可燃气体、轻金属及水溶性可燃易燃液体的火灾。

b. 干粉灭火器适用于易燃、可燃液体和气体以及带电设备的初起火灾；磷酸铵盐干粉灭火器除可用于上述几类火灾外，还可用于扑救固体物质的火灾；但都不适宜扑救轻金属燃烧的火灾。

c. 1211灭火器适用于扑灭油类、有机溶剂、精密仪器等的火灾。

d. 二氧化碳灭火器适用于扑灭电气、精密仪器、电子设备、珍贵文件和小范围油类等的火灾，但不宜用于金属钾、钠、镁等的火灾。

5）自动消防设备　目前常见的自动消防设备有离子烟感火灾探测报警器、光电烟感报警器、温度报警器、紫外火焰光感报警器和自动喷洒灭火装置等。

第二节　危险商品安全经营常识

1. 危险商品的种类

根据我国国家标准GB 6944—2012《危险货物分类与品名编号》规定，按照危险货物具有的危险性或最主要的危险性分为9个类别，分别是爆炸品、气体、易燃液体、易燃固体、氧化性物质和有机过氧化物、毒性物质和感染性物质、放射性物质、腐蚀性物质以及杂项危险物质和物品9大类。

在生产、储存、经营、运输和使用化学危险物品时，必须按照化学危险物品安全管理制度执行。作为一名汽车配件销售员，必须掌握化学危险品存放、运输和使用等方面的知识。

2. 危险商品的储存

化学危险物品必须储存在专用仓库，并设专人管理。化学危险物品专用仓库应当符合有关安全、防火规定，并根据物品的种类、性质，设置相应的通风、防爆、泄压、防火、防雷、报警、灭火、防晒、调温、消除静电及防护围堤等安全设施。储存化学危险物品，应当符合下列要求。

化学危险物品应当分类、分项存放，堆垛之间的主要通道应当保持安全距离，不得超量储存。

遇火、遇潮容易燃烧、爆炸或产生有毒气体的化学危险物品，不得在露天、潮湿、漏雨和低洼容易积水的地点存放。

受阳光照射容易燃烧、爆炸或产生有毒气体的化学危险物品和桶装、罐装等易燃液体、气体应当在阴凉、通风的地方存放。

化学性质或防护、灭火方法相互抵触的化学危险物品，不得在同一仓库或同一储存室内存放。

化学危险物品入库前，必须进行检查和登记，入库后应当定期检查。储存化学危险物品的仓库内严禁吸烟和使用明火，对进入仓库区内的机动车辆必须采取防火措施。储存化学危险物品的仓库，应当根据消防条例，配备消防力量和灭火设施以及通信、报警装置。

3. 危险商品的运输

运输、装卸化学危险物品，应当遵守下列规定：

轻拿轻放，防止撞击、拖拉和倾倒；碰撞、接触容易引起燃烧、爆炸或造成其他危险的化学危险物品，以及化学性质或防护、灭火方法互相抵触的化学危险物品，不得违反配装限制和混合装运；遇热、遇潮容易引起燃烧、爆炸或产生有毒气体的化学危险物品，在装运时应当采取隔热、防潮措施；货运工具装运化学危险物品时不得客货混装；载客的火车、船舶、飞机机舱不得装运化学危险物品。

4. 危险商品的经营

经营化学危险商品，必须遵循化学危险物品经营的许可证制度，禁止无证经营化学危险物品。经营化学危险物品的企业必须具备的条件为：有符合安全要求的经营设施、有熟悉专业的技术人员以及有相应的安全管理制度。

汽车配件销售人员必须加强对化学危险物品的防范意识，在售出这类商品时，要特别提醒顾客该商品的使用注意事项。

复习思考题

1. 试述基本的灭火方法。
2. 常见的消防器材有哪些？怎样使用？
3. 危险商品的储存应注意哪些事项？

第四章 汽车配件采购管理

第一节　汽车配件市场调研与决策
第二节　汽车配件采购环节的控制
第三节　汽车配件质量的鉴别

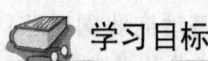

学习目标

知识目标：了解汽车配件市场发展的前景，正确识别市场调研的类型，掌握市场调研的基本内容、步骤和方法。

技能目标：掌握汽车配件采购的基本流程，分析采购环节的影响因素，能合理运用汽车配件采购的原则，控制配件的质量和成本。

能力目标：熟练掌握汽车配件质量鉴别的方法，会正确区分伪劣配件与正规厂家的产品，能及时将伪劣配件拒之门外。

第一节　汽车配件市场调研与决策

一、汽车配件市场分析

1. 市场前景

汽车零部件作为汽车工业的基础，是支撑汽车工业持续健康发展的必要因素。"十一五"期间，我国汽车零部件工业取得了巨大的成就，中国汽车产业国际地位迅速提升，国民经济的支柱地位更加突出，汽车零部件工业综合竞争力增强，产业集群逐步成型，出口水平不断提高。

2011年，我国汽车零部件及配件制造行业销售收入总额达到19778.910亿元，同比增长22.52%，汽车零部件出口额首度超过500亿元，表现非常抢眼。

2012年，国内多家汽车零部件企业积极准备进行首次公开募股（IPO），意图借助资本力量发展壮大。而在2012年1月30日起施行的《外商投资产业指导目录（2011年修订）》中，将鼓励重点由"整车制造"转变为"关键部件的制造和研发"。国内汽车零部件企业IPO及相关政策的实施，其目的都在于振兴中国汽车零部件产业，以期实现打造汽车强国之梦。

随着中国汽车保有量的不断增长，中国汽车零部件行业市场份额将不断递增，而庞大的售后市场需求也给国内汽车零部件企业带来更大的市场发展空间。

2. 市场规模

受国际金融危机的冲击，2008年，国内汽车零部件行业完成工业总产值9481亿元，完成销售产值9230亿元。2009年，海外零部件市场需求严重萎缩，但中国市场却呈现良好态势，中国汽车产业收获销量1360万辆的好成绩，汽车零部件企业总产值达1.2万亿元。2012年7月份全国汽车保有量过亿辆，至2012年底，汽车产、销量分别为1927.18万辆和1930.64万辆，产销双双突破1900万辆。汽车及零部件巨头将目光聚焦在了中国，几乎所有的零部件都可以在中国制造，能够满足我国商用车及中、高档乘用车80%以上零部件本地化的配套需求。

2012年，汽车零部件及配件制造行业销售收入总额达到22267.264亿元，同比增长11.97%，汽车零部件出口额达587亿美元，增长10%，顺差265亿美元。

未来五年，零部件产业的发展将逐渐赶超整车，同时中国的汽车零部件行业中将会涌现出国际零部件市场的佼佼者。汽车零部件的重要性正得到不断的提升，双重需求将带动行业保持年均20%~30%左右的增速。成本优势使得跨国零部件企业将产业基地向我国转移；我国民族零部件龙头企业竞争实力增强，出口量快速增长，国际并购谋求技术升级成为我国零部件企业的发展方向；行业之间并购重组进程加快，新的零部件巨头正在形成。

二、汽车配件市场调研的类型及内容

市场调研是市场调查与市场研究的统称，它是个人或组织根据特定的决策问题而系统地设计、搜集、记录、整理、分析及研究市场各类信息资料、报告调研结果的工作过程。市场调研是市场预测和经营决策过程中必不可少的组成部分。市场调查需要运用科学的方法，有目的且系统地搜集、记录和整理有关市场营销信息和资料，分析市场情况，了解市场的现状及其发展趋势，为市场预测和营销决策提供客观、正确的资料。为了解汽车配件的销售状况，预测销售前景，从而指导企业制订正确的营销方向和营销策略，就必须将长期、有效的市场调查贯彻到日常工作中去，要求所有销售人员要时刻注意对市场信息的采集，保持对市场状况的敏感性。

配件销售信息采集特殊之处在于要多听取一线销售人员的意见。如销售人员会告诉你前一段时间什么配件卖得比较好；汽车设计、维修人员会提醒你某些车型的某些配件故障率高，某些车型快到故障高发期了，需要尽快准备哪些配件；配件经理会说车主喜欢要哪些牌子的产品，日常维修中哪些配件消耗比较大，而近期技术部又提出了某些新的配件采购计划了。当然这些信息都是一些定性的说法，要加以鉴别区分，可以作为配件采购的重要参考。如果与某些维修企业有良好的业务关系或者自己就拥有一家维修企业，那么，获得的第一手定量的数据信息就显得十分准确和有效了，完全可以用来指导配件采购工作。

市场调研的内容很多，有市场环境调查，包括政策环境、经济环境及社会文化环境的调查；有市场基本状况的调查，主要包括市场规范、总体需求量、市场的动向及同行业的市场分布占有率等；有销售可能性调查，包括现有的和潜在用户的人数及需求量，市场需求变化趋势，本企业竞争对手的产品在市场上的占有率，扩大销售的可能性和具体途径等；还可对消费者及消费需求、企业产品、产品价格、影响销售的社会和自然因素、销售渠道等开展调查。市场信息的来源很广，如媒体、出版物和展会等。需要强调的是，在配件销售行业，顾客和竞争对手才是最好的信息来源。

(一) 市场调研的类型

对市场调研分类的方法有很多种，下面主要介绍两种分类方法。

1. 按照调研方法分类

(1) 定性调研　定性调研是对被调查事务的性质的描述，它获取资料的途径都是以行为科学为基础的，在调查动机、态度、信仰及倾向等方面特别有用。

(2) 定量调研　定量调研是基于数量分析的一种调查方式，它通过获取样本的定量资料得出样本的某些数字特征，并据此推断总体的数字特征。

2. 按照调研性质分类

(1) 探测性调研　探测性调研主要用于帮助澄清或辨明一个问题，而不是寻求问题的解决方法。它往往是在大规模的正式调研之前开展的小规模定性研究。

(2) 描述性调研　描述性调研是指通过详细的调研和分析，对市场营销活动的某个特定方面进行客观的描述，以说明它的性质与特征。

(3) 因果性调研　因果性调研的目的是证明一种变量的变化能够引起另一种变量发生变化。

(4) 预测性调研　预测性调研是为了预测所需要的有关未来的信息而进行的调研活动。

(二) 市场调研的内容

市场调研的内容十分广泛，但每次市场调研的内容只能根据市场调研的目的，有选择、有区别地进行，为市场预测与经营决策提供资料。市场营销调研的内容具体包括以下几项：

1. 环境调研

环境调研包括政治环境、经济环境和社会文化环境三个方面的调研。其中政治环境调研是指对政府有关的政策和法令的调研。经济环境调研主要包括国民生产总值、人均国民收入、人口总数、家庭收入、个人收入、能源资源状况及交通运输调价等方面的调研。社会文化调研主要包括国民教育程度、文化水平、职业构成、民族分布、宗教信仰、风俗习惯及审美观念等方面的调研。

2. 技术发展水平调研

技术发展水平调研主要是指各个时期新技术、新工艺、新材料及新能源的状况，技术的先进水平，新产品的开发速度与发展趋势等。

3. 需求容量调研

需求容量调研主要包括商品市场最大、最小及最可能的需求数量，潜在的需求数量，现在的与潜在的购买人数，现在的与潜在的供应数量，不同产品的市场规模与特征以及不同地域的销售机遇，本企业产品的市场占有率，相关企业同类产品的市场竞争态势等。

4. 消费者及其消费行为调研

消费者调研主要是指消费者个人的年龄、性别、职业、民族、文化水平、居住地、消费水平及消费习惯等方面的调研。

5. 商品调研

商品调研的内容主要有商品的效用调研，包括商品的形态、性能、质量、色彩、美观程度、使用方便性、耐久性、可靠性以及安全性等。

6. 价格调研

商品价格调研包括老产品调研、新产品定价以及本企业与竞争企业同类商品的价格差距等方面的调研。

7. 销售方式和服务调研

商品销售方式包括人员促销与非人员促销（广告、折扣、电视），而服务调研的内容包括哪种销售方式好、广告设计的内容及效果如何、怎样搞好销售服务咨询以及怎样搞好售后服务等。

8. 销售渠道调研

企业销售渠道调研包括：企业采用直接销售还是中间商（批发商与零售商）销售、中间商服务的顾客是否是企业希望的销售对象、中间商能否提供商品的技术指导、维修服务与运输储存以及顾客对中间商的印象如何等。

9. 竞争对手调研

竞争对手调研主要包括两个方面的内容：一是竞争单位的调研；二是竞争产品的调研。

三、汽车配件市场调研的步骤

汽车配件市场调研全过程大体上分为预备调研、正式调研和提出报告三个相对独立又彼此衔接的阶段。

1. 预备调研阶段

预备调研阶段主要包括的内容有明确研究目的、提出问题、初步调研（试调研）、确定收集资料的来源与方法以及确定市场调研的边界范围。

2. 正式调研阶段

正式调研阶段主要包括的内容有调研项目的选择与安排、调研方法的选择、调研人员的组织、调研费用的估算以及编制调研计划。

3. 提出调研报告

提出调研报告主要包括的内容有整理调研资料、编写调研报告以及调研结论反馈等。

四、配件市场的调研方法

（一）定调研对象的方法

在开展调研活动时，既可以对调研对象进行普查，也可以采用抽样调查的方法。

1. 普查法

所谓普查法，是指去调查研究对象总体中每一个个体的信息。市场营销调研中并不经常用到普查，因为大规模地进行普查在成本和时间上的耗费都是巨大的。

2. 抽样调研

抽样调查是常被用于确定调研对象的方法。此种方法通过精心选择的样本来准确地反映出总体特征，而且从调研技术的成本方面来讲也是可以接受的。

（二）收集资料的方法

1. 访问法

访问法是指调研人员通过各种方式促使被访问者回答他们所提出的问题，并据此收集所需信息的一种方法。此种方法又可细分为以下几种类型：

（1）人员访问　人员访问是指调研人员通过上门拜访或街头拦截等方式直接与被访者对话，从他们对所提问题的答案中获得信息的一种调研方法。

（2）电话访问　电话访问是指通过电话与受访者交流以获取所需信息，可以在一定程度上减少调研的成本，能在较短时间内从较大的范围内收集到信息。

（3）邮寄访问　在进行邮寄访问时，调研人员将事先设计好的问卷寄给受访者，请他们按照要求填写后再寄回给调研人员。

（4）网络访问　网络访问不仅具备了电话访问及邮寄访问的所有优点，而且还通过提供独特的音效、视觉效果，使受访者对回答问题产生更大的兴趣。

2. 观察法

观察法是指调研人员直接或利用设备去观察人、物体或事件的行为过程，并系统地加以记录的调研方法。

3. 实验法

实验法是指在一定的控制条件下对所研究的客体的一个或多个因素进行测试，以测定这些因素之间的因果关系的一种调研方法。

例：新世纪公司的主要产品为冰淇淋，在没有进行包装、改进之前，通过实验测量其6个月销售量的增长率为5%，在采用新包装6个月后，测量结果得出，其6个月的销售量增长率为15%。因此，该公司采用新包装有利于销售增长率的提高，其6个月销售量的增长率提高了10个百分点。

4. 定性调研中的常用方法

（1）焦点座谈会法　它一般由8~12人组成，在一名主持人的引导下对某一主题或观念进行深入的讨论，通过观察参与者对主题充分且详尽的讨论，调研人员可以了解他们内心的想法以及产生这种想法的原因。

（2）深度访问　它是一对一问答式的访谈，其访问中的问题并不一定是事先设计好的，它们可能会随着会谈的深入而逐步展开，由受访者的回答引出很多新的问题。

企业要做好经营决策，必须在做好市场调研的基础上进行市场预测。这是十分重要的，因为只有这样才能避免和减少经营决策中的失误，使企业持续、稳定及协调地发展。

★**案例一：采购产品前期调研**

> 某销售员在与客户的维修工程师洽谈时了解到：某车型的点火线圈在行驶8000km左右就会发生不正常损坏，而且该配件还需从国外进货，周期很长。销售员在其他企业的维修技师处也获得了同样的信息，他还了解到该车在上半年已经卖出了将近20 000车辆，估计部分车辆的点火线圈就快到损坏期了。他马上向公司提交报告，紧急向国外厂商订购了大批该车型改进后的点火线圈。果不其然，一个多月后该车型的点火线圈损坏大范围出现，各家维修企业门前排起了长队，而生产厂家和其他配件商并无大量存货，因此价格飞涨，销售情况十分紧俏，该配件经销商就在这个"点火线圈"上大赚了一笔。这就是敏锐的感觉，配件采购绝不能想当然，要实实在在而且具有预见性地进行调查研究，要充分发动和利用各种渠道获得准确、有效的第一手资料，只有以最快的流通速度和最小的商品积压才能让配件经销商获得最大的利益，换句话说，就是必须在最大程度上经营"适销对路、有利可图"的商品。

★案例二：丰田进军美国

> 丰田1958年进入美国的第一种试验型客车存在着严重的缺陷：发动机的轰鸣像载货汽车，车内装饰粗糙又不舒服，车灯太暗，不符合美国人的标准，块状的外形极为难看。并且该车与其竞争对手"大众甲壳虫"车1600美元的价格相比，它的2300美元的定价吸引不了顾客。结果，只有5个代理商愿意经销其产品，而且在每一个销售年度只售出288辆。面对困境，丰田公司不得不重新考虑怎样才能成功的打进美国市场。他们制定了一系列的营销战略，其中最重要的一步就是进行大规模的汽车市场调查工作，以把握美国市场机会。
>
> 调查工作在两条线上展开：
> ①丰田公司对美国的代理商及顾客需要等问题进行了彻底的研究。
> ②研究外国汽车制造商在美国的业务活动，以便找到缺口，从而制定出更好的服务战略。
>
> 调查表明，美国人对汽车的观念已由地位象征变为交通工具。美国人喜欢有伸脚空间、易于驾驶和行驶平稳的汽车，但希望在购车、节能、耐用性和易保养等方面所花的代价大大降低。丰田公司还发现顾客对日益严重的交通堵塞状况的反感，以及对便于停放和比较灵活的小型汽车的需求。
>
> 调查还表明，"大众甲壳虫"的成功归于它所建立的提供优良服务的机构。由于向购车者提供了可以信赖的维修服务，大众公司得以消除顾客存有的对买外国车花费大，而且一旦需要时却经常买不到零配件的忧虑。
>
> 根据调查结果，丰田公司的工程师开发了一种新产品——皇冠牌（Corona）汽车，一种小型的在驾驶和维修上更经济实惠的美国式汽车。
>
> 经过不懈努力，到1980年，丰田汽车在美国的销售量已经达到58000辆，占美国进口汽车总额的25%。

★案例三：配件市场调研

> 在2009年汽车配件市场这个"硝烟弥漫的战场"上，中国的汽车配件市场，正在经历着一场前所未有的变革。2010年随着市场经济的不断复苏，汽车行业开始实施第十二个五年发展规划，总体目标仍强调中国要向汽车强国转变。中国的汽车配件市场，正在全面提高中国汽车产业的全球竞争力进程中发挥着关键作用。
>
> 根据2010年的调研材料，对分析2011年的配件市场走向和需求供应有着非常重要的影响。
>
> 如图4-1所示，2010年1月到11月，汽配买家搜索的热门产品：车身附件、传动系统、发动系统、制动系统、轿车配件等产品，但从市场整体来看配件商重点热售的产品，排名第一的是发动系统、车身附件，其次是各种轿车全车件和制动系统配件。其中发动系统的搜索量远高于其余的产品，为前九个月的热门搜索产品。
>
> 发动系统1~5月呈逐渐上升趋势，2月份大幅下跌，跌至前9月的最低点，但是3月份后顺势上涨，5月份达到顶点。6~11月的涨幅度不是很大，呈现稳定的发展。

车身附件1~11月搜索量从整体来看基本保持稳定，5月搜索量达到最高顶点，6月有小幅度下跌，7~10月涨幅度不是很大，11下月有细微的下跌。

轿车配件、制动系统以及传动系统1~9月都有小幅波动，但变化不是太大，2月份均未达到前9月的最低点，10~11月份制动系统搜索量有明显的大幅度上升，轿车配件10~11月有小幅度下跌，传动系统搜索量保持很稳定，没有太大变化。

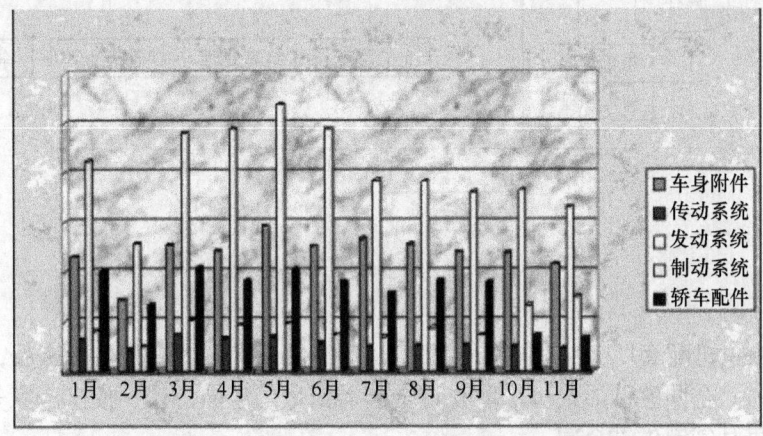

图4-1　2010年1~11月汽车配件销售情况

第二节　汽车配件采购环节的控制

采购是企业商务活动的起点，是企业获取经营利润的一个重大因素，采购管理在企业管理中的重要作用也逐步突显出来。采购成本是企业成本管理中的主体和核心部分，采购是企业管理中的"最有价值"的部分，它具有一定的价值地位。采购从供应的角度来说，是整体供应链管理中"上游控制"的主导力量。配件采购是汽车配件销售的第一个阶段，采购的配件价格高低、质量好坏以及是否适销对路，直接关系到企业的生存与发展。搞好采购工作和做好采购管理极为重要，它是企业物料供应的保证，是企业在激烈的市场竞争中发展的基本条件。因此，在汽车经营环节中，配件采购的管理能力是一门基本的技能。汽车配件采购管理流程如图4-2所示。

一、汽车配件采购渠道及手续

汽车配件经营企业的进货，大都从汽车配件生产厂家进货，进货渠道应选择以优质名牌配件为主的进货渠道。通过详细、周密的市场调查，配件经销商就会了解和掌握汽车维修市场需要哪些配件，但是其他配件经销商同样也了解了这些信息，为适应不同层次消费者的需求，也可进一些非名牌厂家的产品，重点是把好进货关。

按照本书第一章中汽车配件分类方式中提到的"按照汽车配件的来源和质量情况分类"，根据配件来源渠道的不同，一般可以将配件分为五类；而在进货时可按A类厂、B类厂、C类厂顺序选择进货渠道。

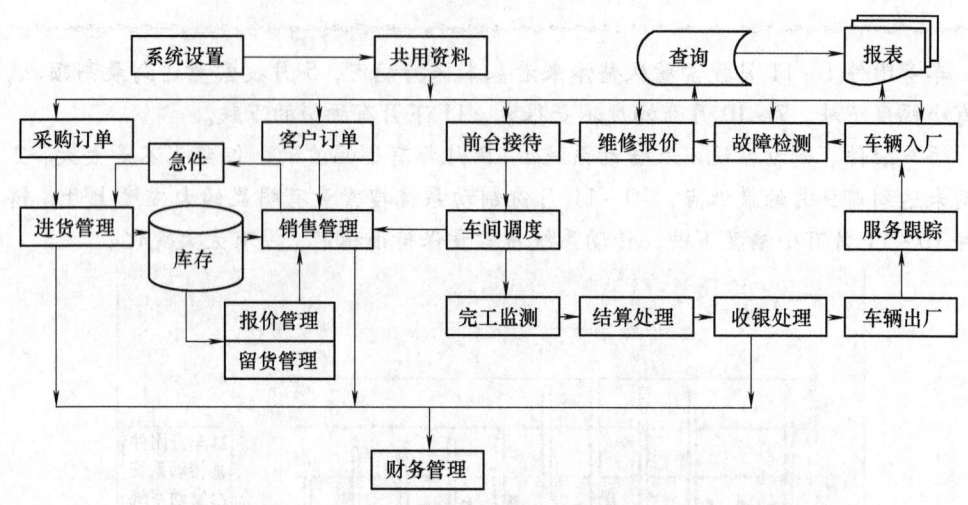

图 4-2 汽车配件采购管理流程

A 类厂是指主机配套厂,这些厂知名度高,产品质量优,大多是名牌产品,这类厂应是进货的重点渠道。合同签订形式可采取先订全年需要量的意向协议,便于厂家安排生产,具体按每季度或每月签定供需合同。

B 类厂的生产规模和知名度不如 A 类厂,但配件质量有保证,配件价格也比较适中。订货方法与 A 类厂不同,一般签订较短期的供需合同。

C 类厂是指一般生产厂,配件质量尚可,价格较前两类厂家低,这类厂的配件可作为进货中的补充。订货方式也与 A、B 类厂有别,可以采取电话、电报订货的办法,如需签订供需合同,则合同期应更短一些。

另外,拆车件和翻新件在国内也逐渐兴起,主要集中在高档车的贵重零件上,但目前还没有一个权威机构对这类配件的质量进行鉴定和认证,因此,质量上还存在一定的风险,价格比较混乱,经营中一定要小心谨慎。

不同的客户对配件的需求不同,可根据对客户的调查结果选择合理的进货渠道,以获得最大的客户满意度和经营收益。

必须注意,绝对不能向那些没有进行工商注册,生产"三无"及假冒伪劣产品的厂家订货和采购。

二、进货方式与进货量

汽车配件经销商一般都会根据自身的经营特点,选择合理的进货方式,常用的进货方式有以下几种。

1. 集中进货

由专职的采购人员汇总所有销售需求后,向配件生产厂家或上游配件商进货,然后按照销售预期分配给各销售点(或连锁店)进行销售。由于采用集团整体进货的方式,因此优势十分明显,通过大批量可以获得较好的价格和售后服务,在信息不畅的情况下,灵活性相对会差一些,但是随着计算机技术在配件营销行业的广泛应用,这种劣势已经不复存在。譬如说有些汽车配件,它在全球的所有配件连锁店都是联网的,任何一个连锁店卖出一件商品，那么在世界任何一个角落都能马上通过网络了解到这笔交易的信息，信息沟通的快捷、准确完全弥补了集中进货的缺陷，再配合日益完善的物流体系，集中进货的优势极为明显。

2. 分散进货

将配件订购的权限下放到每个营销单位，使其直接面对市场，采购适销对路的产品。这种管理形式在配件经销商中很少见到，一般仅限于部分货源比较紧张的商品，用来消除由于临时断货或缺货等情况所带来的不良影响。

3. 联合采购

为节约成本，降低费用，以获得更好的价格折扣和售后服务，一些中、小配件经销商可以联合起来，共同向配件生产厂家或大批发商进货，这也是中、小配件经销商的获利之道。由于它涉及多家配件经销商的具体利益，故而组织工作相对而言较为复杂。

对于进货量，需要综合考虑企业资金状况、销售状况并衡量采购和库存成本之后才能确定。要从如何在现有资金的情况下、遵循市场供求规律、订购最经济的批量以及获得最佳的利润回报方面去考虑问题。

配件经销商常用的是采用经济批量法确定进货量，其中意图就是在一定时期内进货总量不变的前提下，计算出每批次进货多少，才能使进货费用和库存费用之和降至最低。

在固定订货数量制中，每次是以固定的订货批量订货的。订货批量的大小直接关系到库存的水平和库存总成本的高低。为了降低企业的库存总成本，企业通常按照经济批量（Economic Order Quantity，EOQ）进行订货。

所谓经济批量，是指使年库存总成本最低的订货量，为

$$EOQ = \sqrt{\frac{2RC}{H}} = \sqrt{\frac{2RC}{PF}}$$

式中　　R——年需求量；

　　　　P——单位购进成本；

　　　　C——每次的订购成本；

　　　　F——年储存成本率；

　　　　H——单位商品每年的储存成本（PF）。

经济批量公式可以得出以下结论：经济批量与商品的单位购进成本和商品的储存成本成反比，与商品的订购成本成正比。对于单位购进成本或储存成本相对订购成本较高的商品，经济批量倾向于较小，可降低商品的储存成本。相反，对于单位购进成本较低，储存成本相对订购成本较低的商品，经济批量倾向于较大，以减少订购次数，降低订购成本。

由于配件市场的价格变化较为频繁，如何订购还需结合市场行情和销售趋势具体确定，不可死搬硬套书本教条的计算结果，造成不必要的损失，也就是说要在保证"经济性"这一大前提下，相信"科学性"，保持"灵活性"。

三、进货业务程序和相关手续

汽车配件经销商的规模有大有小，经营范围各具特色，管理模式更是各不相同，其进货程序之间必然存在一些细微的差异，但是基本流程一般都遵循以下规律。

（1）盘点库存　盘点库存是为了了解库房配件存货状况。

（2）拟定进货计划　拟定进货计划是指主要根据销售需求及销售预期，结合市场调查结

果,考虑库房存量,拟定该次订货的计划。

(3) 配件询价、看样　配件询价、看样是指将完成的配件订购计划发送到供货商,索取各家的配件报价单,并查看样品,货比三家,以保证商品质量,降低采购成本。

(4) 确认订单,签订合同　确认订单,签订合同是指对商品供货达成协议后,双方确认订单并签订配件购销合同,其后一切均应遵照合同履行。

(5) 提货验收　及时组织采购人员和库管人员提货验收,并依据合同处理好与供货方的交接和结算问题。以上只是正常情况下的进货流程,在日常配件经营中,市场状况瞬息万变,特别是在紧俏件和加急件的经营上,不可墨守成规。但是有一点必须注意:一定要坚持合同制度,签订完善的配件进货合同,明确各方的责、权、利。

在进货业务中,配件订单是十分重要的一份单据,它是双方交流的专业语言,是进货的基本依据,因此一定要准确明了。

在配件订单中,一定要有适用车型和零部件编号,二者结合才能让供货商找到准确的配件。配件的品牌(或产地)也是必需的,它关系到配件的品质和服务,配件名称在配件订货中,也起着重要的参考作用。

四、汽车配件采购的原则和方式

汽车配件销售企业处于"生产—流通—消费"这个社会再生产总过程中的中介位置,是一个流通企业。它和所有流通企业(如商业、外贸企业和物资供销企业等)一样,存在着企业内部的三大主要环节——购、销、存,即采购、销售、储存。采购,也称购进,是流通企业的第一个工作环节。从社会再生产的角度看,就是商品从生产领域进入流通领域,是价值生产阶段开始转变为价值实现阶段;从企业经营的角度看,采购就是为了销售这个目的向生产企业(或其代理商、批发商)取得资源;从资金运动的角度看,采购就是货币资金转化为商品资金,是企业的流动资金(指银行存款、现金等)转化为库存资金,开始了流通企业的资金周转过程。因此,采购还不是经营的目的,销售并获得利润才是经营的目的。采购是企业经营活动的关键环节,其理由是:

1) 只有质优价廉、适销对路的商品源源不断地进入经销企业,才有可能提高为用户服务的质量,满足消费者的需要。

2) 搞好进货是搞好销售的前提和保证,只有进得好,才能销得快,进而才有可能提高企业的经济效益。

3) 只有把商品采购组织好,把适销商品购进到经营企业,才能促使生产企业发展生产。由此可见,商品购进是直接关系到生产企业能否得到发展,消费者需求能否得到满足,企业经营状况能否改善的关键问题。

1. 采购的五大原则

(1) 适价　大量使用与少量使用、长期使用与短期使用价格往往有所差别,决定一个合适的价格要经过以下几个步骤。

1) 多渠道询价:多方面打探市场行情,包括市场最高价、最低价及一般价格等。

2) 比价:要分析各供应商提供材料的性能、规格、品质、要求及用量等才能建立比价标准。

3) 自行估价:自己成立估价小组,由采购人员、技术人员及成本会计等人组成,估算出符合品质要求的、较为准确的底价。

4) 议价：根据底价的资料、市场的行情、供应商用料的不同、采购量的大小及付款期的长短等与供应商议定出一个双方都能接受的合理价格。

（2）适时　现代企业竞争非常激烈，时间就是金钱。采购计划的制订要非常准确，该进的物料不依时进来，造成停工待料，增加管理费用，影响企业的销售和信誉；过早采购、囤积物料，又会造成资金的积压、场地的浪费以及物料的变质，所以依据生产计划制订采购计划，按采购计划适时地进料，既能使生产、销售顺畅，又能节约成本，提高市场竞争力。

（3）适质　采购材料的成本是直接的，所以每个公司的领导层非常重视；而品质成本是间接的，所以就被许多公司的领导层忽略了。事实上，"价廉物美"（即适质）才是最佳的选择，偏重任何一方都会造成最终产品成本的增加。

1) 品质不良、经常性的退货，造成各种管理费用增加。

2) 经常退货，造成经常性的生产计划变更，增加生产成本，影响交付期，降低信誉和产品竞争力。

3) 品质不良，需增加大量检验人员，增加成本。

4) 生产过程中，因原材料不良造成制造过程中的不良品增多，返修多，返工多，增加时间成本和人员成本。

5) 品质不良，成品品质不良率增大，客户投诉及退货增多，付出的代价就高。

（4）适量　采购量多，价格就便宜，但不是采购越多越好，资金的周转率、储存成本都直接影响采购成本，应根据资金的周转率、储存成本以及物料需求计划等综合计算出最经济的采购量。

（5）适地　供应商离自己公司越近，运输费用就越低，机动性就越高，协调沟通就越方便，成本自然就越低了。

2. 汽车配件采购的原则

（1）汽车配件采购管理原则

1) 勤进快销原则。勤进快销是加速资金周转、避免商品积压以及提高经济效益的重要条件。勤进快销，就是采购次数要适当多一些，批量要少一些，进货间隔期要适当缩短。要在采购适销对路的前提下，选择能使采购费用和保管费用最省的采购批量和采购时间，以降低成本，降低商品价格，使顾客能买到价廉物美的商品。勤进快销还要随时掌握市场行情，密切注意销售去向，勤进、少进、进全、进对，以勤进促快销，以快销促勤进，不断适应消费需要，调整、更新商品结构，力求加速商品周转。在销售上，供应要及时，方式要多样，方法要灵活，服务要周到，坚持薄利多销。

2) 以销定进原则。以销定进的原则，是指按照销售状况决定进货。通常，计算订货量，主要有以下参数。

①日平均销售量(DMS) = 昨日的销售量×0.9 + 当日销售量×0.1。

②建议订货量 = 日平均销售量×(距下次订货量天数 + 下次交货天数 + 厂商交货前置期 + 商品安全天数 + 内部交货天数) - 已订货未交量 - 库存量。

③最小安全库存量 = 陈列量 + 日平均销售量×商品运送天数。

订货量是一个动态的数据，根据销售状态的变化（季节性变化、促销活动变化、供货厂商生产状况变化以及客观环境变化），决定订货量的多少，才能使商品适销对路，供应及时，库存合理。

3）以进促销原则。以进促销原则是与以销定进原则相联系的，单纯地讲以销定进，进总是处于被动局面。因此，扩大进货来源，积极组织适销商品，能主动地促进企业扩大销售，通过少量进货试销，刺激消费，促进销售。

4）储存保销。销售企业要保持一定的合理库存，以保证商品流通连续不断。

(2) 汽车配件采购应遵循的原则　采购的原则除了要求购进的商品适销对路外，就是要保质、保量。生产企业实行质量三包——包修、包退、包换，经营企业要设专职检验部门或人员，负责购进商品的检验工作，把住商品质量关。除此之外，购进还应遵循以下原则。

1）积极、合理地组织货源，保证商品适合用户的需要，坚持数量、质量、规格、型号以及价格全面考虑的购进原则。

2）购进商品必须贯彻按质论价的政策，优质优价、不抬价、不压价，合理确定商品的采购价格；坚持按需进货、以销定进；坚持"钱出去、货进来，钱货两清"的原则。

3）购进的商品必须加强质量的监督和检查，防止假冒伪劣商品进入企业，流入市场。在商品收购工作中，不能只重数量而忽视质量，只强调工厂"三包"而忽视产品质量的检查，对不符合质量标准的商品应拒绝收购。

4）购进的商品必须有产品合格证及商标。实行生产认证制的产品，购进时必须附有生产许可证、产品技术标准和使用说明。

5）购进的商品必须有完整的内、外包装，外包装必须有厂名、厂址、产品名称、规格型号、数量、出厂日期等标志。

6）要求供货单位按合同规定按时发货，以防应季不到或过季到货，造成商品缺货或积压。

(3) 汽车配件采购原则的应用　具体贯彻采购原则，搞好采购，还要从实际出发，并灵活掌握。

1）掌握不同种类汽车配件的供求规律、对于供求平衡、货源正常的汽车配件，适销什么，就购进什么，快销就勤进，多销就多进，少销就少进；对于货源时断时续、供不应求的汽车配件，根据市场需要开辟进货来源，随时了解供货情况，随供随进；对于扩大推销而销量却不大的汽车配件，应当少进多销，在保持品种齐全和必备库存的前提下，随进随销。

2）掌握汽车配件销售的季节性特点。

3）掌握汽车配件的供应地点。当地进货，要少进勤进；外地进货，适当多进，适当储备。

4）掌握汽车配件的市场寿命周期。新商品要通过试销打开销路，进货从少到多。

3. 汽车配件采购的方式

(1) 集中进货　集中进货是指企业设置专门机构或专门采购人员统一进货，然后分配给各销售部门（销售组、分公司）销售。集中进货可以避免人力、物力的分散，还可以增加进货量，得到供货方的重视，并可根据批量差价降低进货价格，也可节省其他进货费用。

(2) 分散进货　分散进货是指由企业内部的配件经营部门（销售组、分公司）自设进货人员，在核定的资金范围内自行进货。

(3) 集中进货与分散进货相结合　一般是外埠采购以及非固定进货关系的采取一次性进货，办法是由各销售部门（销售组、分公司）提出采购计划，由业务部门汇总审核后集中采购；本地采购以及固定进货关系的则采取分散进货。

(4) 联购合销　联购合销是指由几个配件零售企业联合派出人员，统一向生产企业或批发企业进货，然后由这些零售企业分销。此类型多适用于小型零售企业之间，或中型零售企业与小型零售企业联合组织进货。这样能够相互协作，节省人力，化零为整，拆整分销，并有利于组织运输，降低进货费用。

上述几种进货方式各有所长，企业应根据实际情况扬长避短，选择适合自己的进货方式。

五、进货点选择和进货量控制

1. 进货点的选择

目前汽车配件经营企业选择进货时间时大多采用进货点法。确定进货点一般要考虑三个因素：

1) 进货期时间。进货期时间是指从配件采购到做好销售准备时的间隔时间。
2) 平均销售量。平均销售量是指每天平均销售数量。
3) 安全存量。安全存量是为了防止产销情况变化而增加的额外储存天数。

按照以上因素，可以根据不同的情况确定不同的进货计算方法。

在销售量和进货期时间固定不变的情况下，进货点的计算公式为

$$进货点 = 日平均销售量 \times 进货期时间$$

在销售量和进货时间有变化的情况下，进货点的计算公式为

$$进货点 = (日平均销售量 \times 进货期时间) + 安全存量$$

进货点可以根据库存量来控制，当库存汽车配件下降到进货点时就组织进货。

2. 进货量的控制

进货量的控制是指汽车配件销售企业确定每次进货多大数量为最佳进货量的业务活动，在进货时不能仅考虑节约哪一项费用，必须综合分析，以销定进。进货量的控制方法有定性分析法和定量分析法两种，而定量计算方法又有经济批量法和费用平衡法。

(1) 用定性分析法确定进货量

1) 摸清市场情况，找出销售规律，确定进货重点。不少汽车配件的需求量是按一定的规律变化的，需在市场调查的基础上，分析实际销售数量和有关因素的影响，从而找出销售规律，以便确定进货重点。具体方法是：将历年的月销售量抽样绘制成销售曲线图，如图4-3所示，从曲线图中分析出配件销售的五种现象，即平稳性、趋向性、周期性、季节性和随机性，据以制订相应的进货对策，以期达到准确、及时的估算和预测，防止脱销和超储。例如：对于销售上升的配件，应保证常年销售不断档；对于具有平稳性、周期性和季节性的配件，应根据实际情况，做出进货计划，并注意迎"季"进货，季末销完；对于受随机因素影响的配件，则采取按用户预约登记，及时组织进货的方法。

2) 遵循供求规律，合理确定进货数量。对于供求平衡、货源正常的配件，应采取勤进快销、多销多进、少销少进，保持正常周转库存。具体计算方法是：根据前期的销售实际，预测下期销售数，加上一定的周转库存，再减去本期末库存预测数，算出每一个品种的下期进货数。

对于供大于求、销售量又不大的配件，要少进，采取随进随用、随销随进的办法。

对暂时货源不足、供不应求的紧俏配件，要开辟新的货源渠道，挖掘货源潜力，适当多进，多进多销。

对于大宗配件，则应采取分批进货的办法，使进货与销售相适应。

对于高档配件,要根据当地销售情况,少量购进,随进随销、随销随进。

对于销售面窄,销售量少的配件,可以多进样品,加强宣传促销,严格控制进货量。

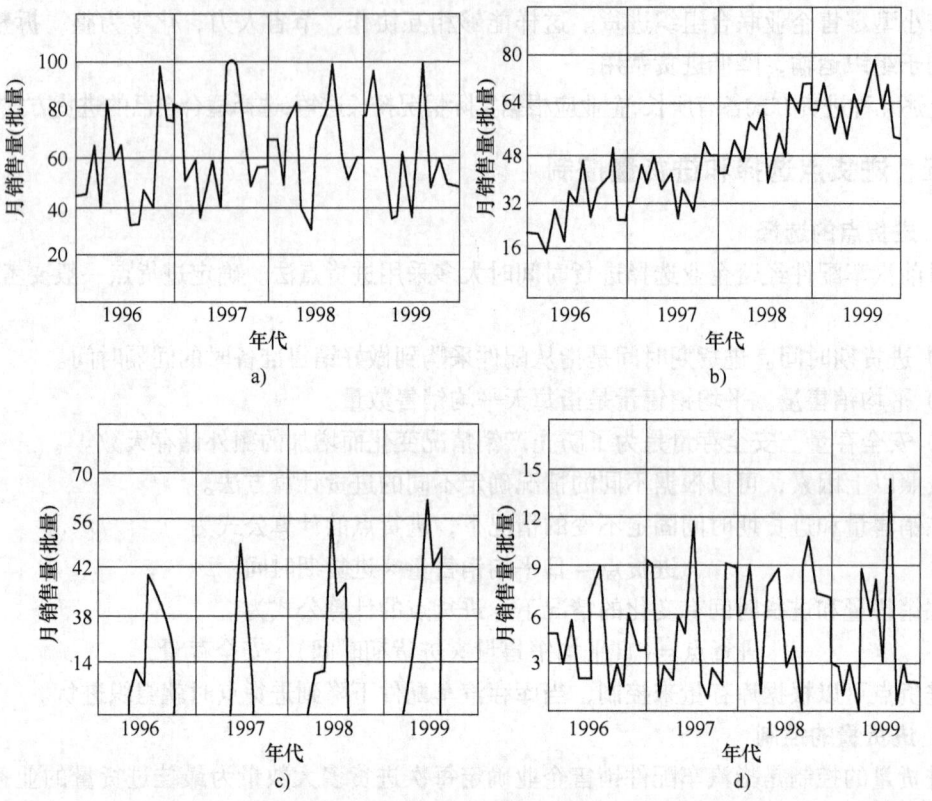

图4-3 历年月销售量抽样曲线图
a) 点火线圈月销售量　b) BJ212气缸套的月销售量
c) 汽车风扇的月销售量　d) 驾驶室的月销售量

3)按照配件的产销特点,确定进货数量。常年生产、季节销售的配件,应掌握销售季节,季前多进,季中少进,季末补进;季节生产、常年销售的配件,要掌握生产季节,按照企业常年销售情况,进全进足,并注意在销售过程中随时补进;新产品和新经营的配件,应根据市场需要少进试销,宣传促销,以销促进,力求打开销路;对于将要淘汰的车型配件,应少量多样,随用随进。

4)按照供货单位的远近,确定进货数量。当地进货,可以分批次进货,每次少进、勤进;外地进货,适销商品多进,适当储备。要坚持"四为主,一适当"的原则,即以本地区缺的配件为主,以具有知名度的传统配件为主,以新产品为主,以名牌优质品为主,品种要丰富,数量要适当。

5)按进货周期确定进货时间。进货周期就是每批次进货的间隔时间,每批次进货能够保证多长时间的销售,这就是一个周期。进货周期的确定既要保证汽车配件销售的正常需要,又不使汽车配件库存过大,要坚持以用定进、勤进快销的原则。

进货周期的确定,要考虑以下因素:配件销售量的大小、配件种类的多少、距离供货单位的远近、配件运输的难易程度、货源供应是否正常以及企业储存保管配件的条件等。确定合理的进货周期，使每次进货数量适当，既能加速资金周转，又能保证销售正常进行。

(2) 用定量分析法确定进货量

1) 经济批量法。采购汽车配件既要支付采购费用，又要支付保管费用。每次采购量越少，采购的次数越多，采购费用支出也就越多。反之，每次采购量越少，保管费用就越少。由此可以看出，采购批量与采购费用成反比，与保管费用成正比。根据这一原理可以用经济进货批量法来控制进货批量。所谓经济进货批量，是指在一定时期内，在进货总量不变的前提下，求得每批次进多少，才能使进货费用与保管费用之和（即总费用）减少到最小程度。

在实际运用中，经济批量法又可细分为列表法、图示法和公式法三种。

例： 某一品种配件预计第一个到第五个周期的销售量各为 50、60、70、80、70，单价为 12 元，进货费用为 65 元，每周期的储存费用率为 2.5%，求经济进货量 p。

解 第一周期：销售量为 50，储存费用为 0，储存费用累积为 0。

第二周期：销售量为 60，储存费用 = 60×12 元×2.5%×1 = 18 元，储存费用累积为 18 元 + 0 = 18 元

第三周期：销售量为 70，储存费用 = 70×12 元×2.5%×2 = 42 元，储存费用累积为 18 元 + 42 元 = 60 元

第四周期：销售量为 80，储存费用 = 80×12 元×2.5%×3 = 72 元，储存费用累积为 60 元 + 72 元 = 132 元

第五周期：销售量为 70，储存费用 = 70×12 元×2.5%×4 = 84 元，储存费用累积为 132 元 + 84 元 = 216 元

由此可见，第三周期储存费用累积 60 元，最接近并小于进货费用 65 元，所以，可将第一到第三周期销售量之和（50 + 60 + 70）作为一次进货批量，那么，本期的经济批量就是 180。

(3) 特约维修服务站零部件的配件订购管理

1) 零部件服务的重要性。满足用户的要求，在高质量服务方面不仅是修理技术高超，而且包括服务态度、零部件服务等综合服务的高质量。满足用户要求，达到顾客满意，零部件各项服务是不可忽视的。

没有零部件就无法修理，导致浪费用户的宝贵时间。因此，无论何时何地都应能及时提供零部件，而且必须应用纯正零部件和及时提供可提高车辆附加价值的各种用品来保护用户的利益。

为使用户毫无顾忌地长期使用产品，在零部件服务方面应尽早达到同行业中的最高水平，同时发展新的用户，给用户购买第二辆、第三辆汽车提供服务，增加用户数量。

零部件服务的好坏直接影响到用户对整车的评价，为提高用户的满意程度，要做到在用户需要时将必要的零部件以适宜的价格、可靠的质量提供给用户。

①常用零部件库存的必要性。在售后服务方面，让用户放心。如果修理时经常出现没有"用户急需更换"的零部件，无法及时修理，用户会对该特约店有何印象？如果常用零部件有库存，就能及时为用户做好修理，用户会对该特约店的售后服务感到很放心。在选购车辆时，用户日益重视"良好的售后服务"这方面的诚信。如果备有常用零部件库存，就可以给用户提供一种安全感。

在修理作业上，可以提高工作效率。如果零部件有库存，就可以及时为用户进行修理；

否则，在修理工作中将会给管理工作增添许多麻烦，如待修车辆的移动及保管空间、缺货零部件的准备及管理。

②正确进行零部件管理的必要性。零部件有库存，但如果管理不好或库存零部件大部分是不常用零部件，则将无法满足用户紧急修理的要求；零部件有库存，但因管理不善而找不到零部件，则需要再订货，无法正确进行资产管理。

零部件缺货多，工作效率显著降低。因有零部件缺货，在约定日期内不能完成修理作业，则会给用户增添麻烦；因零部件管理人员不在，而其他人不懂零部件管理，则也会给用户带来麻烦。零部件出库需要时间太长、存货不符较多、零部件仓库整理得不好，均为不正确管理。

2）需要正确进行零部件管理。基于上述情况，正确进行零部件管理是必要的，原因如下：

①正确管理可以给用户提供满意的服务。即使零部件有库存，但若找不到，就等于没有库存。所以，只有充分利用零部件库存，才可以及时满足用户的要求。

如果加强对未到货零部件的管理工作，就不会发生因为不知零部件的现实状况，而导致不能按期交货等情况；如果零部件仓库管理得比较好，则用户不仅对售后服务满意，而且还会对整个特约部门有一个良好的服务印象。

②正确管理不会降低维修作业的效率。若因管理疏忽而忘记订货，等到该零部件出现缺货时才发现，这将会影响到工作效率；如果管理得好，定期按时订货，则可以减少零部件的等候时间，提高工作效率。零部件到货后，要尽快分拣、入库、上架，这样才能保证修理作业的顺利完成。

③正确管理不会给特约部门带来损失。做好零部件的库存管理，就会以较少的投资获得较多用户的信赖和收获良好的经济效益。如果常用零部件的库存不适当，出现不常用甚至用不到的零部件，那么就会造成资金积压，最终导致零部件废弃，给特约部门带来损失；日常管理不适当，库存不符，也同样会给特约部门带来损失。所以，日常管理要适当，这样就可以正确进行资产管理了。

④做到正确管理，任何人都要了解零部件的管理。如果任何人都能了解零部件管理，那么即使零部件管理人员不在岗位，其他人也可以按照用户要求提供服务，以免给用户增添麻烦，从而使零部件服务工作得以顺利开展。

用户希望特约部门能够提供"完善的售后服务"，因此零部件服务的好坏会关系到用户对该特约部门的评价和信任。只有重视上述管理问题，才能得到用户的好评，才能保证用户更好地消费和使用零部件。

3）正确接受用户订货并正确进行订货管理。因工作繁忙而暂时出现没有对出库的零部件进行正确管理和维护时，应加强职工的素质教育，即无论工作如何忙，也不能偷工减料，同样也不能缓办；无论工作如何忙，也要遵守工作规程，有条不紊地进行工作，只有这样才可实现零部件的正确管理。

零部件管理要明确化，零部件业务要标准化。在特约部门共同从事零部件业务一般有几个人，如果零部件业务的职责不明确，那么每个人所负的责任也就不明确。这样，在日常管理中就无法遵守所制定的工作规程，自然会影响到管理。为此，在管理上要做到如下事项：

①应使零部件管理责任明确化，每个人工作分工要明确。如果从事零部件管理的人员工

作作风不严肃,那么一旦发生问题时就无法查清是谁的问题,同时也无法查清该问题出在何处。例如:在零部件订货单的接受订货位置应填写上接受订货负责人的姓名及日期;在已发出零部件订货单上要盖一个"已办"的戳,其他人就都可以知道该零部件已发出订货。

②应使零部件业务标准化。为正确管理好零部件,需要全体职工齐心协力,共同遵守所定规则,使零部件业务标准化。

4)订货的实际业务操作。在记录完一天的数据以后,要根据库存管理卡来计算订货数量。其操作顺序如下:

①潜在库存(T/A)的计算:

$$潜在库存 = 库存量 + 订货中的数量 - 缺货量(B/O)$$

②检查需不需要订货。当潜在库存大于最小库存数量时,不用订货;当潜在库存小于最小库存数量时,则需要订货。

③订货数的计算:

$$订货数 = 最大库存数 - 潜在库存$$

④将订货数量填写在订货单上。有缺货时,应填写在紧急订货单上;无缺货时,应填写在定期订货单上。对于紧急订货,随时;对于定期订货,1次/月。

填写订货单的示例见表4-1,其订货数计算方法如下所述。

表4-1 填写订货单的示例

零件号码		83540 39800ZA						
零件名称		左侧盖板(R4C)						
登录日期	进货价格	销售价格	零件位置号					
99/07/01	192	240	C0B12		最大库存	12	最小库存	10
日期	接受订货	进货	发货	库存	订货中	缺货	潜在库存	订货
04月01日	1		1	8	4		12	
04月06日	1			7	4		11	
04月15日		4		11			11	
04月20日	2		2	9			9	3
04月27日	1		1	8	3		11	
04月	5	4	5	8	3		11	3
05月10日	1			7	3		10	2
05月18日	1			6	5		11	
05月	2		2	6	5		11	2
06月03日	3		3	3	5		8	4
06月07日	2		2	1	9		10	2
06月10日	3		1		11	2	9	3
06月21日		3		3	11	2	12	
06月25日			2	1	11	0	12	
06月	8	3	8	1	11	0	12	9

A. 04月20日

$$库存 = 上次库存 - 这次发货 = 11 - 2 = 9$$

$$潜在库存 = 库存 + 订货中 - 缺货 = 9 + 0 - 0 = 9$$

是否订货:9 < 10,需要订货

$$订货数 = 最大库存量 - 潜在库存 = 12 - 9 = 3$$

B. 06月10日

$$\text{订货中} = \text{前回订货中} + \text{前回订货} = 9 + 2 = 11$$
$$\text{缺货量（B/O）} = \text{订货} - \text{出库} = 3 - 1 = 2$$
$$\text{潜在库存} = \text{库存} + \text{订货中} - \text{缺货} = 0 + 11 - 2 = 9$$

是否订货：9 < 10，需要订货

订货数：最大库存量 - 潜在库存 = 12 - 9 = 3（因为缺货而紧急订货）

C. 06月21日

库存 = 上回库存 + 这次入库 = 0 + 3 = 3

订货中：前回订货中 + 前回订货 - 这次入库 = 11 + 3 - 3 = 11

潜在库存：库存 + 订货中 - 缺货 = 3 + 11 - 2 = 12

是否订货 = 12 > 10，不需要订货

库存：上回库存 - 这次出库 = 3 - 2 = 1（根据缺货消除卡进行出库）

缺货：上回缺货 - 这次出库 = 2 - 2 = 0

第三节 汽车配件质量的鉴别

一、汽车配件一般的鉴别方法

汽车配件质量的鉴别涉及的车型多，品种规格复杂，仅一种车型的配件品种就不下数千种。汽车维修企业和配件经营企业一般没有完整的检测方法，但只要熟悉汽车结构及制造工艺和材质等方面的知识，正确运用检验规范，凭借积累的经验和一些简单的检测方法，就能辨认配件的优劣。下面介绍一些经常使用的方法，以供参考。

（一）五看

1. 看商标

要认真查看商标，检查上面的厂名、厂址、等级和防伪标志是否真实。这是因为对有短期行为的仿冒制假者而言，防伪标志的制作不是一件容易的事，需要一笔不小的开支为节省开支，那么防伪标志必然会与原厂防伪标志有出入，很容易发现；另外，在商品制作上，正规的厂商在零配件表面有硬印和化学印记，注明了零件的编号、型号和出厂日期，且一般采用自动打印，字母排列整齐，字迹清晰，而小厂和小作坊通常都做不到，通过这些信息，也可以辨清零部件的真伪。

2. 看包装

汽车零配件的交换性很强，精度很高，为了能较长时间存放、不变质、不锈蚀，需在产品出厂前用低度酸性油脂涂抹。正规的出产厂家，对包装盒的要求也十分严格，要求无酸性物质，不产生化学反应，有的采用硬型透明塑料抽真空包装。考究的包装能提高产品的附加值和身价，箱、盒大都采用防伪标记，经常使用的有镭射、条码、暗印等，在采购配件时，这些很重要。

3. 看文件资料

一定要查看汽车配件的产品说明书，产品说明书是出产厂进一步向用户宣传产品，为用户做某些提示，帮助用户正确使用产品的资料。通过产品说明书可增强用户对产品的信任感。一般来说，每个配件都应配一份产品说明书（有的厂家配用户须知）。如果交易量相当

大,那么还必须查询技术鉴定资料,入口配件还要查询海关入口报关资料。国家规定,入口商品应配有中文说明,一些假冒进口配件一般没有中文说明,且包装上的外文,有的文法不通,甚至写错单词,一看便能分辨真伪。

4. 鉴别金属机械配件,可以查看表面处理

所谓表面处理,即电镀工艺、油漆工艺、电焊工艺、高频热处理工艺。汽车配件的表面处理是配件出厂的后道工艺,商品的后道工艺,尤其是表面处理,涉及很多现代科学技术。国际和国内的名牌大厂在利用先进工艺上投入的资金是很大的,特别是对后道工艺,更为重视,投入资金少则几百万元,多则上千万元。一些制造假冒伪劣产品的小工厂和手工作坊有一个共同特点,就是采取低投入掠夺式的短期经营行为,很少在产品的后道工艺上投入技术和资金,而且也没有这样的资金投入能力。

看表面处理有以下几个方面:

(1) 镀锌技术和电镀工艺 汽车配件的表面处理,镀锌工艺占的比重较大。一般铸铁件、锻铸件、铸钢件、冷热板料冲压件等大都采用表面镀锌。质量不过关的镀锌,表面一致性很差;镀锌工艺过关的,表面一致性好,而且批量之间一致性也没有变化,有持续稳定性。有见识的人一看,就能分辩真伪优劣。电镀的其他方面,如镀黑、镀黄等,大工厂在镀前处理的除锈酸洗工艺比较严格,清酸比较彻底,这些工艺要看其是否有泛底征兆。镀钼、镀铬、镀镍可看其镀层、镀量和镀面是否均匀,以此来分辩真伪优劣。

(2) 油漆工艺 现在一般都采用电浸漆、静电喷漆,有的还采用真空手段和高等级静电漆房喷漆。采用先进工艺出产的零部件表面,与采用陈旧落后工艺出产出的零部件表面有很大差异。目测时可以看出,前者表面细腻、有光泽、色质鲜明;而后者则色泽暗淡、无光亮,表面有气泡和"拖鼻涕"现象,用手抚摩有砂粒感觉,相比之下,真假非常分明。

(3) 电焊工艺。在汽车配件中,减振器、钢圈、前后桥、大梁、车身等均有电焊烧焊工序。对于专业化程度很高的汽车配套厂,它们的电焊工艺技术大都采用自动化烧焊,能定量、定温、定速,有的还使用低温烧焊法等先进工艺。产品焊缝整齐、厚度均匀,表面无波纹形、直线性好,即使是点焊,其焊点、焊距也很规则,这一点哪怕是再好的手工操作也无法做到。

(4) 高频热处理工艺 汽车配件产品经过精加工以后才进行高频淬火处理,因此淬火后各种色彩都原封不动地留在了产品上。如汽车万向节内、外球笼经淬火后,就有明显的黑色、青色、黄色和白色,其中白色面是受摩擦面,也是硬度最高的面。目测时,凡是全黑色和无色的,肯定不是高频淬火。工厂要配备一套高频淬火设备,其中包括硬度、金相分析实验仪器和仪表的配套,整个工序的难度高,投入资金多,还要具备供、输、变电设备条件,供电电源在3万伏以上。小工厂、手工作坊是不具备这些设备条件的。

5. 看非使用面的表面伤痕

从汽车配件非使用面的伤痕,也可以分辨是正规厂出产的产品,还是非正规厂出产的产品。表面伤痕是在中间工艺环节由于产品相互碰撞留下的。优质的产品是靠先进科学的管理和先进的工艺技术制造出来的。出产1个零件要经过几十道甚至上百道工序,而每道工序都要配备工艺装备,其中包括工序运输设备和工序安放的工位器具。高质量的产品有很高的工艺装备系数作保障,所以高水平工厂的产品是不可能在中间工艺环节中互相碰撞的。以此推断,凡在产品不接触面留下伤痕的产品,肯定是小工厂、小作坊出产的劣质品。

(二) 四法

1. 检视法

1) 表面硬度是否达标。配件表面硬度都有划定的要求,在征得厂家同意后,可用钢锯条的断茬去试划(注意试划时不要划伤工作面)。划时打滑无痕的,说明硬度高;划后稍有浅痕的,说明硬度较高;划后有明显划痕的,说明硬度低。

2) 接合部位是否平整。零配件在搬运、存放过程中,由于振荡、磕碰,常会在接合部位产生毛刺、压痕、破损,影响零件使用,选购和检验时要注意。

3) 几何尺寸有无变形。有些零件因制造、运输、存放不当,易产生变形。检查时,可将轴类零件沿玻璃板滚动一圈,看零件与玻璃板贴合处有无漏光来判断是否弯曲。选购离合器从动盘钢片或摩擦片时,可将钢片、摩擦片举在眼前,来观察其是否翘曲。选购油封时,带骨架的油封端面应呈正圆形,能与平板玻璃贴合无挠曲;无骨架油封外缘应端正,用手握使其变形,松手后应能恢复原状。选购各类衬垫时,也应注意检查其几何尺寸及形状。

4) 总成器件有无缺件。正规的总成器件必须齐全完好,这样才能保证顺利装配和正常运行。一些总成件上的个别小零件漏装,将使总成器件无法完成工作,甚至报废。

5) 转一下器件是否灵活。在检验机油泵等可转器件时,用手转一下泵轴,应感应灵活无卡滞。检验滚动轴承时,一手支撑轴承内环,另一手打转外环,外环应能迅速、自如地转一下,然后逐渐停转。若转一下零件发卡或不灵,则说明零件内部锈蚀或产生变形。

2. 敲击法

判定部分壳体和盘形零件是否有裂纹、用铆钉栓连的零件有无松动以及轴承合金与钢片的接合是否良好时,可用小锤轻轻敲击并听其声音。

3. 比较法

用规范零件与被检零件作比较,从中鉴别被检零件的技术状况。例如气门弹簧、离合器弹簧、制动主缸弹簧和制动轮缸弹簧等,可以用被检弹簧与同型号的规范弹簧比较长短,即可判断被检弹簧是否符合要求。

4. 测量法

1) 检查接合平面的翘曲。采取平板或钢直尺作基准,将其放置在工作面上,然后用塞尺测量被测件与基准面之间的间隙。

2) 检查轴类零件。测量曲轴轴颈尺寸的误差,一般用外径千分尺测量,除测量外径,还需测量其圆度和圆柱度。测量时,先在轴颈油孔两侧测量,然后转 $90°$ 再测量。

二、进口配件的鉴别

优质的配件是保证机器设备正常工作的基础。由于维修机器的需要和利益的驱动,市场上出现了各式各样的进口工程机械及汽车的配件,但质量参差不齐。目前市场上的进口配件主要有"进口"和"国产化"两大类。进口件包括整机厂纯正部件,专业配套厂优质部件,非整机厂国家(如日本、韩国、新加坡等)生产的配属机型的零件,还有中国港台等地区的配件。"国产化"件,有正规厂生产配属进口机械的零部件,一般注有本厂生产标记。还有一些非正规厂甚至是私人作坊仿制的进口机器配件,并用印有进口纯正部品或专业厂的包装,冒充进口纯正件出售,实为伪劣产品。还有从韩国、中国香港、中国台湾等亚洲国家和地区进口的非日本或美国整机厂的零部件,配上精美的纯正部品包装,这些统称为赝品,虽然可以使用，但远不如原厂纯正部件的质量要求。特别是非正规厂家生产的仿制件，从材质、工艺、功能等方面都无法达到纯正部件和专业厂产品的质量要求，对机械、车辆的正常使用和维修都有影响，故而对经营和使用单位来说，对进口机械配件进行鉴别是十分必要的。

进口机械配件可从多方面进行鉴别，主要有包装、内在质量、产品价格和进货渠道。

（一）从外包装上识别

根据包装进行识别，是检验进口配件真伪的重要程序。纯正部件及国外专业配套厂配件的包装制作精美，色彩、花纹、样式都有一定的规则，一般是很难仿制的。仿制的包装制作比较粗糙，较容易辨别。但有些仿制者依靠现代先进的印刷技术，将零件包装制作得很逼真，如不仔细辨认，也很难区别。进口机械配件一般都有外包装和内包装，外包装有包装箱、包装盒；内包装一般是带标志的包装纸和塑料袋或纸袋。纯正进口配件外包装箱（盒）上都贴有厂家统一印刷、字迹清晰、纸质优良并印有GENUINEPARTS9（纯正部品）标记的标签，且标有零件编号、名称、数量及生产厂和国家。而仿制的标签印刷不精细，色彩不是轻就是重，很难与纯正部件包装一致，使用电脑打印的零件编号及生产厂商标记的色彩非轻即重，仔细辨认，就能区分真伪。从包装箱来看，进口的包装箱质地紧挺，图案清晰，包装盒上一般都印有生产厂和纯正部件标记，如小松公司在整个包装盒上印有小松（KOMATSU）和纯正部（GENUINEPARTS），三菱公司在整个包装盒上印（MITSUBISHI）和纯正部品（GENUINEPARTS），而仿制的包装虽然也印上这些标志，但色彩不正，图案不清晰。有的国外公司为防止仿造，在其包装标签上设有防伪标记，可在鉴别时加以注意。内包装一般多为包装纸、纸袋或塑料袋，包装上印有纯正部件和公司标记。包装纸的花纹、色彩和图案，仿制品很难与其相同。

鉴别进口配件包装时还应注意，工程机械及汽车制造厂都有自己的专业配套厂零部件供应商。在进口厂家配件时，包装盒上既有整机厂标记，也有配套厂的标记。如三菱重工，其活塞环由日本理研公司（RIKEN CORPORATION）配套，外包装箱印制的是 RIK 标记。但里面单个的活塞环盒却是三菱标记的花盒包装，其标记为 MITSUBISHI。活塞环说明书既标有三菱机动车工业株式会社，也注日本理研股份公司，因此不要误以为内、外不一致就不是纯正部件了。

（二）从产品质量来鉴别

从产品质量辨别进口机械配件，是识别纯正部件真伪的最关键的环节。受利益驱动，有的经销商将进口的纯正零部件组装成整机后，再用纯正部件的包装装上非纯正部件向市场销售。故必须对产品的内在质量进行检验，才能确认进口配件的真伪。对产品质量的鉴别主要进行观察、检查和试验。

1) 从外观上进行检查。看其产品外表加工的是否精细，颜色是否正常。如果有纯正部件的样品，则可进行对照检查，一般仿制品表面都比较粗糙，产品颜色也不正。

2) 检查产品上的标志。纯正进口零件上都打印有品牌标记、零件编号和特定代码等。有些产品上还铭刻有制造厂及生产国。如日本三菱柴油发动机的活塞，在其顶部刻有零件编号、分组号标记 A、B、C 和 UP 方向标记；活塞裙部内侧铸有机型和三菱标志，并有配套厂的 IZUMI 标志，铸字清楚，容易辨认。仿制品不是漏铸就是字迹模糊不清，很难达到正品的效果。

3）通过专用工具测量产品的尺寸，看其是否符合要求。有些厂商还专门为客户提供了测量工具以防假冒。

4）对产品进行性能试验。有些零件从外观检测还无法辨别真伪，需用专用仪器进行检测。如喷油器、活塞要上试验台进行性能试验，检测其喷油压力、喷油量、喷油角度等。

5）对产品进行理化性能试验。这种情况一般是在对产品内在质量产生怀疑或使用中出现问题时，是为向厂家寻求索赔时才使用的方法。

（三）从产品价格上进行辨别

同样的配件，纯正部件、专业厂件、国产件和仿制品的差别很大。纯正部件的价格最高，专业厂次之，国产件、仿制品价格最低。一般纯正部件的价格可超出仿制件的一两倍，有的甚至还多，国外专业配套厂件比整机厂纯正部件略低。定期批量进口的配件执行和外商谈判的协议价，平时零时采购的配件则执行外商每年的统一目录价。有时外商还有定期处理配件的优惠价。这些配件的报价是按照当时的进口汇率计算的，再加上关税、运杂费等，然后将其换算成配件单价，这是行业人士共知的常规价格。价格低于常规价格的配件，即可判断为非纯正件或专业厂件。要注意的是，进口环节中减税和中间经销商加价也会使价格偏离常规价格。

（四）根据进货渠道进行分析

目前进货渠道较多，但无外乎两个方面，一是直接从国外进口，二是从经销商那里购买，直接从国外整机厂和零部件配套厂进口的配件，质量都有保障。如果是从经销商那里购买或从港澳调转进来的配件就要根据上述方法加以鉴别。此外，所有直接从国外进口的机械配件，均有订购合同、提单、运单、装箱单及发票。如果从进口公司采购配件，可让其出示上述手续，否则，可判断为非进口正品。

总之，在鉴别进口机械配件时，方法是多种多样的，不要使用单一的方法，根据不同的配件种类采取不同的鉴别方法，并综合运用，定能识别进口配件的真伪。

现在一些用户往往贪图便宜，在汽车维修保养时使用一些假冒的配件，给汽车的安全行驶造成了极大的隐患。汽车活塞环作为一种重要的汽车配件，直接影响内燃机的功率、油耗与使用寿命，如果不符合质量要求，则将会使发动机无法正常工作，后果不堪设想。

三、警惕伪劣零配件

汽车配件的选购，是决定汽车维修质量的重要环节之一。目前汽车配件市场混乱，假冒伪劣产品充斥市场，让人真假难分、良莠难辨；加之多数用户缺乏对配件质量的检测手段，只能从产品包装外观、规格尺寸等方面进行选用，不可能对其内在质量进行检测或化验，致使假冒伪劣配件畅通无阻，严重影响了汽车维修质量，给用户造成严重损失，而且危及行车安全，误国误民。车辆装用假冒伪劣配件，使得用户叫苦不迭，轻者返工复修造成经济损失，重则危及行车安全，甚至造成交通事故。假冒配件泛滥之势有增无减，已成为行业的一种公害，因此购买汽车配件一定要注重其质量，不能图省钱而购买不合格品，并且应索取产品合格证或信誉卡，以免造成更大的损失。

目前的生产厂家大都非常重视产品质量，所生产的零部件在材质和加工上都进行了严格的控制，汽车出厂后，出现的故障也比较少。而有少数汽车配件生产厂家由于生产条件所限和利益驱使，不注意产品质量，使大量劣质配件流入汽车维修市场，给用户造成严重的损失甚至灾难。在汽车使用中发生的故障，有很多是由于使用劣质配件所致。例如低劣的制动摩擦片质地坚硬，材质不均，尺寸不符合标准，与制动鼓配合不良，制动时摩擦系数小，使用中容易出现制动效能低、发响等不良现象而危及行车安全。使用劣质轮毂，将会产生振抖，影响驾驶的操纵性和舒适性，增加相关机件的疲劳强度而加剧磨损，行驶中因散热不良容易爆胎。因此在汽车的使用中，应注意了解所使用（新车）配件的不足之处，有助于汽车故障的判断与排除。新的不等于好的，有些经常发生而又不易排除的故障，很可能就出自新配件。

近年来，新闻媒体经常披露假冒伪劣汽车配件产品坑害消费者的事件，引起了广大用户的关注。改革开放带来了汽车配件市场的迅猛发展，但由于配套措施没有跟上，目前汽车配件市场比较混乱，假冒伪劣配件数量惊人，给用户带来较大的损失，在社会上造成了不良的影响。在选用汽车配件时，若不注意对零部件的检查和识别，将有缺陷的配件购回后不能正常使用，这既影响整车使用寿命，又会造成浪费，甚至留下隐患，导致机械或交通事故。因此加强预防和认真鉴别汽车配件真伪十分重要，即使是名牌产品也不能忽视，尤其要杜绝假冒伪劣配件装车，确保车辆的安全运行。

（一）汽车零配件的鉴别内容

1）有无锈蚀、霉变和老化。汽车配件在存放中，由于材料本身质量、储存环境、储存时间等原因，容易引起干裂、氧化、变色、老化等物理现象。若发现配件有以上情况，则不能购买。

2）有无裂损、毛刺，接合平面是否平整，往往伪劣产品外观上光洁度较低，而且有裂纹、砂孔、夹渣、毛刺或碰伤。例如气缸垫挤压变形，使用中容易引起密封不严而烧蚀，导致漏油、漏气和漏水；活塞及活塞环工作表面有毛刺容易导致拉缸；曲轴臂圆角处有裂纹，装车后高速运转，可能会出现断裂的机械事故。

3）有无弯扭变形。例如轴类零件和轮胎存放的方法不妥，容易产生变形，实际尺寸达不到使用要求。

4）有无松脱和卡滞现象。例如离合器片铆钉松脱、制动皮管脱胶、电器零件插头脱落、纸质滤芯接缝处脱开等现象如有发现，则不能使用。选购发电机、起动机、分电器时，应转动自如，否则不能装用。

5）有无装配记号，总成部件是否缺件。装配记号如正时齿轮记号、活塞顶部标记应完好清晰，它是保证机件正确安装关系的重要依据，没有装配标记或标记不清时，绝对不能选用。总成齐全完好，才能保证顺利装车和正常运行，一些总成件上的个别小零件漏装，会给装车造成困难，往往因个别小配件短缺，用户是难以解决的。

6）零件表面无防护层。为了便于保管，防止零件磕碰，零件在出厂之前都有防护层。例如气缸套、大小轴瓦、活塞、气门等一般都用石蜡进行保护，以免其表面损坏。尤其一些重要配件表面，若无防护层，则多为"水货"。

7）有无产品说明书、合格证，尤其包括配件上的厂名和注册商标。一些重要部件和总成类，如化油器、分电器、发电机等出厂时一般带有说明书、合格证，以指导用户使用维修以及安装注意事项，若无这些证件，则多为假冒伪劣产品。

8）规格型号是否符合使用要求，选购汽车配件时要查明其主要技术参数，特殊技术要求应符合使用规范，虽然有些配件外观相差无几，但稍不注意就装不上车，或留下人为故障隐患。

(二) 假冒伪劣零配件的鉴别方法

选配汽车配件时,首先采取宏观目测。产品表面质量是评价优劣的第一印象,目测可发现裂纹、锈蚀、毛刺和碰伤等质量缺陷;然后采取比较法检验,即用类同优质产品进行比较,也可发现问题;必要时有些汽车配件可用量具检验鉴别,常见宏观目测可从以下方面鉴别。

(1) 颜色 如某些原厂配件表面指定某种颜色,若遇其他颜色,则为假冒伪劣产品。

(2) 包装 原厂配件包装一般比较规范,统一标准规格印字,字迹清晰正规,而假冒产品则能从包装上找出破绽。

(3) 外表 原厂件外表印字或铸字及标记清晰正规;而假冒产品外观粗糙,明显是粗制滥造,质量较差。

(4) 材料 原厂配件的材料是按设计要求采用优质材料,而伪劣产品则多用廉价、低劣材料代用。

(5) 油漆 某些不法商人将废旧配件经简单加工(拆装拼凑、刷漆包装)后冒充合格品出售,非法获取高额利润,这些配件从外观油漆或性能检验即可鉴定真伪。

(三) 假冒伪劣零配件装车的危害

★劣质配件引起的故障案例:

> 一辆东风汽车6100型发动机维护时,更换了新油底壳后行驶不足2000km,就出现发动机烧瓦抱轴的恶性事故。经鉴定,原来是新装上的油底壳漆层遇到润滑油接触后产生脱层,漆皮膜将机油滤清器堵死,润滑油进不了油道所致。
>
> 一辆BJ2020型吉普车起动困难,经诊断是起动继电器损坏,更换新件后仍然如此。再从另一辆车上拆下一个正常使用的继电器装上,故障消失,原来是新换继电器属伪劣产品所致。

附件:

汽车配件购销协议书

甲方:

乙方:哈尔滨××区××汽车配件店

根据《中华人民共和国经济合同法》的有关规定,甲乙双方本着平等互利,共同发展的原则经甲乙双方的协商达成如下协议。

一、购销方式

1) 甲方根据需求,采用电话、传真或派人等方式向乙方提出配件采购计划;甲方向乙方发出采购计划时,应准确提供所需配件车型的17位编码、发动机型号、年款及零部件主要属性,如名称、规格、编号、数量、颜色、方向、位置等。乙方在接到采购计划后,应及时、准确地报出市场优惠价格,鉴于市场价格的波动,乙方提供的配件价格必须保证10天有效。

2) 所需采购的配件需乙方订货时,甲方必须将订单以传真或书面形式转给乙方,乙方应按甲方的订单要求及时供货。如需外购订货,则到货时间须向甲方说明,并征得甲方认可。出现超期供货现象,甲方有权拒收货物,由此所造成的一切后果,乙方自负。

3）甲方在接到乙方配件时，应根据乙方销货清单，对配件的包装、外观、名称、规格、数量、单价、金额逐一验收，并在清单上签字，作为乙方向甲方结算货款的依据。如在验收时发现问题，则当面解决；如过后有差错，则由甲方承担。

二、配件退货及质量的问题处理方式

1）甲方所购乙方配件验收无误后，如有下列情况之一均不能退货，甲方不得因此而拖欠或拒付货款。

  a. 甲方收到货之日起超过7天。

  b. 电器部分零件。

  c. 包装破损及零部件已安装过（零部件本身质量除外）。

  d. 乙方为甲方特殊订购的零件。

2）甲方在安装使用时，发现配件有问题应及时通知乙方，质量问题最终结果以质量鉴定报告为准。如是甲方保管、安装或使用不当等原因引起的质量问题，则由甲方负责承担责任；如不属于上述原因，则由乙方承担责任。

3）甲方通过订单或订货电话向乙方表达所需配件的质量要求，包括型号、生产厂商、品牌等，乙方必须严格依据甲方要求供货。甲方发现乙方有以假当真、以次充好等欺诈行为时，甲方有权向乙方就该配件价值的双倍金额作为赔偿金。

三、结算方式

甲方向乙方采购配件采用定期挂账结算和限额结算方式，定期挂账结算即每月1日或2日对上月账，对账无误后，甲方在当月十日内结清乙方货款。限额结算即当货款超过1万元时，甲方应及时结算乙方货款，如甲方到期或超过限额不能结款时，甲方应向乙方提出书面还款延迟日期。延迟期限内仍不能结款，乙方有权终止继续向甲方供货，并按每天所欠货款的3‰收取甲方违约金。

四、秉着自愿互利原则，发生下列情况之一，权益方可单方解除合同

1）乙方供货不能保证时，甲方有权单方终止合同。

2）当甲方不能按规定结算，给乙方正常运作造成困难时，乙方有权单方终止合同。

五、本协议一式两份，甲、乙双方各执一份，经甲、乙双方签字之日起生效。有效期从×年×月×日至×年×月×日

六、本协议具有法律效力，其中未尽事宜，甲、乙双方协商解决。如协议未果，则应申请仲裁解决

甲 方：   乙 方：××省××市××区××汽车配件店

代表人：   代表人：

日 期：   日 期：

复习思考题

1. 市场调研的主要内容有哪些？
2. 简述汽车配件市场调研的步骤。
3. 什么是经济批量？
4. 汽车配件采购的方式有哪些？
5. 试述汽车配件鉴别方法中的"五看"和"四法"。

汽车配件运输管理

第五章

第一节　汽车配件的运输方式与选择
第二节　汽车配件的接运与发运
第三节　汽车配件运输合同
第四节　汽车配件运输招标

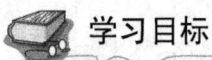学习目标

知识目标： 了解汽车配件的运输方式及其特点，掌握签订配件运输合同的基本要素。

技能目标： 在分析影响配件运输因素的基础上，能针对不同种类的配件，正确采用合理的运输方式。掌握汽车配件的接运和发运的基本流程。

能力目标： 熟练掌握汽车配件运输合同的运用。了解汽车配件运输招标内容，能灵活运用外包的方式降低投资额和配件运输成本。

　　配件运输是物流管理工作的一个重要环节，运输作为改变配件所在地的重要手段，不仅与仓库收、发货作业息息相关，而且合理组织运输作业以及准确、低成本且高效地安排运输流程，直接影响到仓库进货、供货方式的选择和库存配件的周转流通。实现合理运输，要运用系统理论和系统工程原理与方法，充分利用各种运输方式，选择合理的运输路线和运输工具，以最短的路径、最少的环节、最快的速度和最少的劳动消耗，组织好汽车配件的运输活动。

第一节　汽车配件的运输方式与选择

一、汽车配件的运输方式

　　物流运输系统的目标是实现物品迅速完全和低成本的运输，不同的运输方式在运输速度、运输能力和可靠性等方面有着不同的特点。

　　根据运输设备和运输工具的不同，按照汽车配件种类、使用特点和对运输设备等的要求，配件运输的主要方式有铁路运输、公路运输、水路运输和航空运输等。这些运输方式各有其特点和适用条件，选择运输方式的主要依据是各种运输方式的成本费用以及运输的及时性、安全性、灵活性和运距等项指标。

1. 铁路运输

　　铁路运输的特点是能远距离运输大批量货物，费用较为低廉，而且较少受气象、季节等自然条件的影响,所以适用于大宗配件的长距离运输。铁路运输的经济里程一般在200km以上,是我国现阶段可完成配件输送任务的主要力量,通过铁路沟通了全国各地区、各城市、各工业部门和各企业间的联系,承担了绝大部分的配件周转量。但铁路运输要受列车编组计划、站点和发货频率的影响,服务范围要受现有铁路线的限制,配件的在途运输时间可能会延长。

2. 公路运输

公路运输的特点是机动灵活,送达速度快,投资少,运输面广,能够运送配件到家,不需转运或反复装卸搬运,尤其是可为其他几种运输方式起集散作用,实现配件运输的"门到门"服务。公路运输的经济半径一般在200km以内,但近几年,随着我国公路汽车运输的发展,经济运距也在不断延长,一般在200km以上的大城市之间,也利用公路运输。高速公路的迅速发展,使公路运输的经济运距延长到600km左右。

3. 水路运输

水路运输包括内河运输和海运,水路运输具有载运量大、运价低的优点,是国际贸易和运输的主要方式。充分利用水运,不仅可以减少运输费用,而且能减轻铁路运输的负担,促进陆运和水运的合理分工。现代水路运输的船舶在朝着专业化、大型化和高效化方向发展,航道建设和条件也在不断改善,将有助于发挥水运在配件运输方面的优势。但水路运输受航道限制,运输速度慢,受港口、水位、季节、气候的影响较大,一年中中断运输的时间较长,这些缺点在一定程度上影响了水路运输的开发和利用。

4. 航空运输

航空运输的特点是速度快,灵活性大,可飞越各种天然障碍,但航空运输成本高,运载量小,而且在一定程度上还受气候条件的限制。因此,航空运输通常用来运输高附加值或时间要求比成本更为重要的产品,适合于贵重、急需和时间性很强的小批物品的运输要求。例如,在过年前,汽贸商家为稳定客源,汽车配件从空运的渠道单独"走货",速度快捷,只需要24h。虽然运输成本增加了20%,但却为用户节约了三天等待零配件到货的时间,解了用户的燃眉之急。

二、影响合理运输的因素

运输的合理化,起关键作用的主要有如下五大因素。

1. 运输距离

在运输时,运输时间、运输工具的配备和运费等运输的若干技术经济指标,都与运输距离有一定的比例关系,运输距离的长短是运输是否合理的一个最基本的因素。因此,物流公司在组织商品运输时,首先要考虑运输距离,尽可能实现运输线路最优化。

2. 运输环节

运输是物流活动的一个重要环节,需要进行装卸、搬运和包装等工作,多一道环节,就会多增加劳动,多花费成本。因此,减少运输环节,组织直达运输,降低转运和装卸的比率,对合理运输有促进作用。

3. 运输时间

为了更好地为客户服务,及时满足客户的需要,运输时间是一个决定性因素。在全部物流时间中,运输时间短有利于运输工具加速周转、充分发挥运力作用、提高运输效率以及降低物流管理成本。

4. 运输工具

各种运输工具都有其使用的优势领域，对运输工具进行优化选择，要根据不同配件的特点，分别利用铁路、水运、汽运等不同的运输工具，选择最佳的运输线路，合理使用运力，以最大限度地发挥运输工具的效用。

5. 运输费用

运输费用在全部物流费用中占很大比重，是衡量物流经济效益的重要指标，也是组织合理运输的主要目的之一。运输费用的高低，将直接影响配件最后的销售成本。

考虑到各种运输方式自身特点和可供服务的内容及范围，结合上述的五大因素，在选择运输方式时，配件运输一般应考虑下列因素。

1）供需双方的地理位置、交通条件和当时的气候季节条件。

2）运送配件的特征，如包装、外形尺寸及其物理化学特性（如易碎性等）。

3）配件的价值，如贵重、量小、件轻的配件一般可空运；价低、笨重或运送数量大时，则适于铁路运输或水运。

4）配件需求上的特点。对于急需的配件，应采用运输速度快的运输方式；对于批量大、批次多、要求供货连续性强的配件，则应选择不易受气候影响以及运送时间准确、及时的运输方式。

配件运输方式的选择是一项较为复杂的工作，没有固定的模式。在实际工作中，运输时间快，运输费用省，是考虑合理运输的关键，因为这两项因素集中体现了物流过程中的经济效益。因此，一般是在考虑安全的前提下，从运输速度和运价两方面衡量，在运输时间能够满足要求的情况下，往往采用费用支出较低的运输方式。当前，我国各地区、各城市之间的配件运输大多采用铁路运输的方式，而在同一城市各企业之间，则大多采用汽车运输的方式。

三、汽车配件运输方式的选择

在各种运输方式中，如何给众多特性不同、用途各异的配件选择适当的运输方式，是实现配件物流合理化重点解决的问题。根据具体情况的不同，可以选择单一的运输方式，也可以选择使用联运的方式。

1. 单一运输方式的选择

单一运输方式的选择，就是选择一种运输方式提供运输服务。公路、铁路、水路和航空四种基本运输方式各有其自身的优点与不足，可以根据这四种基本运输方式的优势和特点，结合运输需求进行恰当的选择。

2. 多式联运的选择

多式联运的选择，就是选择两种及两种以上的运输方式联合起来提供运输服务。在实际运输中，一般只有铁路与公路联运、公路或铁路与水路联运、航空与公路联运得到较为广泛的应用。

铁路与公路联运，即公铁联运，或称为驮背运输，是指在铁路平板车上载运货车拖车进行的长距离运输。驮背运输综合了汽车运输灵活、方便以及铁路运输长距离、经济、准时的优势，运费通常比单纯的货车运输要低。采用驮背运输，货车运输公司可以延伸服务范围，而铁路部门也能够分享到长距离"门到门"货物运输的便捷。因此，驮背运输成为目前最受欢迎的多式联运方式。

公路或铁路与水路联运，也称为鱼背运输，是指将货车拖车、火车车厢或集装箱转载驳船上或大型船舶上进行的长距离运输。鱼背运输的最大优势是运量大、运费低，所以在国际多式联运中被广泛采用。

航空与公路联运也是被广泛采用的运输方式，这种将航空运输快捷、公路运输灵活方便的多种优势融合在一起提供的运输服务，能以最快的方式实现长距离"门到门"的货物运输。

由于多式联运综合了不同运输方式的优势，将多种运输方式连接成一个整体运输过程，从而满足了不同层次、不同需求的消费者和商家的需要。多式联运的发展丰富了配件物流方案设计，有利于降低成本、减少货运货差的发生以及提高运输质量，为改善运输服务、降低配件物流成本提供了新的思路和新的发展方向。

3. 运输方式选择的定量方法

运输方式选择的定量方法有综合评价法、成本比较法和考虑竞争因素的方法等多种方法，应用时可根据实际情况选择其中的一种进行定量分析。但由于运输问题影响因素复杂，很难用一种计算结果来决定一切，因此计算结果仅作为决策的重要参考依据。

（1）综合评价法　运输方式的选择应满足运输的基本要求，即经济性、迅速性、安全性和便利性。由于运输对象、运输距离和客户对运输时限的要求不一样，对经济性、迅速性、安全性和便利性的要求程度也不相同，因此可采取综合评价的方法来进行运输方式的确定。

设评价运输方式的重要度为：

1）经济性（F_1）。经济性主要表现为费用（运输费、装卸费、包装费和管理费等）的节省。在运输过程中，总费用支出越少，则经济性越好。经济性的重要度，即重要度，即权重系数为 b_1。

2）迅速性（F_2）。迅速性是指货物从发货地到收货地所需要的时间，即货物在途时间。货物在途时间越少，迅速性越好。迅速性的重要度，即权重系数为 b_2。

3）安全性（F_3）。安全程度通常指货物的完整程度，以货物的破损率表示。破损率越小，安全性越好。安全性的重要度，即权重系数为 b_3。

4）便利性（F_4）。各种运输方式的便利性的定量计算比较困难，实际因素很多，如换装次数、办理手续的方便度与时间等。为简便计算，在一般情况下，可以近似利用发货人所在地至装车（船、飞机）地之间的距离来表示。距离越近，便利性越好。便利性的重要度，即权重系数为 b_4。

则各运输方式的综合重要度为

$$F = b_1 F_1 + b_2 F_2 + b_3 F_3 + b_4 F_4$$

设铁路以 T 表示，公路以 G 表示，水路以 S 表示，航空以 H 表示，则

$$F(T) = b_1 F_1(T) + b_2 F_2(T) + b_3 F_3(T) + b_4 F_4(T)$$
$$F(G) = b_1 F_1(G) + b_2 F(G)_2 + b_3 F_3(G) + b_4 F_4(G)$$
$$F(S) = b_1 F_1(S) + b_2 F_2(S) + b_3 F_3(S) + b_4 F_4(S)$$
$$F(H) = b_1 F_1(H) + b_2 F_2(H) + b_3 F_3(H) + b_4 F_4(H)$$

由于 F_1、F_2、F_3、F_4 的数值难以确定，所以一般先分别计算出经济性、迅速性、安全性和便利性在各种运输方式中的平均值，再以某种运输方式值与平均值比较，得到其相对值。比较其值，数值最大者为应选为运输方式。

（2）成本比较法　如果不将运输服务作为竞争手段，那么能使该运输服务的成本与该运输服务水平导致的相关间接库存成本之间达到平衡的运输服务就是最佳的服务方案。这样，就需要考虑库存持有成本可能升高而抵消运输服务成本降低的情况。因此，方案中最合理的应该是，既能满足顾客需求又能使总成本最低的服务。

（3）考虑竞争因素法　对于买方来说，良好的运输服务意味着可以降低库存水平和保持较确定的运作时间表。为了获得期望的运输服务从而降低成本，买方对该供应商会有更多的惠顾。当提供服务的供应商寻求更能满足买方需要的运输服务方式，而不是单纯地追求降低成本时，买方也愿意将更大份额的业务提供给能提供较好服务的供应商。如此，运输方式的选择就成为供应商和买方共同的决策。

在目前的物流环境中，各种新的运输方式还会不断出现，各种承运方式能够提供的服务和能力也在不断地增长，这就使得运输方式的选择比过去更加复杂，各种因素的评估也变得更加困难。因此，企业必须慎重考虑诸多因素，对多种运输方式进行科学的分析，以求选择达到最佳效果的运输方式。

第二节　汽车配件的接运与发运

一、配件接运

配件接运是仓库根据到货通知，向承运部门或供货单位提取配件入库的工作。配件接运与配件验收入库的紧密衔接，是仓库业务工作的首要环节。接运工作的疏忽，往往会将配件在产地或运输途中发生的损坏、差错带入仓库，增加验收、保管的困难，甚至造成久拖不决的悬案，使得到货不能及时投入使用，影响对客户的供应保障。因此，接运工作必须认真负责、严格点交、手续齐备、责任分明。

配件接运根据不同的情况，可分为专用线整车接运、车站（码头）提货、到供货单位提货等几种形式。

1. 专用线整车接运

专用线整车接运是指在建有铁路专用线的仓库内，当整车到货后，准备好卸车的人力和机具，在专用线上进行卸车。

（1）卸车前的检查　卸车前的检查工作十分重要，通过检查可以防止误卸和划清配件运输事故的责任。检查结束应及时与车站（或铁路派驻人员）取得联系，并作出文字记录。

检查的主要内容如下：

1）核对车号。

2）检查车门、车窗有无异状，施封是否脱落、破损或印纹不清、不符。

3）配件名称、箱件数与配件运单的填写是否相符。

4）对盖有篷布的敞车，应检查覆盖状况是否严密完好，尤其是应查看有无雨水渗漏的痕迹和破包、散捆等情况。

(2) 卸车中的注意事项

1) 应按车号、品名、规格分别堆码，做到层次分明、便于清点，并标明车号及卸车日期。

2) 注意外包装批示标志，正确钩挂、铲兜、轻起、轻放，防止包装损坏和配件损坏。

3) 妥善苫盖，防止受潮和污损。

4) 对品名不符、包装破损、受潮或损坏的配件，应另行堆放，注明标志，并会同承运部门进行检查，编制记录。

5) 力求与保管人员共同监卸，争取做到卸车和配件件数一次性点清。

6) 卸后货垛之间应留有通道，并与电线杆、消防栓等保持一定的距离；与专用铁轨外部距离 1.5m 以上。

7) 正确使用装卸工具和安全防护用具，确保人身和配件安全。

(3) 卸车后的清理。卸车后应检查车内是否卸净，然后关好车门、车窗，通知车主取车。做好卸车记录，连同有关证件和资料尽快向保管人员办理内部交接手续。及时取回捆绑器材和盖布。

2. 车站、码头提货

到车站、码头提货是配件仓库进货的主要方式。接到车站、码头的到货通知书，仓库提货人应了解所到配件的件数、重量和特性，并做好运输装卸机具和人力的准备。货到库后一般卸在库房装卸平台上，以便就近入库，或者直接入库卸货。

到车站提货，应向车站出示"领货凭证"（铁路运单副票），如"领货凭证"提货时尚未收到，也可凭单位证明或单位提货专用章在货票存查联上加盖，将货提回。到码头的提货手续与到车站提货稍有不同，即提货人事先在提货单上签名并加盖公章或附单位提货证明，到码头货运室取回货物运单，即可到指定库房提货。

提货时，应认真核对配件运号、名称、收货单位和件数是否与运单相符，仔细检查包装等外观质量，如发现包装破损、缺件、受潮、油污、锈蚀、损坏等情况，应会同承运部门一起查清，并开具文字记录，方能将货提回。

货到库后，运输人员应及时将运单连同提回的配件向保管人员点交清楚，然后由保管人员在仓库到货登记簿上签字，以示负责。

3. 到供货单位提货

仓库与供货单位同在一地时大多采用自提方式进货，订货合同规定自提的配件，应由仓库自备运输工具直接到供货单位提取。自提时付款手续一般与提货同时办理，所以应严格检查外观质量，点清数量。若情况允许，保管人员最好随同前往，以便将提货与入库验收（数量和外观质量部分）结合进行。

二、配件发运

配件发运是配件仓库根据业务部门的配件支拨单注明的发运方式或领物单位的委托，将配件通过交通运输部门承运到使用单位的一项经常性的业务。

仓库委托运输部门承运（简称托运）配件目前大多采取铁路运输方式。

1. 整车发运

凡一批配件按照它的重量或体积需要单独使用 30t 以上的一辆或一辆以上的货车装运，

或者虽然不能装满一车，但由于配件的性质、形状或运送条件等原因，必须单独使用货车装运时，都应以整车方式发运。整车发运可以是零担整装分卸，但必须在同一线路，且不得超过三站。

仓库有铁路专用线的，整车装载由仓库负责。

整车发运应根据批准的铁路运输计划进行，并填写好货物运单送交车站。货物运单是发货人和铁路部门共同完成配件运输任务而填制的，具有运输契约性质的凭证，必须按规定逐项填写，字迹清晰，尤其是到站和收货人必须准确无误。

车皮经由车站到达仓库后，应检查车种和载重量是否符合要求，车况是否完好，然后组织装车。

装车时应注意：

1）将重件、大件装底层，轻件、易碎品装上层；大箱大件装车边，小箱小件装中间。轻拿轻放，箭头标记向上，码垛稳固。装入车内的配件应当均匀地放置在车辆底板上，不能偏于一端或一侧。对于整装分卸的配件，应根据分卸到站的先后，分批装载，并作好明显的标记，防止误卸、漏卸。使用棚车，车门不致因装货而影响开闭，所装配件应与车门保持30mm以上的距离。

2）使用敞车时，不得利用侧板作渡板来装卸笨重配件。使用起重机作业要做到稳、准、轻，不要砸坏车皮侧板和车底板。箱装配件之间应装载紧密，层层压缝，特别是两端应捆绑牢固，防止车辆行驶中配件跌落。敞车中不要附装小包装的配件，以防丢失。装车完毕后盖以篷布，以防途中因淋雨、雪而受潮。

3）用平车装运，应根据配件的性质、重量、形状、大小和重心位置，采用适当的加固材料和加固方法，防止配件发生纵、横向的位移。

4）遵守车皮载重量、容积的规定，不得超载。因配件的包装或防护物的重量关系，以及使用机械装载不易计算件数的配件，装车后减吨确有困难，允许适当增载，但必须服从铁路部门的规定：

30t 车皮，可增载2%，为30.6t。

40t 车皮，可增载2t，再加2%，为42.8t。

50t 车皮，可增载3t，再加2%，为54t。

55t 车皮，可增载1t，为56t。

60t 车皮，可增载2%，为61.2t。如平车装运特殊货物，允许增载10%，为66t。

如违犯以上规定，发生行车事故，责任在装车单位。因此，装车时切忌超过载重量规定，以防发生事故。但也要注意尽量装足吨位，以提高车辆利用率，减少运费开支。因为整车配件运输以使用车辆标记载重量（即最大容许载重量）为计费重量（代用车皮除外），所以装足吨位是很重要的。

5）装车完毕后，棚车应关好门窗，做好铅封，并通知车站挂车。

6）为使收货单位做好接车准备，应及时用函、电告知对方，必要时应派人押运。

7）运输人员应于整车装运的当日或次日向车站索取货票并办理财务结算手续。

以上是仓库有铁路专用线、整车装运由仓库负责的工作程序。

配件仓库无铁路专用线时，其整车发运工作，由仓库按照铁路整车运输规定，向车站办理整车托运手续，在车站指定进货日期和装车地点后，及时把配件送到车站货场，并确定配件的件数和重量，向车站点交，然后由车站组织装车和发运。

2. 零担发运

一批配件的重量或体积不够整车发运的，按零担发运，零担发运是配件仓库主要的发货方式。零担发运的配件量小、批次多、流向分散、包装不一，工作较为复杂。

仓库零担发运工作的程序是：

1）接到业务主管部门的配件支拨单后，及时按发货工作的要求备货到指定地点，并拴挂或粘贴铁路运输货签（一般在两端各拴挂或粘贴一张），必要时在包装上还要写明到站和收货单位。

2）按规定填写配件运单，报送车站，待批发货。

3）接到车站发货通知后，对送站配件进行认真的核对。

①收货人、到站、件数、重量与配件运单填写是否一致。

②包装是否符合铁路运输要求。

4）配件送到车站指定的地点后，向铁路货运人员交货（交货中再次进行核对），然后取回运费收据，回库后交财务部门进行结算。

5）按规定格式填写"零担配件发运登记簿"，以备查考。

3. 包裹发运

配件铁路发运，除整车和零担方式外，还有包裹发运。包裹是指按铁路客运业务办理的某些需要急运的配件，这些配件随客车发运。包裹发运速度快，但运费比整车、零担都高，因此除少量紧急用货外，一般较少采用。

通过邮电部门办理的邮件发运与铁路包裹相似。

第三节 汽车配件运输合同

一、运输合同概述

1. 运输合同的概念

<u>运输合同是承运人将旅客或货物从起运地运到约定地点，旅客、托运人或收货人支付票款或运费的合同</u>。其中，承运人、旅客、托运人及收货人是运输合同的当事人，即运输合同的主体，是运输合同权利的享有者和义务的承担者。运输合同的主体与一般合同主体不同，具有其特殊性和复杂性，这是由运输合同的特点所决定的。

（1）承运人　根据运输合同双务性的特征，承运人是享有收取运费或者票款权利，承担运输义务的当事人。承运人可以是法人、其他组织、运输专业户，也可以是公民个人，但必须是依法允许经营运输业务的人。

（2）托运人　与承运人相对，托运人是享有运送权利，并支付运费的当事人。托运人可以是法人、其他组织，也可以是公民个人。我国现有各专门运输法均未对托运人加以规定，该法对托运人的主体资格并未作出任何特别的限制，只要求托运人应当具有民法规定的行为能力。

（3）收货人　收货人是指货物到达指定地点后，有权提取货物的人。在运输合同中，托运人有时就是收货人，但在多数情况下另有收货人。在托运人和收货人不一致的情况下，运输合同就涉及第三人。该第三人是运输合同的利害关系人。承运人在目的地有通知收货人，并向其交付货物的义务。收货人有权请求提取货物，同时也负有及时提货的义务。

运输合同的运输人承担的主要义务就是运输，将货物或者旅客安全、准时运到目的地，通过运输行为，使货物或者旅客发生空间地理上的位移。因此，运输过程应当包括安全、准时等必要的服务，这些都是运输合同承运人应尽的义务。

2. 运输合同的特征

1) 运输合同主体和标的具有特殊性。

①货物运输合同的主体与一般合同关系的主体不同，除直接参与签订合同的委托人和承运人外，通常还有第三人，即收货人。

②在运输合同中，合同标的是运送行为本身，而不是运送的货物本身。合同的履行结果是货物发生了位移，并没有创造新的使用价值，因此，运输合同属于劳务合同。

2) 运输合同一般为标准合同。如客票、货运单、提单等，事先由承运人制订好，当事人的基本权利义务也由专门的运输法规调整，对于这些条款，托运人一般都必须遵守，不能与承运人协商，双方当事人无权通过约定予以变更。主要适用范围是公用事业的水、电、煤气、运输、邮电、通信等垄断部门。对于集体、个体运输者的收费标准，如有规定的，按规定；没有规定的，当事人一般都可以自由协商。

3) 运输合同为有偿、双务、诺成合同。

①承运人履行将货物从一地运送到另一地的义务，从而给托运人带来"位移"的利益。承运人以运输为业，以收取运费为营利手段，托运人必须向承运人支付运费。因此，运输合同是有偿合同。

②运输合同一经成立，当事人双方均负有义务，承运人必须将货物从一地运到另一地，托运人（收货人）必须向承运人支付运费，双方的权利和义务是相互对应、相互依赖的。因此，运输合同是双务合同。

③托运人交付货物于承运人只是承运人履行运输合同的前提条件，而非成立条件。在一般的运输合同中，承运人对托运人提出的要约一旦予以承诺，合同就宣告成立。因此，运输合同是诺成合同。

二、货运合同

1. 货运合同的概念和特征

货运合同是指承运人将货物从起运地点运送到约定地点，托运人或收货人支付运输费用的合同。

货运合同从运输工具上看，包括铁路货运合同、公路货运合同、水路货运合同、航空货运合同等。货运合同除具有运输合同的一般特征外，还具有如下法律特征：

1) 货运合同的运送对象是货物，合同的内容限于运输经济行为，主要是以运输经济业务活动为内容。

2) 货运合同具有标准合同的性质，主要内容和条款由有关部门统一制定。

3) 货运合同的当事人往往涉及第三者。托运人与承运人是合同的当事人，但除了托运人和承运人之外，一般还有收货人。在托运人与收货人不一致的情况下，货运合同就涉及了第三人。收货人是合同的利害关系人，享受合同的权利并为此承担相应的义务。

4）货运合同是实践合同。承托双方除了就合同的必要条款达成协议外，还要求托运人必须将托运的货物交付给承运人，合同才能成立。

2. 货运合同订立的程序

（1）要约　要约是希望和他人订立合同的意思表示，即合同当事人的一方提出签订合同的提议，提议的内容包括订立合同愿望、合同的内容和主要条款。要约一般由托运人提出。

（2）承诺　承诺是受要约人同意要约的意思表示，即承运人接受或受理托运人的提议，对托运人提出的全部内容和条款表示同意。受理的过程包括双方协商一致的过程。

3. 货运合同的内容

签订货运合同必须按照有关规定，写明以下内容：

1）货物的名称、性质、体积、数量及包装标准。
2）货物起运和到达地点、运距以及收、发货人的名称和详细地址。
3）运输质量及安全要求。
4）货物装卸责任和方法。
5）货物的交接手续。
6）批量货物运输的起止时间。
7）年、季、月度合同的运输计划和提送期限以及运输计划的最大限量。
8）运杂费计算标准和结算方式。
9）变更、解除合同的期限。
10）违约责任。
11）双方商定的其他条款。

三、多式联运合同

1. 多式联运合同的概念

多式联运合同是指承运人用两种以上不同的运输方式，将货物运抵目的地，交付收货人，并收取全程运输费用的合同。多式联运合同实施"一票制"，即"一次托运、一次收费、一票到底、一次保险、全程负责"的综合性一条龙服务。它的最大特点是把传统的分阶段的不同运输过程，联接为统一的整体，把各种单一的运输方式，进行有机的组合，形成一种全新的运输方式。实行多式联运，在简化手续、节约费用的同时也能充分发挥各种交通工具的运输能力，发挥综合运力的优势，以便最大限度地满足国民经济生产和人民生活的需要。

2. 多式联运合同的特点

多式联运合同与一般运输合同相比，具有以下特点：

1）多式联运合同的承运人一般为两人以上。虽然多式联运合同涉及多个承运人，但托运人只需与多式联运经营人签订运输合同。其他承运人根据多式联运经营人代理自己与托运人订立的联运合同在自己的运输区段内完成运输任务。

2）多式联运合同的运输方式为两种以上相互衔接的运输方式。例如空运加水运，如果数个承运人用同一方式运输，则为相继运输。

3）托运人一次性交费并使用同一凭证。货物由一承运人转至另一承运人时，无须另行交费或办理有关手续。

4）多式联运合同承运人对货物损失赔偿一般实行限额制，且各种不同的交通工具赔偿数额具有较大的差异。具体可参见铁路和民航相关的法律、法规。

多式联运的第一承运人在合同法上称为多式联运的承运人，其他承运人在合同法上称为各区段承运人。

3. 多式联运合同的法律责任

多式联运合同涉及两个以上的承运人，也因此必然涉及两种不同的运输法规，所以，承运人的法律责任比一般的运输合同要复杂一些。具体可以采用以下两种方式处理：

1）如果货物的毁损和灭失能够确定确切的运输区段，则赔偿责任适用调整该区段运输方式的法律规定。

2）如果无法确切认定货物的毁损和灭失是由于哪个具体运段承运人的过错导致，则适用《合同法》第17章的有关规定进行处理。

第四节　汽车配件运输招标

对于一些汽车制造厂家和维修企业，由于自身运输条件有限，或为了不影响公司的主业，往往采用配件运输外包的方式，委托专业的物流企业在一定的区域和范围内，完成配件的运输，这也是我们通常所说的第三方物流。

采用配件运输外包方式，一般要进行公开招标。为了体现公开、公平和公正的原则，业主单位一般需要在网上以招标的方式公开选择适合为自身服务的物流企业。招标文件的基本内容一般包括：配件运输的产品、方式、区域和结算方式等事项。

投标文件的具体范本格式如下：

××集团××汽车售后配件运输招标公告

一、招标项目说明

1. 项目名称：××汽车售后配件运输。
2. 运输物品：售后配件、资料、物料等。
3. 运输目的地：浙江××集团国内外销售服务网点（具体目的地以实时信息为准）。
4. 运输方式：公路运输、铁路运输、水路或航空运输。
5. 项目预计业务量：约贰仟万～叁仟万元。
6. 里程数及收费标准：以2010（或国家权威部门最新）版出版社出版的地图为依据。最终数据以浙江××集团确定数据为准。
7. 费用结算方式：签约单位自审单据后，以自然月为单位，每月10日前将相关原始运输单据及结算清单交乘用车销售公司配件科审核。合格后向浙江××集团有限公司提供全额发票（以实际发运量及财务通知为准）挂账，于第4个月月底前结算运费。
8. 投标单位在递交投标文件时，应缴纳20万投标保证金。

单位名称：浙江××集团有限公司

开户银行：招商银行××分行营业部

账号：　　　　　税号：

地址：××市××区白××镇××路

联系人：　　手机：

二、基本资格要求

所有参与投标的单位必须具有国家合法有效的《企业法人营业执照》、《税务登记证》、《公路运输许可证》《组织机构代码证》等证件。（以上证件复印加盖公司公章）必须提供全套承运操作管理方法。投标单位必须认可本招标书所有条款。

三、日程安排

1）投标报名时间：201×年×月×日。

2）截止投标报名时间：201×年×月×日。

3）投标时间：201×年×月×日××时至201×年×月×日××时截止。

四、其他

1）投标地址：××省××路××号××部。

联系人：×××（电话：　　　　　邮编：　　　　　）

2）物流运输招标书电子版可向招标小组联系人×××索取。

业务联系人：　　　电话：　　　　　手机：

3）网址：www.××××××..（浙江××集团）。

http://www.××××××.com（××汽车）。

复习思考题

1. 配件运输的合理化需要考虑哪些方面的因素？
2. 什么是多式联运？多式联运一般有哪几种方式？各有什么特点？
3. 简述配件接运环节应注意的事项。
4. 为什么要签订运输合同？货运合同签订的主要程序有哪些？
5. 汽车配件运输招标的主要内容有哪些？简要拟定一份简单的配件运输招标公告。

第六章 汽车配件仓储管理

第一节 仓储与仓储管理
第二节 汽车配件的入库程序
第三节 汽车配件仓库管理
第四节 汽车配件的出库程序
第五节 汽车配件库存盘点

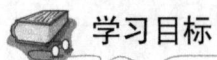

知识目标：了解仓储和仓储管理的概念及基本内容，掌握仓储管理的基本原则，熟知汽车配件保管和养护的要点。

技能目标：掌握汽车配件行业出入库的基本程序，在了解汽车配件库存盘点方法的基础上，能根据不同的情况加以合理利用。

能力目标：熟练掌握配件仓库分区、分类及货位编号的基本方法，能用5S管理、条形码技术等科学方法，对汽车配件的仓储实施科学化的管理。

仓储是现代物流过程中的一个重要环节，仓储管理就是对仓库及仓库内所储存的商品进行的科学管理，充分利用所具有的仓储资源，提供高效的仓储服务所进行的计划、组织、控制和协调过程。从现代物流发展的主流趋势来看，仓储功能已由储存出发的被动观点变为从流通着眼的主动观点，仓储的类型和功能，仓库的分类、构造、布局设计和选址等都发生了重大的变化，仓库的作业管理流程也呈现出大量新的特点。现代仓储管理主要研究动态仓储的一系列管理活动，从而达到促进仓储业加速现代化进程的目的。

第一节 仓储与仓储管理

一、仓储的概念

"仓"也称为仓库，为存放物品的建筑物和场地，可以为房屋建筑、大型容器、洞穴或者特定的场地等，具有存放和保护物品的功能；"储"表示收存以备使用，具有收存、保管、交付使用的意思，当适用有形物品时也称为储存。"仓储"则为利用仓库存放、储存未使用物品的行为。总的来说，仓储就是在特定的场所储存物品的行为，它以改变"物"的时间状态为目的，克服产需之间的时间差异，以便取得最佳的经济效果。

早期的产品储存只是为了解决产品的过剩和满足人们的消费与生产上的时间差别，仓库只是为了完成销售过程所必需的储存设施。第二次世界大战以后，消费者的需求越来越个性化和差异化，零售商对企业小批量、多品种订货的兴趣也越加浓厚，人们对仓储管理的注意力转移到了仓库的效率上。解决企业批量生产和需求差异的途径似乎又重新回到了人们对仓库的理解和对储存的认识上。或许，仓库是企业生产标准化、批量化与需求少、个性化之间有效衔接和沟通的桥梁。

随着科学技术的进步，特别是电子计算机的出现和发展，给仓储业带来了一系列的重大变化。在整个仓储活动过程中，可以使用电子计算机进行控制，增设光电感应系统，利用"自动分拣系统"对物品进行分类整理，让机器人进入仓库等。现代化仓库的出现，要求仓储工作人员专业化、仓储管理科学化、仓储手段现代化。目前，许多先进的国际仓储活动已经不是原来意义上的仓储，而是变成了一个经济范围巨大的物品配送服务中心，并发展成为现代化的仓储管理。

二、仓储的功能

从整个物流过程看，仓储主要有基本功能、增值功能以及社会功能三个方面。

1. 基本功能

基本功能是指为了满足市场的基本储存需求，仓库所具有的基本的操作或行为，包括储存、保管、拼装、分类等基础作业。其中，储存和保管是仓储最基础的功能。通过基础作业，货物得到了有效的、符合市场和客户需求的仓储处理。

2. 增值功能

通过基本功能的实现而获得的利益体现了仓储的基本价值。增值功能则是指通过仓储高质量的作业和服务，使经营方或供需方获取的除基本利益额外的利益，这个过程称为附加增值。这是物流中心与传统仓库的重要区别之一。

增值功能的典型表现方式如下：一是提高客户的满意度。当客户下达订单时，物流中心能够迅速组织货物，并按要求及时送达，提高了客户对服务的满意度，从而增加了潜在的销售量。二是信息的传递。在仓库管理的各项事务中，经营方和供需方都需要及时而准确的仓库信息。例如仓库利用率、进出货频率、仓库的地理位置、仓库的运输情况、客户需求状况以及仓库人员的配置等信息，这些信息为用户或经营方进行正确的商业决策提供了可靠的依据，提高了用户对市场的响应速度，提高了经营效率，降低了经营成本，从而带来了额外的经济利益。

3. 社会功能

仓储的基础作业和增值作业会给整个社会物流过程的运转带来不同的影响，良好的仓储作业与管理会带来正面的影响，例如保证了生产、生活的连续性；反之，则会带来负面的效应。这些功能被称为仓储的社会功能。

第一，时间调整功能。一般情况下，生产与消费之间会产生时间差，通过储存，可以克服货物产销在时间上的隔离。农产品供应商常常向农民提供现场储备服务，以便在销售旺季把产品堆放到最接近关键顾客的市场中去，销售季节过后，剩余的存货就被撤退到中央仓库中去。

第二，价格调整功能。生产和消费之间也会产生价格差，供过于求、供不应求都会对价格产生影响，因此，仓储可以克服货物在产销量上的不平衡，达到调控价格的目的。

第三，衔接商品流通的功能。商品仓储是商品流通的必要条件，为保证商品流通过程连续进行，就必须有仓储活动。仓储可以防范突发事件，保证商品顺利流通。例如运输被延误会使卖主缺货，对生产厂家而言，因为原材料供应的延迟将导致产品生产流程的阻碍，严重甚至会出现停产损失。

三、仓储的作用

仓库管理是汽车配件销售企业管理的重要组成部分，是为汽车配件销售服务的物资基地，主要作用如下。

1. 保证汽车配件使用

汽车配件销售企业的仓库是服务于用户的，是为本企业创造经济效益的物资基地。仓库管理的好坏是汽车配件能否保持使用价值的关键之一。如果严格地按照规定加强对配件的科学管理，就能加快资金周转，降低物流成本，保持配件原有的使用价值，提高经济效益。否则，就会造成配件的锈蚀、霉变或残损，使其部分甚至是全部失去使用价值。所以，加强仓库科学管理，提高保管质量，是保持所储存汽车配件价值的重要手段。

2. 为用户提供配件服务

用户需要各种类型的汽车配件，汽车配件销售企业在为用户服务的过程中，仓库管理系统要保证库房整洁，准确登录零配件的存量记录，灵活、充分地利用货仓空间，以最低成本达到较高的及时供货率和客户满意率。仓库保管员通过大量复杂而细致的工作，将用户所需要的配件发给用户，满足用户的需求，以实现销售企业服务交通运输、服务用户的宗旨。

四、仓储管理

仓储管理简单来说就是对仓库及仓库内的物质所进行的管理，是仓储机构为了充分利用所具有的仓储资源提供高效的仓储服务所进行的计划、组织、控制和协调过程。具体地说，仓储管理是对物流过程中货物的储存以及由此带来的包括仓储资源的获得、仓储商务管理、仓储流程管理、仓储作业管理、安全管理和人事管理等一系列的管理工作。

仓储管理的内涵随着现代物流业的发展及其在社会经济领域中的作用不断扩大而变化。仓储管理从单纯意义上的对货物储存的管理，已发展成为现代物流管理中的中心环节，它的功能已不是单纯的货物储存，而是兼有包装、分拣、整理和简单装配等多种辅助性功能。因此，广义的仓储管理应包括对这些工作的管理。

五、仓储管理的基本内容

仓储管理是服务于一切库存物资的经济技术方法与活动，其对象是"一切库存物资"，管理的手段既有经济的又有技术的，具体包括如下几个主要方面：

1) 仓库的选址与建筑问题。例如：仓库的选址原则，仓库建筑面积的确定，以及库内运输道路与作业区域的布置等。

2) 仓库机械作业的选择与配置问题。例如：如何根据仓库作业的特点和所储存物资的种类及其理化特性，选择机械装备以及应配备的数量；如何对这些机械进行管理等。

3) 仓库的业务管理问题。例如：如何组织物资入库前的验收，如何存放入库物资，如何对在库物资进行保管养护、发放出库等。

4）仓库的仓储管理问题。例如：如何根据企业的生产需求状况，储存合理数量的物资，既不致因为储存过少引起生产中断和服务水平下降而造成损失，又不致因为储存过多而占用过多的流动资金等。

此外，仓储成本的核算与绩效考核，新技术、新方法在仓库管理中的应用问题，仓库安全与消防问题等，都是仓储管理所涉及的内容。

六、仓储管理的原则和任务

（一）仓储管理的原则

保证质量、注重效益、提高效率、确保安全和完善服务是仓储管理的基本原则。

1. 保证质量

保证质量是指库存物品在保管期内，不变质、不生锈、不腐烂、不变味、不虫咬、不发霉及不燃、不爆等。仓储管理中的一切活动，都必须以保证在库物品的质量为中心，仓储活动中的各项作业必须要有质量标准，并严格按照标准作业，没有质量的数量是无效的、有害的。由于用户需求日益多样化、个性化，因而企业在质量水平、营业水平上都面临着激烈的竞争。按照 ISO 9002 标准进行质量体系认证，已成为当今国际服务贸易领域的发展趋势。

2. 注重效益

在市场经济条件下，仓储企业的业务活动应围绕着获得最大经济效益的目的进行组织和经营。仓储活动中所耗费的物化劳动和活劳动的补偿是由社会必要劳动时间决定的。实现利润最大化则需要做到经营收入最大化和经营成本最小化。仓储活动应为实现一定的经济效益目标，必须力争以最少的人、财、物消耗，及时、准确地完成最多的储存任务。

3. 提高效率

效率管理是仓储其他管理的基础，没有生产的效率，就无法开展优质的服务。仓储的效率表现在仓容利用率、货物周转率、进出库时间和装卸车时间等指标上。

高效率的实现是管理艺术的体现，通过准确核算、科学组织、妥善安排场所和空间及机械设备与人员合理配合，形成部门与部门之间、人员与人员之间、设备与设备之间、人员与设备之间默契配合，使生产作业过程有条不紊地进行。

高效率还需要有效管理过程的保证，包括现场的组织与督促、标准化和制度化的操作管理以及严格的质量责任制的约束等。

4. 确保安全

仓储活动中不安全因素很多。有的来自库存物，如有些物品具有毒性、腐蚀性、辐射性和易燃、易爆性等；有的来自装卸搬运作业过程，如每一种机械的使用都有其操作规程，违反规程就要出事故；还有的来自人为破坏。因此，特别要加强安全教育，提高认识，制定安全制度，贯彻执行"安全第一，预防为主"的安全生产方针。

5. 完善服务

仓储活动本身就是向社会提供服务产品。问题在于是向所有的顾客提供同样的服务，还是针对不同的顾客提供不同的服务。对企业来说，与那些为企业创造了 75%～80% 利润的占客户总数 20%～30% 的重要顾客建立牢固关系，无可厚非；将大部分营销预算花在只创造公司 20% 利润的 80% 的顾客身上，无疑也是一种浪费或效率低下。这是一个不容争论的事实。事实上，无论是一对一营销还是顾客关系管理技术等现代营销思想，已经以一种

"顾客分类管理"的方式将顾客进行区别对待，相应地社会对优质服务、个性化服务等方面的需求也就给企业提出了新的课题。

仓储的服务水平与仓储经营成本有着密切的相关性，两者互相对立。服务好，成本高，收费则高，仓储服务管理就是在降低成本和提高（保持）服务水平之间保持平衡。

（二）仓储管理的任务

仓储管理的任务是由仓储的地位与作用决定的，具体包括以下内容：

1. 以高效率、低成本为原则组织仓储生产

仓储生产包括货物入仓、堆存、出仓的作业，仓储物验收、理货交接，在仓储期间的保管照料、质量维护、安全防护等。仓储生产的组织遵循高效、低耗的原则，充分利用机械设备、先进的保管技术和有效的管理手段，实现仓储快进、快出，提高仓储利用率，降低成本，不发生差、损、错事故，保持连续、稳定的生产。生产管理的核心在于充分使用先进的生产技术和手段，建立科学的生产作业制度和操作规程。非独立经营的部门仓储管理的中心工作就是开展高效率、低成本的仓储生产管理，充分配合企业的生产和经营。

2. 从技术到精神提高员工素质

仓储管理本身是对"物"的管理，但这种管理又是由人来实现的。仓储管理的一项重要工作就是不断提高员工的素质，根据企业形象建设的需要加强对员工的约束和激励。只有较高素质的劳动者与现代机器设备相结合，才能充分发挥这些设备的作用；反之，没有高素质的职工队伍，就不可能有高水平的管理。提高职工队伍的业务技术水平，是提高仓储管理整体水平的必要条件，也是改善仓储管理的重要任务之一。

3. 利用市场经济手段获得最大的仓储资源配置

市场经济最主要的功能是通过市场的价格和供求关系调节经济资源的配置，配置仓储资源也应依据所配置的资源能获得最大效益为原则。具体任务包括：根据市场供求关系确定仓储的建设；依据竞争优势选择仓储地址；以生产差别产品决定仓储专业化分工和确定仓储功能；以所确定的功能决定仓储布局，合理规划仓储设施网络；根据设备利用率决定设备配置，不断扩大仓库储存能力，提高作业效率。

4. 做好仓储物资的验收、发运以及保管工作

做好仓储物资的验收、发运以及保管工作，保证企业生产获得及时、齐备、准确及完好的物品供应。

5. 确保仓库和物品安全

防止火灾和盗窃，以保证仓库物品和仓库不受意外损失，是仓储管理的重要任务。因此，一切物品均应存入合适的仓库，规定严格的防护制度。仓库消防系统要有专人负责，使之始终处于正常状态。

第二节　汽车配件的入库程序

配件入库是物资储存活动的开始，也是仓库业务管理的重要阶段。这一阶段主要包括接运、验收和办理入库手续等环节。

一、接运

进仓是配件入库的第一步。它的主要任务是及时而准确地接收入库配件。在接运时，要对照货物单认真检查，做到交接手续清楚，证件资料齐全，为验收工作创造有利条件。应避免将已发生损坏或差错的配件带入仓库，造成仓库的验收或保管出现困难。

二、验收

1. 配件验收的重要性

验收是零配件处理和单据流动过程中的关键一步，配件一经验收入库，仓库保管工作就正式开始，同时也就划清了入库和未入库之间的责任界限。准备入库的配件情况比较复杂，有的可能是不合格品；有的在出厂时虽然是合格的，但是经过装卸、搬运和物流环节后，致使包装损坏、数量短少、质量改变。验收中出现任何差错都会损害整个零配件业务，并造成下列问题：直接利润损失、损害用户的满意程度以及破坏整个仓储管理循环的信息流程。因此，搞好入库验收工作，把好"进仓关"，可以为仓库的保管质量提前打下良好的基础。

2. 核对资料

凡要入库的零配件，都应具备相应的资料，如入库通知单、供货单位提供的质量证明书、发货明细表、装箱单、承运部门提供的运单及必要的证件等，仓库需对上述各种资料进行整理与核对，确保无误后才可进行实物验收。

3. 验收标准

配件外包装完整无破损；配件表面无碰伤、损坏；配件实际到货数与货物装箱单数量相符；配件编号、型号、规格与进货清单相符；无错发、漏发等现象。

4. 实物验收

实物验收主要包括对配件数量和质量两方面的验收。

数量验收是查对所到配件的名称、规格、型号、件数等是否与入库通知单、运单、发货明细表一致。数量验收是整个入库验收工作中的重要组成部分，是搞好保管工作的前提。库存配件的数量是否准确，在一定程度上是与入库验收的准确程度分不开的。

质量验收就是配件仓库管理人员运用自己掌握的专业知识、技术和在实践中总结摸索出来的经验，对入库配件的质量进行检查和验收。主要检验汽车配件证件是否齐全，是否符合质量要求。例如：有无合格证、保修证、使用说明；还要检查有无变质、水湿、污染、机械损伤；是否假冒等。必要时，可通知企业技术检验部门进行检验。

验收后要注意妥善保管配件的原厂合格证等原始资料，以便对质量问题提出交涉和索赔时使用。

5. 开箱点验

凡是配件属原厂包装的产品，一般开箱抽查点验的数量为5%~10%。如果发现包装内数量不符或外观质量有明显问题时，可以不受上述规定的限制，适当增大开箱检验的比例，甚至可以全部开箱。对数量不多且价值很高的汽车配件、非生产厂原包装的或拼箱的汽车配件、国外进口汽车配件以及包装损坏或异状的汽车配件等，必须全部开箱点验，并按入库单所列内容一一核对验收，同时还要查验合格证等证件，经全部查验无误后才能入库。

三、入库

汽车配件经过验收后，对于质量完好、数量准确的汽车配件，应及时办理入库手续，进行登账、立卡及建档，妥善保管配件的各种证件、账单资料。

1. 登账

仓库对每一品种规格及不同级别的物资都必须建立收、发、存明细账，它能及时、准确地反映物资储存动态的基础资料。登账时必须要以正式收发凭证为依据。

2. 立卡

物卡是一种活动的实物标签，它用来反映仓储配件的名称、规格、型号、级别、储备定额和实存数量，一般直接挂在货位上。

3. 建档

历年来的技术资料及出入库有关资料应存入档案，以便查阅和积累配件保管经验。档案应一物一档，统一编号，以便查找。

4. 计算机管理

运用汽车配件管理软件，对入库配件进行高效率的自动化管理。原始库存入库单如图6-1 所示。

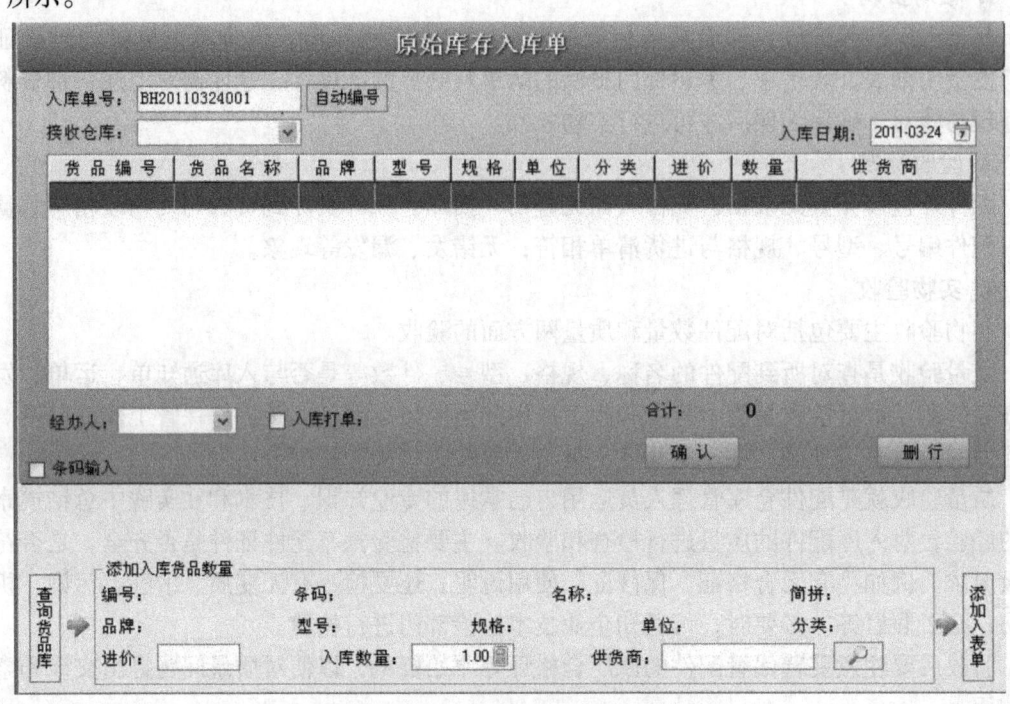

图 6-1　原始库存入库单

第三节　汽车配件仓库管理

仓库是用来储存和保管汽车配件的场所，仓库管理就是对储存的汽车配件进行合理保管和科学管理。

一、汽车配件的储存条件

根据汽车配件不同的材料、结构形态和质量以及技术性能等方面的要求，应区别具体情况，提出不同的储存条件。

1）所有汽车配件应储存在仓库或有遮盖的干燥场地内，应无有害气体侵蚀和影响，且应通风良好，不得与化学药品、酸碱物资一同存放。

2）储存的仓库应保持在相对湿度不超过75%，温度在20~30℃范围内。对于橡胶制品，特别是火补胶，则应在能保持环境温度不超过25℃的专仓内储存，以防老化，保证安全。

3）对于电器配件，橡胶制品配件，玻璃制品配件，由于这些配件自重小，属轻抛物资，因此不能碰撞和重压，否则将促使这些配件的工作性能失准、变形或破碎，故应设立专仓储存，而且在堆垛时应十分注意配件的安全。

4）对于发动机总成的储存期，如果超过半年，则必须进行维护。一种办法是将火花塞（汽油机）或喷油器（柴油机）自气缸盖上拆下，螺孔中注入车用润滑油少许，以保持气缸中摩擦副零件具有良好的润滑油膜，防止长期缺油生锈。如果超过1年，则除应作上述维护外，还应在气缸中加入润滑油后，再用蓄电池起动起动机带动曲轴旋转数秒钟，使润滑油膜在活塞行程的气缸壁上涂覆得更彻底、均匀，然后旋上火花塞或喷油器。

5）对于蓄电池的储存，更应防止重叠过多和碰撞，防止电极及盖因重压而受损，而且应注意加注电解液塞的密封，防止潮湿空气侵入。至于极板的储存，则应保持仓间干燥，储存期一般规定为6个月，必须严格控制。

6）对于像软木纸、毛毡制油封及丝绒或呢制门窗嵌条一类超过储存期半年以上的配件，除应注意保持储存场地干燥外，在毛毡油封或呢槽的包装箱内，应放置樟脑丸，以防止霉变及虫蛀。

二、配件仓库管理工作的基本要求

1）对进厂配件认真检查、验收、入库。
2）采用科学方法，根据配件不同的性质，进行妥善的维护保管，确保配件的安全。
3）配件存放应科学合理，整齐划一，有条不紊，便于收发查点、检查和验收，并保持库容的文明整洁。
4）配件发放要有利于生产，方便工人，做到深入现场，送货上门，满足工人的合理要求。
5）定期清仓、盘点，技师应掌握配件变动情况，避免挤压浪费和丢失，保持账、卡、物相符。
6）不断提高管理和业务水平，使验收、分类、堆放、发送、记账等手续简便、迅速和及时。
7）搞好旧配件和废旧物资的回收利用。

三、配件仓库的 5S 管理

5S 活动起源于日本，5S 活动的对象是现场的环境。5S 是指整理（SEIRI）、整顿（SEITON）、清扫（SEISO）、清洁（SEIKETSU）、素养（SHITSUKE）。

在仓储管理中推行 5S 管理，可对仓库作业的现场进行有效的改观和改善，不仅有助于调节人员情绪、保障配件的品质和安全、减少浪费、提高效率，而且有助于提升企业的形象。5S 活动的核心和精髓是素养，如果员工队伍的素养不能够得到相应的提高，则 5S 活动是难以开展和持续下去的。

1. 整理

整理是将工作现场内的物品进行分类，并把不要的物品坚决清理掉。一般把工作现场的配件分为经常用的、不经常用的和不再使用的等三大类。整理就是要把经常用的放在容易取到的地方，把不经常用的储存在专有的固定位置，把不再使用的清除掉。对仓库作业现场进行整理后，可腾出更大的空间，也可防止配件被混用、错用。

2. 整顿

整顿是把有用的配件按规定分类摆好，并做好相应的标志，不要乱堆乱放，防止诸如"该找的东西找不到"等无序的状况发生。

3. 清扫

清扫的意思很容易理解，就是把工作现场所有的地方以及工作时使用的工具、仪器、设备、材料等打扫干净，使工作现场干净、宽敞、明亮。清扫的意义不仅仅在于现场环境的改善，而且通过清扫可以达到维护生产安全、减少差错事故的目的。

4. 清洁

清洁是指经常性地开展整理、整顿和清扫工作，并对该三项工作进行定期和不定期的检查和监督。

5. 素养

素养是指每个员工都能够养成良好的习惯，表现为积极向上、精神饱满、文明礼貌、遵守规则、主动学习、乐于助人、团结协作等。

良好的习惯从小事做起，推行 5S 管理，必须注重细节管理。同时，开展 5S 管理必须形成制度、经常性检查和督促并持之以恒，以确保管理收到实效。

四、配件的分区、分类及货位编号

（一）分区、分类

库存保管要对汽车配件进行分区、分类，进行分区、分类时要贯彻"安全、方便、节约"的原则，在配件性质、养护措施、消防措施基本一致的前提下进行统一规划。

1. 分区、分类前调研

规划分区、分类之前，要调查研究需要入库储存的汽车配件情况。主要包括：经营汽车配件的品种和数量以及进、出库的批量；汽车配件性能、包装状况及其所需要的保管条件；汽车配件收发、装卸和搬运等所需要的机具、设备和工作量的大小；有无特殊的保管、验收和理货要求等。

通过对购销业务活动的调查与分析，分清在性能、养护和消防方法上一致的各类汽车配件所需仓容；考虑对储存、吞吐条件的要求，结合仓库具体设备、条件等因素后，即可进行分区、分类。

2. 分区、分类的方法

对汽车配件分区、分类大体有以下两种情况：

（1）按品种系列分类，集中存放。例如，储存发动机配件的仓库（区）叫做发动机仓库（区）；储存通用汽车配件的仓库（区）叫做通用配件仓库（区）；储存底盘配件的仓库

（区）叫做底盘仓库（区）等。

（2）按车型系列分库存放。如国产汽车配件仓库（区）、进口汽车配件仓库（区）等。

3. 分区、分类应注意的事项

1）按汽车配件性质和仓库设备条件安排分区、分类。

2）性质相近和有消费连带关系的，要尽量安排在一起储存。

3）对于互有影响、不宜混存的汽车配件，一定要隔离存放，如橡胶制品和燃润油料不能混放。

4）按作业安全和方便分区、分类。例如，出入库频繁的汽车配件要放在靠近库门处；粗、重、长、大的汽车配件不宜放在库房深处；易碎汽车配件避免与质量较大的汽车配件存放在一起，以免在搬运时影响易碎汽车配件的安全。

5）消防灭火方法不同的汽车配件不得一起储存。

（二）货位编号

1. 货位编号的方法

（1）库房的编号　为方便管理，要对各个库房（货场）进行编号，并在编号后面分别加"库"或"场"字样。可以按一定顺序用数字为库房（货场）编号，如由前至后以左单号、右双号的顺序排列；或按储存汽车配件类别不同编号，如东风汽车配件库、解放汽车配件库等。

（2）库房内货位的编号　货位编号是指根据库房面积大小、储存汽车配件的数量和种类将库房划分为若干货位。一般以中心走道为轴线，将货位按左单号、右双号或自左而右的顺序排列，编上号码，并用涂料把货位号写在水泥地面上或柱子、房梁、天花板上显眼易见的地方。图6-2 所示为仓库横列式布置。

（3）货架编号　货架编号的方法很多，常见的有以下两种：

1）摆放汽车总成配件或整箱配件用的货架，其编号一般从属于库房和货位编号，只要在库

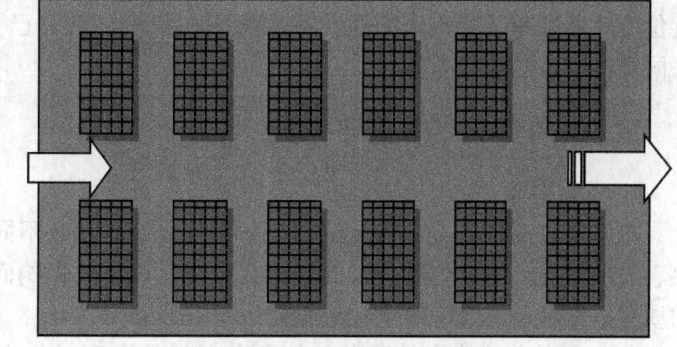

图6-2　仓库横列式布置

房和货位编号末尾加注该货架号并标注"上、中、下"字样即可，如5号库6货位的2号货架的中层，可写为5—6—2中，这样就可以按号找货了。

2）在已拆箱付零的仓库里，许多汽车配件需要拆件分类放在货架的每一层、每一格里，以便发货。一个仓库有许多货架，为了便于管理，必须按业务需要进行货架编号，其形式多种多样。一般以排为单位进行编号，如库房内有16排4层的货架，每排有16个格眼，编号时可编成1排1—16号，2排1—16号，以此类推，逐排逐号按顺序编列号码，以便存取。

如5号仓库第4排货架第3号格眼，可以写成$5\frac{3}{4}$以示货架标号。货架编号示意图如图6-3所示。

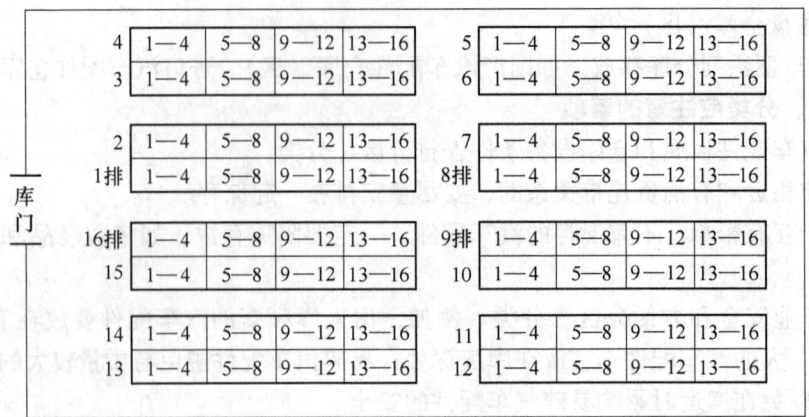

图 6-3　货架编号示意图

2. 货位编号的使用要求

货位编号是汽车配件在库的"住址"，标志必须明显、清楚。保管人员、记账人员必须使用仓库统编的货位号，对号收、发货。仓库货位号的书写方法在一个仓库中必须一致。

汽车配件入库时，保管人员根据汽车配件的堆码位置，把货位号注明在入库凭证上，以便在记账时附注货位号；汽车配件出库时，要把货位号注明在出库凭证上，以便按号找货。

在库的汽车配件，如果整理货物时变动了存放位置，保管人员应立即填制内部汽车配件货位变动通知单，将汽车配件转移后的所在货位（除自己更改货位号外）及时通知记账员一同更改，以防止发生差错。

五、汽车配件的保管与养护

1. 保管要领

汽车配件品种繁多，因为使用的材料和制造方法的不同而各具特点，有的怕潮、有的怕热、有的怕光、有的怕压等，储存中会受自然因素的影响而发生变化，甚至会影响配件商品的质量。因此，在仓库管理中要做到以下几点：

（1）坚持先进先出的原则　各类汽车配件出厂时都规定了保证产品质量的储存日期，如各类金属配件在正常保管条件下 12 个月内不发生锈蚀；橡胶制品（如制动皮碗、胶皮水管、轮胎、V 带等），离合器片和蓄电池等也都有规定的保质期限。如果超出期限，就会影响汽车配件的使用性能或使用寿命。因此要保证先进的配件先出库，力求在保质期限内尽快销售。

（2）合理安排库房和货位　把不同类型、不同性质的配件，根据其对储存条件的要求，分别安排在合适的仓库和货位。

例如：对于忌潮的金属配件，就应该集中放在通风、干燥的位置；对于忌高温的配件，如橡胶制品、油品等，就应该放在能避光的位置；对于高档或已开箱的配件，如收音机、仪器、仪表和轴承等，在条件具备的情况下，可设密封室或专用储存柜储存。

（3）必要时加枕垫及苫布　汽车配件绝大部分都是金属制品，应忌潮湿，不应直接置于地上存放，一般应加垫储存，以防锈蚀。枕垫的高度一般为 10～30cm。为了防晒、防尘等，对有些配件还应加盖苫布。

（4）加强仓库内温度、湿度的控制　可采取自然通风、机械通风或使用吸潮剂等措施，以控制库内温度、湿度。必要时还应在配件库内安放温度计和湿度计，以便随时监控。储存环境不符合要求时，应及时采取相应的措施进行改善。

（5）建立配件保养制度　选派有汽车配件保养知识和保养经验的人员，对滞销积压及受损配件进行必要的保养和修复，把库存配件的损失降到最低。

（6）保持库内外清洁卫生　要做到库房内外无垃圾、杂草、杂物，以防止尘土、脏物、虫害、鼠害对配件造成损伤。若发现虫害、鼠害，应及时采取措施捕灭。

2. 特殊配件的存放

（1）忌沾油汽车配件的存放　轮胎、水管接头等橡胶制品怕沾柴油、润滑脂和润滑油，尤其怕沾汽油，若常与这些油类接触，就会使橡胶配件膨胀、老化，加速损坏和失效。

干式纸质空气滤清器的滤芯不能沾油，否则灰尘、沙土等会粘附于其表面，将滤芯糊住，影响滤清效果。

发电机、起动机的电刷和转子若沾上润滑脂、润滑油等，则会造成电路断路，使工作不正常，甚至汽车不能起动。

风扇传动带和发电机传动带若沾上油就会引起打滑，影响正常工作。

离合器的摩擦片和制动器的制动蹄片应保持清洁、干燥，若沾上油，就会打滑，进而影响传动和制动效果。

散热器沾上润滑油、润滑脂后，沙尘会粘附于其表面，会影响散热效果。

所以，存放以上配件时必须严格与油品隔离。

（2）爆燃传感器的存放　爆燃传感器受到重击或从高处跌落会损坏，为防止取放时失手跌落，这类配件不应放在货架或货柜的上层，而应放在底层，且应分格存放，下面还应铺上海绵等软物。

（3）减振器的存放　减振器在车上是承受垂直载荷的，若长时间水平放置，则会使减振器失效。因此，在存放减振器时要将其竖直放置。对于水平放置的减振器，在装车之前，要在垂直方向上进行手动抽吸，使其恢复工作效能。

（4）蓄电池的存放　存放蓄电池时，室温应保持在 5~40℃。室内干燥，通风良好，不受阳光直射，远离热源，同时应避免与任何液体和有害物质接触。

（5）精密液压偶件的存放　精密液压偶件是配合精密的配件，忌重压、碰撞、摔落，这类配件应保持良好的包装，分格存放。

六、用条形码管理汽车配件

要维持一个配件仓库的正常功能，就要处理好配件的入库、出库、统计、盘点、收集订单、交货、验货、填写发货单和签发收据等事宜。这些工作反复涉及在库配件和进货配件的品名、规格、型号、产地、进价及售价等参数。如果给所有配件上都标注上条形码标签，则可以避免仓库管理人员反复抄写上述项目。

进货、发货时，工作人员只需利用便携式条形码阅读器——光笔读入货物包装上的条形码信息，然后通过条形码命令数据卡输入相应的数值和进货或发货命令，计算机就可以打印出相应的单据。通过与主计算机联网，主计算机即可自动结算货款、自动盘货，使以上各环节更加简化、快速且准确。

1. 条形码的结构

条形码由黑色条符和白色条符根据特定的规则组成,黑、白条符以不同的排列方法构成不同的图案,从而代表不同的字母、数字和其他人们熟悉的各种符号。条形码示例如图6-4所示。

一个完整的条形码信息由多个条形代码组成。由于整条信息中的黑、白条符交替整齐地排列成栅栏状,人的眼睛不易区别其中单一字符的条形代码,要利用电子技术来识别。

2. 条形码信息的阅读

在仓库汽车配件条形码管理中,一般采用便携式条形码阅读器阅读汽车配件条形码信息。

便携式条形码阅读器一般配接光笔式或轻便的枪型条形码扫描器。便携式条形码阅读器本身就是一台专用计算机,有的甚至就是一部通用微型计算机。这种阅读器本身具有对条形码扫描信号的译解能力,条形码内容译解后,可直接存入计算机内存或机内磁带储存器的磁带中。阅读器本身具有与计算机主机通信的能力。通常,它本身带有显示屏、键盘、条形码识别结果声响指示及用户编程功能。使用时,这种阅读器可与计算机主机分别安装在两个地方,可以通过线路连成网络,也可以脱机使用,利用电池供电,特别适用于流动性数据采集环境。收集到的数据可定时送到主机内进行储存。

图6-4 条形码示例

七、废旧物资的回收和利用

对维修过程中产生的一些边角料、废配件、废料以及报废的设备和工具等,凡具有利用价值的,都应积极组织回收,在经济合理且不影响产品质量的前提下,企业应加以修复、改制和利用。应建立制度保证废旧物资的回收和利用。

第四节 汽车配件的出库程序

汽车配件出库是仓库管理的最后一环,它的任务是把配件及时、迅速而准确地发放到使用者手中。出库工作的好坏关系到企业资金的周转速度,直接影响企业的生产秩序。

为保证配件出库的及时、准确,应使出库工作尽量一次完成。同时,要认真实行"先进先出"的原则,减少物资的储存时间,特别是有保存期限的配件,应在限期内发出,以免配件变质损坏。应严格按照出库程序进行工作。出库流程如图6-5所示。

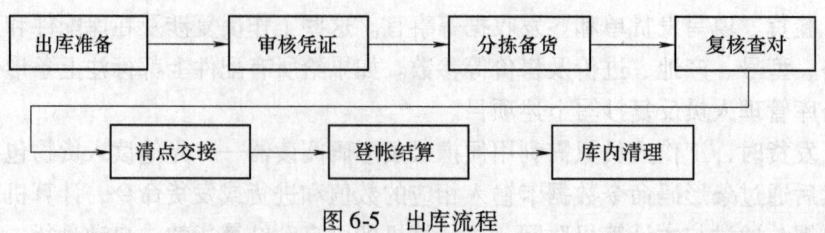

图6-5 出库流程

一、出库的程序

1. 核对单据

业务部门开出的提货单据（包括供应发票、转仓单、商品更正通知单以及补发、调换、退货通知单等）是仓库发货、换货的合法依据。仓库保管人员接到提货或换货单据后，先核对单据内容、收款印章，然后给予备货。如果发现问题，应及时与有关部门联系解决。

2. 备货

备货前应将提货单据与卡片、实物核对，核对无误后方可备货。

3. 复核、装箱

备货后一定要认真复核，复核无误后，属于用户自提的，可以当面点交；属于外运的，可以装箱发运。

在复核中，要按照单据内容逐项核对，然后将单据的随货同行联和配件一起装箱。如果是拼箱发运的，应在单据的仓库联上注明；如果编有箱号的，应注明拼在几号箱内，以备查找。无论是整箱或拼箱，都要在箱体外注明箱内配件的名称、型号、数量、接货地及接货单位（或接货人）等，以防止在运输途中发错到达站。

4. 报运

需要外运的配件经过复核、装箱后，需要过磅称重的要及时过磅称重，然后按照装箱单内容逐项填写清楚，报送运输部门，向承运单位申请准运手续。

5. 点交和清理

领货人凭装箱单向仓库提货时，保管人员应先审查单据内容、印章以及经手人签字等，然后按单据内容如数点交。点交完毕后，随即清理现场，整理货位，腾出空位，以备再用。

用户自提的一般不需备货，随到随发，按提货单内容当面点交，并随时结清，做到卡、物相符。

6. 单据归档

发货完毕，应及时将提货单据（盖有提货印章的装箱单）归档，并按照其时间顺序分月装订，妥善保管，以备核查。

二、出库的要求

1. 凭单发货

仓库保管人员发现提货单据内容有误、填写不符合规定、手续不完备的，可以拒绝发货。

2. 先进先出

保管人员一定要坚持"先进先出，出陈储新"的原则，以免造成配件积压时间过长而变质报废。因为许多汽车配件都存在保质期，更新换代也很快，配件制造工艺也在不断地更新，所以如果积压时间过长，则很可能因为变质、老化、淘汰老旧产品而报废。

3. 及时准确

一般大批量发货不超过2天，少量货物随到随发。凡是注明发快件的，要在装箱单上注明"快件"字样。发出配件的车型、品种、规格、数量、产地及单价等都要符合单据内容。因此，出库前的复核一定要细致，过磅称重也要准确，以免因超重而发生事故。

4. 配件待运

配件在未离库前的待运阶段要注意安全管理，例如忌潮的配件要加垫、怕晒的配件要放在避光通风处。总之，配件在未离开仓库之前，保管人员仍然要保证其安全。

三、发货的复核

1. 送货的复核

需要对外送货的汽车配件在发货时，由仓库保管人员凭送货提货单配货，填写标签。备货后集中于待运场所时，在装车前还要进行逐单核对。复核的内容包括：汽车配件有无差错；箱号、件数是否相符；发往地点与运输路线有无错误；收货单位名称书写是否正确、清楚等。复核后，理货人员应在出库凭证上签字或盖章，以明确责任。

2. 自提的复核

自提汽车配件出库时，保管人员根据提货单配货发付，由复核人员或其他配合工作的保管人员会同提货人（顾客）对汽车配件的品名、规格、等级及数量等进行复核。未经复核或单货不符的汽车配件不得出库。

3. 装箱的复核

出库汽车配件凡是由仓库装箱的，由保管人员按单配货，交给装箱人员复核汽车配件品名、规格、等级、数量和计算单位等，并填制装箱单，签字或盖章后将其置于箱内，然后施封。

4. 账、货、结存数的复核

保管人员据单备货，从货垛、货架上取货以后，应立即核对汽车配件结存数；同时检查汽车配件的数量、规格等是否与记账员在出库凭证上的账面结存数相符，并且要核对汽车配件的货位号、货卡有无问题，以便做到账、货、卡三者相符。

第五节　汽车配件库存盘点

一、盘点的目的

配件库存盘点，是指仓库定期或不定期地对库存汽车配件的数量进行核对，清点实存数，如实地反映存货的增减变动和结存情况，并加以整理，使账物相符。配件存货位置准确，以利于分析存货的合理性和经营状态的优劣。

通过盘点，彻底发现和查清库存配件管理中已暴露的或隐蔽、潜在的差错和事故，及时查处并补救，尽量减少和避免损失。

二、盘点的内容

1）核对存货的账面结存数与实际结存数，查明盈亏存货的品种、规格和数量，并予以分析。

2）查明变质、损坏的存货以及超储积压和长期闲置的存货品种、规格和数量。

3）收集、汇总、清除伤、残、损件且登记在册，并采取有效措施予以处理与隔离。同类零配件需集中摆放，不应混放；检查零配件的摆放位置是否正确，以便于查找；货位标签是否正确完好，否则应更换。

4）进行清仓打扫，按库房管理规定进行清理整顿。

三、盘点的形式

盘点主要有永续盘点、循环盘点、定期盘点和重点盘点等形式。

1）永续盘点。永续盘点指保管人员每天对有收发动态的配件盘点一次，并汇总成表，以便及时发现和防止收发差错。

2）循环盘点。循环盘点指保管人员对自己所管物资分别按轻、重、缓、急作出月盘点计划，按计划逐日盘点。

3）定期盘点。定期盘点指在月、季、年度组织清仓盘点小组，全面进行盘点清查，并制出库存清册。

4）重点盘点。重点盘点指根据季节变化或工作需要，为某种特别目的而对仓库物资进行的盘点和检查。

四、盘点方法和表格

1. 配件盘点的方法

实地盘点法：盘点时，不便清点的小件可以用称重法求总数，即先数出一定数量的配件作为"标准件"，仔细称出"标准件"的重量，再称出所有仓储重量，即可算出总数。

2. 称重法

计算公式为

$$总数 = \frac{总重 \times 标准件的数量}{标准件的重量}$$

3. 表格

1）盘点卡。盘点卡上有盘点日期、盘点人签字、配件号、名称、位置码和清点结果。

2）盘点总表。盘点总表用于盘点结果登记，其上包括每个件的位置码、账面数和清点数。

3）盘点报表。盘点报表包括进货价格、账面数、实际存数、盈亏数量、金额和原因，反映仓储变质和超储积压情况，并以此作为盘点的结果和财务处理的依据。

五、盘点中出现问题的处理

对于盘点后新出现的盈亏、损耗、规格串混、缺货等情况，应组织复查落实，分析产生的原因并及时予以处理。

1. 储耗

对易挥发、潮解、溶化、散失、风化等物资，允许有一定的储耗。凡在合理储耗标准以内的，由保管人员填报"合理储耗单"，经批准后，即可转财务部门核销。储耗的计算，一般一个季度进行一次，计算公式如下

$$合理储耗量 = 保管期平均仓储量 \times 合理储耗率$$
$$实际储耗量 = 账存数量 - 实际数量$$

$$储耗率 = \frac{保管期内实际储耗量}{保管期内平均仓储量} \times 100\%$$

实际储耗量超过合理储耗部分作盘亏处理,凡因人为的原因造成物资丢失或损坏,不得计入储耗内。

2. 盈亏和调整

在盘点中发生盘盈或盘亏时,应反复落实,查明原因,明确责任。由保管人员填制"仓储物资盘盈或盘亏报告单",经仓库负责人审签后,按规定上报审批。

3. 报废和削价

由于保管不善而造成霉烂、变质、锈蚀等的配件,在收发、保管过程中已损坏并已失去部分或全部使用价值的或因技术淘汰需要报废的,经有关方面鉴定后,确认不能使用者,由保管人员填制"物资报废单"上报审批。由于上述原因需要削价处理者,经技术鉴定,由保管人员填制"物资削价报告单",按规定报上级审批。

4. 事故

由于被盗、火灾、水灾、地震等原因以及仓库有关人员失职,使配件数量和质量受到损失者,应视作事故向有关部门报告。

在盘点过程中,还应清查有无本企业多余或暂时不需用的配件,以便及时把这些配件调剂给其他需用单位。

六、盘点需要注意的事项

1) 所有的到货应立即上架,清点时不要遗漏和另放他处。
2) 货架的标签应与实物相符,发现问题及时纠正和补充,破旧或不清楚的标签要及时换新。
3) 配件号不同,而实物相符的零件要做好混库处理,并做好记录。
4) 配件号相同,而实物不相符的零件,要做好分析处理并反馈给厂家配件部。
5) 完整的包装应放在货架的前面(或上面),已打开的包装应放在后面(或下面),数量不足的包装应填充成标准包装。

七、盘点步骤

盘点步骤如图 6-6 所示。

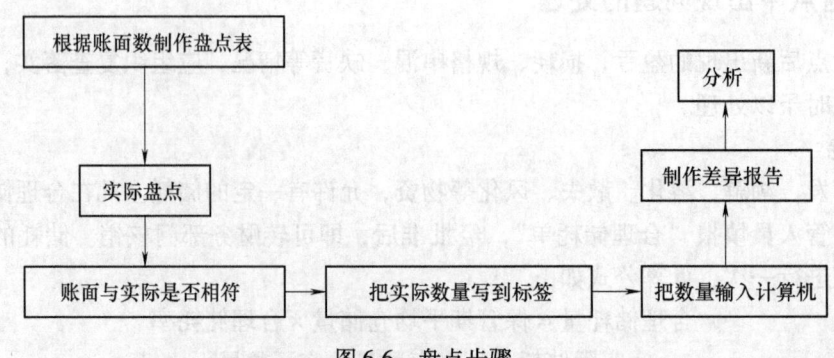

图 6-6　盘点步骤

确认仓储差异后的步骤：重新清点出现仓储差异的零件，如果差异是由于清点错误或其他错误造成的，则应改正盘点卡片；如无法查明仓储差异原因时，应上报并通过会计解决。

复习思考题

1. 仓储的具体作用是什么？仓储管理的基本原则有哪些？
2. 汽车配件仓储管理的主要内容是怎样的？
3. 汽车配件的常用验收方法有哪些？
4. 汽车配件的储存有哪些基本要求？
5. 怎样对汽车配件进行保养？
6. 对汽车配件进行盘存的目的是什么？

第七章 汽车配件销售

第一节　汽车配件销售业务概述
第二节　汽车配件的营销策略
第三节　汽车配件的销售与服务

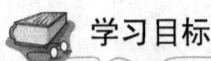学习目标

知识目标：了解汽车配件销售的发展历程，认识国内外汽车配件销售业务的现状，掌握汽车配件销售的特点。

技能目标：掌握汽车配件销售市场调查的基本内容，能根据汽车配件的特点，熟练地运用各种营销手段制订合理的营销策略。

能力目标：能熟练地运用汽车配件销售技巧，在掌握汽车配件售后服务方式和内容的基础上，能娴熟地做好全方位的销售管理工作。

第一节　汽车配件销售业务概述

一、我国汽车配件销售情况

我国汽车配件行业发展到今天，基本形成了比较完整的主机配套体系，形成了以浙江、上海、吉林、湖北为代表的配件产业基地；形成了以万向、富奥、湘火炬和上海延锋为代表的零部件集团企业。就制造能力而言，一批主流配件企业的制造水平已经达到国际20世纪90年代末、21世纪初的水平，基本满足了国内引进车型的配套需求。零部件出口持续增长，形成了一大批出口导向型企业，出口市场已经从传统的售后市场向OEM市场扩展。

众所周知，尽管各大汽车厂商在整车销售上争夺的异常激烈，但在汽车零配件供应等售后服务市场上，面对巨大的经济利益驱使，各大整车厂商在对于汽车配件销售这一版块的做法几乎一致。以日产汽配分销为例，日产纯正零部件分销经营是由日产汽车制造商来主导的，大多是通过日产汽车4S店来直接销售给终端客户，从而获取高额的零配件销售利润。可随着汽车保有量的加大、车主对售后服务市场认知度的提高，单靠4S店垄断售后服务市场已经远远不能满足市场的需求，市场终归是要回到公平、公开竞争的层面。

除4S店之外，汽配城也是国内的日产汽车零配件重要的分销渠道。汽配城本身是一种非常有效的汽车零配件及用品的销售渠道，据不完全统计，目前国内有20多万个汽车配件销售商店在销售各种汽车零配件，而且它们大都集中在各地的汽配城中。但是由于目前汽配

市场普遍缺乏行业管理标准，管理制度上存在很大的缺失，政策上也缺乏必要的引导，其现状是经销商的数量大、规模小、素质低，产品质量良莠不齐，假冒伪劣配件充斥市场，这样的结果使消费者去汽配城购买配件存在顾虑。由此可见，汽配城还没有得到充分的发展，还有很长的一段路要走。

国内近几年还出现了一些汽配销售服务连锁店，如"沃盟"、"优配"、"隆丰"、"贰仟家"等，下面就以"沃盟""隆丰"两家连锁公司作为研究对象来简单分析一下。

1. 上海沃盟汽车配件有限公司

上海沃盟汽车配件有限公司于2008年创立，定位于中国汽车后市场的汽车配件服务运营商，连锁网络采用先进的ERP系统软件集采购、仓储、分销、零售、售后服务等一体化管理，目前是众多知名汽车配件品牌产品的销售商。公司在上海、浙江、江苏、河北、福建、安徽等地建立了40多家汽车配件贸易连锁直营店，2009年总营业额达3.2亿多元，2011年全国扩建100家汽车配件贸易连锁直营店。未来10年，沃盟将以汽车配件、汽车维修服务渠道的运营为着力点，打造扁平化的汽车配件、汽车维修销售渠道"高速路网体系"，公司现已在香港挂牌，即将上市成为中国汽车配件销售渠道的优质品牌运营商。

2. 上海隆丰汽车零部件有限公司

上海隆丰汽车零部件有限公司是一家汽车零部件销售商，前身创始于1984年，经营汽车零部件已有将近30年的历史。公司于1996年进入上海，经过十多年的快速发展，公司已构建成一个以上海为中心，网点覆盖全国的强大销售网络。在多年的汽车配件经营中，上海隆丰已同全球众多的知名品牌供应商建立了战略合作伙伴关系，所代理经销的品牌产品和隆丰自有品牌产品已涵盖了国内各种乘用车的零部件，目前已成为国内最具实力的知名品牌代理集成商之一。

通过对上述两个企业的简单介绍，不难发现，国内已经有很多汽车服务企业已经在马不停蹄地扩建连锁店，雄心勃勃，抢占国内汽配市场这块大蛋糕。它们在汽车配件的分销管理上有一个共同的特点，就是主要做横向产品，重视区域服务功能和物流配送功能。但有一点让编者感到担忧的是，国内很多汽配企业在迅速拓展的过程中，目标过于分散，在发展初期就在汽车用品、汽车美容保养、汽车修理、整车销售、配件研发制造和物流管理等方面都有所涉猎，而且在地域布局上也没有形成重点，现代化企业管理理念和电子信息管理系统的应用都不尽如人意，大多数汽配分销企业没有形成强有力的文化等，也许，这些都是造成目前为止国内的汽配分销企业还没有形成一个强势品牌的原因。

二、工业发达国家配件销售发展历程及现状

美国作为全球汽车保有量第一大国，配件售后市场经历了相当长时间的发展和整合，其生产管理和渠道经销等模式已经形成体系，为我国售后市场的发展提供了重要的参考依据，美国汽车服务业的今天就是我国汽车服务业的明天，"汽车地带"（Autozone）是美国汽车配件销售行业的一面旗帜，是美国领先的汽车配件零售商和分销商，有遍布全美的4000多个网点，9个分销中心，每个分销中心都会配备几十万个不同轿车的新旧汽车零部件，利用每个零部件的唯一条码配送给该辖区内几百个网点，从订单、储存到出货，每周有360个批次，物流配送范围达到350mile（1mile＝1.609km）。

Autozone的每个分销中心的仓储面积一般都在数万平米以上，且分销中心的货架设计为

倾斜式滚轮支撑面，以便于货物自动外移或上传。电子信息管理的深入应用大大提高了工作效率，例如：当每次订单装货指令下达后，系统会自动通过耳机提醒分拣人员。分拣人员将分拣单号输入计算机后，产品所在货位的货架会自动亮灯，以提示分拣人员；前面的分拣结束后，后面的会自动接续传送到配送车辆装车处。Autozone 拥有成熟的管理软件和内部管理流程，保证了每一个零配件从订货到投递送货的每一个阶段都准确无误。

Autozone 的网站设计简单智能，为用户提供了很大的方便，用户只需在网页上选择自己汽车的年代、品牌、车型和发动机型号等几个步骤，系统会根据此描述的信息从数据库检索符合该条件的配件，并把配件图片及详细信息展现到页面上，方便用户确认该配件是否是自己所需要的，而这些配件的图片和零件号是由供应商上传的，这样就保证了配件信息的准确性和产品目录的及时更新。这种高度信息化和智能化的庞大系统值得国内汽配行业深入研究和学习。

通过观察分析国内外汽配行业的发展情况，国内汽配经销商必将走向集团化、规模化、连锁化、网络化的经营模式，加上完善的配件配货、物流配送系统和电子信息管理系统，技术服务系统等，按照市场发展的趋势、国家产业政策的导向一步一个脚印地向前发展，寻找一个适合市场发展规律的模式，培育、打造出强势的服务品牌。

第二节 汽车配件的营销策略

一、市场营销学的基础知识

1. 市场营销学的发展史

市场营销学于 20 世纪初最早创立于美国，后来传入西欧、东欧、原苏联、日本、中国台湾等国家和地区，20 世纪 80 年代初进入中国。在国际上市场营销学已成为高等院校各有关专业的必修课，并在实践中广泛应用，成为企业家竞争制胜的法宝。

我国的改革开放不断深入，市场机制在经济生活中越来越发挥着重要的调节作用，市场营销学于 20 世纪 80 年代通过来华的学者逐渐传入我国。1980 年 6 月，国家经济贸易委员会、国家科学技术委员会和教育部与美国政府合作创办了大连培训中心，课程由美国纽约大学、夏威夷大学和加利福尼亚大学等著名高校的教授、专家讲授，其中市场营销就是一门必修课。在此以后的 20 多年里，我国的一些学者和教学人员，借鉴西方的市场营销理论，结合我国的基本现状，探索建立了适合于我国的市场营销理论。1984 年 1 月，全国高等综合大学、财经院校"市场学教学研究会"在湖南长沙宣告成立。1987 年又增加吸收了高等理工科院校参加，研究会更名为"中国高等院校市场学研究会"。该研究会参加人员主要来自学术界、教育界和企业界，主要研究探讨我国市场学的教学改革、市场理论发展和企业市场营销实践等内容。随着我国经济体制改革的逐步深入，市场环境越来越宽松，许多企业纷纷应用现代市场营销理论指导企业的生产经营和营销活动，并取得了许多成功的经验。1995 年 6 月，由中国人民大学、加拿大麦吉尔大学和康克迪亚大学联合举办的第五届市场营销与社会发展国际会议在京举行，出席会议的有来自 46 个国家和地区的 135 名外国学者和 42 名国内学者，25 名国内学者的论文被收入《第五届市场营销与社会发展国际会议论文集》，6 名中国学者的论文获国际优秀论文奖。我国对市场营销理论的研究已登上了国际舞台。

伴随着21世纪的到来，各种前沿性市场营销理论纷纷登场。企业之间通过多种方式分享市场营销资源，达到降低成本、提高效率、增强市场竞争力的目的，形成**共生营销**；以互联网技术为基础的虚拟营销不仅将取代传统的交易方式，而且将市场竞争从物理空间转化到虚拟空间，生成新的市场营销模式——**营销虚拟化**；电子商务改变了工业时代传统的、物化的分销体制，企业必须去适应 B to B 或 B to C 业务开展网上分销活动。**数字化分销渠道缩短了生产与消费之间的距离**，节省了商品在流通中的诸多环节，消费者或用户通过互联网在计算机屏幕前就可完成购买行为，网上购物不仅可以节省时间、方便快捷，而且省钱省力。

2. 市场营销及其基本概念

对于市场营销的概念，学术界从不同的角度有不同的定义，在众多的定义中，我们认为以下定义最为恰当：**市场营销**是<u>个人或集体通过创造，提供销售，并同他人交换产品和价值，以满足需要和欲望的一种社会的管理的过程</u>。

市场营销主要包括以下活动：

1）测定和摸清市场需求。

2）指导生产，使产品和服务能更好地满足消费者的需求和欲望。

3）将产品的性能、特征及价格等信息传递给消费者。

4）解决原材料供应、商品储存和运输等问题，使商品和劳务能及时地从生产部门转移到消费者手中。

市场营销不仅包括生产过程之前的具体经济活动，如市场调研、分析市场机会、市场细分、选择目标市场和设计新产品等，还包括生产过程完成之后的一系列具体的经济活动，如制订价格、选择最佳分销渠道、做广告、推销、公共关系、营业推广、售后服务和信息反馈等。可见，市场营销远远超出商品流通范围，涉及包括生产、分配、交换和消费的资本总循环过程。值得注意的是，市场营销的内容不是固定不变的，它随着市场营销实践的发展而发展。

要掌握市场营销的概念，应从下面几项来认真掌握：

（1）需要、欲望与需求　人类的各种需要和欲望是市场营销的出发点。需要是指没有得到某些基本满足的感受状况，例如人们为了生存需要食物、衣物和住所等。值得注意的是，需要存在于人的生理要求及其存在的条件之中，它不是营销者创造产品和价值的直接基点，而是出发点。市场营销者可以通过各种各样的方法去满足这些需要。欲望是指对某种满足物的占有愿望，欲望是从需要引发而来的，一种需要可能产生很多欲望，同一种需要在不同人身上可能产生不同的欲望，它受到人的不同文化及社会环境的影响。市场营销者无法创造需要，但是可以影响和激发欲望。需求是指愿意购买且有能力购买某产品的欲望。需求实际上是对某种特定产品和价值的市场占有欲，市场营销者就是要通过各种努力来影响和创造需求进而满足需求，来实现市场营销的目的。

（2）产品　人的需要与欲望要靠产品来满足。产品是指能满足人类某种需要和欲望的任何东西。产品是个复合的概念。人们购买产品不在于拥有它，而在于它带来的某种欲望的满足。例如一个人心情郁闷，为获得轻松解脱的需要，可到夜总会去看某演员的演出（人）；到风景区旅游（地方）；参加健身运动（活动）；参加某俱乐部（组织）；参加研讨会，接受一种新的价值观（创意）等。因此，产品的重点在于消费者对欲望的满足。

（3）价值、成本与满意（也称效用、费用与满足）　价值（也称效用）是消费者对产品满足其需要的整体能力的评价。成本（也称费用）是指消费者为购买该产品而必须支付的费用（包括获取成本、拥有成本和使用成本）。满意（也称满足）是指消费者购买该产品所获得的心理满足的自我评价。

(4) 交换与交易　人们获取某种东西有四种方式：自行生产、强取、乞讨、交换。其中只有交换存在市场营销。交换的发生必须具备五个条件：至少要有两方；每一方都有被对方认为有价值的东西；每一方都能沟通信息和传送货物；每一方都可以自由地接受或拒绝对方的产品；每一方都认为与另一方进行交易是合适或称心的。

交换是一个过程，在这个过程中，如果交换双方能达成协议，那就称之为发生了交易。所以，交易是交换的基本单元，是由交换双方之间的价值交换所构成的。交易有货币交易和实物交易两种方式，所以，营销实质上就是为诱发目标人群对某种商品产生预期的交易反应而采取的种种行为。

(5) 关系和网络　交易营销是为每一个交换过程而努力，促其达成交易。但一个成功的营销者，更倾力于关系营销。所谓关系营销，是指营销者与其顾客、供应商、分销商等建立长期满意关系的实践，目的是保持他们长期的业务和成绩。关系营销的最终结果是形成一个营销网络——企业的最好资产，它是由企业与它的所有利益攸关者（包括顾客、员工、供应商、广告商、科学家和其他人等）建立互利的业务关系，这样使竞争在企业之间展开，转变在网络之间展开。

(6) 市场　交换概念引申出市场概念。一个市场是由那些具有特定的需要或欲望、愿意并能够通过交换来满足这种需要或欲望的全部潜在人员所构成。

对市场的理解，不同的人有不同的理解，市场营销者一般将买方的集合称之为市场，而将卖方的集合称之为行业，行业与市场的关系如图7-1所示。

(7) 营销者和潜在顾客　在买卖双方中，如果一方比另一方更主动、更积极地寻找交换，就将这方称为营销者，而将另一方称为潜在顾客。因此，营销

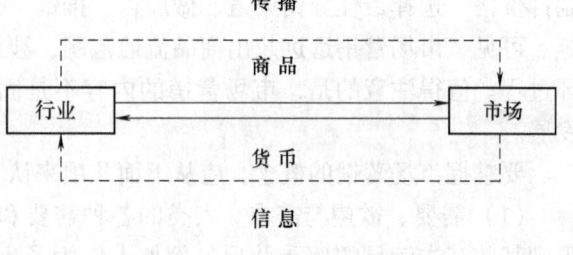

图7-1　行业与市场的关系

者是指寻找一个或更多的能与其交换产品和价值的潜在顾客的人或者单位，而潜在顾客是指营销者所确定的有潜在愿望和能力进行交换的人或单位。营销者可以是卖主，也可以是买主。如果双方都在积极寻找交换，就把双方都称为营销者，并称这种情况为双边营销。一般来说，在当今市场上，持币者（买方）与持物者（卖方），后者往往更主动，所以他们一般是营销者。由此而论，市场营销是研究企业营销的学问。

3. 市场营销的营销观念

营销观念是指人们在从事市场营销活动时，对客观市场环境的认识，而产生的一种组织市场活动的指导思想。简言之，就是指企业从事市场营销活动的基本指导思想。在市场经济条件下，任何一个企业的市场营销活动都要受到一定的营销观念的支配。因此，企业营销观念是否客观实际，直接关系着企业生产经营的成功与失败。

营销观念是时代发展的产物，随着市场环境的不断变化，企业营销观念的演变大体经历了生产观念、产品观念、推销观念、市场营销观念、社会营销观念和大市场营销观念等六个

阶段。

(1) 生产观念　生产观念是指导销售者行为的最古老的观念之一。在资本主义工业化初期以及第二次世界大战初期和战后一段时期内，生产观念在企业经营管理中颇为流行。当时市场处于一种卖方市场的状态，产品相对短缺，可选择的品种甚少，谁能够批量生产消费者购买得起的产品，消费者就购买谁的产品。因而企业不关心市场的需求问题，而把营销管理的重点放在抓产量、抓成本上，即以生产观念为导向。

生产观念适用的条件有：

1) 市场商品需求大于供给，卖方竞争较弱，买方争购，商品选择余地较小。

2) 产品生产成本和销售价格较高，企业只能提高生产率，降低成本，从而降低售价，方能扩大产品销路。

3) 消费者渴望购买到该商品，需求强烈，并且不计较商品的特色和式样等。在生产观念的指导下，企业的中心任务是集中一切力量增加产量，降低成本，提高销售效率，很少考虑或没有考虑消费者的不同需求，更谈不上开展市场调研活动。

(2) 产品观念　生产观念的末期，市场开始由卖方市场向买方市场转化，人民生活水平已有了较大的提高。消费者已不仅仅满足于产品的基本功能，开始追求产品在功能、质量和特点等方面的差异，因此，如何能比竞争对手在上述方面为消费者提供更优质的产品就成了企业当务之急，产品观念应运而生。

产品观念认为市场产品有选择的情况下，消费者会喜欢那些质量最好、性能最优、功能最多的产品，因此，企业应致力于提供优质的产品并且经常加以改进。在这种观念的指导下，企业经营的核心在于提高产品质量，而非消费需求。

(3) 推销观念　推销观念产生于20世纪30年代到50年代以前，资本主义工业革命完成以后，生产成倍甚至几十倍的增长，商品的花色品种大量增加，市场发生了重大变化，总的趋势是由卖方市场转变为供过于求的买方市场。市场竞争加剧，产品的销售问题成了企业生存和发展的关键，这就要求企业转变经营观念，把主要精力由生产转向销售。推销观念的主要内容是：企业在重视生产的同时，开始注意把精力放在改进产品推销上面，企业充分运用推销术和广告术，销售成为企业的生命线。同时，这种观念依然是"生产什么，就销售什么"，没有脱离以生产为中心，以产定销的范畴，仍然是一种"只重生产，不顾消费者"的旧观念。

(4) 市场营销观念　市场营销观念形成于20世纪50年代，当时第二次世界大战已经结束，第三次科技革命使得企业更加重视研究和开发，技术不断创新，产品日新月异，市场由卖方市场变成买方市场，同时人民生活水平提高，广大居民的个人收入迅速增加，在产品选样上更加精明、更加苛刻，企业之间的竞争已更加激烈，企业开始意识到推销观念已经不适应市场发展，企业要求的生存和发展依赖于识别消费者需求，并研究其购买行为，这时许多企业就开始以市场营销观念为经营哲学。

市场营销观念是以顾客为导向的，认为首先必须正确确定目标市场的需要和欲望，再准确推出新产品，即"顾客需要什么，才生产什么"。这一观念是市场营销学理论上的一次重大变革，是一种全新的经营哲学。具体表现在以下三点：

1) 顾客是中心。企业真正开始从以生产者为中心转向以消费者为中心，结束了以产定销的局面。

2)营销部门的作用增大。营销部门已不是单纯从事产品的销售工作,而是参与到企业生产经营管理的全过程,建立以顾客导向为核心,以市场营销为统领,以人事、生产、财务、研究与开发等职能为辅助的企业经营管理新机制。

3)企业目标不是单纯追求销售量、利润的短期增长,而是从长期观点出发来满足顾客,利润是极大地满足顾客后产生的结果而已。

(5) 社会营销观念　社会营销观念是20世纪70年代以后出现的。社会营销观念强调:企业提供的产品应以符合社会公共利益为准则,不仅要满足消费者目前的要求,而且要符合社会和消费者的长远利益。在进行经营决策时,必须避免满足消费者的目前需求与其长远利益相冲突,并在此前提下使企业获得最大利润。也就是说,企业在开展市场营销活动时,要把消费者的市场需求、企业优势和社会利益三者统一起来考虑。在社会营销观念的指导下,公共关系活动也成为市场营销的重要手段。

(6) 大市场营销观念　大市场营销是指针对近十年来国际市场上贸易保护主义盛行,各国政府为了保护本国的民族工业,采取了一系列关税和非关税的保护壁垒,在这种封闭型和保护性的市场上,已经存在的参与者和批准者往往会设置种种障碍,使得那些能够提供类似产品甚至能够提供更好的产品和服务的企业难以进入市场,无法开展经营业务。

大市场营销观念与传统观念在营销的目的、出发点、侧重点以及组织、策略与手段方面都有所不同,其主要特点可概括为五个方面:

1)营销的目的性。
2)营销的均衡性。
3)营销的主动性。
4)营销的共生性。
5)营销的整合性。

4. 当代市场营销新理念

随着人类社会进入新世纪和新经济时代,世界经济正以势不可挡的趋势朝着全球市场经济一体化、企业生存数字化、商业竞争国际化和竞争对手扩大化等方向发展。国际互联网、知识经济、高新技术特征明显,企业的经营进一步打破了地域阻隔的限制,如何在全球贸易体系中占有一席之地,如何赢得更大的市场份额和更广阔的市场前景,如何开发客户资源和保持相对稳定的客户队伍,已成为影响企业生存和发展的关键问题。在这样的背景下,新型营销理念层出不穷,例如基于健康发展的绿色营销、基于整合各种营销要素的整合营销、基于协调各种行销关系的关系营销、基于客户关系管理的营销(如一对一营销、直接营销等)以及基于现代网络技术的网络营销等。在新的营销理论下,各个企业在新的竞争中,不断变换自己的营销策略,这也说明了营销随着时代变化而变化的特点。

二、汽车配件市场营销策略

1. 汽车配件市场调查

(1) 汽车配件市场调查的基本知识　汽车配件市场调查,就是运用科学的方法,有计划、有目的、系统地收集有关汽车配件市场营销方面的信息,并对这些信息进行整理和分析,得出调查结论,提出解决问题的建议,供汽车5C件有关营销管理人员了解营销环境,发现机会与问题,作为市场预测和营销决策的依据。汽车配件市场调查有以下特征:

1）汽车配件市场调查具有动态性。汽车及其配件行业的发展变化快，在市场调查活动中要用动态的观点去指导企业的调查工作，收集一切可以为企业所用的信息资料，以便随时调整政策，适应汽车配件市场不断变化的趋势。

2）汽车配件市场调查具有针对性。汽车配件企业的市场调查活动不是盲目进行的，而是由汽车配件企业经营活动的目的性决定的，需要根据所生产或经营的产品或服务而进行。

3）汽车配件市场调查具有经济性。市场调查工作费时、费力，还要有一定的费用支出，为了用最低的成本和最短的时间获取最可信、最实用的信息，汽车配件企业在开展市场调查工作时要把握经济性，这在利润空间不断缩小的汽车配件行业具有现实意义。

4）汽车配件市场调查具有科学性。为了减少调查活动的盲目性，对所需要收集的资料和信息必须经过科学合理的规划，从调查目的的确定到调查结果的统计分析都要遵循科学性原则。

5）汽车配件市场调查具有不确定性。市场环境不断在变化，会增加市场调查工作的难度，加上所调查的信息资料具有一定的时效性，因此市场调查的结果与实际会有所偏差，即市场调查具有不确定性。

（2）汽车配件市场调查的基本步骤　为保证汽车配件市场调查的系统性和科学性，汽车配件的调研过程通常由以下四个阶段来完成：

1）确定调查目标。确定调查目标是进行汽车配件市场调查的关键环节，准确地定位汽车配件市场，能有效地确定市场营销的运作方向。一般在确定调查目标之前应确定以下几点：

①为何要进行此次调查。

②具体要调查什么，调查新产品的市场前景等因素。

③调查结果有何用途。

调研步骤可以用图7-2来表示。

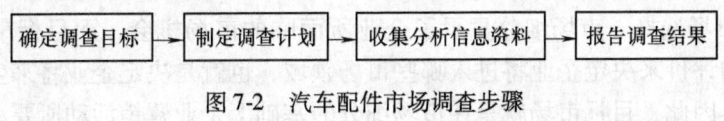

图7-2　汽车配件市场调查步骤

2）拟定调查计划。在确定调查目标之后，就可以拟定一个调查计划，来为整个汽车配件市场调查计划进行指导，按照计划，按部就班地进行。调查计划一般也可以分为以下几部分：

①根据调查目标确定调查项目

②确定调查对象

③确定调查方法

④确定调查时间和地点

⑤估算调查费用

3）收集并分析信息资料。在计划核实批准以后，就可以进行信息收集工作，按照调查计划来进行。信息的收集可以通过各种合理、合法的渠道，例如采访、报纸、杂志等。在进行信息收集之后，要对收集的信息进行筛选和处理，把错误、无用的信息筛选出去，把有利用价值的信息进行合理布局，以备使用。

4）报告调查结果。信息收集的结果是经收集以后会包括一系列的数字、公式、文字等信息，要使管理使用者明了，必须进行合理布局。所以，应整理出一份调查报告，力求简单明了，该调查报告应包括调查活动的简单说明、调查的具体实施和调查的结论性意见等。

2. 汽车配件市场营销市场的确定

在进行市场调查以后，进行调查报告的分析，就要进行市场定位，只有进行准确的市场定位，才能在合适的市场挖掘最有力的市场销售潜力。

一般进行汽车配件市场营销的市场定位工作一般分为以下三个部分：

（1）市场细分 所谓的汽车配件市场细分，是指在调查研究的基础上，根据用户的需要以及不同的购买行为与购买习惯等各种差异，把市场划分成若干有意义的用户群，每个用户群，可以说是一个细分市场。在各个不同的细分市场之间，用户的需求存在比较明显的区别；而在每个细分市场之内，用户需求的差别就比较细微。企业根据本身的条件，选择适当的细分市场为目标，拟定自己最优的经营方案和策略。

市场细分没有统一的标准，不同企业应根据自身的实际情况，确定适合自己的细分标准。一般有以下几种细分划分的标准：

1）按车型比例划分。
2）按最终用户需求划分。
3）按用户规模划分。
4）按经济发达程度划分。
5）按对配件价格的反应程度划分。
6）按地理特点划分。

汽车配件市场细分有一定的原则性，一般有可进入性、可盈利性、可衡量性和稳定性四点。

（2）目标市场选择 市场细分显示了企业所面临的市场机会，而目标市场选择则是通过对细分市场的评价来决定企业将进入哪些市场领域，也就是决定企业将来生存和发展的空间的一种策略。因此，目标市场就是在市场细分的基础上企业营销活动所要满足的市场，也是企业决定进入的市场。企业一旦确定了目标市场，其资源的积累以及一切营销活动都要围绕着目标市场来进行。目标市场的选择是企业制订营销战略的基础，对企业的生存与发展具有重要的意义。

汽车配件目标市场选择所考虑的因素如下：

1）产品的特性。
2）市场的同质性。
3）企业的资源和实力。
4）产品生命周期阶段。
5）竞争对手的市场策略。

（3）市场定位 市场定位就是企业根据用户对所生产产品的需求程度，再结合市场上同类产品的竞争状况，为本企业产品规划一定的市场地位，即为自己的产品树立特定的形象，使之与众不同。市场定位的过程就是在消费者心目中为公司的品牌选择一个希望占据的位置的过程。

其中市场定位的步骤如下：
1）分析竞争者。
2）分析顾客需求。
3）分析企业能力。
汽车配件市场定位所应遵循的依据为：
1）根据产品的档次定位。
2）根据特定的使用场合和用途定位。
3）根据竞争需要定位。

3. 汽车配件市场营销策略

（1）汽车配件产品和产品组合策略　汽车配件产品策略直接影响和决定着其他营销策略，对汽车配件营销的成败关系重大。产品一般包括实质产品、形式产品、期望产品、延伸产品和潜在产品。所谓的产品组合，是指一个汽车配件企业可能生产或经营多种产品，这些产品在市场的相对地位以及对企业的贡献大小不同。企业要在竞争激烈的市场上取得优势，就必须依照消费者的需求和自身实力，对安排生产和营销哪些产品以及如何组合进行策划与决策，于是引进了产品组合的概念。汽车配件企业可以通过扩大产品组合的宽度、增加产品组合的深度和长度等来增强企业的竞争力，这也就是产品组合的营销策略。

（2）汽车配件产品品牌和商标策略　美国市场营销协会定义：品牌是用以识别一个或一群出售之产品，并与其他竞争者相区别的名称、名词、符号和设计，或者以上四种之组合。品牌是一个集合的概念，由品牌名称和品牌标志两部分组成。品牌中的某些部分或全部在国家工商行政管理总局商标局注册登记后，即为注册商标。如果说汽车配件品牌可以由企业随意制订，那么注册商标则是一个法律概念，是国家对汽车配件品牌和产品质量认可的证明。因此，注册商标与品牌在形式上没有区别，只不过注册商标受法律保护，而品牌没有。这样，注册商标不仅具有品牌的所有职能，而且具有品牌所不具有的特殊职能。

品牌使用者策略是指企业决定在产品上使用生产者品牌或是中间商品牌。如果汽车配件企业决定其产品使用自己的品牌外，还要进一步决定其产品使用统一的品牌还是不同的品牌，这就是家族品牌策略。

（3）汽车配件产品包装策略　包装是指为产品设计并生产容器或包扎物的活动。汽车配件的包装材料一般要求材料本身应对金属无腐蚀作用，透水、透气性小，具有一定的隔离作用，而且要可靠。汽车配件的内包装及箱装衬垫材料一般包括纸类包装材料、塑料薄膜以及复合塑料薄膜类包装材料，汽车内包装应注意具有防潮、防锈等性能，确保产品的性能稳定和安全。

（4）汽车配件产品价格策略　在市场营销的四个基本要素中，价格是营销组合中最灵活的因素，与产品特征和渠道不同，其变化是异常迅速的。因此，价格策略是企业营销组合的重要因素之一，它直接地决定着企业市场份额的大小和赢利率高低。随着营销环境的日益复杂化，汽车配件产品定价是一项复杂的系统化工作，制订价格策略的难度越来越大，必须考虑多方面的因素，不仅要考虑成本补偿问题，还要考虑消费者接受能力和竞争状况。其中，影响产品价格的因素主要有成本、市场供求关系和竞争因素等。汽车产品的定价方法主要有成本导向定价法、需求导向定价法和竞争导向定价法。

汽车配件产品的定价策略有折扣折让定价策略、心理定价策略和新产品定价策略等。

1）所谓的折扣折让定价策略，是指汽车配件企业对其产品确定一个基本的价格后，通常会面对不同的情况给予价格优惠，以折扣和折让的手段来刺激用户和中间商，鼓励客户购买，而折扣折让定价策略又包括现金折扣、数量折扣、功能折扣、季节折扣和折让策略。

2）新产品关系着企业的前途和发展方向，新产品的定价是否合适影响着新产品能否及时打开市场，与最终获取目标利润有很大的关系。新产品定价策略有三种，即撇脂定价策略（高价策略）、渗透定价策略（低价策略）和满意定价策略。

3）所谓的心理定价策略，是指在确定价格时，并不仅仅限于经济学原理的应用，还要考虑顾客的心理因素，即要考虑顾客对价格的主要心理认定趋势或取向。心理定价策略是企业迎合消费者的各种价格心理而制订营销价格的定价策略，主要有尾数定价策略、整数定价策略、声望定价策略、招徕定价策略和习惯定价策略。

（5）汽车配件渠道策略　汽车配件分销渠道是指汽车配件产品从生产者向消费者或用户转移过程中所经过的一系列环节。分销渠道含义如图7-3所示。

因此，汽车配件分销渠道实质是连接生产和消费之间的"桥梁"和"纽带"，它的起点是汽车配件生产者，终点是个人消费者或产业用户，中间环节是位于二者之间的中间商。尽管分销渠道的建立需要花费

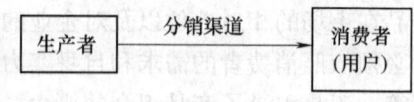

图7-3　分销渠道含义

企业大量的资金、精力和时间，但是如果没有可靠的分销渠道，汽车配件企业生产的产品就不能及时地实现销售，从而影响企业营销目标的实现程度。

（6）汽车配件促销策略　促销是市场营销组合的一个重要因素，指企业通过人员推销或非人员推销的方式，向目标顾客传递商品或劳务的存在及其性能、特征等信息，帮助消费者认识商品或劳务所带给购买者的利益，从而引起消费者的兴趣，激发消费者的购买欲望及购买行为的活动。

促销的方式包括人员促销和非人员促销。人员推销的方式主要有上门推销、柜台推销和会议推销。人员推销的步骤如图7-4所示。

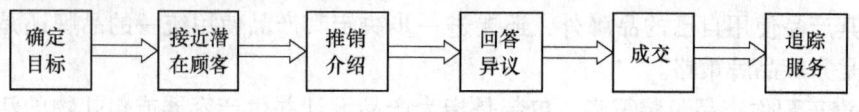

图7-4　人员推销的步骤

非人员推销主要有广告推销。其中广告的选择就有多种，主要有报纸广告、广播广告、电视广告、户外广告、邮寄广告和POP广告等方式。至于广告效果如何，有一定的评估方法，是用科学的方法来鉴定做广告的效益，主要有记忆反应法、营销环境反应法和销售反应法。

营业推广也叫销售促进、销售推广，包括各种多数属于短期性的刺激工具，用以刺激消费者和中间商较迅速或较大量地购买某一特定产品或服务的促销方法。营业推广的方式主要有赠送促销、产品展销、打折优惠、优惠券、现场示范、有奖销售和俱乐部制金卡制、银卡制。

公共关系是指某一组织为改善与社会公众的关系，促进公众对组织的认识、理解及支持，达到树立良好的组织形象、促进商品销售目的的一系列促销活动，其本意是指企业必须

与其周围的各种内部、外部公众建立良好的关系。它是一种状态，任何一个企业或个人都处于某种公共关系状态之中。它又是一种活动，当一个企业或个人有意识地、自觉地采取措施去改善自己的公共关系状态时，就是在从事公共关系活动。作为促销组合的一部分，公共关系的最终目的是促进商品销售，企业形象是公共关系的核心。企业公共关系的一切措施，都是围绕着建立良好的企业形象来进行的。

公共关系的主要内容有：
1）处理内部员工关系。
2）处理与顾客的关系。
3）处理与相关企业的关系。
4）处理与相关媒介的关系。

公共关系的活动方式主要有：
1）利用新闻媒介创造新闻。
2）赞助和支持各项公益活动。
3）参加各种社会活动。
4）做公关广告。

第三节 汽车配件的销售与服务

一、汽车配件销售的特点

汽车配件销售呈现出以下特点：

1. 汽车配件品种的多样性

汽车是由几千种零件、部件和总成构成的，在整个运行周期中，据估算有3000多种配件存在损坏和更换的可能，所以经营某一个车型的配件就要涉及许多品种规格的配件。况且汽车配件还有原厂件、副厂件等之分，即使同一品种规格的配件，国内也有许多厂家在生产，其质量和价格的差别很大，甚至还存在假冒伪劣产品。作为汽车配件的销售人员，既要有较强的专业知识，熟悉掌握各种各样的汽车配件，还要有"慧眼识真金"的本领，为用户推荐货真价实的配件。

2. 汽车配件销售具有较强的专业技术性

随着科学技术的迅速发展，汽车越来越成为高科技的结晶，其每一个配件都具有严格的型号、规格，满足相应的技术标准，要在不同型号汽车的成千上万个配件品种中为顾客准确、快速地查找到所需要的配件，就必须有高度专业化的人员，并由计算机管理系统作为保障。从业人员既要掌握商品营销知识，又要掌握汽车配件专业知识、汽车材料知识、机械制图知识以及汽车配件的商品检验知识，并且会识别各种汽车配件的车型、规格、性能和用途。所以汽车配件销售具有较强的专业技术性。

3. 汽车配件销售有很强的季节性

汽车在一年四季的运行中会根据季节的不同表现出不同的易损件和常用件，这种自然规律给汽车配件销售市场带来随季节变化而变化的需求规律。在春雨绵绵的季节里，为适应车辆在雨季行驶，需要车上的雨布、各种风窗玻璃、车窗升降器、电动刮水器、刮水臂及刮片、挡泥板、驾驶室配件等就特别多。在炎热的夏季和早秋季节，因为气温高，发动机磨损大，火花塞、铂金熔断器触点、气缸垫、进气门、排气门、风扇传动带及冷却系统配件的需求特别多。在寒冷的冬季，气温低，发动机难起动，需要的蓄电池、预热塞、起动机齿轮、飞轮齿环、冷却液、百叶窗和各种密封件等配件需求增多。由此可见，自然规律给汽车配件市场带来了非常明显的季节性需求趋势。

4. 汽车配件销售有明显的地域性

我国地域广阔，有山地、高原、平原，有乡村、城市，并且不少地区海拔相差悬殊。这种地理环境也给汽车配件销售市场带来地域性的不同需求。在城市，特别是大、中型城市，因为人口稠密、运输繁忙，汽车起停较频繁，机件磨损较大，其所需起动、离合、制动、电气设备等配件的数量就较多，如一般省会城市，其公共汽车公司、运输公司的车辆，所用离合器摩擦片、离合器分离杠杆、前后制动片、起动机齿轮、飞轮齿环等部件一般就占上述各系品种总销售额的40%～50%。在山地、高原，因山路多、弯道急、坡度大、颠簸频繁，汽车钢板弹簧易折断或易失去弹性，减振器也易损坏，变速器、传动系统配件易损耗，需要更换的总成件也较多。由此可见，地理环境给汽车配件销售市场带来了非常明显的影响。

5. 汽车配件经营要有相当数量的库存支持

由于汽车配件经营品种的多样化以及汽车故障发生的随机性，经营者要将大部分资金用于库存储备。

6. 汽车配件经营必须有相应的配套服务

汽车是许多高新技术和常规技术的载体，涉及机械、电子电器、自动控制、计算机等多种技术，经营者必须有配套服务，特别是技术服务至关重要。

二、汽车配件的销售流程

汽车配件销售流程分为三类：向维修车间销售、向终端零售客户销售和向终端批发客户销售。现在很多厂家采用品牌4S店的销售渠道，他们的销售政策规定4S店是面向维修站和终端客户进行零配件销售的唯一途径，并规定4S店只能在"销售合同"规定的区域内销售，不允许跨区域销售，只能销售纯正的原厂零配件或经原厂零配件部认可或指定的其他供应商生产的零配件。

在销售过程中要开具相应的（维修）工作单、（维修）零配件申请单、领料单、日出库登记表、发料单和柜台销售发票等。

1. 向维修车间销售的销售业务流程

如图7-5所示，首先由维修部门填写维修"工作单""零配件申请单"等几个相关单据。维修人员凭维修"工作单"、"零配件申请单"到零配件部的维修领料柜台，申请所需要的零配件，完成发料和记录工作。

2. 向终端零售客户销售的销售业务流程

首先填写销售票，根据客户的需要，将零配件转化为专业的编号和名称，填写柜台销售票，供领料使用；然后领取零配件，把柜台销售票交给维修车间，供领料用，将零配件拿到销售柜台，让客户查看，确认是否为所需要的零配件；最后开发票与付款。开出发票后凭销售票进行库存更新，收款并妥善保管。

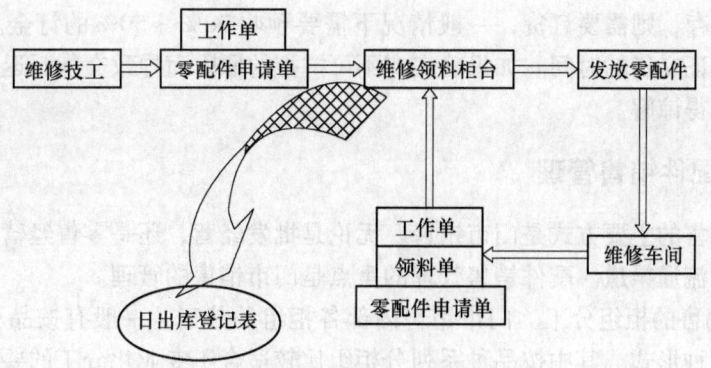

图 7-5 向维修车间销售的销售业务流程

3. 向终端批发客户销售的销售业务流程

如图 7-6 所示,在接待终端零售或批发客户时,要注意:接待顾客要态度热情,服务周到;能够根据顾客的要求为顾客分析配件的价格、质量、使用等因素。努力做到让顾客感觉到购买的不仅是配件,更获得了优质的服务;根据顾客的描述或所带来的废旧配件,通过配件手册或计算机光盘查询出所需配件的编号、库存、价格等信息。

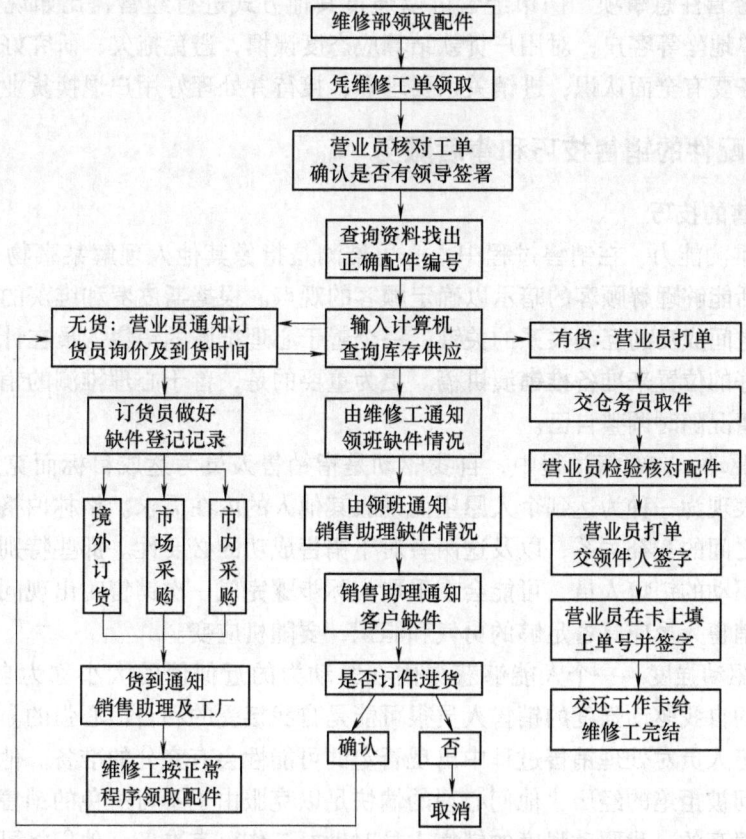

图 7-6 向终端批发客户销售的销售业务流程

如果没有库存,则需要订货,一般情况下需要预收 30%~50% 的订金。在订货过程中要信守承诺,保证交货的时间。如果确实有不可抗拒的原因而导致交货延迟,那么一定要及时通知顾客并取得谅解。

三、汽车配件销售管理

汽车配件销售的主要方式是门市销售。无论是批发经营,还是零售经营,门市销售都是最基本最直接的流通渠道。配件销售管理的重点是门市销售的管理。

(1)门市销售的柜组分工　门市销售内部各柜组的分工,一般有按品种系列分柜组和按车型分柜组两种形式。其中按品种系列分柜组比较适合于专业化分工的要求,而且也适合于品种繁多的情况。按车型分柜组适合于一些专业运输单位及厂矿企业拥有的车型种类不多的情况。

(2)门市橱窗陈列和柜台货架的摆放　对汽车配件门市来讲,商品的陈列十分重要。通过陈列样品,可以加深顾客对配件的了解,以便选购。

其中商品陈列的方式主要有橱窗商品陈列、柜台货架商品陈列、架顶陈列、壁挂陈列和平地陈列等。商品陈列应注意要易于顾客辨认、库有柜有、明码标价等。

(3)经营前准备　营业前要整理好店容和卫生、整理好个人仪容;检查柜台、柜顶等地的商品摆放;备好售货用账目、票据,以及零钱和收款登记等。

(4)门市经营注意事项　门市经营可以通过其他方式进行经营,比如说走访、邀请等方式,而不简单地坐等客户;对用户货款结算应态度谨慎,避免拖欠;研究好合理的价格体系;对优质服务要有全面认识;进销关系要理顺;接待并处理好用户退换货业务。

四、汽车配件的销售技巧和售后服务

1. 成功销售的技巧

(1)心里推测能力　在销售过程中,心里推测是指像其他人理解某事物一样理解该事物的能力,包括能够理解顾客的暗示以确定顾客的观点。根据斯皮罗和维茨的观点,心里推测是买方卖方之间成功的互动关系的关键。一个善于心理推测的销售人员在计划阶段就可能会处于一个较好的位置来准备推销演讲稿。更为重要的是,善于心理推测的销售人员还可以针对现场反馈情况随时调整自己。

(2)自我驱动　在销售过程中,自我驱动是指销售人员为达成目标而克服障碍应具有的决策动力,表现为一种为达到个人愿望而说服其他人的内在需求。格林伯格指出了心里推测与自我驱动之间的互补关系,以及这两者对于销售成功的必要性。那些特别擅长于心理推测而缺少自我驱动的销售人员,可能会在采取实际步骤完成一次销售时出现问题。这里所指出的是指一个销售人员应具备足够的勇气和胆识,要随机应变。

(3)自我驱动强度　一个人能够获得内在驱动力的近似值的大小称为自我驱动强度。具有较高水平的自我驱动强度的销售人员很可能是自我接受的和自信心强的。具有健康的自我驱动力的销售人员对处理销售过程中出现否定的可能性会有充分的准备。他们也许不太可能遇到销售访问被拒绝的经历,他们心理的愉快足以克服由于不可避免的销售失败所带来的沮丧感。具有很高的自我驱动强度的销售人员对做好工作已有准备,他们将可能也具有高度的自我校验能力。也就是说,他们非常相信自己的工作能够成功。

（4）人际沟通技巧　人际沟通技巧包括聆听和询问，它是销售成功的基础。一项对于北美、欧洲和日本的 24 个主要销售公司的 300 名销售管理者、销售人员和顾客的深入研究表明，富有成效的销售人员总是不断地寻求改进沟通技巧的方法，以利于他们开发、解释和实施顾客解决方案。这些被调查的公司有些是世界上专业推销方面做得最好的，如索尼、施乐等。

为了满足顾客的需求，销售人员必须能够征求顾客建议，耐心地聆听，确认顾客的需求和意见。他们必须能以开放式和封闭式问题调查顾客的期望，以灵活的方式回答个人问题，并以展示差异性的方式对不同的企业文化做出反应。这就要求适应性强、社会理解力强的销售人员，特别是当面对多元文化背景的顾客时更是这样。

（5）热情　这里的热情有两层含义：一是总体意义上的积极热情；二是对推销的特殊热情。

（6）资格与技巧评述　如今的成功销售所需要的资格和技巧与 20 年前相比已完全不同了。随着关系推销的产生和发展，对于销售成功所必需的技巧将逐渐满足市场的需要。例如，格林伯格的研究就确认了销售成功是一个所谓的"合成要素"，该要素是将服务供给顾客的一个重大激励因素，他们将服务激励与自我驱动进行对比。

2. 汽车配件售后服务

汽车配件售后服务是指汽车配件作为商品销售出去以后，由制造商、销售商、维修商和配件商等服务商为客户及其拥有的汽车配件提供全过程、全方位的服务。售后服务主要包括的内容有：

（1）汽车配件经营企业为客户提供及时、周到、可靠的服务，可以保证客户所购汽车配件的正常使用，最大限度地发挥汽车配件的使用价值。

（2）争取客户，增强企业的竞争力。

（3）收集客户和市场的反馈信息，为企业正确决策提供依据。

售后服务的内容主要有：

1) 建立客户档案。
2) 对客户进行分类。
3) 保持与客户的联系。
4) 送货上门和质量"三包"。
5) 主动向客户了解配件使用信息，并指导客户合理储备配件。

复习思考题

1. 简述市场营销的基本概念及其包含的内容。
2. 简述汽车配件市场调查有哪些特征？它的基本步骤是什么？
3. 说说汽车配件市场营销有哪些策略？

第八章 汽车配件质量管理

第一节 汽车配件的质量管理体系
第二节 汽车配件的全面质量管理
第三节 汽车配件质量管理实务

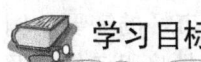

知识目标： 了解汽车配件的质量管理体系，掌握汽车配件质量管理的特点，认识质量管理体系的运行机制。

技能目标： 掌握汽车配件全面质量管理的含义和内容，能根据全面质量管理的基本原则，熟练地掌握 PDCA 循环的过程。

能力目标： 正确认识 5S 的内容，能根据生产过程质量控制的目标，准确把握质量控制的主要程序。

第一节 汽车配件的质量管理体系

一、汽车配件质量管理概论

1. 质量的定义

质量是质量管理的对象。国际标准化组织制定的 ISO 8402—1994《质量术语》标准中，对质量作了如下的定义："**质量**是反映实体满足明确或隐含需要能力的特征和特性的总和。"将质量的概念按实体的性质细分，可分为产品质量、服务质量、过程质量及工作质量等。

根据质量的定义，产品质量可以理解为"产品满足规定需要和潜在需要的特征和特性的总和"。产品质量特性依产品的特点一般有六个方面，即性能、使用寿命（耐用性）、可靠性与维修性、安全性、适应性和经济性等。

服务质量是指服务性行业各项活动或工业产品的销售和售后服务活动，满足规定或潜在需要的特征和特性的总和。服务质量特性依行业而定，主要的共有特性有六个方面：功能性、经济性、安全可靠性、时间性、舒适性和文明性。

过程质量是指过程满足规定需要或潜在需要的特征和特性的总和，也可以说是过程的条件与活动满足要求的程度，服务质量从形成过程来看，可以分为：设计过程质量、制造过程质量、使用过程质量和服务过程质量。

工作质量是指与质量有关的各项工作对产品质量和服务质量的保证程度，它能反映企业的组织工作、管理工作与技术工作的水平。

2. 质量管理的定义与任务

质量管理是企业为了保证和提高产品与服务质量而开展的各项管理活动的总称。国际标准化组织质量管理和质量保证技术委员会在总结各国质量管理实践经验的基础上，对质量管理提出了以下的定义："确定质量方针、目标和职责，并通过质量体系中的质量策划、质量控制、质量保证和质量改进来使其实现的所有管理职能的全部活动"。

对于一个企业来说，质量管理具有以下三项基本任务：

1) 制订质量方针目标及其实施规划。质量管理首先要确定企业在一定时期内的质量方针与目标，并制订出贯彻方针目标的实施规划。

2) 实施质量保证。质量保证是为使人们确信企业能满足质量要求而展开的、并按要求进行证实的、有计划和有系统的活动。

3) 实施质量控制。质量控制是对质量形成的过程进行监视和检测，并排除过程中影响质量的各种因素，以达到质量要求所采取的作业技术活动。其具体工作有下面几项：

①确定控制计划于标准。

②实施控制计划于标准。

③发现质量问题并分析引发质量问题的原因。

④采取纠正措施，使过程处于正常状态。

二、汽车配件质量管理体系

1. 汽车配件的质量管理体系

质量管理体系是企业内部建立的，为保证产品质量或质量目标所必需的、系统的质量活动。它根据企业特点选用若干体系要素加以组合，加强从设计研制、生产、检验、销售、使用全过程的质量管理活动，并予以制度化和标准化，成为企业内部质量工作的要求和活动程序。在现代企业管理中，质量管理体系最新版本的标准是 ISO 9001：2008，是企业普遍采用的质量管理体系。

ISO 9001：2008 标准是由 ISO（国际标准化组织）TC176 制定的质量管理系列标准之一。

ISO 9001 标准是世界上许多经济发达国家质量管理实践经验的科学总结，具有通用性和指导性。实施 ISO 9001 标准，可以促进组织质量管理体系的改进和完善，对促进国际经济贸易活动、消除贸易技术壁垒以及提高组织的管理水平都能起到良好的作用。概括起来，主要有以下几方面的作用和意义：

1) 实施 ISO 9001 标准有利于提高产品质量，保护消费者利益，提高产品可信程度。按 ISO 9001 标准建立质量管理体系，通过体系的有效应用，促进企业持续地改进产品和过程，实现产品质量的稳定和提高，无疑是对消费者利益的一种最有效的保护，也增加了消费者选购合格供应商产品的可信程度。

2) 提高企业管理能力。ISO 9001 标准鼓励企业在制订、实施质量管理体系时采用过程方法，通过识别和管理众多相互关联的活动，以及对这些活动进行系统的管理和连续的监视与控制，以实现顾客能接受的产品。此外，质量管理体系提供了持续改进的框架，增加顾客（消费者）和其他相关方满意的程度。因此，ISO 9001 标准为提高企业的管理能力和增强市场竞争能力提供了有效的方法。

3) 有效于企业的持续改进和持续满足顾客的需求与期望。顾客的需求与期望是不断变化的，这就促使企业持续地改进产品和过程。而质量管理体系要求恰恰为企业改进产品和过程提供了一条有效的途径。

4) 有利于增进国际贸易，消除技术壁垒。在国际经济技术合作中，ISO 9001 标准被作为相互认可的技术基础，ISO 9001 的质量管理体系认证制度也在国际范围中得到互认，并纳入合格评定的程序之中。世界贸易组织/技术壁垒协定（WTO/TBT）是 WTO 达成的一系列协定之一，它涉及技术法规、标准和合格评定程序。贯彻 ISO 9001 标准为国际经济技术合作提供了国际通用的语言和准则；取得了质量管理体系认证，已成为参与国内和国际贸易、增强竞争力的有力武器。因此，贯彻 ISO 9001 标准对消除技术壁垒，排除贸易障碍起到了十分积极的作用。

为了协调国际汽车质量系统规范，由世界上主要的汽车制造商及协会于 1996 年成立了一个专门机构，称为国际汽车工作组（International Automotive Task Force，IATF）。IATF 的成员包括了国际标准化组织质量管理与质量保证技术委员会（ISO/TC 176），意大利汽车工业协会（ANFIA），法国汽车制造商委员会（CCFA）和汽车装备工业联盟（FIEV），德国汽车工业协会（VDA），汽车制造商如宝马（BMW）、克莱斯勒（Chrysler）、菲亚特（Fiat）、福特（Ford）、通用（General Motors）、雷诺（Renault）和大众（Volkswagen）等。IATF 对 3 个欧洲规范 VDA6.1（德国）、VSQ（意大利）和 EAQF（法国）与 QS-9000（北美）进行了协调，在与 ISO 9001：2008 版标准结合的基础上，在 ISO/TC 176 的认可下，制定出了 ISO/TS 16949：2002 规范。

2. 汽车配件质量管理体系的特点

1) 它代表现代企业或政府机构思考如何真正发挥质量的作用和如何最优地作出质量决策的一种观点。

2) 它是深入、细致的质量文件的基础。

3) 质量体系是使公司内更为广泛的质量活动能够得以切实管理的基础。

4) 质量体系是有计划、有步骤地把整个公司主要质量活动按重要性顺序进行改善的基础。

3. 汽车配件质量管理体系的建立和运行

建立、完善质量体系一般要经历质量体系的策划与设计、质量体系文件的编制、质量体系的试运行、质量体系审核和评审四个阶段，每个阶段又可分为若干具体步骤。

（1）质量体系的策划与设计　该阶段主要是做好各种准备工作，包括：教育培训，统一认识，组织落实，拟定计划；确定质量方针，制订质量目标；现状调查和分析；调整组织结构，配备资源等方面。

（2）质量体系文件的编制　质量体系文件的编制内容和要求，从质量体系的建设角度讲，应强调几个问题：

1) 体系文件一般应在第一阶段工作完成后才正式制订，必要时也可交叉进行。如果前期工作不做，直接编制体系文件就容易产生系统性、整体性不强以及脱离实际等问题。

2) 除质量手册需统一组织制订外，其他体系文件应按分工由归口职能部门分别制订，先提出草案，再组织审核，这样做有利于今后文件的执行。

3）质量体系文件的编制应结合本单位的质量职能分配进行。按所选择的质量体系要求，逐个展开各项质量活动（包括直接质量活动和间接质量活动），将质量职能分配落实到各职能部门。质量活动项目和分配可采用矩阵图的形式表述，质量职能矩阵图也可作为附件附于质量手册之后。

4）为了使所编制的质量体系文件做到协调、统一，在编制前应制订"质量体系文件明细表"，将现行的质量手册（如果已编制）、企业标准、规章制度、管理办法以及记录表收集在一起，与质量体系要素进行比较，从而确定新编、增编或修订质量体系文件项目。

5）为了提高质量体系文件的编制效率，减少返工，在文件编制过程中要加强文件层次间以及文件与文件间的协调。尽管如此，一套质量好的质量体系文件也要经过自上而下和自下而上的多次反复。

6）编制质量体系文件的关键是讲求实效，不走形式。既要从总体上和原则上满足 ISO 9000 的标准，又要在方法上和具体做法上符合本单位的实际。

(3) 质量体系的试运行 质量体系文件编制完成后，质量体系将进入试运行阶段。其目的是通过试运行考验质量体系文件的有效性和协调性，并对暴露出的问题进行改进和纠正，以进一步完善质量体系文件。

(4) 质量体系的审核与评审 质量体系审核在体系建立的初始阶段往往更加重要。在这一阶段，质量体系审核的重点主要是验证和确认体系文件的适用性和有效性。

审核与评审的主要内容一般包括：规定的质量方针和质量目标是否可行；体系文件是否覆盖了所有的主要质量活动，各文件之间的接口是否清楚；组织结构能否满足质量体系运行的需要，各部门、各岗位的质量职责是否明确；质量体系要素的选择是否合理；规定的质量记录是否能起到见证作用；所有职工是否养成了按体系文件操作或工作的习惯，执行情况如何。

(5) 每个公司在实施汽车质量管理体系需要考虑的重要步骤

1）决定采取哪个管理体系。不同的汽车制造商有不同的要求，ISO/TS 16949 等同于现有的美国、德国、法国和意大利汽车质量要求，但在全球还没有对所有汽车制造商进行强制性要求。QS-9000 基本是美国供应商要求，类似的是 VDA61，基本用于德国汽车供应商。

2）采购标准。在准备实施前，需要一本标准手册，需要读懂，读通。

3）参考相关文献和软件。有许多相关的质量出版物，软件工具可帮助理解，实施并注册汽车质量管理体系。

4）组建队伍制订策略。通过与最高管理层沟通，组织策划全面实施体系。

5）考虑培训。有许多形式的培训，如小组活动、研讨会和培训课可以帮助获得汽车质量管理体系注册。

6）选择顾问。可以得到保持中立的顾问建议，对于如何更好地实施质量管理体系，他们有丰富的经验实施 QMS 和保证少走弯路。

7）选择认证公司。认证公司是第三方机构，如 BSI，可以前往并有效地审核本公司质量管理体系，如果符合标准，BSI 将颁发证书。由于种种市场原因，选择认证公司可能是一个复杂的过程。考虑的因素包括工厂经验、地理范围、价格和服务水平，关键是找到最适合的认证机构。

8）撰写质量手册。质量手册是高级别文件，它要列出对质量管理的要点"WHAT,

WHY 和 HOW",在业务中实施质量管理体系。

9)开发支持文件。开发代表性程序文件以支持质量手册。清晰简练,列出为完成一项工作的要点,即"WHO,WHAT 和 HOW"。

10)实施质量管理体系。实施的关键是沟通和培训。在实施阶段,所有执行程序的人都要收集记录并证明:规定的做到了,做到的符合规定。

11)预防性审核。预防性审核通常是在体系实施后 6 周进行。目的是找出哪些区域没能达到标准,它将使你在初审之前考虑改进。

12)获得认证。认证机构安排初审。在此阶段认证机构将审核质量管理体系,并建议是否发证。

13)持续审核。一旦获得认证并拿到证书,就可以对外宣传企业已成功获得认证。为确保认证资格,需要继续实施所有的质量体系,认证机构将定期对标准执行情况进行检查。

第二节　汽车配件的全面质量管理

一、全面质量管理概述

全面质量管理是指企业单位开展以质量为中心,全员参与为基础的一种管理途径。其目标是通过全面质量管理使企业生产出让顾客满意、本单位成员和社会受益的产品。中国质量管理协会在《质量管理名词术语》中,对全面质量管理的内涵有如下表述:**全面质量管理是指"企业全体职员及有关部门同心协力,综合运用管理技术、专业技术和科学方法,经济地开发、研制、生产和销售用户满意产品的管理活动。"**

全面质量管理的特点是"三全""一多样",具体含义如下。

1. 全面质量的管理

全面质量管理的对象既包括库存配件的质量,又包括仓库人员的工作质量(包括作业质量、服务质量、入库验收速度、检验质量、保管保养质量、出库发送速度、进货费率和业务费率等)。

2. 全过程的管理

全过程的管理即配件从接运入库至发运出库到达用户手中这一全过程的质量管理。配件质量的好坏,是受着这一全过程中每一环节的影响的。全过程中的每一步管理工作,都关系到配件的质量好坏。因此,要搞好配件的质量管理,必须进行全过程的管理。

3. 全员参加的管理

库存配件质量的好坏,是许多工作和许多作业环节活动的综合反映,可以说它涉及仓库的所有部门和全体人员。因此,搞好仓库配件质量管理工作,要依靠仓库的各个部门和全体人员的共同努力。

4. 质量管理方法多样化

多种管理方法的协同配合,不仅能根据不同客户给予汽车配件合理的管理,并且能更加节省资源和人力等。

全面质量管理八项原则反映了全面质量管理的基本思想,其中这八项基本原则分别是:

1)以顾客为关注焦点。为了赢得顾客,组织必须首先深入了解和掌握顾客当前和未来的需求，在此基础上才能满足顾客要求并争取超越顾客期望。为了确保企业的经营以顾客为中心，企业必须把顾客要求放在第一位。

2）领导作用。企业领导能够将组织的宗旨、方向和内部环境统一起来，并创造使员工能够充分参与实现组织目标的环境，从而带领全体员工一起实现目标。

3）全员参与。产品和服务质量是企业中所有部门和人员工作质量的直接或间接的反映。因此，组织的质量管理不仅需要最高管理者的正确领导，更重要的是全员参与。

4）过程方法。质量管理理论认为：任何活动都是通过"过程"实现的，通过分析过程、控制过程和改进过程就能够将影响质量的所有活动和所有环节控制住，以确保产品和服务的高质量。

5）管理的系统方法。开展质量管理要用系统的思路，各种思路体现在质量管理工作的方方面面。一般其系统思路和方法应该遵循以下步骤：确定顾客的需求和期望；建立组织的质量方针和目标；确定过程和职责；确定过程有效性的测量方法，并用来测定现行过程的有效性；寻找改进机会，确定改进方向，实施改进；监控改进效果，评价结果；评审改进措施和确定后续措施等。

6）持续改进。质量管理的目标是顾客满意，由于顾客需要在不断的提高，因此企业必须要持续改进才能持续获得顾客的支持。

7）以事实为基础进行决策。为了防止决策失误，必须以事实为基础，为此要广泛收集信息，运用科学的方法处理并分析数据与信息。

8）与供方互利的关系。在目前的经营环境中，企业与企业已经形成了"共生共荣"的企业生态系统，企业之间的合作关系不再是短期的、甚至一次性的合作，而是致力于双方共同发展的长期合作关系。

二、全面质量管理的基础工作

1. 标准化工作

标准化工作，就是要把质量管理中的经验教训，用标准化的形式总结出来，变为仓库的财富。对于成功的经验，通过标准化规定应当如何做；对于失败的教训，通过标准化规定不应当如何做。这里所说的标准，不仅指技术标准、配件质量标准，而且还包括仓库的全部规章制度（如各级人员责任制、权限和活动范围）和操作标准等，也包括更重要的工作标准。标准是衡量配件储运质量以及各项工作质量的尺度，又是仓库进行业务管理、技术管理和质量管理的依据。所以，标准化是质量管理的基础，而质量管理是贯彻执行标准的保证。

做好标准化工作，必须注意的是：

1）各种工作都应当有标准，要始于标准，终于标准。

2）标准和规定要坚决贯彻执行，并不断进行完善。

3）制定标准要发动群众。拟定标准是一项细致而又复杂的工作，且技术性强。在储运作业的各个环节（入库验收、检验、装卸、运输、堆码、保管保养和出库发运）都应有不同的标准和要求。因此，标准的拟定必须是在实践过程中完成，通过将科学研究成果和实践经验进行认真总结、广泛讨论，从而形成共同遵守并以此作为衡量的标准。这就可以避免主观片面，使各项工作条理化和科学性。

2. 计量工作

计量工作对质量有直接的影响，它是保证质量管理工作准确进行的基础。要搞好仓库的计量工作，仓库需用的计量仪器、设备必须配备齐全，保证量具、量仪、设备器材的质量稳定；示值准确无误，修复及时；根据不同情况，选择正确的测量计算方法。

3. 质量信息工作

质量信息，是指反映仓库各环节上工作质量和配件质量的信息、基本数据、原始记录、用户意见等各种信息资料。这是仓库进行质量情况调查研究的第一手材料，及时反映了影响仓储质量的各方面因素和仓库业务活动的原始动态。因此，它是质量管理的"耳目"。

4. 质量责任制

质量责任制就是让每一个人都明确其在质量工作方面的具体任务、责任和权力，以便做到质量工作事事有人管，人人有专责，办事有标准，工作有检查，把质量工作与干部、职工的积极性结合起来，形成一个严密的质量管理工作体系。

三、全面质量管理的基本方法

1. PDCA 循环方法

质量管理中的 **PDCA 循环**就是按照计划、实施、检查和处理四个阶段来开展质量管理活动的一种科学的管理工作程序。

PDCA 循环方法必须经过的四个阶段。P（计划）阶段，就是包括确定方针、目标、课题和活动计划等。D（实施）阶段，就是按照计划去实施，去落实计划，去实际操作。C（检查）阶段，一是要检查是否按计划做了，二是检查哪些做对了，哪些没做对，并掌握进度，注意效果，发现问题。A（处理）阶段，就是要把成功的经验上升到理论，形成标准，对失败的教训也要有所总结，吸取教训，防止再发生类似的错误。

PDCA 循环的特点：

1）一定要按 P, D, C, A 的顺序进行，缺一个也不行；

2）PDCA 循环是大循环套小循环，互相促进的。

图 8-1 所示为大循环套小循环示意图，图 8-2 所示为 PDCA 循环连续转动上升示意图。

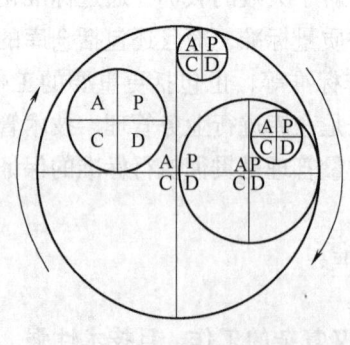

图 8-1 大环套小环示意图

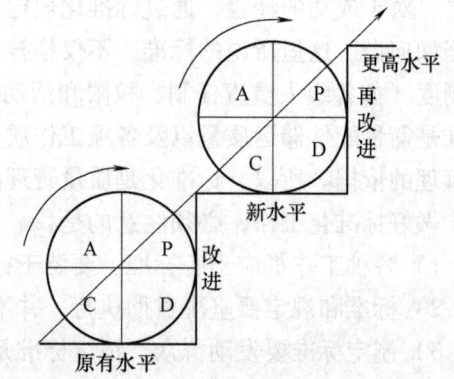

图 8-2 PDCA 循环连续转动上升示意图

2. 推行全面质量管理的要求

汽车配件管理系统推行全面质量管理，在运用 PDCA 循环这一基本方法时要达到以下基本要求：

（1）要有明确的质量目标　PDCA 循环是手段，而不是目的。按照全面质量管理的要求，PDCA 的每一项循环，就意味着解决一个或一些质量问题。所谓质量目标，包括配件管理目标、配件质量目标和工作质量目标，但首要的是配件工作的质量目标。质量目标必须是切实可行的，经过努力可以实现。

（2）要提出具体、正确的措施　在配件管理的过程中，能否使 PDCA 循环有效地转动，使每一次循环都能达到提高工作质量的目的，重要的问题之一是要在认真分析现状的基础上，抓住主要矛盾，提出具体、正确的措施。

（3）要强调用数据说话　在运用 PDCA 这一管理循环时，一定要掌握用数据说话的基本原则。在计划阶段，要利用排列图、分层图和因果分析图等工具对质量问题做出有数量概念的分析，制订切实可行的计划。在执行阶段，要注意积累和掌握质量数据，因为任何质量都表现为一定的数量。在检查阶段，更要注意用数据说话。

在了解情况时，一定要注意到质量问题的数量方面，要有基本的数量分界，不了解决定质量问题的界限和数量规律，就不能真正掌握情况，也作不出正确的判断。因此，衡量、检查工作质量的重要标准是：是否掌握了对计划执行情况的各种基本数据。在处理阶段，应该反复琢磨，是否已经把包含在数据内的规律性的东西揭示出来了，然后采取措施并开始下一次 PDCA 循环。

（4）要掌握完整循环、不断循环的基本要求　计划工作是配件管理工作的基本工作之一，在配件管理的过程中，几乎所有的工作都始于计划。但是有时候计划落实不够，或者有的计划很大，效果很少，原因当然是多方面的。从转动 PDCA 循环的角度看，往往是由于只有 PD 阶段而缺了 CA 阶段，或者有了 PDCA 一个阶段后就不了了之了，没有进行认真的处理。

（5）要有转动 PDCA 循环的动力　最大的动力是人的因素，即人的精神、干劲和积极性，对于每个人来说，最大的动力是有干好工作的热情，如果没有这样一股热情，什么科学管理、全面质量管理都没有用。与此同时，还应当把全面质量管理和经济责任制很好地结合起来，使质量同人的经济利益挂起钩来，妥善地解决国家、单位和个人的权责利问题。

3. 全面质量管理工具

在质量管理中常用的方法主要有七种：分层法、排列图法、因果分析图法、散布图法、统计分析表法、直方图法和控制图法。

分层法是根据某种因素划分数据的方法；排列图又称主次因素排列图或巴雷特图，排列图法是找出影响质量的主要原因的一种方法；因果分析图也称特性分析图、鱼刺图和树枝图，主要是用于寻找某种质量问题的原因；散布图法，是利用直角坐标系来分析影响因素和质量特性之间的关系；统计分析表法，是利用统计报表来进行数据整理和粗略原因分析的一种工具，仓库现行的一些管理大多是这种方法。

第三节　汽车配件质量管理实务

一、现场质量管理

现场质量管理是指从原料投入到产品完成入库的整个生产制造过程中所进行的质量管

理。它的工作重点大部分都集中在生产车间。现场质量管理的目标，是通过保证与提高产品质量、服务质量和施工质量，降低物质消耗，生产出符合设计质量要求的产品，即实现符合性质量。现场质量管理的内容有四个方面：质量缺陷的预防（即预防产生质量缺陷和防止质量缺陷的重复出现）、质量的保持、质量的改进和质量的评定。

现场质量管理以生产现场为对象，以对生产现场影响产品质量的有关因素和质量行为的控制和管理为核心，通过有效的过程识别，明确流程，建立质量预防体系，建立质控点，制定严格的现场监督、检验和评价制度以及质量改进制度等，使整个生产过程中的工序质量处于严格的控制状态，从而确保生产现场能够稳定地生产出合格产品和优质产品。现场质量管理实施涉及人、机、料、法、环、测，是一项系统工程，只有人、机、料、法、环、测都达到预定的标准，过程才会稳定受控，产品一致性才会好。做好现场质量管理应做到以下几点：

1）做好过程识别和结果应用。
2）建立质量预防体系。
3）管理好人、机、料。
4）作业方法管理。
5）工作环境管理。
6）测量控制管理。
7）产品与过程确认。
8）过程评价与激励。

提高现场质量管理水平，确保产品一致性的工作任重道远，为将这一工作落到实处，会应用到很多方法，牵涉到整个产品的实现过程。只要从最基本过程入手，将每一个细小过程的要求落到实处，系统进行管理，那么产品一致性一定会更好。

二、生产过程质量管理

1. 生产过程质量控制的目标

生产过程质量管理的目标是：保证产品符合设计工艺文件的规定。生产过程质量管理的核心是：生产过程是在受控状态下进行的。具体地说：

1）生产过程满足技术文件要求。
2）原材料、元器件、零组部件、成品、半成品是合格的。
3）生产加工设备、工装设备、试验设备是合格的。
4）生产环境条件是合格的。
5）操作人员、检验人员是合格的。

2. 生产过程质量控制的方法

1）过程质量策划。
2）关键过程和特殊过程的识别。
3）过程（工序）质量控制点。
4）过程质量控制指导文件。

3. 生产过程质量控制的主要程序

1）监督工厂建立健全岗位责任制，及时制订和修订并严格执行。

2）督促工厂认真搞好文明生产，特别是搞好良好的生产秩序，合理配备工位器具等。
3）监督工厂做好生产前的准备工作。
4）监督工厂组织好设备维修工作，保持设备的技术状态良好。
5）做好材料物质供应的质量管理。
6）运用体系文件对质量活动进行监督检查，并尽量统计各类信息。
7）督促工厂改进包装质量。
8）督促工厂定期进行内部质量审核。

三、产品质量的检验

1. 质量检验定义

在生产过程中，为确定产品是否符合质量要求，需要用一定的方法和手段测定产品质量特性，并将测得的结果同规定的质量标准进行比较，从而判断被检产品合格或者不合格，这样一个过程称为检验过程。

因此，**质量检验**可定义为："对产品、过程或服务的一种或多种特性进行测量、检查、试验、计量，并将这些特性与规定的要求进行比较的活动。"

2. 质量检验的工作程序

质量检验是一个过程，一般包括以下工作步骤。

1）明确质量标准。熟悉和掌握产品的质量标准与检验方式方法，并作为测量或试验、比较和判定的依据，使检验员和操作者明确什么是合格品或合格批次，什么是不合格品或不合格批次。
2）抽样。从受检批中按抽样方案随机抽取一定数量的产品进行检验。
3）测试。采用一定的检测设备或理化分析仪器、计量器具，按规定的检验方法，对产品质量特性进行测量或试验。
4）比较。将测试结果与规定的标准要求进行比较。
5）判定。根据比较结果判定单个产品是合格品还是不合格品，产品是不是合格批。
6）处理。根据判定结果，对单个产品合格则放行，不合格则打上标记后隔离存放；对批产品应决定是接收、拒收、筛选还是复检等。
7）记录反馈。检验员和操作者必须按规定对所测得的数据进行认真记录，经过整理、统计、计算和分析，按一定的程序和方法向有关领导和部门反馈质量信息，以便改进质量。

3. 质量检验方式的分类

质量检验方式通常可按生产流程、检验体制、检验地点、检验目的和检验数量进行分类。本节重点介绍按生产流程分类的几种检验方式（种类）。

（1）进货检验　进货检验是对原材料、半成品、外购件、外协件、扩散件等进货物资进行的质量检验。

进货检验是在货物入库或投产之前进行的，其目的是确保产品质量和生产的正常进行。进货检验包括首件（批）检验和成批检验两种。

（2）工序检验　工序检验是指产品在加工过程中对一道工序转向下一道工序或在数道工序结束后进行的检验。其目的是预防产生大批的不合格品，防止不合格品流入下一道工序。

工序检验不仅要检验产品,还要检验与产品质量有关的因素的稳定状况,还可以根据受检产品的质量状况对工序质量稳定状况作出分析和推断,以判定影响产品质量的因素是否处于受控状态。

(3) 成品验证　成品验证也称最终检验或出厂检验,是指在产品加工最终阶段对成品进行的检验,它是产品入库前进行的一次全面检查。成品验证的目的是防止不合格的产品入库和出厂,以确保用户的正常使用,避免给企业自身的声誉带来不应有的损失和影响。

4. 质量检验的方法

(1) 感官检验　感官检验是依靠人的感觉器官来进行有关质量特性或特征的评价和判定的活动。例如机械产品油漆表面的颜色、光泽、伤痕,金属表面的污损、锈蚀,食品的味道等,往往依靠人的感觉器官进行检查和评价。感官检验特别适用于以下两种场合:

①必须凭感觉进行判断和评价的场合。

②虽然能进行理化测试,但比较复杂或过于费时,而用感官检验可降低成本,提高工效又不影响产品质量检验结果的场合。

图 8-3 所示为感官检验示意图。

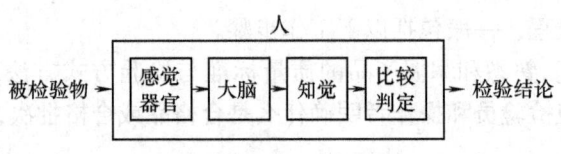

图 8-3　感官检验示意图

(2) 理化检验　理化检验是依靠量具、仪器以及检测设备,应用物理或化学方法对受检物进行检验,获得检验结果的方法。例如对原材料的化学成分,产品的精度、性能、强度、使用寿命和可靠性等,都是运用理化方法进行检验。图 8-4 所示为理化检验示意图。

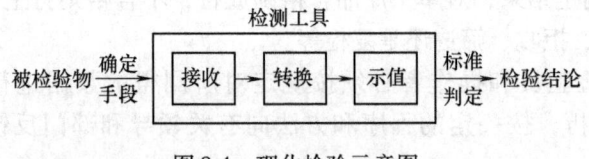

图 8-4　理化检验示意图

(3) 单位产品的检验　单位产品就是组成产品总体的基本单位,单位产品的质量是用质量特性值来度量的。

(4) 批产品检验　批产品就是在一定条件下生产出来的一定数量的产品,也就是若干个单位产品组成的产品总体。检验批可以是产品的总体,也可以是总体中的一部分。

(5) 抽样检验　抽样检验是根据事先制订的抽样方案,对一批产品中的部分产品进行检验,并根据这部分产品的检验结果对整批产品的质量合格与否做出判定的检验方法。图 8-5 所示为抽样检验过程示意图。

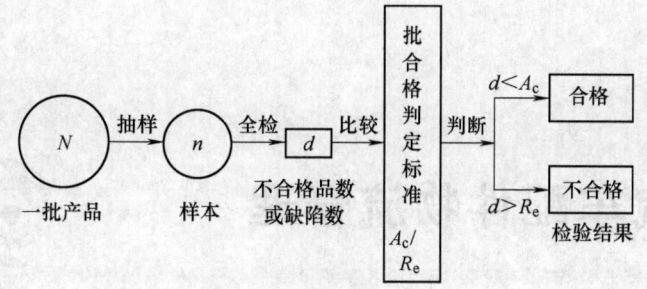

图 8-5 抽样检验过程示意图

复习思考题

1. 质量管理的定义和任务是什么？
2. ISO 9001 主要有哪几方面的作用和意义？
3. 全面质量管理的特点有哪些？

汽车配件物流管理

第九章

第一节 汽车配件物流概述
第二节 汽车配件物流运作前景与运作风险分析
第三节 汽车配件物流运作模式
第四节 汽车配件经营模式分析
第五节 汽车配件第三方物流

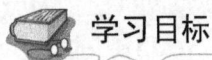学习目标

知识目标：了解汽车配件物流管理知识，正确认识汽车配件物流的发展和必要性，理解第三方物流对汽车配件物流发展的作用。

技能目标：掌握汽车配件物流运作模式，能根据不同模式的基本特征进行综合分析，并合理加以利用。

能力目标：能在汽车配件分类管理的基础上，熟练掌握汽车配件物流的经营模式。

第一节 汽车配件物流概述

一、物流概述

美国物流管理协会（Council of Logistics Management，CLM）1998年对物流（Logistics）的定义是：物流是供应链过程的一部分，是以满足客户需求为目的，以高效和经济的手段来组织产品、服务以及相关信息从供应到消费的运动和存储的计划、执行和控制的过程。中国《物流术语》国家标准将**物流**定义为："物品从供应地到接收地的实体流动过程，根据实际需要，将运输、储存、装卸、搬运、包装、流通加工、配送、信息处理等基本功能实施有机结合。"一般归结为物流具有七大功能：运输功能、储存功能、配送功能、装卸搬运功能、包装功能、流通加工功能和信息处理功能。汽车物流是集现代运输、仓储、保管、搬运、包装、产品流通及物流信息于一体的综合性管理，是沟通原料供应商、生产厂商、批发商、零售商、物流公司及最终用户满意的桥梁。由于供应链管理下物流环境的改变，使得新的物流管理有许多不同于传统物流管理的特点，这些特点反映了供应链管理思想的要求和企业竞争的新策略。

对汽车配件企业来说，汽车配件物流包括生产计划制订、采购订单下放及跟踪、物料清单维护、供应商的管理、运输管理、进出口、货物的接收、仓储管理、发料及在制品的管理和生产线的物料管理、整车的发运等。首先，汽车零部件全球化采购。汽车仅发动机部件就有千余项，整车零件逾万件，而所有的部件并非一处就能采购得到，零部件供应商遍布全

球。其次,随着中国汽车消费市场的不断扩大以及中国汽车向世界各地的大量出口,整车物流运输量将随着产销数量的增长而增长,这对包装、库存、仓储特别是运输物流的需求是非常明显的。汽车整车及其零部件的物流配送业是各个环节衔接得十分紧密的高技术行业,是国际物流业公认的最复杂、最具专业性的领域,其专业性和复杂性特别体现在汽车零部件向汽车生产商的发送上。

我国现行的主体汽车物流模式是供产销一体化的自营物流,即汽车产品原材料、零部件、辅助材料等的购进物流、汽车产品的制造物流与分销物流等物流活动全部由汽车制造企业完成。制造企业既是汽车生产活动的组织者与实施操作者,又是企业物流活动的组织者与实施者。

二、汽车配件物流管理的必要性

随着近年来我国汽车产业的高速发展,全球知名的汽车生产厂商几乎悉数进入中国市场进行整车生产和销售,我国汽车业产能和技术的快速提高,车价的不断下跌,整车利润下降极快,汽车品牌的竞争必将由技术、价格更多地转向售后服务。国际上比较正常的汽车销售商利润来源中,汽车销售所占比例只有10%,零部件销售占10%,二手车经营占20%,售后服务却高达60%。通常来说,在汽车制造业内每投资1元钱,其后续的服务市场就能产生6.25元的收益。如今,对于我国整车市场来说,这部分在用车用户的日常维修保养需求已经形成了一个巨大的售后服务市场,无论从单车维修保养利润来估计,还是从整个零部件市场的规模来评判,这个市场都足以引起众多整车厂商以及专业维修提供商的关注。

按照美国汽车售后业协会的定义,所谓"汽车售后市场"就是指"汽车在售出之后维修和保养所使用的零配件和服务",所涉及的企业主要包括汽车零配件制造商、汽车零配件销售商和汽车修理服务商三大类企业。汽车售后服务市场在汽车产业链的利润构成中可占到60%~70%的比例,同时它又是汽车业中最稳定的利润源,这一点很清楚,买一台车必然要使用,有使用就有磨损和消耗,当然就需要许多配套服务。汽车使用过程中的支出并不低于买车的支出,这中间当然就包括了维修和日常保养的费用,而且所占的比例并不低。另外,随着汽车竞争的不断深入,"买车=买服务",这已成为越来越多消费者的共识,这样开展良好的售后服务也是消费者所急需的,厂家和消费者能够在这个层面上获得"双赢"。企业在售出产品后,为了实现售后服务承诺,必须维持相应的配件以提供保证期内的服务,这种配件称为服务配件。随着市场竞争的日益激烈,延长服务时限和提高服务效率是企业获得竞争优势的重要手段,相应的服务配件物流管理在实践中也慢慢地得到了重视。

汽车物流是国际物流业内公认的最复杂、最具专业性的物流领域。面对整车价格的持续下降以及顾客选择空间的不断加大,售后服务已经成为汽车产业的第三桶金,这就意味着对汽车售后服务配件物流提出了更新、更高的要求,需要完善汽车售后服务配件的物流结构。

第二节 汽车配件物流运作前景与运作风险分析

一、运作前景分析

我国加入WTO后,国外汽车物流企业随着我国汽车工业的高速发展而加快进入我国汽车物流市场的步伐，带来先进的物流理念、运作经验和物流技术，给我国汽车物流企业增添竞争压力和合作机会，并将对我国汽车物流市场的发展产生深远影响。

目前，整车厂为了提高自身的市场竞争力，采购供应体系基本上采用JIT配送方式。整车生产厂为了实现零库存，由供货商或整车生产厂的供应部门实施"直送工位"的JIT（just in time，准时）配送。由于地理空间的限制，成百上千家的零配件生产、供应商只好在整车生产厂附近自建或者租用仓库，以满足整车生产厂的需求。如此庞大的零配件供应群体和相应的运输、配送环节，构成了库存量大、层次繁多和结构复杂的采购供应物流体系，而这些成本最终会转移到整车价格上。汽车市场竞争日趋激烈，迫使整车厂必须在零部件物流上动脑筋。

二、运作风险分析

我国有100多家整车制造厂以及近3000家零部件制造厂。整车厂普遍规模小，而零部件生产企业则规模更小、更分散。每一个大型整车生产企业周围都有由数目庞大的零配件生产、供应企业群所构成的垂直分布的单一配套体系，如上海大众的零配件配套体系由500多家零配件生产企业构成，这样就增加了与供应商的谈判难度与运作难度。

目前，传统的思维方式和运输方式制约着现代汽车物流的发展。仍有一部分轿车生产企业保留着"大而全、小而全"的经营方式，自建仓库和运输网络，对于第三方汽车物流的引入，虽然看好，但因整车厂原先自有的物流资产人员比较难安置，整合物流有一定的门槛。另外，配件的品种和数目繁多，时效性强，整合难度和运作难度远远大于成品物流，但第三方物流已成为一种物流发展模式。

第三节　汽车配件物流运作模式

由于汽车配件物流具有多批次、少批量及数目繁多的特点，其运作要求与运作难度远远高于成品物流，而且成本核算相对困难。一般情况都是企业自营，外包程度相对偏低，第三方物流在汽车配件物流中几乎是一片空白，市场潜力有待挖掘。但随着生产模式和销售模式的改变，已经有小部分企业将汽车配件采购物流和配件售后物流进行外包，而且外包有增强的趋势。

一、企业自建配送系统运作模式

传统的汽车厂，一般是自建原材料库或配送中心（见图9-1）。他们常用的做法是要么有自己的运输队，要么找运输公司把零配件送到公司。这种方式并不是根据需要来供给，有的零件根据体积或数量的不同，并不一定正好能装满一辆货车，但为了节省物流成本，运输商经常装满一车才送销售商，这样就造成了库存高、占地面积大。而且，不同供应商的送货缺乏统一的、标准化的理论，在信息交流、运输安全等

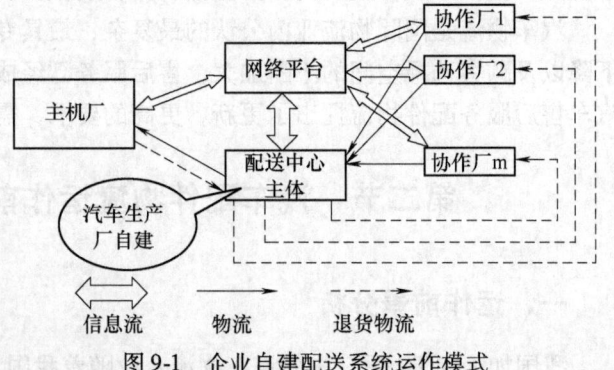

图9-1　企业自建配送系统运作模式

方面，都会带来各种各样的问题，而且还会花费很多的时间和很大的人力资源。

二、改进型运作方案

1. "循环取货"模式

在第三方物流企业整合的基础上，对于有些用量很少的零部件，而且是本地供应商所生产的，为了不浪费运输车辆的运能，充分节约运输成本，可使用叫做"送牛奶"的小小技巧：每天早晨，汽车从厂家出发，到第一个供应商那里装上准备的原材料，然后到第二家、第三家，依次类推，直到装上所有的材料再返回。这样做的好处是省去了所有供应商空车返回的浪费。"循环取货"配送模式如图9-2所示。

这种做法的优点是显而易见的，不但使零配件生产厂家省去了每天直接送到生产线上去产生的运输费用，同时因为不进入原材料库，所以保持了很低或接近于"零"的库存，省去了大量的资金占用。

2. 配送中心模式

由于汽车零配件的种类达到好几千种，而且大部分零配件生产商离汽车制造商距离较远，有些还是进口的，这时配送中心就是必不可少的。与以往所不同的是，汽车厂商由自行配送改为聘请第三方

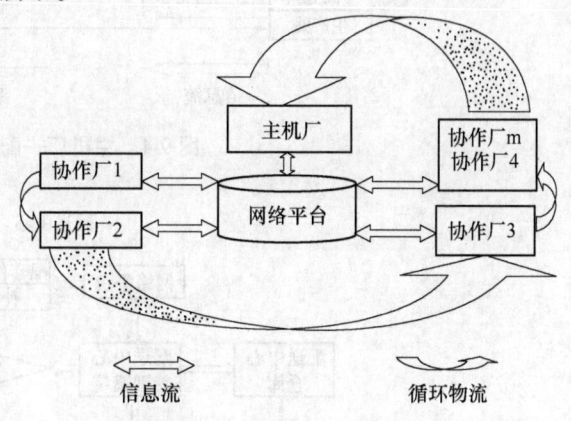

图9-2　"循环取货"配送模式

物流供应商，由他们来设计配送路线，然后到不同的供应商处取货，再直接送到车间，确保汽车生产。提货的连续性进一步减少了仓储，把汽车的局部装配和总体装配结合在一起。

第三方物流企业通过物流管理信息系统在整车生产厂和零配件生产之间建立起一个信息直通道，使零配件生产厂可以及时了解整车生产厂的生产需求和发展规划，避免由于信息滞后所造成的零配件产品的积压和盲目生产，同时可以为整车生产厂提供有效的JIT配送，保证整车生产厂生产的高效性和连续性。同时，物流公司通过合理调度运输工具和仓库的使用，减少物流成本。图9-3所示为第三方物流企业整合模式。

3. 配送系统流程

1）主机厂—配送中心流程（见图9-4）。

2）配送中心—协作厂的流程（见图9-5）。

3）配送中心内部作业流程（见图9-6）。

配送中心作业项目可以简单地分为按短期需求计划配送（履约配送）、按电子看板配送（JIT，即时配送）、退货、补货和盘点等。

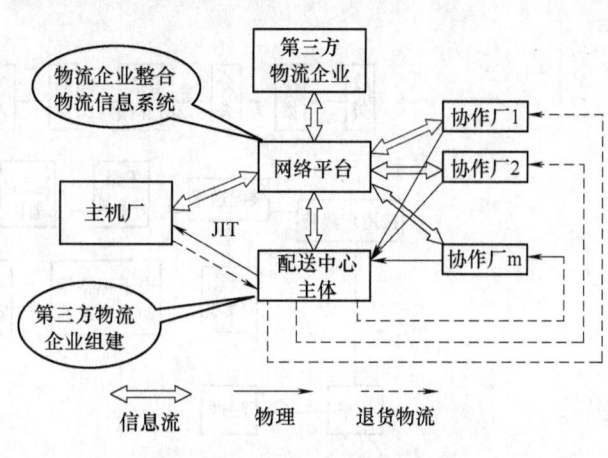

图9-3　第三方物流企业整合模式

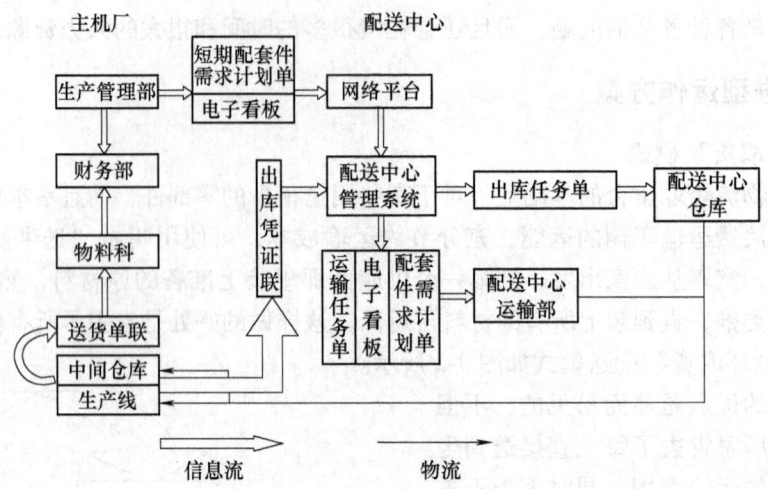

图 9-4 主机厂—配送中心流程

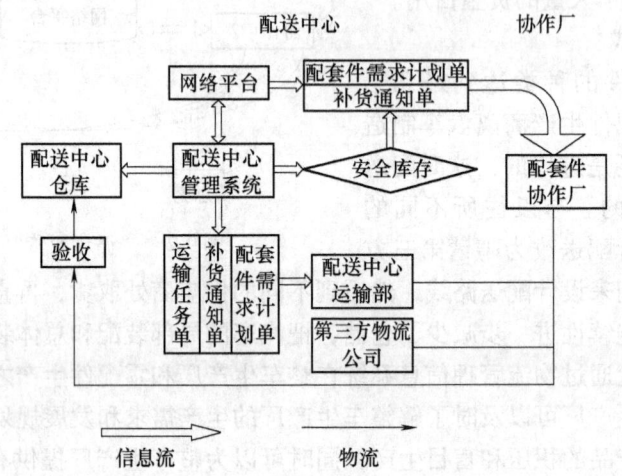

图 9-5 配送中心—协作厂的流程

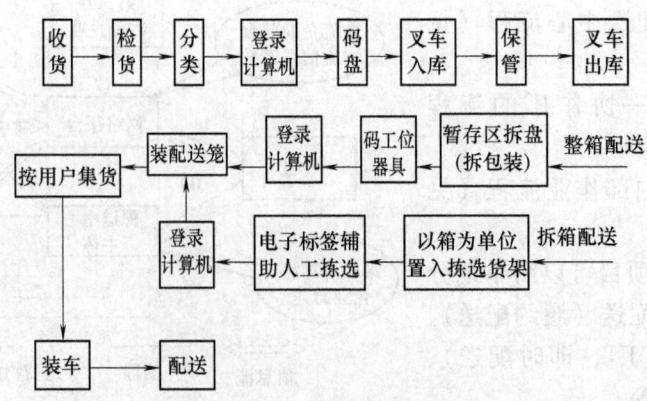

图 9-6 配送中心内部作业流程

第四节 汽车配件经营模式分析

一、目前汽车配件的经营模式

目前汽车市场最主要的服务配件经营模式（也称为售后服务经营模式）有以下几种。

1. 4S 模式

4S 模式也被称为"四位一体"模式，目前国内主要的轿车生产企业基本都采取这种模式。这种模式源于欧洲，4S 即集整车销售、配件供应、维修服务和信息反馈于一体。

2. 连锁经营模式

以美国为代表的连锁经营模式，最近 20 多年来得到了迅速发展。这种连锁方式如同人们熟知的"麦当劳"和"肯德基"，它整合了各品牌汽车维修保养的资源，打破了纵向垄断，在价格服务透明化的基础上，提供了汽车保养、维修、快修、美容和汽保供应一条龙服务，车主可以一站式解决问题。

3. 特约维修站模式

"特约维修站"必须得到厂家授权，它们只负责给特定品牌的汽车提供服务，维修中使用的专用维修设备大多由该品牌汽车制造商提供，零部件也都是原厂件。

二、国内外汽车服务配件的经营模式

不同的经营模式都各有其优、缺点，需要根据自己的市场环境和客户的需求来选择相应的经营模式。

在美国，连锁经营模式是主要的汽车服务配件经营模式。许多人把专业的连锁维修店形象地比作汽车售后服务行业中的麦当劳，其着眼点放在专业性和广泛性上，在美国随处可见这种连锁经营模式的汽车维修保养店，在那里他们可以得到专业的服务，从而节省了他们本来就比较繁忙的时间。

日本汽车服务配件的主要经营模式是 4S 模式。多年来，日本汽修领域形成了完善的服务体系，人性化的服务，使得日本有车族们安心享受着完美的车居生活。由于有配套的技术、品牌的质量保证和统一的标准等因素，使得许多日本人愿意将车送到直营或加盟的特约维修站进行维修和保养，而且在维修站里使用的都是与自己车型相匹配的原厂件，能够保证汽车维修的质量，让人放心。

欧洲在汽车保有结构方面的特点是车型集中，每种车型有较大的保有量，所以 4S 模式是欧洲汽车服务配件的主要经营模式。

目前，我国汽车服务配件的经营模式主要为 4S 模式。汽车服务配件物流的主要流程为：根据月售后服务需求计划和库存情况，向供应商下订单；供应商向整车制造商的中心配件库发送配件；整车制造商的售后服务部门进行分类、分拣和包装，再向售后服务站发送。较大的整车制造商还会根据售后服务站的分布情况，在全国设立几个分拨中心，由中心配件库向分拨中心发运，再向服务站发送（见图 9-7）。

三、汽车服务配件的分类管理

以往的汽车服务配件的分类通常都是按照配件的功能来进行分类，并进行编号，以便需

要时查找方便。比如，某整车制造厂将服务配件分为发动机和变速器、发动机装备、悬架/转向装置/轮毂、制动系统和传动轴、电器、发动机周围元件、车身件、内饰件、辅料、附件共10大类。但是传统的分类方法并不能帮助进行库存结构优化，所有的服务配件都是通过中心配件库向分拨中心发送，再由分拨中心向各个服务站发送。这样就使得每个配件在中心配件库、分拨中心、服务站都有库存，而实际上这不仅是没有必要的，而且在某种程度上还造成了资源的闲置和浪费，可以通过一种两阶段分类方法将服务配件的库存结构进行优化。

第一阶段：将配件分为进口件、国产件和自制件。据调查，每个整车制造厂的服务配件大多数都是专用件，而且一半以上的配件都是进口件。对于进口件，由于进口的程序复杂，适合由中心配件库统一采购并进行分拣再向下运输。

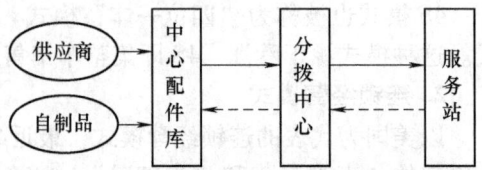

图9-7　目前我国汽车服务配件物流

而对于国产件，通过对供应商的选择（其中包括价格、质量、售后服务等的考核）和合同的签订，可以采取由中心配件库统一管理，但是配件不经过中心配件库的管理方式，中心配件库采集各分拨中心的需求请求，确定后统一向供应商订货，并由供应商直接向分拨中心发货。这种方式从单个节点看是以牺牲供应商的运输成本来降低整车制造厂的成本，但是从整个供应链的角度来看，原来需要进行的两次分拣和运输，现在只需要一次就完成了，在一定程度上降低了整个供应链的成本。对于自制件，当然就是由中心配件库统一向下发送。图9-8所示为第一阶段分类后的库存结构。

第二阶段：在第一阶段的基础上再将配件分为快速流动配件和慢速流动配件。国内外已经有很多学者从事过慢速流动配件和快速流动配件的研究，因此这里只介绍它们的定义。对于流程式生产企业来讲，通常慢速流动配件是年需求率小于1的配件，快速流动配件是年需求率大于1的配件。但是由于汽车服务配件受到交通事故、顾客偏好等外界因素的影响，通常消

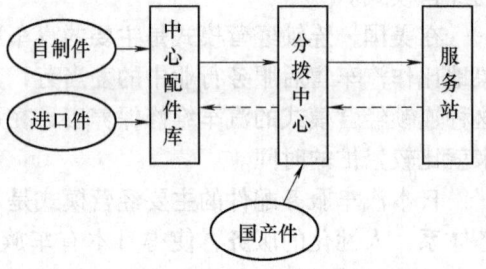

图9-8　第一阶段分类后的库存结构

耗得比流程式生产企业的维修配件快，因此，考虑到汽车行业的实际情况，定义慢速流动配件是那些全国月需求率小于1的服务配件，其余的就是快速流动配件。

对于进口件，快速流动配件的库存结构为：由中心配件库向分拨中心发送，再由分拨中心向各个服务站发送。慢速流动配件的库存结构为：直接由中心配件库向服务站发送。因为服务配件的需求具有极大的不确定性，尤其是那些慢速流动配件，为了避免因缺货造成的顾客满意度下降，各个分拨中心都会保有一定的安全库存量，无形中使整体库存量远远超出了需求，并且因地域造成的需求差异可能导致分拨中心之间的紧急运输，产生再次运输的成本。因此，对于慢速流动配件，则借鉴联合库存的思想将其储存在中心配件库，当某个服务站有需求时直接由中心配件库向服务站发送。这样不但不会降低顾客的满意度，还可以大大降低库存，以减少不必要的库存成本和运输成本。

对于自制件的处理，与进口件的处理相同。

对于国产件，快速流动配件的库存结构为：由供应商向分拨中心发货，再由分拨中心向各个服务站发货。慢速流动配件的库存结构为：供应商根据售后服务部的订单直接向服务站发货。这里慢速流动配件的库存结构类似进口件的慢速流动配件，只是因为没有了一个中心配件库，从而转嫁给了供应商。这里供应商并不需要实时监控各个服务站的情况，而是根据中心配件库的指令来发货，因此这不是供应商管理库存的形式，而是各个服务站将慢速流动配件共同储存在供应商处的一种联合库存的管理形式。由于配件供应商与整车制造商之间的合作关系是一种相互依赖的战略合作关系，因此通过一定的契约实现部分配件的这种联合库存管理是完全可能的。

图 9-9 所示为新的汽车服务配件物流结构。

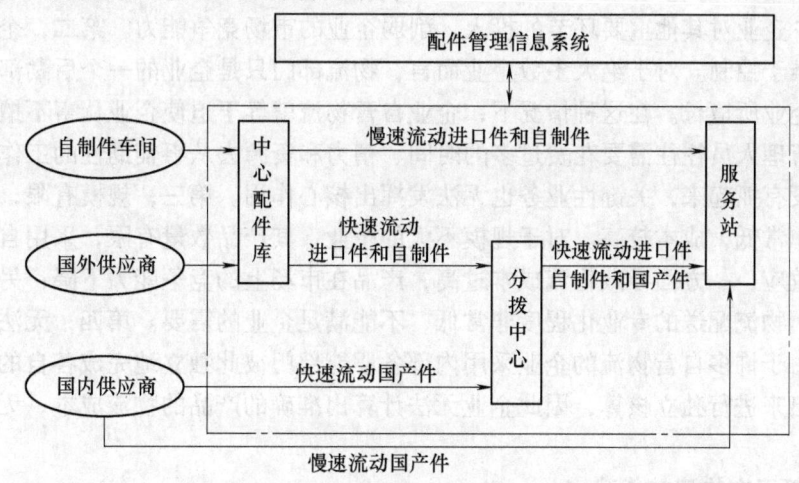

图 9-9　新的汽车服务配件物流结构

对于新的汽车服务配件物流结构，虽然以上分类方法可以在很大程度上优化库存结构，降低库存，但需要注意以下几点：

1）需要配备一套完善的服务配件管理信息系统，能够及时地反馈需求信息给分拨中心和整车厂的配件部门。

2）要与供应商达成协议，以保证货源的数量和质量。

3）将运输物流外包给第三方专业的物流公司，一方面可以降低成本和减小管理难度，另一方面也可以把精力集中在核心业务上。

事实上，目前大部分整车制造商都已经将自己的物流业务外包给了专业的物流公司，以提高物流效率；在信息化方面也有所投资，只是专门针对汽车服务配件的信息系统还有待进一步完善；在与供应商的合作方面，由于整车制造商与其供应商之间相互依存的战略关系，在利益共享、风险共担的基础上达成一定的合作协议也并非难事。

第五节　汽车配件第三方物流

第三方物流（Third-Part Logistics，TPL）是指由供方与需方以外的专业物流企业提供物流服务的业务模式。作为提供物流服务的第三方物流公司，它可以是资产型的，也可以是非资产型的。它根据客户的需求,可提供物流全程服务,也可提供物流部分环节的服务。在为客户服务中,与客户结成长期稳定的战略伙伴关系,始终贯穿"双赢"的新理念。在物流全程运作管理中,尽可能做到零逗留时间、零附加费用、零距离、零风险,以满足客户的需求。第三方物流服务直接贴近客户,凡是客户需要的服务项目不仅全球承包(其中包括采购、仓储、分销、运输、通关和售后服务等),而且向客户承诺所有物流服务项目,从始发地到终到地均为全程信息透明,每一项服务均有保险服务,凡是发生供应链中断等事故,均按照预先合同约定,承担经济赔偿责任,把客户损失降到最低。

自营物流存在的问题:第一,增加了企业投资负担,削弱了企业抵御市场风险的能力。企业为了自营物流,就必须投入大量的资金用于仓储设备、运输设备以及相关的人力资本,这必然会减少企业对其他重要环节的投入,削弱企业的市场竞争能力。第二,企业配送效率低下,管理难于控制。对于绝大多数企业而言,物流部门只是企业的一个后勤部门,物流活动也并非为企业所擅长。在这种情况下,企业自营物流就等于迫使企业从事不擅长的业务活动,企业的管理人员往往需要花费过多的时间、精力和资源去从事辅助性的工作,结果是辅助性的工作没有抓起来,关键性业务也无法发挥出核心作用。第三,规模有限,物流配送的专业化程度非常低,成本较高。对于规模不大的企业,其产品数量有限,采用自营物流,不能形成规模效应,一方面导致物流成本过高,产品在市场上的竞争能力下降;另一方面,由于规模有限,物流配送的专业化程度非常低,不能满足企业的需要。第四,无法进行准确的效益评估。由于许多自营物流的企业采用内部各职能部门彼此独立地完成各自的物流,没有将物流分离出来进行独立核算,因此企业无法计算出准确的产品的物流成本,无法进行准确的效益评估。

1. 发展第三方物流的优势

欧美国家的发展经验已经表明,汽车零部件企业要想在竞争中取得胜利就必须通过第三方物流来提高物流效率,降低运营成本,这样企业就可以把主要精力用于核心竞争力的提高。汽车配件需求具有明显的不稳定和量小的特点,对物流也要求快速小批量配送,而第三方物流公司正能满足这一需求。实际上,第三方物流与汽车配件供应链成功合作的最关键因素是与供应链关系的客户化程度,它代表了第三方物流参与供应链的程度。客户化程度的高低取决于他们发挥的作用表现在怎样的层次上。例如,在实施供应链最基本功能的层次上,第三方物流公司可以通过确定和安排一批货物的最佳运输方式来增加价值;在复杂的层次上,可以与整个汽车配件制造企业的供应链完全集成在一起。在这种情况下,第三方物流公司为制造企业设计、协调和实施供应链策略,通过提供增值信息服务来帮助客户更好地管理其核心能力,并能通过利用第三方物流来降低物流费用。

具体而言,第三方物流对于汽车零部件企业提升竞争力具有如下促进作用:

1)有利于汽车零部件企业提高物流效率,降低运营成本。众所周知,汽车零部件物流具有多批次、少批量及数目繁多的特点,其运作要求与运作难度远远高于成品物流。而现代化的第三方物流企业具有雄厚的物流基础设施和设备,具有先进的物流信息平台以及丰富的物流管理和运作经验,能为特定的零部件客户提供个性化服务,并对其供应链进行全程一体化服务。因此,通过利用第三方物流企业完成物流业务,有利于促进汽车零部件物流效率的提高和物流成本的降低。

2)有利于汽车零部件企业减少投资,提高核心竞争力。汽车零部件企业通过将属于非核心业务的物流活动委托给第三方物流企业，可以充分发挥分工的经济优势，从而得到包括干线运输接发货、储存、组配、流通加工配送等在内的全方位服务，最大限度地减少了物流设施、设备的投入和物流人员的占用，从而使企业可以将有限资源集中在其核心业务上，有利于提高自身的经济效益，增强企业的核心竞争力。

3）有利于构建整车生产厂和零部件生产企业的信息沟通渠道。现代化的第三方物流企业通过发达的管理信息系统，可以在整车生产厂和零部件生产企业之间建立起一个信息"绿色通道"，使零部件生产企业可以及时了解整车生产厂的生产需求和发展规划，避免由于信息滞后所造成的零配件产品的积压和盲目生产，同时可以为整车生产厂提供有效的JIT工位配送，保证整车生产厂生产的高效性和连续性。

2. 第三方物流的发展现状

近年来我国汽车制造企业的发展面临着巨大的挑战，一方面作为汽车的主要原材料价格持续增长，致使汽车制造的成本上升；另一方面，来源于市场竞争以及自身的库存压力等，迫使汽车生产厂家降低价格。从2009年2月开始，几乎所有汽车开始大幅下调价格，幅度达10%以上，汽车制造业的利润一压再压，开始进入微利时代。大多数汽车企业开始将目光转向物流这一"第三利润源"上来，这就要求汽车生产企业的供应物流不仅要满足生产需求的目标，而且还要以最低的成本、最少的消耗、最快的反应来适应市场的变化。零部件供应是汽车供应物流的重要组成部分，是被公认的物流系统良性运作并持续优化的最关键环节，零件的供应物流模式是汽车生产企业需要重点关注的问题。

作为单个汽车零部件企业是无力改变汽车市场外部环境的，但通过改变经营观念，向内部挖掘潜力还是力所能及的。因此为了提高企业经济效益，提高市场竞争力，结合供应链理论，根据我国的实际情况加以分析，我国汽车配件物流产业应积极采取代理形式的客户定制物流服务的第三方物流模式。发展第三方物流已是一个必然趋势。

但是必须指出，第三方物流服务商应该是汽车制造业者在供应链各个环节上的合伙人，而不是供应商。对于汽车制造业者来讲，更加重要的是寻找到合适可靠的合伙人，即擅长使用自己的优势为其提供全程物流服务的第三方物流服务商，再由其全心全意地信守承诺，为汽车制造业者提供最佳的物流供应链服务。例如，汽车修理项目现在越来越多地由遍布于世界各地的第三方物流服务商经营和代理商承包经营，让他们为消费者提供售后服务和增值服务。他们熟悉汽车零部件供应业务，熟悉当地汽车零部件消费市场，而大部分汽车驾驶人希望自己的汽车发生故障后能够在当天尽快得到修复，这恰好可以发挥第三方物流商的优势，如果让汽车制造商来做就十分困难。由第三方物流商为顾客提供售后服务和增值服务所产生的成本比汽车制造商自己做要低廉得多。正确选择零部件供应物流的模式，能够使汽车生产商更好地维持生产、降低成本，以集中精力提高核心竞争力。

3. 第三方物流在汽车配件物流应用中存在的障碍

尽管汽车零部件企业发展第三方物流具有重大的现实意义，是发展的必然趋势，但目前在国内汽车零部件企业中，自营物流的比重仍然较高。自营物流不但增加了零部件生产企业的资金负担，还不能充分发挥分工的经济优势，从而导致物流业务缺乏竞争优势，降低了汽车零部件供应的总体物流效率，也制约了第三方物流服务的社会化进程。影响汽车零部件产业发展的第三方物流主要存在如下障碍：

1）对第三方物流的主观认知不够，有效需求不足。在以整车厂为中心的供应链模式下，由于零部件企业仅能服务于特定的整车生产企业，导致不同体系的零部件企业之间无法交叉供货。由于无法与其他品牌的汽车生产企业进行物流方面的合作，客观上造成了汽车零部件生产企业对第三方物流的有效市场需求不足，影响了设施利用效率的提高和物流成本的降低。此外，国内汽车零部件企业长期以来形成的"肥水不流外人田"的观念，总是希望自己的企业"大而全""小而全"，企图获取全部的业务利润，这些思想观念也严重制约着第三方物流的应用。

2）自营物流退出成本过高。我国部分汽车零部件企业已经投入了大量的资金，实行产供销一体化的自营物流，如果实施物流外包，则意味着企业前期的要素投入将造成巨大的浪费，同时还会导致裁员，影响企业的稳定，所以，汽车零部件企业轻易不愿意采取业务外包。

3）第三方物流企业整体发展水平有待提高。就目前的现状而言，国内虽然存在着安吉天地、博科和富士通等规模、技术和服务等软、硬件都比较突出的第三方物流企业，但是国内多数第三方物流企业普遍存在着规模小、信息化程度低等问题。因此，汽车零部件企业对第三方物流企业的经营绩效缺乏信心，对第三方物流有效降低运营成本、提供优质服务等方面持怀疑态度。同时企业还担心自己的一些内部资料会通过业务外包而发生泄露。

4. 三方（物流企业、零部件企业、政府）联动，共同推进第三方物流的发展

1）第三方物流企业要按照现代物流的服务理念、运作模式、服务规范严格要求自己，不断提升物流服务水平。要吸取发达国家企业的经验教训，积极引入国外的管理模式和理念，导入供应链管理中的先进技术和管理方法，大力培养和引进现代汽车物流专业人才，使汽车零部件物流早日与国际接轨，形成对汽车零部件生产企业的有效物流支撑。同时，第三方物流企业可以通过兼并、合资、战略联盟和信息伙伴关系等合作方式来增强企业的地位。一方面，通过主动与国外著名的现代物流企业进行合资与合作，引进资金、技术、管理和市场服务网络，不断提高自身的技术水平和服务水平，使其能够真正符合社会、企业的需求，实现第三方物流的社会化；另一方面，第三方物流企业还可以通过重组、并购等形式整合汽车零部件企业现有的物流设施，以最少的投入把企业做大做强，实现跨越式的发展。

2）汽车零部件企业要主动转变观念，充分认识第三方物流所带来的超值物流服务。汽车零部件企业要摆脱"大而全""小而全"粗放型的落后物流运作模式，改变"肥水不外流"观念，把非核心竞争业务都从自身的活动中解脱出来，交给具有专业化、现代化和国际化的第三方汽车物流企业去运作。这样汽车零部件企业就可以专心发展核心业务，集中企业的全部资源，加强核心产品的研发，不断提高自身竞争能力。

3）政府管理部门要积极调整政策，为第三方物流产业发展创造宽松的环境。一方面政府管理部门要积极调整现行的政策和法规，打破条块分割和地方保护主义，为第三方物流企业在全国范围内公平参与竞争创造条件。另一方面政府要在财政税收上对第三方物流企业的发展给予大力支持。此外，国家和地方决策规划中都要考虑物流基础设施和物流园区的规划，为汽车零部件行业发展第三方物流创造发展空间。

5. 发展第三方汽车物流业的途径

目前国内从事汽车物流的企业，主要包括传统的运输公司及汽车制造集团设立的汽车物流公司。前者主要是从事低端的整车物流，后者则是为厂商提供专业化服务的管理型汽车物流企业。另外，还有一些民营物流企业为零部件生产商提供简单的零部件仓储与运输服务。

随着汽车整车生产成本不断降低，原材料价格不断上升，汽车物流企业作为唯一可以降低成本的行业，面临越来越大的成本压力。同时，国外规模大、管理先进的汽车物流企业加紧向中国市场渗透，加剧了汽车物流行业的竞争。如何发展第三方汽车物流业可从以下途径考虑：

1）转变观念，调整发展战略。21世纪的市场竞争围绕着一个"快"字进行，面对物流需求和提供能力之间的差距，为加速我国仓储、运输业向现代物流的发展，必须调整和建立新的物流发展战略。

相对于传统的储运而言，第三方物流是一个新兴产业，在经营形式上运输业要根据物流的运作规则调整自己，有条件的运输企业要根据市场需要，抓住机遇，调整经营策略，学习物流管理，扩充物流技术，迅速进入客户的物流系统，完善物流信息系统，从本业出发，提供多方位、全方位的物流服务。

2）拓展企业的服务范围，提供高附加值物流服务。目前物流的最大需求集中在企业的供应、生产、库存和销售环节，从企业到用户的配送只是其中的一小部分，第三方物流服务拓展发展缓慢，大部分物流企业所能提供的服务还仍然停留在传统的运输、仓储服务上。例如运输企业就只提供运输服务，而仓储企业也仅提供仓储服务，这种情况是极不适应现在的经济发展形势的。随着社会分工的进一步深入和细化，广大工商业企业对第三方物流服务的需求越来越强烈，他们要求第三方物流企业不仅仅只是提供诸如运输、仓储等标准化的传统服务，而且还要能够根据各个客户的具体情况为它们提供个性化的定制服务。这就要求物流企业或企业集团不但能提供传统的运输、仓储服务，还应该不断拓展服务范围，为客户提供更多个性化的物流增值服务。

3）重视人才培养，加强物流企业人才队伍建设。物流人才培养应围绕着现代物流发展目标，拓展用人渠道。企业要强化员工培训和继续教育，重视培养"复合型"人才，逐步形成一支高级的经营管理人才队伍，进一步适应我国现代物流管理的需要。

4）整合与重组，提高汽车物流企业竞争力。在生存、发展与竞争压力的推动下，必然带来国内汽车物流企业之间的资源整合与重组。这个资源整合与重组的过程既是挑战，也是机遇，谁能抓住机会引进资本和技术、扩大规模、提升服务，谁就能抢先占领市场，成为行业的领头羊，并且获得丰厚的回报。整合的办法可以是一家大的物流企业兼并或并购那些零散经营的中小型汽车物流企业。要想迅速、有效地完成整合过程，最有效、最快捷的方式是物流企业引入外部资本，以及与国外跨国物流公司合作等。

引入外部资本主要有四点益处：首先，汽车物流企业通过积极地引进外部资金，可以在短时间内实现规模的迅速扩大，为抢占市场提供条件；其次，实现融资渠道和所有者的多元化，最终实现汽车物流企业在国内外上市；再次，越来越多的战略伙伴加入，能给企业的管理和技术不断地注入新鲜的"血液"，使汽车物流企业通过整合最终成为跨区域、跨运输方式的"大物流"企业，最后，通过合资合作，引进国外物流企业先进的管理运作经验和物流IT集成技术，加强国内企业与国际著名跨国公司的联系，提升自身的品牌和知名度。

6. 第三方物流在汽车物流业中的优势体现

第三方物流又称为契约物流或综合服务物流等，准确地说，第三方物流是在物流供应一体化过程中由物流劳务的供、需方之外的第三方提供的服务，中间商以合同的形式在一定的期限内提供企业所需的全部或部分物流服务。从某种意义上讲，这是物流专业化的一种重要形式，是物流业发展到一定阶段的必然结果。第三方物流在汽车物流业中的优势体现在：

1）集中精力做好主业。首先整车企业主要资源投入到技术研发、产品生产以及市场营销等主要核心业务上，不断提高自身主业的核心竞争力，而将这些与主业不相关的业务外包给专业的第三方。相关资料显示，德、美、日等西方国家80%以上的汽车零部件企业都选择把物流外包给第三方企业承担，具有竞争优势的汽车零部件企业往往有高效的第三方物流系统作为企业发展的后盾。

2）降低费用。让汽车物流从汽车制造业中剥离出来，成为独立的一个产业来发展，以达到优化资源配置，实现社会分工的细化和专业化，并且发挥其规模效应，降低物流成本。随着汽车产业的迅速发展，发展第三方汽车物流，降低汽车物流成本显得十分迫切。有数据显示，欧美汽车制造企业的物流成本占销售额的比例是8%左右，日本汽车厂商只有5%，而我国汽车企业普遍在10%~15%。也就是说，国内汽车物流成本是国外的2~3倍，具有很大的下降空间。

3）减少库存。汽车工业的目标之一就是在物流管理中能够把库存降到最低限度。第三方物流公司借助精心策划的物流计划、信息沟通平台和适时运送手段，最大限度地减少库存，改善企业的现金流量，实现成本优势。

4）提升企业形象。第三方物流公司与汽车生产企业不是竞争对手，而是战略伙伴，他们通过全球性的信息网络使供应链管理完全透明化，汽车生产企业随时可以通过互联网了解供应链的情况。同时，第三方物流提供者通过遍布全球的运送网络大大缩短了交货期，帮助汽车生产企业改进服务，树立品牌形象。而且，第三方物流提供者通过"量体裁衣"式的设计，制订出以顾客为导向、低成本高效率的物流方案，使汽车生产企业在同行中脱颖而出。

经过近几年的发展，我国汽车物流业有了很大的进步，成立了很多专业的汽车物流公司，逐渐打破了汽车制造企业自营物流业务的落后模式。目前，活跃在我国汽车物流市场上的知名企业主要有安吉天地、长安民生、吉林长久、福田物流、武汉中原、中远日邮、中铁伊通等。这些汽车物流公司，是当前中国汽车物流行业的一个真实写照。这几家公司均有强大的战略合作伙伴，例如：安吉天地是上汽集团的子公司；长安汽车（集团）有限责任公司是长安民生的股东；吉林长久的股东为深圳长航实业，是一汽大众的子公司；福田物流的主要股东是福田公司；武汉中原，其主要合作伙伴为神龙公司。在资产规模方面，这些汽车物流公司的资产全部在千万级别以上，有几家达到了亿级的资产量。各个公司都形成了自己的独立的配送网络，有自己的配送中心，运营自己的仓库和运输车辆，在全国的各个枢纽城市布有中转库。

复习思考题

1. 物流的概念与作用各有哪些内容？
2. 物流运作模式有何作用和意义？
3. 什么是第三方物流？有何优势？
4. 发展汽车配件第三方物流有何途径和策略？

第十章 汽车配件与电子商务

第一节 电子商务概述
第二节 汽车配件电子商务
第三节 汽车配件信息化管理
第四节 电子商务下的物流配送中心

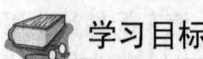

知识目标：了解电子商务的特点，正确认识汽车配件管理电子商务化发展的前景。

技能目标：掌握电子商务技术的应用，能利用信息化处理程序，对汽车配件的营销实现科学化的统一管理。

能力目标：能熟练地运用电子商务的信息共享技术，掌握汽车备件物流经营流程。正确分析不同的运营模式下，汽车备件物流配送中心的特征。

第一节 电子商务概述

电子商务已经成为了经济危机时相对成本较低的宣传渠道，而且毋庸置疑的是，电子商务将来一定是企业做推广、做市场的主流方式。随着电子科学技术的发展，各种基于电子与网络平台的管理和商务交流活动日趋频繁，谁先掌握信息，谁就能在市场上抢先占据有利地位，信息已经成为各行各业进行企业管理、生产、销售以及商务策划和运作等的基础。互联网是提升传统产业的重要途径，数字化、网络化、市场一体化是21世纪商务发展的必然潮流。在网络时代的今天，汽车制造企业的经营、销售和信息管理也随着网络经济的发展正在发生着巨变。互联网的迅速发展开创了网上交易的经营模式，许多网络公司应运而生，这股势不可挡的浪潮也冲击着那些老牌的工业公司，有几十年历史的美国汽车行业早已经行动起来，德国和日本也不甘落后，汽车行业的巨头们纷纷行动起来，试图凭借电子商务使企业获得新的活力，在网络浪潮中占据领先地位。我国汽车工业也在紧跟世界汽车工业变革的步伐，不失时机地开展电子商务，以信息化改造传统的汽车工业，提高汽车产业的生产率。

一、汽车配件管理电子商务化发展的背景

在汽车配件销售这个传统的行业中，存在着大量在配件、管理系统与人员之间的需要交换的内容，这就是汽车配件管理和商务信息。在这些信息中，包括配件的基本信息（配件名称、配件编号、适用车型等）、管理和商务信息（库存、价格、市场需求等）以及客户信息（客户名称、经营范围、经营规模）等。因此，信息是汽车配件管理和商务活动的基础。

现代汽车种类繁多，结构日趋复杂，汽车配件营销人员需要掌握大量的与配件相关的信息。

例如：某一客户需要订购"奔驰S320的右前照灯"，配件销售人员应该通过车辆识别信息［VIN（车辆识别代码）、年款、生产厂家、品型以及车型等］确定该配件的生产厂家、零件编号、进货价格、销售价格以及更换零件所需的工时等信息，有时还需要通过配件手册等资料进一步核实所订购配件信息的准确性。

面对一宗配件订单，配件销售人员就要掌握这么多的信息，如果还是利用原始的书面资料，可想而知，其工作效率肯定非常低。为了提高配件销售人员的工作效率，保证所订购配件信息的精确性，采用电子化或网络化的汽车配件目录应该说是最好的解决办法。另外，不同生产厂家、车型和年款的汽车配件的互换性非常复杂，只有通过计算机的数据库技术才能够对配件的互换性匹配进行快速、准确的查找与比对。信息技术除了应用在配件经销外，还广泛应用于配件采购、配件库房管理和客户关系管理等配件营销的诸多环节。因此，通过计算机对配件经营与销售进行管理已经是配件行业发展的趋势。计算机是汽车配件管理和商务电子化的一种手段和工具，由于近年来计算机互联网技术应用的不断深入，汽车配件行业逐步开始应用一项新电子技术——电子商务（Electronic Commerce），这项技术给配件营销这个"传统行业"提供了新的发展机遇。

二、什么是电子商务

电子商务（Electronic Commerce）是指以"数据信息"形式，即以电子、光或类似手段，包括电子数据交换（EDI）、电子邮件、电报、电信和电子复印等方式，所产生、发送、接收或存储的信息形式，也包括使用替代物替代以纸件为基础的信息交换与存储方法，所进行的商业活动。

顾名思义，电子商务的内容包含两个方面，一是电子方式，二是商贸活动。电子商务指的是利用简单、快捷、低成本的电子通信方式，买卖双方不谋面地进行各种商贸活动。

电子商务可以通过多种电子通信方式来完成。简单的，比如通过打电话或发传真的方式来与客户进行商贸活动，似乎也可以称作为电子商务；但是，现在人们所探讨的电子商务主要是以EDI（电子数据交换）和Internet（互联网）以来完成的。尤其是随着Internet技术的日益成熟，电子商务真正的发展将是建立在Internet技术上的。所以，也有人把电子商务简称为IC（Internet Commerce）。

从贸易活动的角度分析，电子商务可以在各个环节实现，由此也可以将电子商务分为两个层次：较低层次的电子商务如电子商情、电子贸易和电子合同等；最完整的也是最高级的电子商务应该是利用Internet能够进行全部的贸易活动，即在网上将信息流、商流、资金流和部分的物流完整地实现，也就是说，可以从寻找客户开始一直到洽谈、订货、在线付（收）款、开具电子发票直到电子报关、电子纳税等通过Internet一气呵成。电子商务模式图如图10-1所示。

三、电子商务的发展特点

电子商务是以网络化、数字化技术环境为依托进行商务活动的一种全新方式，其范围涉及各行各业。从20世纪90年代开始，经济全球化和信息网络化便成为世界经济发展的大趋势。电子商务作为经济全球化和信息网络化的产物，也成为全球经济最具活力的增长点，有力地推动了世界经济的发展与繁荣。放眼未来，电子商务无疑代表着贸易方式的发展方向，其日益广泛的推广应用将给社会经济带来巨大的变革与收益。

1. 更广阔的环境

人们不受时间的限制，不受空间的限制，不受传统购物的诸多限制，可以随时随地在网上进行交易。

2. 更广阔的市场

在网上这个世界将会变得很小，一个商家可以面对全球的消费者，而一个消费者可以在全球的任何一家商家购物。

3. 更快速的流通和低廉的价格

电子商务减少了商品流通的中间环节，节省了大量的开支，从而也大大地降低了商品的流通和交易的成本。

4. 更符合时代的要求

如今人们越来越追求时尚、讲究个性，注重购物的环境，网上购物更能体现个性化的购物过程。

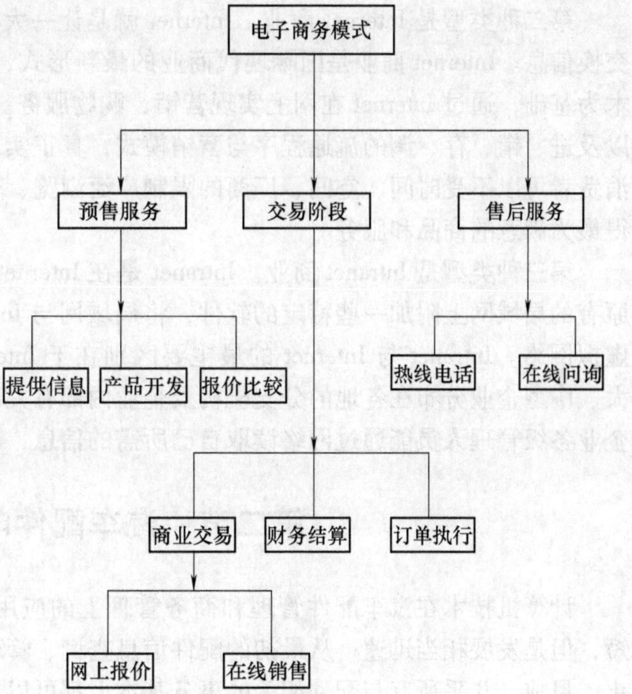

图 10-1　电子商务模式图

四、电子商务的分类

1. 按照交易对象分类

按照交易对象的不同，电子商务可以分为以下三种类型：

第一种类型是企业与消费者之间的电子商务（B to C 模式），它是利用计算机网络使消费者直接参与经济活动的高级形式。这种形式基本等同于电子化的零售，它随着 www 网的出现迅速地发展起来。目前，在 Internet 上遍布着各种类型的商业中心，提供从鲜花、书籍到计算机、汽车等各种消费商品和服务。

第二种类型是企业与企业之间的电子商务（B to B 模式），它是通过 Internet 或专用网络（EDI）进行的电子商务活动。企业可以使用网络向供应商订货、接收发票和付款，为每笔交易寻找最佳的合作伙伴。这是目前电子商务发展最具潜力的方向。

第三种类型是企业与政府之间的电子商务（B to G 模式）。这种商业活动覆盖企业与政府组织间的各项事务。美国政府就已经宣布从 1997 年 1 月起通过 EDI 完成政府年度采购任务，并于 1999 年最终取消纸面单证。

2. 按照使用网络的类型分类

按照使用网络类型的不同，电子商务可以分为以下三种类型：

第一种类型是 EDI 商业。EDI 就是按照商定的协议，将商业文件标准化和格式化，并通过计算机网络，在贸易伙伴的计算机网络系统之间进行数据交换和自动处理。EDI 主要用于企业与企业、企业与批发商、批发商与零售商之间的批发业务。EDI 系统的大范围使用，可以减少数据处理费用和数据重复录入费用,并缩短交易时间。相对于 Internet,EDI 较好地解决了安全保障问题,但因为 EDI 使用费用高,限制了其发展和应用。

第二种类型是 Internet 商业。Internet 就是让一大批电脑采用一种 TCP/IP 的协议来及时交换信息。Internet 商业是国际现代商业的最新形式,它以计算机、通信多媒体、数据库技术为基础,通过 Internet 在网上实现营销、购物服务。它突破了传统商业生产、批发、零售以及进、销、存、调的流通程序与营销模式,真正实现了社会资源的高速运转和最大结余。消费者可以不受时间、空间、厂商的限制广泛浏览、充分比较、方便使用,以最低的价格获得最为满意的商品和服务。

第三种类型是 Intranet 商业。Intranet 是在 Internet 基础上发展起来的企业内部网。它在原有的局域网上附加一些特定的软件,将局域网与 Internet 联接起来,从而形成企业内部的虚拟网络。Intranet 与 Internet 的最主要区别在于 Internet 只允许被授权者进入。Internet 将大、中型企业分布在各地的分支机构及企业内部有关部门和各种信息通过网络予以连通,使企业各级管理人员能通过网络读取自己所需的信息,有效降低成本,提高经营效率。

第二节 汽车配件电子商务

计算机技术在汽车配件管理和商务管理上的应用,可以说是近十几年的事,应用时间短,但是发展相当迅速,从最初的配件信息查询、管理发展到现在的配件订购、销售的网络化。目前,几乎所有与配件相关的事务基本上都可以通过计算机来实现,计算机在配件营销管理中的应用主要有以下几个方面:

1) 配件信息查询。
2) 配件订货与采购。
3) 配件库房管理。
4) 配件销售。
5) 客户关系与售后服务管理。

其中,目前应用最广泛、最成熟的是配件信息查询和配件库房管理。

一、汽车配件信息查询

汽车配件信息查询,就是指根据配件的某些信息,掌握配件准确资料的过程。如客户订购时提供配件编号或配件所在车辆的 VIN,配件销售人员即可通过这些信息确定配件的其他相关信息,如配件名称、适用车型和维修更换工时等。

1. 汽车配件信息

汽车配件信息包括两部分内容,即基本信息和附加信息。

基本信息一般包括配件名称、编号、价格、工时、图形、适用车型(年、厂、型)等;附加信息则主要包括进货价格、进货渠道、销售价格、制造厂家等。

配件基本信息的准确描述是对汽车配件销售工作的最基本要求。配件基本信息的细微差别可能导致所销售(订购)配件完全不能使用,或者即使能够安装,也有可能对车辆造成损伤,如果编号不同的配件差异非常大,则可能是不同车型使用的不同零件,见表10-1。但是,基本信息差别较大的配件也可能存在互换性,这就要求配件营销人员能够充分利用各种形式的配件手册及电子化配件信息系统进行深入的研究，了解配件的用途、特点、材质甚至生产厂家的情况。此外，配件营销人员应利用各种机会主动与一线的维修人员接触，从车辆维修的角度掌握配件方面的知识。

表 10-1 配件信息差异比较

配件编号	配件名称	所属分总成	所属总成	厂家	车型
357 407 271 Q	半轴总成	动力传动系统	前驱动桥	德国大众	帕萨特（Passat）
357 407 271 Q	驱动桥总成	动力传动系统	前驱动桥	德国大众	高尔夫（Golf）

车型和车辆结构的复杂性导致汽车配件信息的描述越来越专业，必须通过相应的配件目录（手册），以检索的方式进行查询，最终确定配件的准确信息，订购配件。

由于车型繁多、车辆结构复杂，配件信息量也急剧膨胀，到 20 世纪末，传统的印刷形式（包括胶片类等形式）的配件目录已经基本被计算机和网络形式的配件目录取代，如图 10-2 所示。

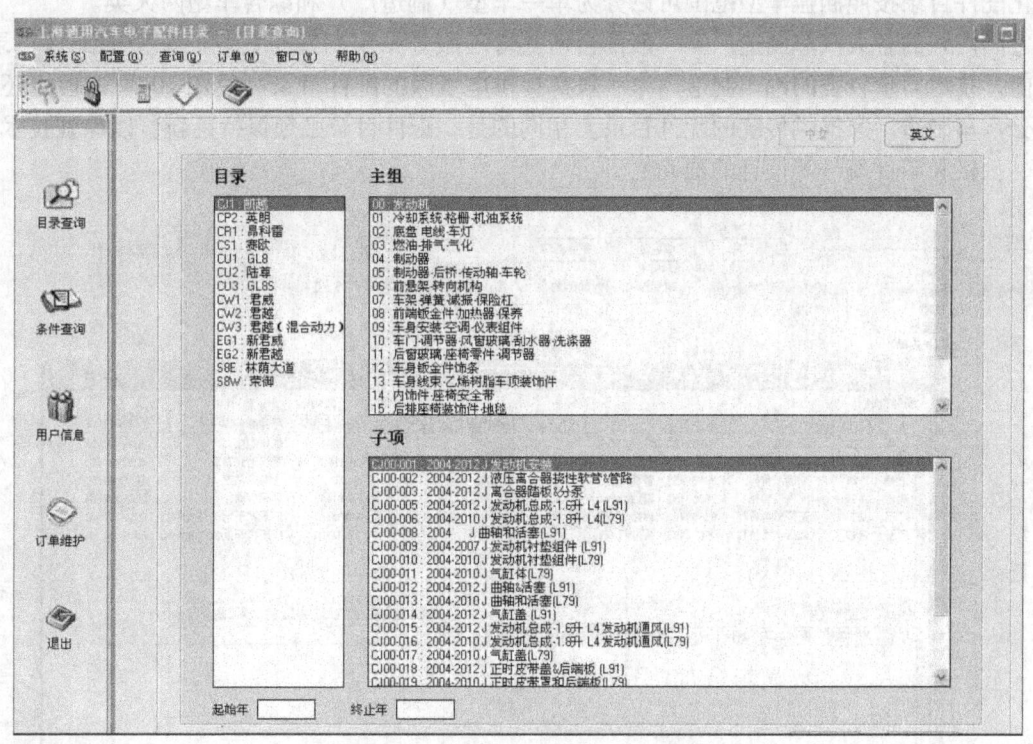

图 10-2 典型的电子化配件目录

按照配件信息的载体来分，配件目录可以分为电子化和印刷形式两大类，表 10-2 对两种配件目录的优、缺点进行比较。

表 10-2 传统印刷形式的配件目录与电子化的配件目录对比表

项目	印刷（胶片）形式的配件目录	电子化的配件数据库
存储媒体	纸或微缩胶片	网络，光盘（CD、DVD）、软盘、硬盘
数据容量	有限，载体需要大量存放的空间	非常大
检索能力	一般，依靠目录	简便快速，能够进行分类或模糊查询
文字图形打印	不能	能，便于存档或发送传真
管理功能	需要手工计算	可以直接计算总价，保存或生成订单
数据更新	不方便，需要更换目录	方便，通过互联网可以同步更新
使用寿命	容易损坏，较短	很长
使用付费方式	购买	购买或租用

电子化配件目录不但信息容量巨大，而且可以方便地进行检索和打印，甚至可以直接保存数据并生成订单，这些不可取代的优势导致了配件目录的电子化得到快速普及和应用。电子化配件目录按照涵盖车型范围可以分为单一车型（制造厂）和综合车型两大类。

国内外的各大汽车制造厂家一般都会向其售后服务站定期发布其生产车型的配件目录。目前，技术力量较强的汽车制造厂家一般都提供电子版的配件目录（见图 10-3），但也还有部分汽车制造厂家提供传统的配件目录。相同的是，配件目录必须保持更新，以保证技术资料、价格和零件编号等信息的准确性。

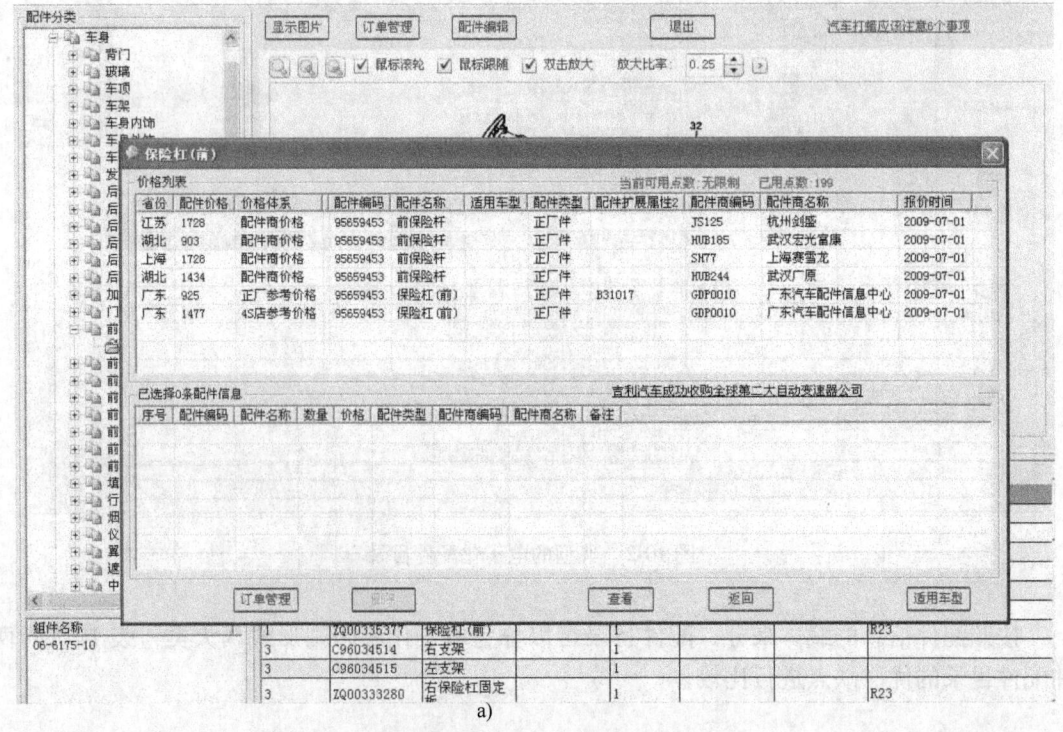

图 10-3 汽车制造厂的电子配件目录

第十章　汽车配件与电子商务

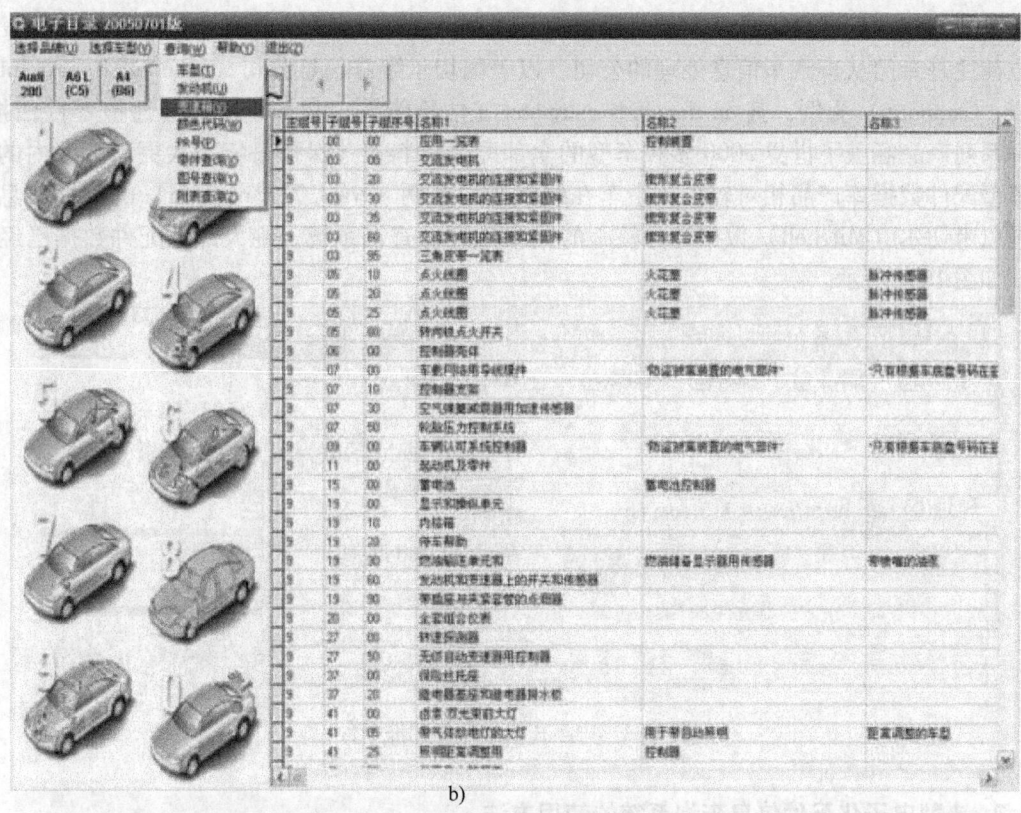

b)

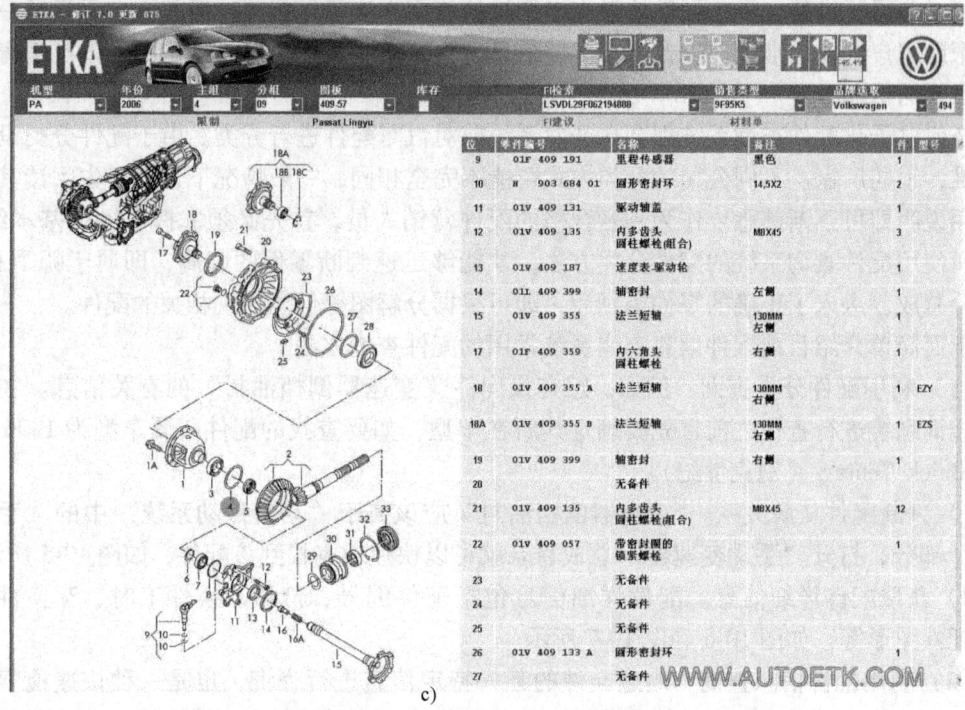

c)

图 10-3　汽车制造厂的电子配件目录（续）

综合车型的配件目录是面向综合性修理厂（非特约维修站）或配件商的，其制作发行单位往往是专门从事汽车信息处理的公司。以美国切尔维修信息公司（Mitchell Repair Information Company）为例，其 on-demands estimator（估价能手）和 part point（碰撞零件估损）等一系列产品涵盖了世界 5000 多种车型的全部配件资料，并保持每年 4 次更新。国内的综合车型配件数据库产品相对较少，中车在线汽车服务网（www.713.com.cn）的配件信息平台是以米切尔（Mitchell）数据库为核心的网络化配件查询系统，绝大部分配件数据已经汉化，如图 10-4 所示。

图 10-4　中车在线米切尔配件平台

2. 典型电子化配件信息查询系统的使用方法

每个公司开发的电子化配件信息查询系统的使用方法不尽相同，但其核心思想是一致的——帮助用户快速、准确地查找汽车配件信息，为其查看配件信息、订购配件以及销售配件提供必要的帮助。

任何电子化配件查询系统都会在开发系统前对汽车配件进行分类。由于配件分类没有国际标准，不同厂家、不同公司的分类方式可能不完全相同，一般情况下，只要先阅读其提供的使用说明即可逐渐熟悉。作为一名合格的配件营销人员，首先必须掌握车辆的基本结构，熟悉所使用配件查询系统的配件分类方法，才能够迅速判断零件的归属，即属于哪个总成、哪个分总成。进入了正确的零件类别后，即可根据分解图等信息找到相关的配件。

下面简单介绍目前配件信息查询系统常用的配件查询方法。

（1）利用配件分类查询　例如，想查找配件"变速器倒档油封"的有关信息。在利用配件查询系统进行查找之前首先要确定其所在车型，如要查找的配件所属车型为 1996 年生产的 Buick Century（别克世纪）。

1）判断配件从属关系。"变速器倒档油封"应该属于"动力传动系统"中的"手动变速器"部分，打开"手动变速器"总成目录就可以快速地查找到该配件，如图 10-5 所示。

2）获取配件详细信息。配件详细信息包括配件编号、价格、换件工时、互换性、颜色、配件图形等，如图 10-6 和图 10-7 所示。

（2）利用配件信息查询　通过配件的某一特定信息进行查询，也是一种快速检索配件信息的常用方法。这里所谓的特定信息，是指能够表示配件特性的各种信息，如配件编号和配件名称等。

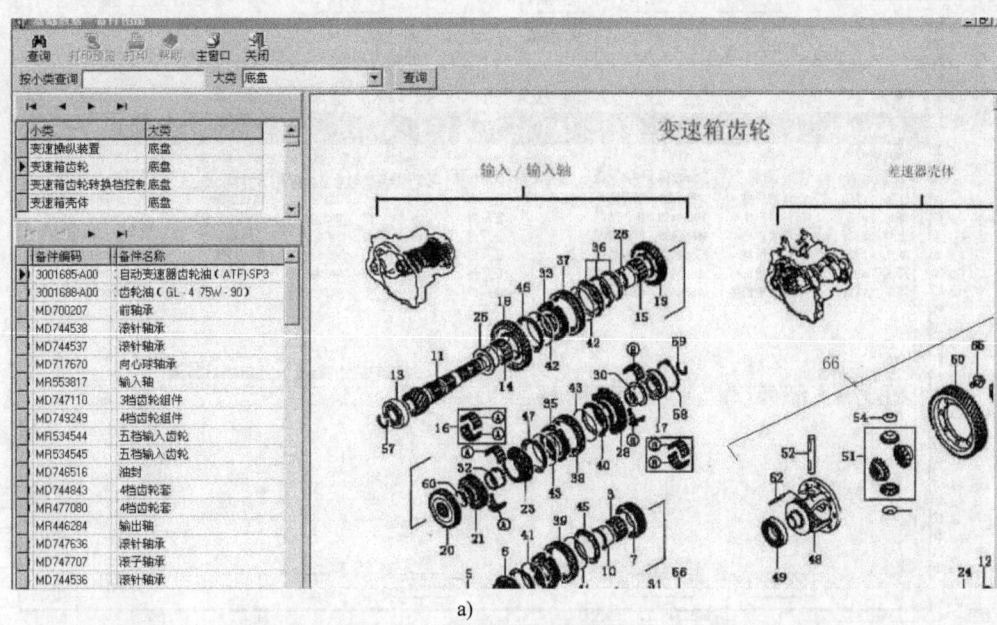

a)

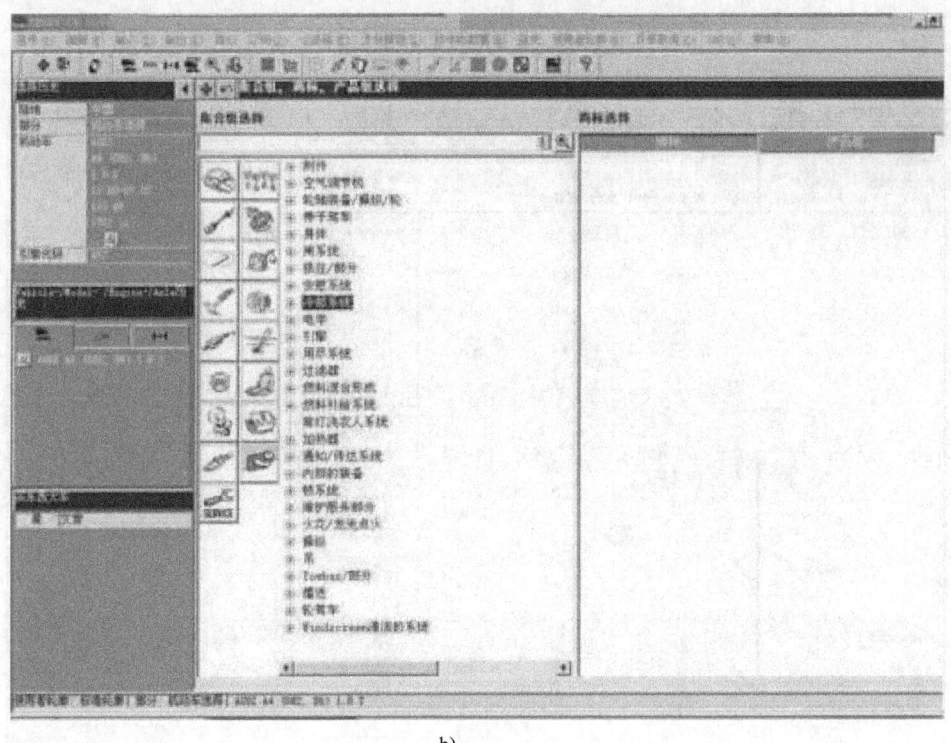

b)

图 10-5　通过零件从属关系查询

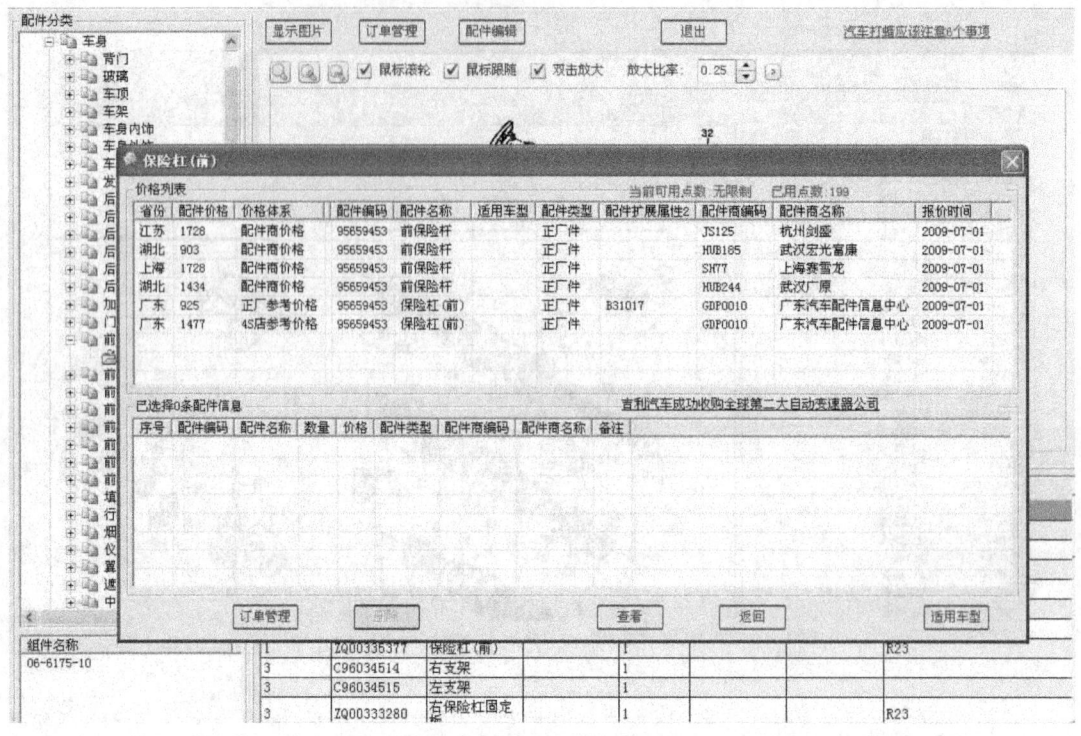

图 10-6　查看配件的详细信息

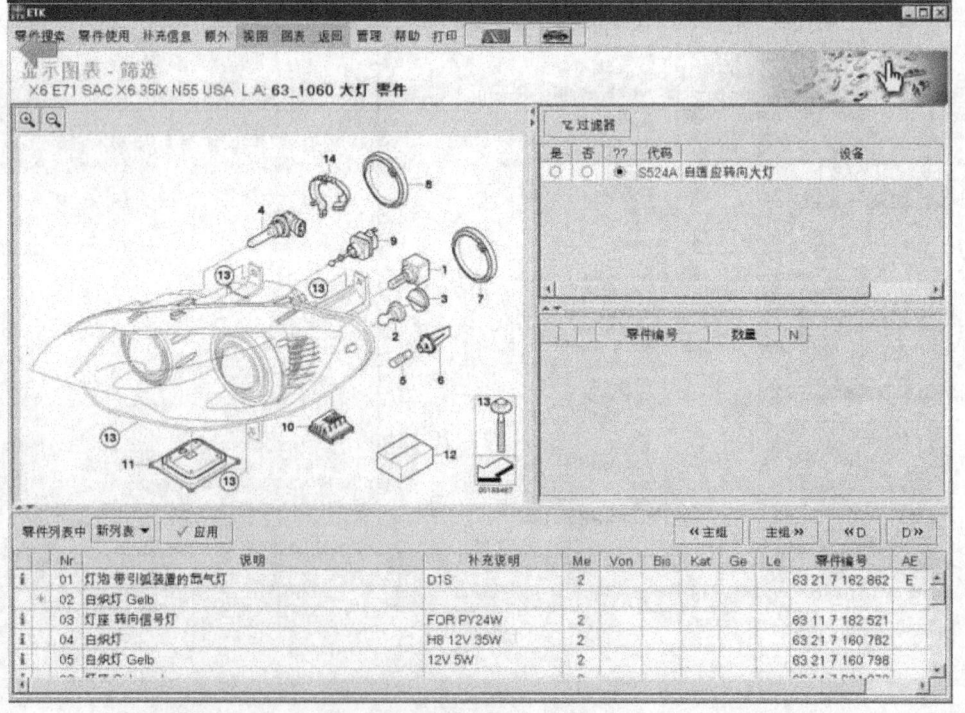

图 10-7　查看配件的详细信息

1) 通过配件编号查询。配件编号又称为配件号，对于特定的汽车制造厂的具体车型而言，由于其编号规则统一，配件编号与配件是一一对应的，也就是说，配件编号可以作为配件的唯一标志，就像配件的"身份证号"一样。但是，对于世界成千上万种车型，一个配件编号就很难保证与某配件一一对应了。例如：8669902 是 Buick Century（别克世纪）的"变速器电磁阀"配件编号，在 Buick 系列车型中，这个编号只代表"电磁阀"这个配件，但是 8669902 也可能是奔驰公司的 S500 前保险杠的配件编号。因此，在经营多品牌配件的情况下，配件编号的使用一般都应配合相应的车型、配件名称等信息。

一般来讲，配件信息系统都会提供按照配件编号进行查询的功能。只要设定适当的条件，输入需要查询的配件编号，计算机就会在数据库中进行检索，找到相匹配的配件。这种查询方式结果准确，效率较高，适合于已经掌握配件编号的情况，如图 10-8 所示。

2) 利用配件名称查询。配件名称与配件编号不同，虽然直观上有一定的描述作用，但是像人名一样，往往容易出现重名的现象，即配件名称不能唯一标识一个配件。另外，即使配件名称描述得很规范，也无法说明配件的各种属性，如颜色和适用车型等，如图 10-9 所示。因此，利用配件名称查询配件时必须与其他信息（车型、所属系统）配合使用，尽量缩小重复范围，保证查询结果的准确性和有效性。

配件名称不仅指配件的中文名称，有些软件也提供"汉语拼音字头"作为配件名称的简写，如用"mfq"代替输入"密封圈"。另外，订购进口配件时还要知道配件的外文（英文、德文等）名称。

3) 利用配件组合查询。直接使用配件名称或配件编号查询配件信息时，检索结果可能包括一组配件。如输入"前照灯"作为查询条件，不同车型、不同年款、不同规格的前照灯都会出现，则会使使用者无从选择。但如果再限定一个"年款""车型"或"规格"等条件，就会直接排除那些不相关的配件，缩小备选范围。组合查询就是将两种或多种条件作为查询条件的配件查询方法。

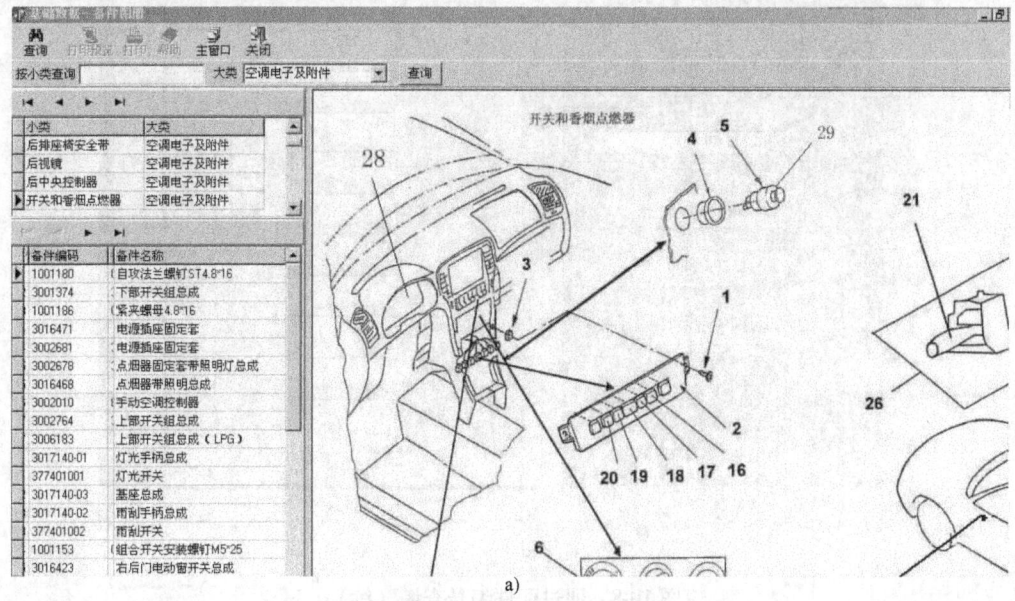

图 10-8 通过配件编号查询

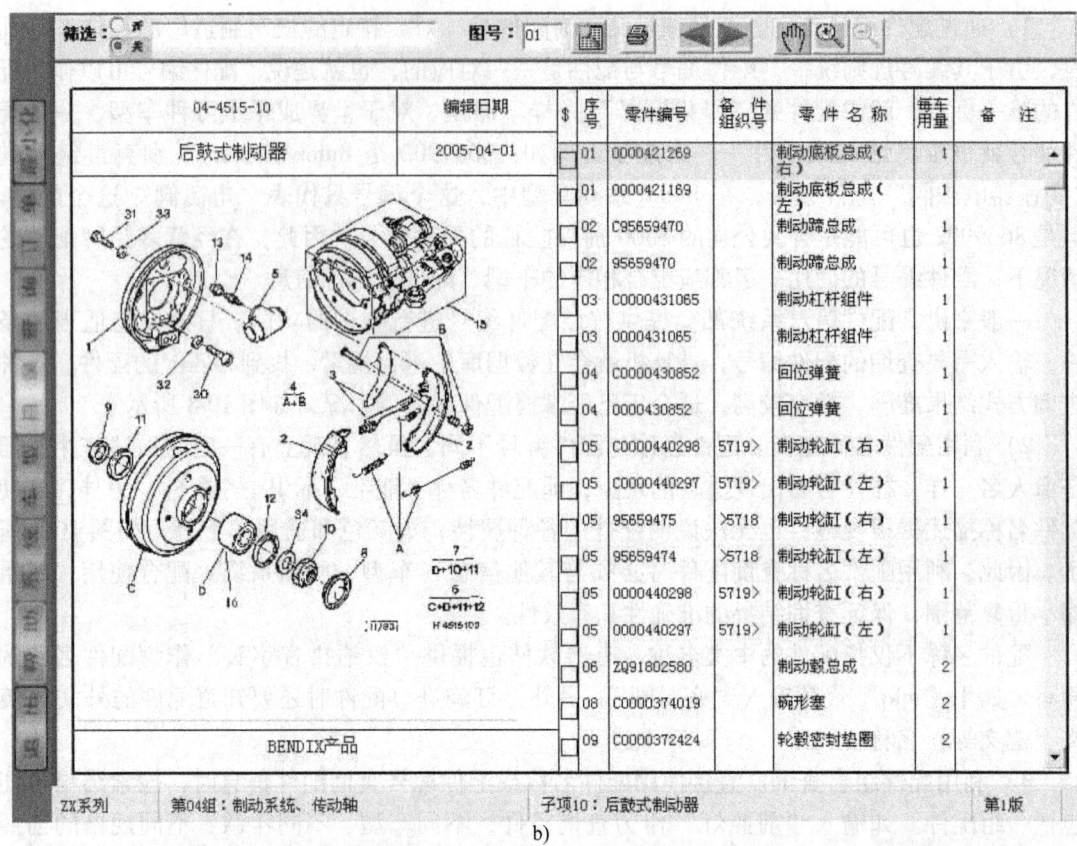

图 10-8 通过配件编号查询（续）

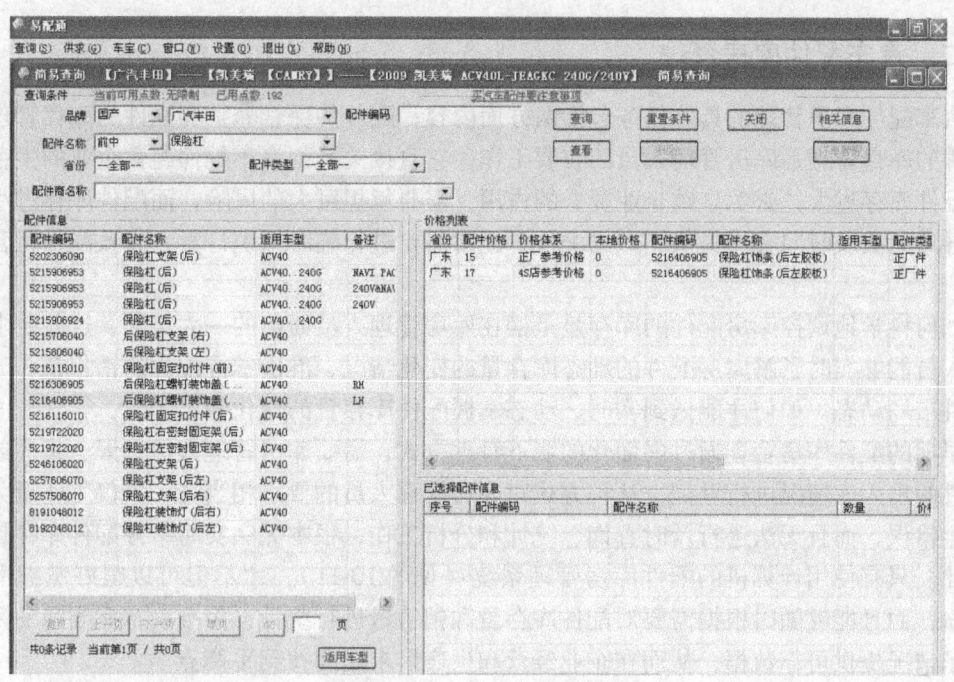

图 10-9　通过配件名称查询

常用的配件组合查询条件有很多，如"车型＋配件名称""配件编号＋配件名称"等。组合查询的方法也很多，可以根据不同软件的功能灵活选择和使用。

4）模糊查询。当配件的属性不是很清楚的时候，或用户不能提供更准确的信息时，就要通过模糊查询的方式获取配件信息。例如：只知道所需配件编号的后 4 位，并知道车型和所属系统等信息，这样，在输入查询条件时，在配件编号栏中输入"＊"＋"××××"（配件编号后 4 位），并利用其他条件组合查询，就可以找到相关配件的信息，如图 10-10 所示。同样，模糊查询还可以用于配件名称"模糊"的情况。

图 10-10　通过"配件编号"片断做模糊查询

二、汽车配件库房管理

汽车配件库房管理的具体任务包括两方面内容，配件的保管养护和配件的库存管理。其中配件的库存管理是库房管理人员的首要工作，它直接关系到汽车配件经营企业的生存和发展。配件库存过大，必然导致企业资金的占用，需要承担巨大的风险，而配件库存过小，常常会导致无法及时向客户提供相应的配件，经常需要进行临时组织订货，导致配件运营成本增大。

如何科学地调控库房配件的库存量是摆在库房管理人员面前的一大难题，这就要求库房管理人员能够实时了解库房配件的动态库存量的变化情况，准确掌握配件的销售量，充分掌握配件市场动态。如何才能做到实时、动态掌握配件库存量的变化呢？

早期的配件库房管理通过书面化的账下管理方式，需要库房管理人员每天、每周或每月将配件的出入库情况进行登记，这种方式对库房管理人员的要求相当高，不仅工作量大、容易发生错误，而且无法进行及时查询、统计和分析工作，根本无法实时掌握配件库存量的动态变化。只有使用计算机的配件库房管理系统（见图10-11），才不但可以很好掌握配件的库存量，而且能够随时根据需要对配件库存量和销售量进行统计，为准确掌握当前的配件市场供求情况提供可靠数据，从而在企业经营和生产需求之间找到平衡点。

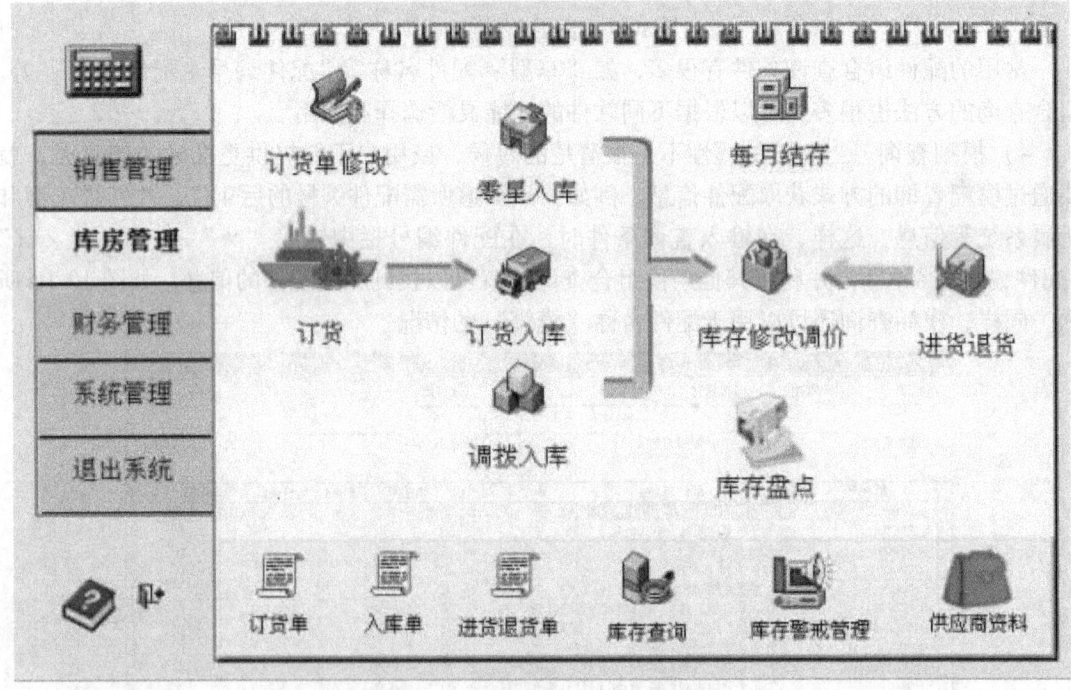

图10-11　计算机的配件库房管理系统

汽车配件库房管理系统中，其核心工具是存储在计算机中的数据库管理软件系统。这类软件的基本架构是"数据库+软件"，即通过前端的应用程序软件操作后台数据库。

从计算机和数据库技术发展角度看，汽车配件管理软件经历了几代变革。从最早的DOS环境下Dbase、Foxbase、Foxpro等数据库，发展到现在Windows（95、98、2000、XP）

环境下的 SQI 数据库,功能日趋完善,并出现了网络化(局域网、广域网)的综合管理信息系统(MIS)。配件管理系统的总体发展趋势如下:

1)功能更强。
2)操作更方便、界面更美观。
3)数据安全性更好。
4)提供网络化功能,并提供广域网(基于 Internet)的管理模式。

仅就库房管理工作而言,配件管理系统主要功能有:配件基础数据管理、配件的入库管理、配件的出库管理、工具和设备管理、配件的盘点功能、配件的采购决策控制、查询与统计分析。

三、汽车配件电子商务

作为新一代的信息存储与交换的媒体,互联网为汽车配件行业的发展创造了新的契机,网络进入配件领域的势头甚至超过了 20 世纪 80 年代计算机在配件行业的快速普及。实践证明,只要信息技术有新的发展变化,都会带动汽车配件行业的进步,其原因何在呢?下面以一个实际例子来进行说明。

2003 年初,某配件销售人员接到黑龙江省一个会员维修站的电话,希望帮助订购 1986 年款 BMW(宝马)530i 轿车的发电机,并提供了详细的配件编号和参考价格。这款车型非常老,很少有人经营其配件,他是怎样知道这么详细的信息的呢?原来,该客户在中车在线的网络配件数据库中查到了该配件的详细信息,还根据其美元价格预估了售价。销售人员便与蓝霸(NAPA)中国公司进一步联系了订货事宜,确认了配件编号和售价(与客户预估价格十分接近),并通过蓝霸(NAPA)的网络订货系统(TAMS)下了订单。3 周后,该配件从美国空运到客户手中。

虽然这个示例只是电子商务应用的雏形,但仍然可以看到通过互联网这个信息平台,最终客户能够直接、快速地了解配件商品信息,跨越时间和空间障碍,解决了配件需求的问题,这是传统的配件经营方式不可能实现的。

配件查询与配件库房管理的电子化普及,为配件商务的电子化奠定了良好的基础,同时网络电子商务技术的日趋成熟和为配件商务的网络化提供的技术支持,使客户完全可以通过电子商务交易平台实现配件的直接订货、直接付款等。

客户(如二级配件批发商、汽车维修企业等)可以通过互联网登录到网络化的电子配件商务平台,使用网络化的电子配件查询系统查找本企业需要采购的配件,订购自己所需的配件,并向配件供货商发送配件电子订单,如图 10-12 所示。

配件经销商在收到用户的电子货单以后,同样通过互联网向用户发送订货处理结果通知单,同时可以在通知单中告诉用户货款的交付方式等要求,如将企业的电子银行账户也一并告诉用户。用户在收到配件订货的电子通知单后,又可以通过网上电子银行将配件货款划拨给配件经销商,如图 10-13 所示,这就完成了整个配件的采购工作。

1. 汽车配件电子商务的作用

电子商务是指利用电子网络进行的商务活动。电子商务的定义至今仍然没有一个非常清晰的概念。各国政府、学者、企业界人士都根据自己所处的地位和对电子商务的参与程度,给出了许多表述不同的定义。比较这些定义,有助于更全面地了解什么样的商务活动属于电

图 10-12　配件电子商务平台订购配件

图 10-13　网上转账配件货款

子商务。国际商会举行了世界电子商务会议（The World Business Agenda for Electronic）关于电子商务最权威的概念阐述：电子商务，是指对整个贸易活动实现电子化。从涵盖范围方面可以定义为交易各方以电子交易方式而不是通过当面交换或直接面谈方式进行的任何形式的商业交易；从技术方面可以定义为电子商务是一种多技术的集合体，包括交换数据（如电子数据交换和电子邮件）、获得数据（共享数据库和电子公告牌）以及自动捕获数据（条形码）等。

作为政府部门，欧洲议会关于"电子商务"给出的定义是："电子商务是通过电子方式进行的商务活动。它通过电子方式处理和传递数据，包括文本、声音和图像。它涉及许多方面的活动，包括货物电子贸易和服务、在线数据传递、电子资金划拨、电子证券交易、电子货运单证、商业拍卖、合作设计和工程、在线资料、公共产品获得。它包括了产品（如消费品、专门设备）和服务（如信息服务、金融和法律服务）、传统活动（如健身、体育）和新型活动（如虚拟购物、虚拟训练）。"

美国学者瑞维·卡拉科塔和安德鲁·B·惠斯顿在他们的专著《电子商务的前沿》中提出："广义地讲，电子商务是一种现代商业方法。这种方法通过改善产品和服务质量、提高服务传递速度，满足政府组织、厂商和消费者的降低成本的需求。这一概念也用于通过计算机网络寻找信息，以支持决策。一般地讲，当今的电子商务是通过计算机网络将买方的信息、产品和服务器联系起来，而未来的电子商务则是通过构成的信息高速公路的无数计算机网络将买方和卖方联系起来。"

IT（信息技术）行业是电子商务的直接设计者和设备的直接制造者。他们都认为，电子商务是利用现有的计算机硬件设备、软件设备和网络基础设施，通过一定的协议连接起来的电子网络环境进行各种各样商务活动的方式。

简单地理解就是，电子商务是通过互联网实现企业、商户及消费者的网上购物、网上交易及在线电子支付的一种不同于传统商业运营的新型商业运营模式。

电子商务有广义和狭义之分。狭义的电子商务是主要利用 WEB 在网上进行交易，称作电子交易（E-Commerce）；广义的电子商务包括基于 WEB 的全部商业活动，称作电子商业（E-Business）。目前，国内外汽车配件市场的主流，还是以交易为核心的狭义的电子商务形式。

2. 汽车配件电子商务的优点

与传统商务相比有以下的优点：

1）电子商务将传统的商务流程数字化和电子化，让传统的商务流程转化为电子流和信息流，突破了时间和空间的局限，大大提高了商业运作的效率，并有效地降低了成本。

2）电子商务是基于互联网的一种商务活动，互联网本身具有开放性和全球性的特点，电子商务可为企业和个人提供丰富的信息资源，为企业创造更多的商业机会。

3）电子商务简化了企业与企业、企业与个人之间的流通环节，最大限度地降低了流通成本，能有效提高企业在现代商业活动中的竞争力。

4）电子商务对大、中型企业有利，因为大、中型企业需要的买卖交易活动多，实现电子商务能更有效地进行管理和提高效率。对小企业而言，因为电子商务可以使企业以相近的成本进行网上交易，这样使小企业可能拥有和大、中企业一样的流通渠道和信息资源，极大地提高了小企业的竞争力。

5）电子商务将大部分的商务活动转到互联网上进行，企业可以实行无纸化办公，节省了开支。

3. 汽车配件电子商务应用

电子商务的应用非常广泛，如网上银行、网上炒股、网上购物、网上订票、网上租赁、工资发放和费用缴纳等。

汽车配件行业的电子商务，最关键的就是各种信息（供求、价格等）的共享、实现在线采购和所谓的"零库存"概念。

传统的配件行业信息交换是通过专业的报纸、杂志、电话等方式实现的，由于这类媒体的地域、渠道和时间限制，使得信息总是封闭在一个相对较小的范围内，包括配件基本信息和供求信息等。这样就会出现用户急于订购配件但无采购渠道，而某些经销商又苦于配件长期积压的情况。另外，由于供求信息的相对封闭，使得配件营销环节增加，导致最终销售价格较高，如图10-14所示。

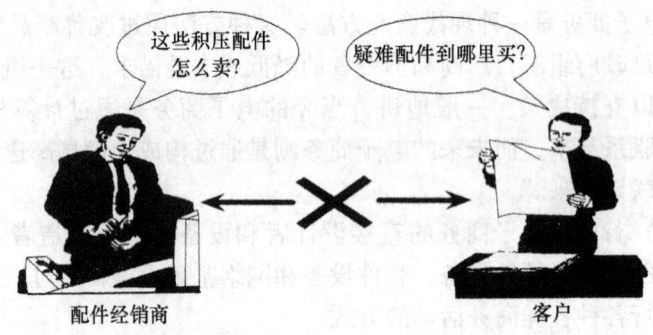

图10-14 在无电子商务下的配件销售障碍

当各种配件信息通过网络全面公开后，"客户找商家"将变得更加简单，同时也可能出现"商家找客户"的情况。

成熟、完善的电子商务网站，可以直接进行网上交易，即在网上选择所需要的配件，生成订单发送给网站的商务处理中心或者供应商，并通过网络或银行汇款进行支付，供货方就可以通过物流系统将所订购的配件发给客户（见图10-15）。

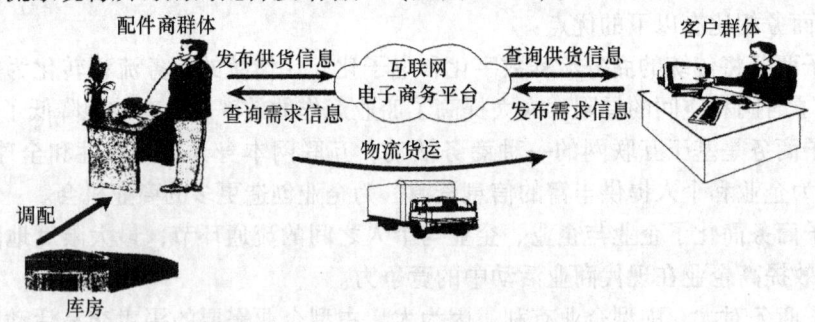

图10-15 汽车配件营销电子商务简易模型

网上配件交易，很重要的一点是买卖双方要有准确的配件编号和生产厂家的说明，因为只有通过配件原厂编号，才能保证所订购配件的正确性。由于一种零件有原厂件、配套件或副厂件，质量和价格差异很大，因此网站必须对配件的生产厂家和品质加以说明，使客户能够在网络上采购到货真价实的商品，这就要求电子商务的运营商有较高的诚信度。

作为配件经营者,如果希望利用互联网拓展销售业务,甚至建立自己的网络商店或电子商务平台,那么应该如何操作呢?

首先需要明确定位。开办网上商店的目的是什么?与现有的业务体系有什么关系?投资和回报计划如何?

从我国目前的电子商务发展状况看,配件行业还不可能摆脱传统的经营方式,将全部业务转向网络。因为我国在电子支付、物流配送、企业信誉体系等方面尚不健全,另外,全社会的电子商务观念较差,应用范围相对较窄,因此,一个企业几乎无法全部依靠电子商务运营生存下去。但是,将当前业务向网络化发展势必为企业创造新的利润增长点,并对传统业务起到重要的补充作用。在国外,已经有越来越多的汽车配件企业正依靠电子商务迅速拓展业务。

与开展传统的配件经营不同,网络配件营销不需要选地址、租店铺。取而代之的是一整套网站建设工作。一般来讲,建设电子商务平台有两种方法:一种是独自开办一个网站;另一种是租借别人的网站。

开办一个网站是一个相当复杂、专业而昂贵的过程。

首先是采购服务器,根据不同需要,价格一般在2万元以上。出于线路安全和网络连接速率的考虑,不应该把服务器放在自己的办公楼里,而应当放在一个大型专业的 IDC 服务商(互联网数据中心)那里,称为主机托管。此项费用根据地区、带宽、租用机柜空间大小和 IDC 条件不同,每年在2万元以上。

另外,软件采购、开发和集成也要有一定投入。软件的开发首先需要购买操作系统、数据库和开发工具软件;最重要的是还需要开发适合自己的电子商务软件平台,其费用往往在10万元以上。

一个独立商务网站的开办费用,总投资约在几万到几十万元之间(大型综合的电子商务网站的投资也可能上亿)。在网站正式运营后,企业还需要投入人力和资金进行维护,包括服务器接入费用、开发人员的软件维护费用等。

可见,电子商务的投入还是比较大的,一般只有大型企业,如汽车制造厂、大型汽车配件生产厂商才使用这种方式开办配件网上销售业务。这种做法的好处是安全稳定、保密性好,也有利于宣传企业。

对于中小规模的企业,要开办网上商店更务实的做法则是租借别人的网站。在国内,现在普遍流行的方法是一种商品代售制度,即由互联网公司开办一个网上汽配件信息库,互联网公司以帮助商家代销商品的名义,搜集大量商家的汽车配件的报价信息,在网站上加以罗列,接受顾客的订单,再转交给商家处理。由于竞争的压力,为了首先达到丰富网站内容的目的,这种服务大都免费。接受这种服务的商家,经营方式几乎无须任何变化。但是这种方法抹杀了每个商家的个性,把产品的品质、服务和价格的竞争简化为单纯残酷的价格竞争,并没有受到广泛的欢迎,而且,相应的网上支付方式也未完善,因此,这恐怕还不能算真正的网上汽配商店。

现在,国内外开始采用一种更加先进的网络配件经营模式。专业的汽车类互联网公司,把自己的网站空间划分成很多小块,并提供数据库和电子商务软件系统,变成"网上汽配城",企业根据自己要求搭建出一个一个的网上汽配商店。这种商店的投入很小,商家只要把自己的商品目录、图片上传到网站,便可以供顾客在网上商店浏览订货,商家就可以在家处理订单了。这种方法给商家节省了大量的投资和管理费用，商家在网上也可以塑造独立的形象。在国内，这种形式的网上汽配商店也已经出现，中车在线汽车服务网（www. 713. com. .cn）等网站就提供了这样的平台。

就如同企业入驻商场要考虑方位、客流量、商业信誉、销售渠道一样，汽车配件企业中小企业选择什么样的电子商务平台也需要考虑如下因素。

①访问量和特定消费群体。
②软硬件系统的稳定性、可靠性和维护能力。
③商家数量。
④配件信息综合服务能力，如配件号、价格和工时等。
⑤商业信誉。

除此之外，还要考虑电子商务平台开展电子商务的实力，如销售渠道（包括物流、支付方式和配送方式等）、商务推广支持以及是否具备开展电子商务的能力、是否可供汽车配件企业借鉴等。这些都是优秀的电子商务平台所必须具备的资质。

第三节 汽车配件信息化管理

企业信息化是指通过对信息技术的应用、开发和使用企业的信息资源，提高管理水平、开发能力和经营水平的过程。企业信息化从发展程度看，分为三个不同阶段：首先是利用计算机实现对产品生产制造过程的自动控制；其次是利用计算机系统实现企业内部管理的系统化；最后是利用互联网开展的电子商务。如果企业内部的信息流都不能做到准确、及时，就无从谈起电子商务。企业信息化与电子商务是密不可分的，企业信息化是开展电子商务的基础和保障。

一、企业信息化发展的三个层次

根据企业信息化的应用水平，企业信息化的发展大致划分为三个层次。

1. 企业数据的电子化

通过库存管理软件和财务管理软件的应用，将采购单、出入库单等数据录入到计算机，并保存在数据库中，供统计汇总与查询使用，在此层次上的计算机应用主体是企业的基层员工，计算机的使用将大大提高了基层工作人员的工作效率，减轻了工作量，但信息系统的使用也会引发裁员。

2. 业务流程的计算机化

根据信息的传输特点，数据一旦录入，通过网络可及时传输到任何需要它的地方，数据的使用无须手上处理方式下的逐层传递，通过数据库的管理，数据的共享非常方便，在此层次上的信息系统是根据规范的企业业务流程设计的，它的使用使企业业务流程更加通畅，打破了业务部门间的分割，企业各部门数据较好地实现了共享，使业务流程所涉及岗位员工的工作规范化，减少了人为控制因素，并提升了客户满意度。

3. 企业信息管理延伸到企业外

企业与供应链上合作伙伴之间的数据往来、企业与顾客之间的业务往来等信息的管理，通过信息管理的延伸，增强企业的竞争力。这一层次信息系统的应用即为电子商务，电子商务实际是企业信息化发展到一定时期的产物。而信息系统最后所要达到的目标即是为管理层提供决策支持，通过对存储在计算机中的企业数据加以整理，为管理和决策提供有效支持。

二、发展电子商务的企业信息化的策略

基于对企业信息化发展层次的认识，为配合汽车配件各供应链主体之间实施电子商务，各主体企业信息化的策略应包括以下五个方面：

1. 企业信息化的准备

强化企业决策层对企业信息化的紧迫感和责任感，建立以企业信息部门为核心的信息工作体系，研究并制定企业信息化的整体规划和技术方案，做好资金、技术和人才准备。

2. 企业内部资源的整合

按照企业内部资源管理的要求，实现基础管理、研究与开发的信息化。借助企业资源计划（ERP）、计算机集成制造系统（CIMS）和计算机辅助设计（CAD），实现对研发、生产、供应、营销、服务等环节的连接，对人力、财力、物力和技术等资源的优化。

3. 企业外部资源的利用

通过加强企业间的供应链管理和客户资源管理（CRM），密切企业与供应商、销售商的联系，跟踪技术、客户、市场，确保对市场变化的及时了解、迅速反应和竞争优势。

4. 建立电子商务社区

企业信息化发展到一定阶段，要从自身的信息化转向建立基于互联网的电子商业社区。通过互联网，在同业和上、下游企业间开展贸易和业务协同，以信息的实时交互实现信息共享，减少了中间环节，消除了信息障碍。

5. 开展电子商务

在企业内部信息资源整合的基础上，在企业间实现信息采集、交流和共享的基础上，以信息流向资金流、物流递进，以信息平台向交易平台升级，积极、稳妥地开展电子商务。企业的信息化是从简单的应用，到部门级管理工作的信息化，到整个企业的信息化，再从企业内部延伸到企业外，信息也由单机使用，到通过企业内局域网共享传递，再到通过Internet在企业间传递数据。实际上，众所周知，电子商务的雏形为企业间的电子数据交换（EDI），20世纪70年代初在企业之间的数据传递都是通过EDI，随着互联网的快速发展及其费用的低廉，企业间的信息交换都可以通过Internet进行，"电子商务"也就逐渐开始热起来，以至于有人把电子商务也称之为"互联网商务"。

第四节　电子商务下的物流配送中心

物流配送是连接汽车配件生产和消费的关键环节，它使用可以产生时间和场所效益的有效管理办法、合理的资源配置、合适的经营方式和运作类型的选择等，并由此向客户提供所需要的产品。在前文汽车配件物流模式分析中已经论述了汽车配件供应层次趋向多元化，库存结构趋向分散化，来提高备件立即供应率。

在汽车配件供应链上，配件中转库的建设尤为重要，是连接中央配件总库和销售商（4S店和特约维修站）的桥梁。以下是电子商务下影响汽车配件中转库物流配送效率的主要因素，即电子商务下物流中转库的资源配置、经营方式和运作类型的选择。

1. 电子商务下汽车配件中转库的资源配置

电子商务下汽车配件物流配送体系中资源的合理化配置是提高物流能力的关键手段之一，这是因为合理的资源配置可以节约中转库建设资金和提高配送效率，并最终提升物流能力。物流配送经历了两次质的飞跃，第一次飞跃是实现送货上门服务，即为了改善经营效率，许多商家采用了把货送到买主手中的方式，这是商务活动的一次革命；第二次物流配送的飞跃是伴随着电子商务的出现而产生的，不仅提供送货上门服务，还提供客户定制的增值服务，即将增加客户价值作为物流运作的使命，这是物流活动的一次革命。

信息化是电子商务下物流合理化的主要标志之一，电子商务下物流配送，就是信息化、现代化、社会化的物流配送。它是指物流配送企业采用网络化的计算机技术和现代化的硬件设备、软件系统以及先进的管理手段，针对社会需求，严格、守信用地按用户的订货要求，进行一系列分类、编配、整理、分工、配货等理货工作，定时、定点和定量地交给各类用户，满足其对商品的需求。

物流信息化是物流活动的基础。物流信息化表现为物流信息的商品化、物流信息搜集的数据库化和代码化、物流信息处理的电子化和计算机化、物流信息传递的标准化和实时化、物流信息存储的数字化等。因此，条码技术（Bar Code）、数据库技术（Database）、电子订货系统（Electronic Ordering System, EOS）电子数据交换（Electronic Data Interchange, EDI）、快速反应（Quick Response, QR）、有效的客户反应（Effective Customer Response, ECR）、企业资源计划（Enterprise Resource Planning, ERP）等技术与观念在电子商务下物流系统中得到普遍的应用。

电子商务下物流配送的业务过程都是基于互联网连接起来的，当系统的任何末端收到需求信息的时候，该系统都可以在极短的时间内做出反应，并可以拟定详细的配送计划，通知各环节开始工作。任何一个有关配送的信息和资源都会通过网络管理在几秒钟内传到有关环节，这一切工作都是由计算机根据人们事先设计好的程序自动完成的。物流配送的持续时间在网络环境下会大大地缩短，而且对运作模式提出了更高的要求。

计算机系统管理可以使整个物流配送管理过程变得简单和容易，网络上的营业推广可以使用户购物和交易过程变得更有效率、费用更低，可以提高物流配送企业的竞争力。随着物流配送业的普及和发展，行业竞争的范围和残酷性大大增加，信息的掌握、有效传播和易得性，使得用传统的方法获得超额利润的时间和数量会越来越少。

2. 电子商务下汽车配件中转库运作方式

在电子商务的模式下，汽车整车厂汽车配件配送仍然关注物流服务与物流成本的权衡，高的配件立即供应率和高的物流服务之间存在"悖论"。从物流系统设计的观点看，在整车厂希望提供给客户的基本服务水平和持续取得目标绩效所需的运作成本之间取得平衡。提供多少基本客户服务，必须通过论证相对成本和收益再做出决定，从所提供的特定水平的总服务成本的定量化开始，就收益和长期客户忠诚估计期望的利益。美国科特勒提出"物流目的必须引进投入与产出的系统效率概念，才能得出较好的定义"。要降低汽车配件物流成本会影响物流服务水平的提高，反过来，提高配件物流服务水平就会增加物流成本。

车主对于汽车售后服务的要求是永无止境的，从图10-16可以看出，汽车配件物流服务水平不可能达到车主需求的100%，物流服务水平与物流成本曲线越来越陡。由于物流服务水平与物流成本之间并非呈线性关系，成本与服务之间受"收获递减法则"的支配。物流服务如果处于低水平阶段，在点 A 和点 B 之间增加等额的物流成本，追加成本 ΔC，则物流服务即可上升 ΔS；如果处于高水平阶段，同样追加 ΔC，则服务水平只能上升 $\Delta S'$。处于高水平的物流服务时，成本增加而物流服务水平不能按比例地相应提高，$\Delta S' < \Delta S$。与处于竞争状态的其他企业相比，在处于相当高的服务水平的情况下，想要超过竞争对手，提出并维持更高的服务标准就需要有更多的投入。所以，汽车配件中转库要以较少的成本确保高的即时供应率与销售率尤其重要。

即时供应的意义是指无论在任何情况下都能满足所有客户，就是不管任何情况都能百分之百的供给。如果不能及时供给，那么就会降低客户的信赖度，损失了获得利益的机会，有使关联部门（服务部门和汽车销售部门）的业务量减少的顾虑，这种损失是无法立即以金钱换算出来，因此常被忽视其重要性。同时，对要求百分之百配件立即供应率的汽车制造企业所产生的费用有库存成本，确保零件仓库的空间以及运作管理费全部都可以用具体的金额计

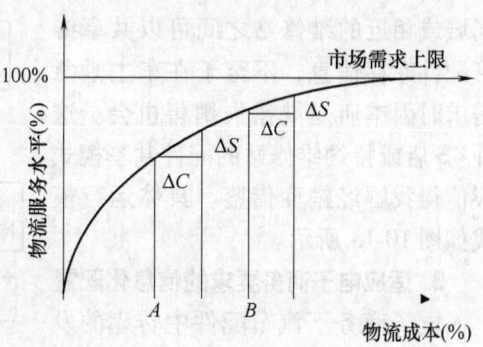

图 10-16　物流成本与物流服务水平的关系

算出来的。因此，站在公司的立场，明显就会去控制费用，也就是更倾向于控制库存，控制库存就会降低供给性，这样很明显的可能会丧失了公司的财产之一——最终的客户。客户的满意度会因及时供应率偏低而降低信用，而客户流失的程度在数据上是很难核算出来的。因此，理论上要维持在何种程度范围内的及时供应率，需要在整车厂全盘经营的基础上做出判断。上述的及时供应率为配件中转库最基本的责任，同时也是各 4S 店和特约维修店的责任，也是库存运营上的判断指标，并可以作为部门经营是否合理的衡量标准。不同及时供应率的情况下，产生的费用见表 10-3。

表 10-3　配件订货出货与库存

备件采购	有库存（即交）	出货→库存费用	销售
	无库存（未能即交）	订货（待料）→订货费用	
		取消订货→销售漏失	客户丢失

在电子商务模式下，可以使订货更为简单、及时，交易成本更低，使订货费用降低，使订货周期缩短，使配件中转库在没有相应库存的情况下也可以向中央仓库（CDC）订购，满足客户最终的需求。因此，多层次的电子商务运作模式可以以较小的成本大大提高及时供应率。

在中央仓库（CDC）和配件区域中转库（RDC）之间通过远程的数据交换获得配件需求和供给信息，建立一种类似 B to B 的电子商务模式。同层次的配件区域中转库之间又通过网络联系，可以在最近的配件区域中转库中查询获取信息，并可以快速地调配零件，比直接从距离相对远的中央仓库调拨零件来得更快。同时，在对各 4S 店或特约维修站等配件中转库实施 B to B 的电子商务。在各 4S 店或特约维修站，由于成本的压力不会备大量的库存，它们对整车厂来说就是直接的客户。这些 4S 店或特约维修站在接到车主需要服务电话并检测需要更换零件的同时，首先检测库存量，对于本站没有的零件需要向区域配件中转库及时

调拨，争取快速响应（Quick Response），满足车主的需求。信息共享的备件配送中心运行模式如图10-17所示。

目前我国各个经销商的4S店或特约维修站之间相对比较独立，没有业务合作往来，在国外比较成熟的汽车销售商之间有成熟的配件销售网络，同城或相近的维修站之间可以共享维修配件库存信息，不至于在车主紧急需求时因本店短缺错失销售机会。这种4S店或特约维修站的配件共享模式很值得我国经销商借鉴。具体运行模式如图10-18所示。

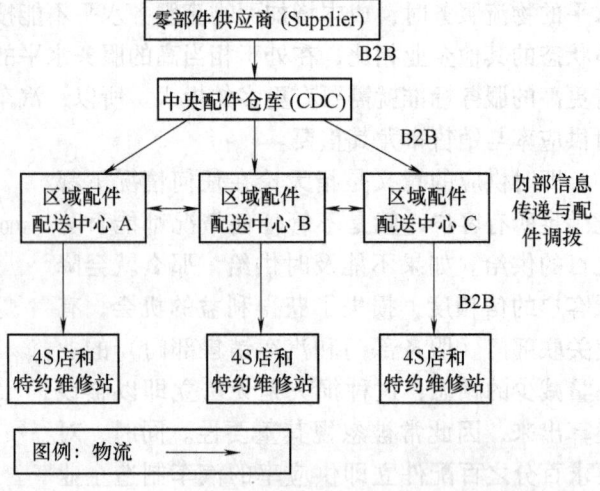

图10-17 信息共享的备件配送中心运行模式

3. 适应电子商务要求的信息化配置

电子商务下汽车配件中转库的发展需要大量的各种专业人才，从事经营、管理、科研、仓储、配送、流通加工、通信设备和计算机系统维护、贸易等业务。

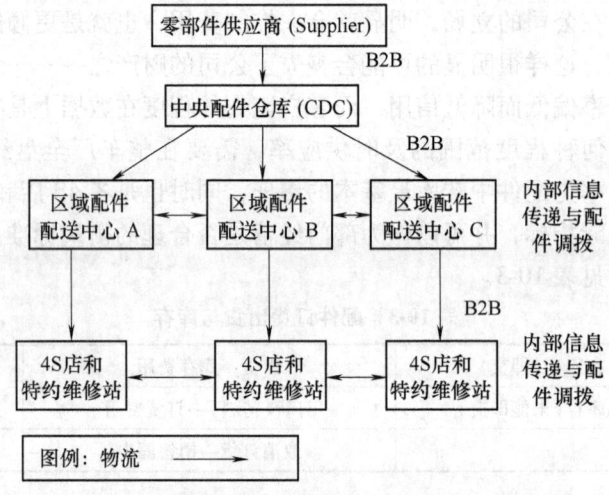

图10-18 全面信息共享的配件配送中心运行模式

电子商务下汽车配件中转库面对着高要求的消费者以及瞬息万变的市场，承担着为众多用户的商品配送和及时满足他们不同需要的任务，这就要求必须配备现代化装备和应用管理系统，具备必要的物质条件，尤其是要重视电子商务信息系统的运用。通过互联网可以广泛收集信息，及时进行分析和比较，通过科学的决策模型，迅速做出正确的决策，这是解决系统化、复杂化和紧迫性问题最有效的工具和手段。同时，采用现代化的配送设施和配送网络，将会逐渐形成社会化大流通的格局。

专业化的生产和严密组织起来的大流通，对汽车配件物流手段的现代化提出了更高的要求，如自动分拣输送系统、立体仓库、水平垂直、分层、分段旋转货架、自动导向系统（AGV）、商品条码分类系统、悬挂式输送机等高效、大规模的物流配送机械系统的应用，是建设现代化汽车配件物流配送系统的迫切需要。而且，这些现代化物流设施的使用在为多用户、多品种、少批量、高频度、准确、迅速、灵活等服务方面提供了独特的优势。

4. 汽车物流配送中心的经营模式——第三方物流的电子化

结合供应链理论，根据我国的实际情况加以分析，我国汽车配件物流产业应积极采取代理形式的客户定制物流服务的第三方物流模式。目前我国的物流企业在数量上供大于求，因此物流网络资源丰富。但在服务能力上则是明显的供不应求，物流企业提供的服务大都满足不了客户的要求，这是由于物流管理水平低和服务形式单一、服务质量低下以及与企业信息交换不及时等原因造成的，完全可以利用电子优势，发展汽车配件第三方物流。

电子商务完全可以采用委托代理的形式，将拥有成熟的物流管理经验和技术，为客户提供高质量服务的第三方物流企业作为自己的配送中心，将这种方式概括为以综合物流代理为主的第三方物流运作模式。电子商务下把物流业务运作外包给第三方物流有以下几个方面的优势：

1）使得汽车配件供应链可以集中于自己的核心业务。充分利用第三方物流作为供应链物流的代理商，可以使得供应链内的企业把资源集中在核心竞争能力上，以便获取最大的投资回报。那些不属于核心能力的功能应被弱化或者外包，特别是我国的电子商务，现在几乎都不具备将现代化物流发展成为自身核心能力的资金和技术。通过物流外包，制造企业可以减少自备运输设备、仓库和其他物流过程中所必需设施的投资，从而改善公司的赢利状况，使得供应链内的企业可以把更多的资金投资在核心能力的开发上，将有限的精力用于进入新的市场。

2）经营机动，灵活性大。第三方物流企业为汽车配件物流提供了经营灵活性汽车销售网络，一般都覆盖全国，网络逐渐趋向扁平化。例如某汽车公司在某地理区域市场的需求不断上升而需要迅速的配件货源补充，因而要建设地区仓库，但假设通过利用第三方物流企业的仓储服务就可以省去自建仓库的投资，并且可以在该地区需求不旺盛的时候，适时撤换经营方向改为向其他地区发展，从而没有在物流基础设施处理上的羁绊。

3）便于实现物流一体化。事实证明，电子商务单靠自己的力量降低物流费用存在很大的困难。降低物流费用要通过供应链内各企业间的共同努力，而且由于实施电子商务的企业供应链一体化需要各配件供应链主体协同作业，包括统一的管理、统一的目标、强大的信息优势、企业间信息及时交换、运输费用分担问题和运输风险问题等。而第三方物流公司凭借其优秀的服务能力，通过有效的物流外包合同，完全可以促进链内企业间的合作。而且由于第三方物流与供应链关系的客户化，提升了运输、配送的可靠性，同时也使得供应链内的企业容易形成联盟。

4）有利于物流信息系统的建设。在物流系统的信息化领域，第三方物流公司与独立的软件供应商结盟或者开发了内部信息系统，这使得他们能够最大限度地利用运输和分销网络，有效地进行跨运输方式的货物追踪。对利用第三方物流的供应链企业来说，只需要将第三方物流公司与汽车配件供应链内的电子商务进行必要的对接，就可以与第三方物流企业进行电子交易，生成提高供应链管理效率所必需的报表和进行其他相关的增值服务。而第三方物流公司和典型的运输或其他供应链服务公司的关键区别，正是在于第三方物流公司的最大附加值是基于信息和知识，而不是靠提供低价的一般性服务，所以从信息系统的建设上说，与合适的第三方物流公司合作可以使得企业以低廉的费用投入而享用广泛的物流网络信息集成。

5) 节约汽车配件的物流成本。通过专业化的发展，第三方物流公司已经开发了信息网络并积累了针对不同物流市场的专业知识，包括运输、仓储和其他增值服务。许多关键信息，比如可得货车运量、国际报关文件、空运报价和其他信息，通常是由第三方物流公司收集和处理。对于第三方物流公司来说，获得这些信息更为经济，因为他们的投资可以分摊到很多的客户头上。对于非物流专业公司来讲，获得这些专长的费用就会非常昂贵和不合算。由于拥有强大的购买力和货物配载能力，第三方物流公司可以从运输公司或者其他物流服务商那里得到比其客户更为低廉的运输报价，可以从运输商那里大批量购买运输能力，然后集中配载很多客户的货物，大幅度地降低单位运输成本。通常，把物流业务外包给第三方物流公司可以使得公司的固定成本转化为可变成本。公司通常向第三方支付服务费用，而不需要自己内部维持物流基础设施来满足这些需求。

复习思考题

1. 商务电子化的在汽车配件管理中的优势有哪些内容？
2. 电子商务技术在汽车配件营销领域应用的几个方面的内容是什么？
3. 电子商务下信息共享的汽车配件物流配送中心运作的内容是什么？
4. 电子商务下把物流业务运作外包给第三方物流有哪几个方面的优势？

参 考 文 献

[1] 韦焕典，黄坚. 现代汽车配件基础知识［M］. 北京：化学工业出版社，2009.
[2] 李刚. 汽车配件经营与管理［M］. 北京：化学工业出版社，2010.
[3] 林凤. 汽车配件管理与营销［M］. 重庆：重庆大学出版社，2001.
[4] 宓亚光. 汽车售后服务［M］. 北京：机械工业出版社，2005.
[5] 托马斯. 英格拉姆，等. 销售管理［M］. 北京：电子工业出版社，2003.
[6] 汪长江，王又绳，陈杰. 市场营销理论与实务［M］. 北京：北京工业大学出版社，2004.
[7] 左莉. 现代营销手册［M］. 北京：中国人事出版社，2002.
[8] 谭德荣，董恩国. 汽车服务工程［M］. 北京：北京理工大学出版社，2007.
[9] 张红. 中国汽车零配件产业的物流发展模式［J］. 北方经济，2005（5）. 86-87.
[10] 刘开明，毕艳华. 我国汽车配件物流运作模式研究［J］. 中国储运，2003（6）. 55-56.
[11] 王道平，鲍新中. 供应链管理教程理论与方法［M］. 北京：经济管理出版社，2009.
[12] 赵亚男，赵福堂. 汽车配件销售员（中级 高级）［M］. 北京：中国劳动社会保障出版社，2007.
[13] 王卫亚，韩亮. 电子商务在汽车营销中的应用［J］. 西安公路交通大学学报，2000（4）. 33-34.
[14] 杨明杰. 我国汽车零部件企业实施电子商务的策略研究［J］. 上海汽车，2005（6）. 23-25.
[15] 何民爱，李艳峰. 我国汽车零配件产业物流管理的新模式［J］. 物流技术，2005（11）. 12-13.
[16] 曾静. 供应链环境下我国汽车零配件采购物流模式探讨［J］. 交通企业管理，2006（9）. 41-42.
[17] 吴远开，朱道立. 全球供应链背景下的中国本土汽车零配件制造企业发展战略［J］. 物流技术，2005（8）. 11-12.
[18] 廖炳勇. 基于电子商务的汽车备件物流改善研究［D］. 上海：上海海事大学经济管理学院，2007.